谈判军事

从鸦片战争到抗美援朝

谭一青 著

团结出版社
UNITY PRESS

© 团结出版社，2022 年

图书在版编目（CIP）数据

军事谈判：从鸦片战争到抗美援朝/谭一青著 . --
北京：团结出版社，2022.10（2025.5 重印）
　ISBN 978-7-5126-1496-3

　Ⅰ . ①军… Ⅱ . ①谭… Ⅲ . ①军事会谈－军事史－中
国－近代②军事会谈－军事史－中国－现代 Ⅳ . ① E295 ② E297.5

中国版本图书馆 CIP 数据核字 (2022) 第 061557 号

责任编辑：张　阳
封面设计：阳洪燕

出　　版：团结出版社
　　　　　（北京市东城区东皇城根南街 84 号　邮编：100006）
电　　话：（010）65228880　65244790（出版社）
　　　　　（010）65238766　85113874　65133603（发行部）
　　　　　（010）65133603（邮购）
网　　址：http://www.tjpress.com
电子邮箱：zb65244790@vip.163.com
经　　销：全国新华书店
印　　装：三河市东方印刷有限公司

开　　本：170mm×240mm　　16 开
印　　张：23　　　　　　　　字　　数：338 千字
版　　次：2022 年 10 月　第 1 版　　印　　次：2025 年 5 月　第 3 次印刷

书　　号：978-7-5126-1496-3
定　　价：68.00 元
　　　　　（版权所属，盗版必究）

前　言

　　军事谈判，指与战争有关的谈判活动。它或者是战争最后的结局；或者是战争中间的手段，或者是在战争威胁下的产物。军事谈判的内容与战争目的直接联系在一起，它本身即是战争的一部分。在许多描写战争的著作中，作战双方进行军事谈判的具体过程常常被忽略或省却了。其实，许多战争谈判的具体过程，凝聚着战争中全部的残暴、冷酷与痛苦，体现着战争中最重要的战略与谋划。

　　中国从清朝开始闭关自守，落后于世界，也孤绝于世界。中国近代的军事谈判是由帝国主义侵略者强加于中国人的。弱国无外交。鸦片战争以后的若干军事谈判，包含着中华民族的全部屈辱与愤恨，是我们决不能忘记的历史。新中国建立以后，以美国为首的帝国主义集团，对我们采取了孤立与封锁的政策，但我们仍然在为数不多的军事谈判中，最鲜明地表现出新中国独立、自尊、自强的形象。军事谈判的历史，正是中国社会由沉沦而慢慢崛起的历史。

　　未来世界以和平与发展为主题，局部战争中的谈判斗争必将跃居显著地位。军事谈判不仅体现着国家的政治战略、综合国力，而且与战场上的军事斗争有着极重要的交互影响。谈得好，可以推动与加速战争的进程，甚至可以避免战争，取得事半功倍的成效；谈得不好，有可能将战场上勇士们用鲜血换来的局面毁于一旦。

当今世界仍然没有脱离强权政治的基本格局，发展中国家如何顶住强权者的压迫与支配，仍然是我们中华民族面临的严重问题。我们不仅要准备应付任何一个大国或强国发动的侵略战争，而且也要准备在战争中进行包括谈判在内的各种政治斗争。我们应当学会利用军事谈判的斗争，维护国家主权和民族利益，争取战争中有利于我的各种因素。我们已经有过在战争中以弱胜强的历史经验，我们还应当学会在谈判桌上以弱胜强的艺术。

军事谈判充满火药味，是谈判双方对立最尖锐、利益最鲜明的对话。它担负着一场战争的全部责任，寄托着战争双方的全部利益与希望。其中，有因愚昧而造成的恶果，也有因智慧而获致的成功；有因坚定而保持的尊严，也有因灵活而取得的一致。谈判的成功与否，决定于各种复杂的因素，而谈判代表的才智与胆略，也在谈判过程中起着不可低估的作用。

当我们将谈判桌旁这一幕幕生动的历史镜头再现出来时，相信人们不仅能够从中了解中国历史的沉沦与崛起，增强爱国主义的信念与情操，而且能够从中领悟人类斗争的智慧和由战争走向和平的方法。

目　录

第一章　军事讹诈，弱肉强食
——琦善与中英广州谈判（1840）

一、商品、鸦片、大炮三部曲 …………………………………… 1

二、琦善与义律在白河口的交涉 ……………………………… 6

三、琦善媚外误国，英人强占香港 …………………………… 12

四、狮子洋内的谈判 …………………………………………… 19

五、《广州和约》的签订 ……………………………………… 22

第二章　城下之盟，国破之始
——耆英与中英南京谈判（1842）

一、伦敦对义律谈判的否定 …………………………………… 27

二、英国扩大侵华战争 ………………………………………… 30

三、耆英受命主持中英谈判 …………………………………… 34

四、张喜等人与璞鼎查的初步交涉 …………………………… 38

五、耆英签订《南京条约》 …………………………………… 43

六、国破之始 …………………………………………………… 48

第三章　强取豪夺，玉碎宫倾

——奕䜣与中英、中法北京谈判（1860）

一、鸦片战争狼烟再起 …………………………………………51
二、叶名琛的外交策略 …………………………………………54
三、天津谈判 ……………………………………………………59
四、扣押巴夏礼 …………………………………………………67
五、奕䜣签订《北京条约》 ……………………………………72

第四章　折冲樽俎，索回伊犁

——曾纪泽与中俄彼得堡谈判（1880—1881）

一、沙俄侵占伊犁，左宗棠平定新疆 …………………………76
二、崇厚与沙俄的交涉 …………………………………………80
三、曾纪泽受命赴俄谈判 ………………………………………84
四、曾纪泽与吉尔斯、布策等人的初步交涉 …………………87
五、中俄针对备忘录的正式谈判 ………………………………96
六、中国近代第一位优秀外交官 ………………………………101

第五章　不败而败，昏聩之极

——金登干与中法巴黎谈判（1884—1885）

一、中法战端与李鸿章的对外妥协政策 ………………………107
二、曾纪泽的外交攻势 …………………………………………113
三、洋人穿针引线的中法交涉 …………………………………117
四、金登干在巴黎的秘密谈判 …………………………………125
五、谅山大捷与《巴黎停战协定》 ……………………………129

第六章　丧师失地，奇耻大辱
——李鸿章与中日马关谈判（1895）

一、甲午风云 …………………………………………… 135

二、日本驱逐中国议和使团 …………………………… 139

三、关于停战问题的谈判 ……………………………… 145

四、关于和约条款的谈判 ……………………………… 152

五、签订《马关条约》 ………………………………… 158

第七章　宁赠友邦，不予家奴
——奕劻、李鸿章与八国联军的谈判（1900—1901）

一、八国联军占领北京 ………………………………… 163

二、五花八门的议和条件 ……………………………… 166

三、关于议和大纲的谈判 ……………………………… 172

四、侵略者的分赃 ……………………………………… 175

第八章　鹬蚌相争，渔翁得利
——袁世凯与南北议和（1911）

一、武昌起义与南北战争 ……………………………… 183

二、袁世凯的"和谈"阴谋 …………………………… 188

三、关于清帝退位的秘密谈判 ………………………… 193

四、袁世凯窃夺革命果实 ……………………………… 195

第九章　人为刀俎，我为鱼肉
——顾维钧与巴黎和会（1919）

一、中国参加巴黎和会之背景 ·· 200
二、关于山东问题的谈判 ·· 205
三、废除"二十一条"的努力与"希望条件"说帖 ················ 213
四、五四运动和拒签和约 ·· 215

第十章　安内攘外，引狼入室
——何应钦、秦德纯与中日华北谈判（1935）

一、蒋介石"攘外必先安内"的政策 ···································· 221
二、河北事件与何梅秘密谈判 ·· 226
三、张北事件与秦土交涉 ·· 236
四、步步退让，引狼入室 ·· 241

第十一章　巨头政治，钩心斗角
——蒋介石与中美英开罗会议（1943）

一、开罗会议之背景 ··· 244
二、蒋介石赴开罗会谈 ··· 247
三、关于打开缅滇通路问题的谈判 ·· 251
四、关于战后问题的会谈 ·· 256
五、《开罗宣言》及其影响 ·· 261

第十二章　得民心者，能得天下
——毛泽东与国共重庆谈判（1945）

一、抗日战争时期国共两党的严重分歧 ………………………… 266

二、由赫尔利穿梭其间的谈判前奏 ……………………………… 270

三、毛泽东毅然赴渝，蒋介石先输一着 ………………………… 277

四、对一般政治问题的提案与答复案 …………………………… 281

五、在解放区与军队问题上的争论 ……………………………… 286

六、最后的交锋 …………………………………………………… 289

七、深远的影响 …………………………………………………… 292

第十三章　边打边谈，以打促谈
——李克农与中朝美板门店谈判（1951—1953）

一、美国寻求"光荣的停战" ……………………………………… 297

二、让炸弹、大炮和机关枪去辩论吧 …………………………… 306

三、步履维艰的板门店谈判 ……………………………………… 314

四、走向和平 ……………………………………………………… 326

第十四章　不畏强暴，自尊自强
——王炳南与中美大使级谈判（1955—1970）

一、台湾海峡危机 ………………………………………………… 332

二、中国抢占谈判主动权 ………………………………………… 337

三、关于台海危机的谈判 ………………………………………… 341

四、新危机下的华沙谈判 …………………………………………… 347

五、跨越鸿沟 ………………………………………………………… 353

后　记

再版后记

第一章　军事讹诈，弱肉强食

——琦善与中英广州谈判（1840）

一、商品、鸦片、大炮三部曲

由英国殖民主义者发动的中英鸦片战争，发生在19世纪的40年代。这时，世界资本主义经过长期缓慢的发展之后，正处于迅速上升的阶段。世界第一个资本主义国家—英国，已经成为走遍全世界寻求殖民地的头等侵略国了。

英国在17世纪中叶完成了资产阶级革命，于18世纪中叶开始了工业革命。工业生产发展迅猛。以棉织业的用棉量及生铁的产量为例，1771年至1775年，英国加工的棉花仅500万磅，1841年便达到5亿多磅，增加了100多倍；1800年生铁的产量为19.3万吨，1840年即提高到140万吨，而当时我们的"大清帝国"的生铁产量仅为几十吨。

随着英国资本主义的迅速发展，"不断扩大产品销路的需要，驱使资产阶级奔走于全球各地"。（《共产党宣言》）18世纪中叶，英国已经拥有广大的海外殖民地，其总面积为英国本土的150倍以上。英国被称为"世界工场"，又叫"日不落帝国"。

19世纪初期，英国资本家贪婪的目光投向了广阔的亚洲。英国殖民主义者用火与剑首先巩固了对于印度的殖民统治，接着于1819年武装霸占了新加坡，1824年侵入缅甸，1838年又打入阿富汗。此时，打开地大物博、人口众多的中国市场，掠夺廉价的工业原料，变中国为英国殖民地的欲望，简直让英国殖民主义者无法遏制了。英国人设想："如果中国的市场打开了，英国货在那儿的销量，将比世界其他地方的总销量还要大。"英国的资本家兴致勃勃地谈论道："只要中国人每人每年购买一顶棉织睡帽，英格兰现有的工厂就已经供应不上了。"于是，英国殖民主义的魔掌伸向了中国，敲响了古老中国的大门。

1793 年，英国曾派遣以马戛尔尼为首的外交使团到北京，要求通商，向中国提出了开放宁波、舟山、天津等地，割让舟山附近岛屿，减轻税率等要求，遭到了中国皇帝的拒绝。

1816 年，英国又以祝贺嘉庆皇帝诞辰为名，派遣阿美士德使团来华，重申马戛尔尼的要求，因其蔑视中国的法令，被严旨斥逐回国。阿美士德回国后曾力主武力征服中国，是最早主张用大炮打开中国大门的英国殖民主义者。

当时，英国人用武力压迫和掠夺落后国家的经验已经十分丰富了。他们立即着手积极在中国沿海测绘地形，搜集政治、经济和军事情报。

就在英国的侵略魔爪越伸越长的时候，中国还是个落后的闭关自守的封建帝国，小农业和家庭手工业的自然经济占主要地位。这种自给自足的自然经济结构，对于外国的商品具有很强的排拒性。中国的劳动者穿的是自己家里手织的土布衣服，有钱人喜欢的是绸缎绫罗，外国人的洋布、呢绒找不到销路，中国人不需要英国的"睡帽"。相反，中国出口的茶叶、生丝，以及陶瓷、药材等，在西方倒是销路畅通，很受欢迎。直到 19 世纪初期，中国在有限的对外贸易中，一直保持着出超的有利地位。当时，每年从广州流进的白银在 100 万两至 400 万两之间。

当时，统治中国的清朝政府已经十分腐朽。中国自给自足的经济基础，支持了清朝政府传统的闭关自守政策，也养成了清朝政府的顽固昏聩习性。这种政策与习性助长了中国封建社会的落后停滞，阻碍了中国社会的进步。

中国的当权者对于即将到来的侵略者茫然无知。1816 年，清朝的嘉庆皇帝与他的大臣孙玉庭曾有过一段令人啼笑皆非的谈话：

嘉庆问：“英国是否富强？”

孙玉庭答：“彼国大于西洋诸国，因此是强国，至于富嘛，是由于中国富彼才富，富不如中国。”

嘉庆问：“何以见解？”

孙玉庭答：“英国从中国买进茶叶，然后转手卖给其他小国，这不说明彼富由于中国富吗？如果我禁止茶叶出洋，则英国会穷得无法活命。”

嘉庆：“哈哈……”

孙玉庭：“嘿嘿……”

嘉庆以后，便是鸦片战争时期主政的道光皇帝，道光的国际常识不比他的父亲多多少。当英国侵略者发动战争以后，他在御前会议上发出了一连串的问话：“英吉利在何方？”“方圆几许？”“距中国有多远？”“女王是否婚配？”弄得众大臣面面相觑，张口结舌。

由于中国自给自足的小农经济和清朝政府的“闭关自守”政策抵制了英国的商品进口，英国老板们远涉重洋贩来的纺织品，在中国很少销路，甚至蚀本。这使贪婪成性的英国资本家很不甘心，为了打开中国的大门，他们改用鸦片来换取中国的财富，“而看守中国大门的恰恰是腐烂了的清王朝。它是最坏的看门者，它对欧洲资本主义文化紧闭大门，对鸦片却偷偷开门让它流进来”。（范文澜《中国近代史初稿》）

英国输入中国的鸦片来自印度。在鸦片战争前短短的40年内，英国的鸦片商人带给中国人的鸦片竟达35万箱（4200多万斤）。罪恶的鸦片贸易给英国殖民主义者带来10倍于成本的惊人利润。以1813年为例，一箱上等的印度鸦片，市场拍卖的价格为2428卢比，而它的成本不过237卢比。鸦片贩子从印度将它运到中国销售时，又可以从中赚取百分之五十的暴利。这种巨额利润的交易，令许多英国鸦片贩子发了横财，有的怀揣巨款，回国后竟冠冕堂皇地当上了英国国会的议员。

清政府为了维护其封建统治，也曾三番五次下令禁止鸦片进口，但是，一直没有太大成效。英国鸦片商人明禁暗运，清朝政府明拒暗受，而贯通双方的则是贿赂。

英国侵略者以走私与行贿并用，鸦片像一股汹涌的黑色毒流，向着中国大地倾泻而来。美国的鸦片商还在中国沿海风行一种特制的走私船——"飞剪式"，这种船行速快，并且装备齐全，不久就使中国沿海的武装走私活动愈演愈烈。从中国的海关官吏到在朝官吏，则受贿公行，盘根错节。例如，清朝的广州水师副将韩肇庆，每年从鸦片贩子手中得到近 10 万两银子的贿赂。他专以护私渔利，竟与洋人相约，每万箱鸦片许送百余箱，给韩肇庆水师拿去上缴报功，鸦片来得多时，韩甚至以水师船只直接为鸦片商代运进口。在朝廷方面，韩肇庆却又以缴烟有功保升总兵，赏戴孔雀翎。

外国的鸦片像潮水般地涌进来，中国的白银也像潮水般地流出去。鸦片战争爆发前的 20 年间，从中国流出去的白银，在 314 亿元以上，相当于当时中国银币流通总额的五分之一。由白银外流而造成的银贵钱贱现象，直接加重了中国老百姓的负担。18 世纪末，白银一两可换制钱（铜钱）700—800 文，到了 19 世纪 30 年代，竟可换制钱 1600—1700 文。中国农民在出售农产品时，得到的是制钱，但在完粮纳税时却需交出银子。如此，中国百姓的赋税无形中增加了一倍以上。不仅如此，鸦片的大量输入和白银的源源外流，还使清政府的财政拮据，国库空虚，统治危机加深了。

1838 年 10 月，时任清朝湖广总督的林则徐上书皇帝说：鸦片"流毒于天下，为害甚巨，法当从严。若犹泄泄视之，是使数十年后，中原几无可以御敌之兵，且无可以充饷之银"。林则徐的上书振聋发聩，触目惊心，使得清政府不得不正视鸦片泛滥所造成的严重后果，遂于同年 12 月任命林则徐为钦差大臣，节制广东水师，前往广东禁烟。

1839 年 3 月，林则徐抵达广东，在人民群众的禁烟要求的支持下，立即发布公告要求吸食鸦片者限期戒烟，收缴烟土、烟枪，凡有贩卖、吸食者，准许人民举报。随后，林则徐又召集广州行商开会，历数行商勾结外国鸦片烟贩走私鸦片的种种罪行，命令他们转告外国烟贩，报明存烟实数，限三日内呈缴，并出具甘结（即保证书），写明："永不夹带鸦片，如有带来，一经查出，货尽没官，人即正法，情甘服罪。"

林则徐向广东各界声明："若鸦片一日未绝，本大臣一日不回，誓与此事相始终，断无终止之理"，表示了禁绝鸦片的坚定决心。

1839 年 6 月 3 日至 25 日，林则徐将收缴的鸦片 2 万多箱（237 万余斤），全部在虎门滩上当众销毁。虎门销烟，成为中国人民反抗外国侵略斗争的光辉一幕载入史册。

虎门销烟激怒了"损失重大"的英国鸦片贩子。英国驻华商务监督查理·义律在这一年的 4 月寄往英国政府的报告中，把中国的禁烟运动，说成是英国发动侵华战争"最好的理由"和"最有希望的机会"，叫嚷"要使用足够的武力"，给中国以"迅速而沉重的打击"。

8 月底，伦敦收到了义律的报告，英国朝野发出一片狂热的战争喧嚣。英国女王维多利亚在国会发表演说策动战争。外交大臣巴麦尊气势汹汹地说："对待中国人，必须先揍它一顿，然后再作出解释"，"应该乘战胜之余威，提出自己的条件，强迫中国接受"。（D.E.Owen：British Opiumpolicv in China and India 第 169—170 页。）其强盗嘴脸暴露无遗。

1840 年 2 月，英国政府正式任命乔治·懿律和查理·义律为对华正、副全权代表，懿律为侵华英军总司令。6 月，由 16 艘英国军舰、4 艘武装汽船、28 艘运输船以及 540 门大炮和 4000 名士兵组成的英国侵华"远征军"，陆续到达中国广东沿海，由此挑起了可耻的侵略中国的鸦片战争。

鉴于英国鸦片烟贩被收缴存烟以后，义律不断向中国发出战争叫嚣，林则徐在禁烟的同时加紧备战。他会同两广总督邓廷桢切实整顿广东军队，并对广州各处炮台加以改建或加固，又添置大炮，增募兵勇，加紧训练，严阵以待。林则徐还从禁烟运动中认识到"民心可用"，遂从沿海渔民、疍户、盐工中招募水勇，加紧训练，让他们协助水师对敌作战。他还在广州贴出布告："如英夷兵船一进内河，许以人人持刀痛杀。"

6 月底，英国远征军抵达广州沿海，因林则徐严密设防，未敢轻举妄动。后于 30 日进攻厦门被击退。然而，中国沿海各省，除广东、福建两省严加布防以外，其余各省并不配合。从浙江到直隶（包括今河北、山东一带），各海口几乎毫无抵抗准备。

7月5日英军攻陷浙江定海。他们一爬上中国的土地，就开始了疯狂的屠杀与抢掠。一个英国军官记下了这可怕的一幕："军队登了岸，英国旗就展开，从这一分钟起，可怕的抢劫情景就呈现在眼前。暴力地闯入每一幢房子，劫掠每一只箱箧，……一切都被席卷而去，剩下来的只是被无情的炮火击毙、击伤的死尸和伤员。"

英军攻陷定海后，委任了管理军民事务的官员，准备长期占领。另派8艘军舰继续北上，直逼天津海口，直接向清政府施加军事压力。

二、琦善与义律在白河口的交涉

琦善，字静安；清朝贵族，正黄旗人，袭一等侯爵。1815年，琦善在河南按察使任内，因镇压汝宁、光州一带人民起义有"功"，赏戴花翎。1824年在署山东巡抚任内，又因在临清州一带镇压马进忠等人民反清起义而立"功"。1831年任直隶总督。琦善是清朝内部反对禁烟的代表人物，也是鸦片贸易的得利者。琦善不仅在京畿附近占地250多万亩，以地租、高利贷等收入过着穷奢极欲的生活，而且，后来在与洋人谈判失败后，抄琦善的家时，发现琦善还藏有"番银"（洋人的贿赂）1000万元。（《鸦片战争新史料·琦善抄家清单》，载《鸦片战争》第3册，第433页。）

最初，因为道光皇帝表示了禁烟的决心，琦善等人不敢反对，而当1840年8月初，英国的军舰开到天津白河口时，禁烟运动的反对派就在朝廷内放出了谣言，说"夷兵之来，系由禁烟而起"，林则徐在广州"措置不当"，故而将洋人引来京城；还有的谣言更离谱，说林则徐接受了英国国王的文书私自销毁了，等等。昏庸的道光皇帝见洋人到了白河口，本已乱了手脚，此时又听得谣言，顿时转了方向，把对英国人占领定海、北上威胁的一股怨怼之气，撒在了林则徐等禁烟派身上。

道光皇帝一面下旨严厉指斥林则徐、邓廷桢等，说他们"外而断绝通商，并未断绝，内而查拿犯法，亦不能净，无非空言搪塞，不但终无实济，反而生出许多波澜，思之曷胜愤懑！"（《筹办夷务始末》第1册，第393页。）一面向两江总督伊里布发下一道密谕："此次英吉利沿海内犯，攻陷定海。……惟致寇根由，传闻各异。有云绝其贸易，有云烧其鸦片。究竟启衅实情，未能确切。著伊里布于到浙后，密行查访。"（《筹办夷务始末》第1册，第362页。）这就是要秘密收集林则徐等人的"罪状"了。

当时，林则徐对于朝廷内部可能发生的变化也有预感，他在给夫人的信中说道："外间悠悠众口，都谓我激起夷衅，殊不知实出圣躬独断，屡颁严旨，谓不虑诸臣操之过切，只愁诸臣畏之过甚耳。予明知禁烟妨碍奸夷大利，必有困难，而毅然决然不敢稍存畏葸之心者，盖以身许国，但求福国利民，与民除害，自身生死且尚付诸度外，毁誉更不计及也。"如此自白，表现了林则徐光明磊落的非凡政治气度。

琦善为人精明强干，原就事事逢迎皇上，如今见到皇帝转了方向，自然也心领神会，在朝廷内部力主以和谈解决与英国人的争端。于是，道光皇帝派琦善前往天津白河口，与英军谈判交涉。

琦善到达天津以后，无视英军在白河口扣押一切中国粮船，在近岸抢劫屠杀中国人民的劣迹，竟在给皇帝的奏折中称："该夷尚无桀骜情形。"并派员犒送英军饮食，还在天津设宴接待侵略军将领。

懿律在与中国官员接触时，口口声声要向中国宰相呈交国书。8月15日，琦善派人前往白河口外，拿回了英国的照会—《巴麦尊子爵致中国皇帝钦命宰相书》。这是近代史上一份臭名昭著的文件，充分暴露出英国侵略者的无耻嘴脸。

在这份照会中，巴麦尊首先将林则徐收缴鸦片的行动，歪曲为"未教明在先，忽然执法，吃紧严行，实属不合情理"。接着，毫不留情地揭露多年来粤省官宪自总督以下接受贿赂，放任外国商人贩卖鸦片的情形，说："大清国家岂得开一眼而鉴远人犯罪，闭一眼不鉴官宪犯罪乎？"随后又不顾事实，颠倒黑白，污蔑中国政府在广东的禁烟活动残害了"英国诚实商人"，"凌辱了英国政府官员"，宣称为了防止"暴行"的再度发生，他们要向中国政府提出五项条件：

1. 赔偿货价。这里所谓的货，指的是广州禁烟被销毁的鸦片。

2. 中国官员凌辱英国领事，即为亵渎大英威仪，应予昭雪。

3. 割让一座岛屿或数座岛屿给英国"永远主持"，以供给英国人居住贸易。

4. 所欠洋行款项，赔还英国债主。

5. 赔偿远征舰队的军费。

照会最后威胁道，若是中国方面不答应上述全部条款，英军将向中国继续发起进攻。

道光皇帝读了这份照会以后，指示琦善拒绝割让岛屿和赔偿烟价，只同意处罚林则徐等官员以维护英国人的颜面。皇帝在谕旨中说："当日呈缴之烟，原系违禁之件，早经眼同烧毁。既已呈缴于前，即不得索价于后。"对于英国照会中要求赔偿英国军费诸项，皇帝没有提到，大概觉得这是英国人异想天开的事情，不值得答复。对于林则徐等，皇帝则表示："上年林则徐等查禁烟土，未能仰仗大公至正之意，以致受人欺蒙，措置失当。兹所求昭雪之冤，大皇帝早有所闻，必当逐细查明，重治其罪。现已派钦差大臣驰至广东，秉公查办，定能代申冤抑。该统帅懿律等，着即返棹南还，听候处理可也。"（《道光夷务》第 1 册，第 391—392 页。）显然，皇帝是想避重就轻，企图以惩办林则徐来搪塞武装进犯的洋人。

得了皇帝的谕旨，琦善约定懿律于 8 月 30 日，到白河口南岸的临时营房中谈判。由于皇帝在上谕中讲明，琦善不得登上英国军舰，以免有伤国体，所以，会谈地点选在岸边。厚重的帆布制成高大的围墙，布围中搭起了八座小帐篷，内设桌子和长凳。八座小帐篷组成椭圆形，中间有一座象征着高贵的黄色丝绸搭成的大帐篷，是谈判的会议中心。为了博得英国人的好感，琦善于谈判的前一天，给英军送去了 20 头阉牛、200 只羊和许多鸭、鸡、蛋等慰劳品。

30 日清晨，英国第二全权代表义律率领 10 余名随从人员，乘小船来到了谈判地点。琦善身着蓝色丝长袍，束一条绣花腰带，穿着白底缎鞋，头上长长的辫子梳理得很仔细，官帽上有一颗标志官阶的深红色珊瑚顶子，后边拖着一根孔雀翎。显然，琦善为这次谈判做了精心打扮。他彬彬有礼地接待了义律一行，向每个英国人点头致意，以致有英国人把他称作"最文雅的宫廷官员"。

谈判一开始，琦善即恭谦地表示："上年钦差大臣林则徐等查禁烟土，未能体仰大皇帝之意，以至措施失当，必当逐细查明，重治其罪。"

不料，义律对此并不感兴趣，反倒轻松地表示："林则徐等官员奉命办事，措置不当，理当处罚，然'重治其罪'却大可不必。"紧接着，义律逼问琦善："我大英照会中所提赔款、割地之事，贵国皇帝有何指示？"

琦善不得已，敷衍其事地说："鸦片原系违禁之物，早经烧毁。割让岛屿之事，在我清朝也无先例，另辟一境，恐坏了成规，实在要请贵国谅解……"

"如果大清皇帝不能满足我方要求，我们英国军队必将与你们相战不息！"义律不等琦善说完，便恶狠狠地打断了他的话。

琦善见来者不善，只得又含含糊糊地说，"唯其事均出在广东，此间无凭办理。贵统帅等应该立即返棹南还，听候我方钦差大臣驰往广东，秉公办理，定能代申冤抑。"

琦善在谈判中无一词谴责英国军队侵略我国沿海、屠杀人民的种种罪行，却口口声声谴责林则徐等中国官员"措置失当"，还要为英国侵略者"代申冤抑"，暴露出一副屈膝媚外的可耻面目。据当时参加谈判的英国侵略分子记载，琦善"坦白地承认英国人是受虐待了，假如我们在广州图报复而惩罚林则徐，也是林的应得之咎"。（宾汉《英军在华作战记》，载《鸦片战争》第 5 册，第 91 页。）

琦善一方面对英国侵略者敷衍搪塞，要他们立即回到广州去，中国大皇帝定能妥善解决他们的要求；一方面又以京畿一带防守困难为由，向道光皇帝施加压力，要其向英国人妥协。

琦善在给道光皇帝的报告中说："天津切近京畿，凡盐漕铜船皆由此来，最为咽喉重地。设使边衅一开，该夷狡焉思逞，频相滋扰，致我劳师糜饷，所关匪细。且海道处处可通，如黑沿子庄并无口门之所，该夷尚能乘坐小船，设法上岸，又安得有如许弁兵，旷日持久，无时无处，不加堵御？诚恐防不胜防。"琦善还以十分隐晦的方式，告诉皇帝，中国北部一带并无海防，根本无法抵御洋人。他说："该夷所恃者大炮，其所畏者亦惟大炮。山海关一带，本无存炮，现饬委员等，在于报部废弃炮位内，检得数尊，尚系前明之物，业已蒸洗备用。"

如此一来，道光皇帝完全打消了以武力驱逐侵略者的念头，一心依靠琦善来"羁縻"洋人，并且愚蠢地认为，只要严办林则徐等人，让洋人出了气，此事就可以了结了。

其时，林则徐曾向皇帝上了一道密奏，指出英人侵略我国蓄谋已久，必须"以威服叛"，不能"设法羁縻"。他表示，愿意亲赴浙江，"随营效力"，誓从侵略者手中夺回定海。然而，昏庸的道光皇帝却在林则徐的奏折上批下了"一派胡言，无理可恶！"的字样。

就在林则徐这份充满爱国血诚的奏折发出后不久，道光帝下达了将林则徐、邓廷桢革职问罪的上谕："前派林则徐、邓廷桢在广东查办鸦片，乃时逾两年，不但未绝根株，转致该夷近畿，呈诉冤抑，成何事体，林邓照部革职。"

琦善在 9 月 9 日答复懿律的照会中表示：如果英军肯返回广东商谈，就会有满意的结果，"必能使贵统帅有以答复贵国王"。（《筹办夷务始末》道光朝，第 14 卷，第 35—39 页。）侵略者对于琦善的"谦卑"态度十分满意，加之，其时已入深秋，北方即将结冻，届时将对滞留海面的军舰极为不利；还有英军官兵不适水土，疾病流行，所以，义律同意移至广州继续谈判。

9 月 15 日，英国远征舰队离开白河口，全数起碇南下。

道光帝得到英人南下的消息，欣喜异常，把琦善大大夸奖了一番，以为英人已经"申了冤"，此后大局可定。遂命琦善为钦差大臣，驰往广州查办中英纠纷。

在懿律带兵前往天津白河口交涉之际，留在定海的英军4000余人（部分军队由印度调来）遭遇极大的困难。定海百姓给侵略者留下一座空城，使侵略者缺吃少穿，军中疾病流行，损失严重。其住院治疗的病人达半数以上，400余人因病丧生，当时英军中流行的间歇性发热症死亡率高达三分之二。英军远征中国，军队补充极为困难，从英国绕过好望角需时较长，即使是从印度调兵也需月余时间。孤军远离本土，死一人即少一人，长期下去，即使不打仗，英军也必将转为劣势。驻守英军无奈，只得到处张贴布告，每斤鸦片只卖洋钱一元，以此招揽百姓。

林则徐曾派人前往定海一带了解敌情，得知英军已处于"进退维谷之势"，不但"伙食无多""病死者甚多"，而且"即炮子火药，亦不能日久支持"。因此，他向两江总督伊里布建议：趁定海敌人招诱百姓回城之际，"或将兵勇扮作乡民，或将乡民练为壮勇，陆续回至该处"，在定海城乡隐藏起来，一旦时机成熟，里应外合，"约期动手，杀之将如鸡狗"。（《林则徐集》第883—885页。）

两江总督伊里布也是与琦善一样的投降派，他丢了定海，不仅没有受到处分，反而与琦善勾通一气，竭尽讨好侵略者之能事。其时，林则徐革职的上谕还没有传下来，可他已事先知道了。所以，对于林则徐里应外合，收复定海的计划坚决反对，说："此策窒碍难行，应毋庸议。"而当义律带着北上舰队驶来定海时，伊里布却媚态十足地前往迎接，并且在一见面即告诉义律："林则徐已经革职，两国将要罢兵修好，以后好里还要讨好。"（张喜《探夷说帖》，载《鸦片战争》第5册，第336页。）

义律即将赴广州谈判，懿律因病即将回国，义律继任谈判全权代表。当时最令义律担心的问题，就是定海的守备问题。因为他手中的兵力有限，占领定海是英军谈判中的重要筹码，而去广州谈判，又不得不从定海抽调大部兵力，以对广州的谈判施加军事压力。如此一来，捉襟见肘，定海又空虚了。义律担心，英军主力一去，中国军民趁势收复定海。谁能够帮助他来解决问题呢？

义律看中了在定海"热情欢迎"他的清朝两江总督伊里布。通过伊里布的家人张喜的往返牵线,义律与伊里布私下里竟达成了一项"停战协定",即:中英双方在浙江停止军事行动,浙江政府不禁止人民供给英军食用诸物。

协定以后,伊里布立即向定海军民发出十道告示,要求定海士民人等"务须各安耕读","不得再行查拿英人"。(《鸦片战争文献》,见《国闻周报》第10卷,第48期。)连义律也没有想到,他在中国境内竟然找到了这样的"好帮手",不仅及时解脱了定海驻军的困境,而且使他的广州谈判再无后顾之忧。于是,他很快带着英军主力开赴广东与琦善谈判去了。

三、琦善媚外误国,英人强占香港

清朝的谈判代表琦善于1840年11月底到达广州。途中经过山东时,由山东巡抚托浑布推荐,带来了一个英语翻译,名叫鲍鹏。

鲍鹏是广东香山人,最早在广州的美国商馆—闭馥馆混事,练出一口流畅英语。后来,他又到英国最大的鸦片贩子颠地手下效劳,同时自己也兼做鸦片生意,是个油滑到家的人物。林则徐到广州禁烟以后,颠地公然对抗林则徐的禁烟命令,拒不交出存放的鸦片,林则徐遂下令封锁英国商馆,逮捕了颠地。鲍鹏得到消息以后,早已溜之大吉。林则徐调查英国商贩在华的不法行为时,查出鲍鹏种种劣行,发出通缉令,捉拿鲍鹏。

这个被林则徐通缉在案的逃犯,竟然逃到了山东巡抚托浑布那里,找到了安身之地。托浑布让鲍鹏帮他办理与英国侵略军交涉事宜,不仅对他全力保护,而且信任有加。可是,鲍鹏却并不把清朝大官的信任放在眼里,他与洋人的友情更深,混得更熟稔。

据英方记载,当鲍鹏被派去与清朝官员一起同英方交谈时,鲍鹏指着与他同来的清朝官员,嬉笑着用英语加以辱骂。当这位不懂英语的清朝官员瞪大眼睛看着一个个哈哈大笑的英国人时,鲍鹏又满脸堆笑地对他说:"他们很欣赏您的风度。"当谈到中国皇帝已经派钦差大臣琦善南下广州与英国谈判时，鲍鹏竟用英语私下里向英国人建议："可以去谈谈，你们的军队棒极了，一定要叫那个皇帝（指道光）哭！"

就是这样一个流氓加汉奸的角色，经过托浑布的推荐，竟又成了中英正式谈判的代表。

琦善到达广州后的第一事，就是彻底破坏林则徐在广州苦心经营的防御措施。他下令裁撤军队，将林则徐所募集训练的数千名水勇和大批武装船艇通通遣散，还主动撤除了广州南山与横档之间的拦江铁链、木排，任由英军小船进入内河探测水道。

琦善还下令查办前一年驻守沙角炮台下令开炮轰击英军送信军舰的军官，并厚颜无耻地向义律提出："假如英方要求严厉惩办炮台守将，一定照办。"结果，英方表示，"道歉就可以了。"琦善连忙以广东水师提标中军参将的名义，亲自起草了"致歉书"，呈送给洋人。此外，他还下令沿海文武官员，在英舰进入中国水域时，我军一概不准首先开枪开炮。他在训词中声色俱厉地说："不应在炮台施号炮，惊动逆夷，致令生气。"（《壬寅二月裕谦札咨》）

凡有向琦善奏报缉拿汉奸、鸦片烟犯的人，琦善即喝斥道："汝即汉奸。"凡是向琦善报告英国侵略军动向的，琦善也火冒三丈，斥道："我不似林总督，以天朝大吏，终日刺探外洋情事。"（《道光洋艘征抚记》卷上。）

琦善种种倒行逆施，顿使广州民心士气大受挫折，大大助长了英国侵略者的嚣张气焰。此种情形，无异于开门揖盗。

另一方面，琦善在向皇帝的报告中，则大谈广州不能抵御外敌的情况，以此坚定皇帝求和的决心。他在奏章中说："奉旨饬查各情，亦已略得端倪，大率虚实互见。即水师营务，微特船不敌夷人之坚，炮不敌夷人之利，而兵丁胆气怯弱，每遇夷师船少人稀之顷，辄喜事贪功，迨见来势强横，则望而生惧。""现在水陆将士中，又绝少曾经战阵之人，即水师提督关天培，亦情面太软，未足称为骁将。"（《筹办夷务始末》第2册，第606页；第645页。）

琦善的妥协逢迎之态立即助长了英国侵略者的气焰与野心。义律与琦善在广州的谈判一开始，先提出增开一个贸易港口、赔偿商业损失等要求。并许诺如果清政府答应另行开港贸易，英军于一个月之内撤出定海，但在和约签订以前，英军将在外洋红坎山（即香港）暂屯，等条约签订以后撤回本国。这是英国侵略者首次提出香港问题。

琦善得到义律的照会以后，表示可以"另开码头一处，"并将"代为奏恳圣恩"。谁知英国驻印度总督奥克兰对天津白河口谈判的结果十分不满，责令义律采取更为强硬的态度。英国人的要求又大大进了一步。义律向琦善提出了偿还烟价 2000 万元，割让香港，开辟厦门、定海为商埠等无理要求。义律知道琦善一意求和的心理以及广州防务松弛的状况，遂一再以战争相威胁。

1840 年 12 月底，琦善派出守备张殿元、白含章、鲍鹏等人前往英军驻地谈判。

首先，义律声称："我军长期驻扎广州，劳师糜饷，应由清政府赔偿军费。"

张殿元回答："你们远征到中国来，乃自费饷银，而我军因此而增兵防守，也要多费饷银，我们又该向谁索取呢？"

义律又说："多年来广州洋商欠款总须偿还，这两年因战争所损失的船只货物，也应由你们偿还。"

白含章等答道："洋商欠款乃是商人自行交涉之事，政府官员向不过问，至于两年来所损失的船货，并无确凿证据，也无凭偿给。"

义律又提出赔偿被林则徐收缴的烟价问题。先提出要 2000 万元，后经双方讨价还价，压至 1200 万，英方声称再不肯让步了。

张殿元等提出归还定海之事，义律表示：定海可以归还，但必须于广东、福建、浙江等省沿海地方，另行割让一处，方可交还定海。

张殿元等表示："天朝准令外国人前来通商，已是格外施恩了，哪有再要求给予土地的道理？"

义律蛮横地回答："如果不肯另给地方，那就只好占据定海了。"

此外，英方还提出，以后贸易由英国人自行开行，不由中国的洋商从中经手；英国货物应准予在澳门卸货；如果英国商人在中国受到冤抑，应准其到天津告状等项。

琦善派出的代表们带回了与义律谈判的条款。琦善对于赔款一项同意给500万元，以10年为期，由洋商逐年偿还；对于给予地方一项，琦善表示不能同意，十分为难。

1841年1月初，琦善又派鲍鹏等人回复义律。结果，义律只肯将赔款降至700万元，并要求先给200万元，其余必须于五年内还清；在让地一项上，义律提出了新的要求，即于广州之外，再准英国商人在厦门、定海任意贸易，并且正式提出了割让香港的要求。义律在给琦善的照会中说："唯有予给外洋寄居一所，俾得英人竖旗自治，如西洋人在澳门竖旗自治无异。"

在谈判中，义律向琦善的代表们肆意进行战争讹诈，声称："不是我得寸进尺，而是接到大英国王的来信，中国方面必须全部答应我们的要求，否则英国必将添兵再战。"

义律还将鲍鹏拉至一旁，对他悄声说道："我们在中国的军队饷重费多。每个士兵，每天都须给洋钱1元，而士兵都想尽快增加饷银，故人人都愿尽快打仗。这种情形，我也难以控制，如果谈判不能得到满意结果，只能任凭士兵接仗。即使失败了，我也可以证明自己并非坐失时机，自可以向国王交代，还能增兵增饷。如果胜利了，则我不负使命，更好交代了。"

于是，义律招出英军中的一群将领来与中国谈判代表相见。英军将士们个个面目嚣张，口出狂言，态度异常暴悍，他们"嬉笑怒骂，有舞洋枪飞刀于座上者"。侵略者对于琦善派来的代表根本不放在眼中，肆意污辱恐吓，弄得代表们不能开口说话。义律对于鲍鹏，也如对待奴仆一般。据鲍鹏事后说："我与义律争论，他曾用藤条打伤我的手背。"（《军机会讯鲍鹏供词》，见《犀烛留观记事》）

这样的谈判，在世界外交史上恐怕也是罕见的。

对于义律一再提出的无理要求，琦善也不敢擅自做主答应。他将英国人要求香港的事向皇上报告了。琦善在奏折中说：英人在谈判中"言语倨傲，动加呵斥，大非前在天津之比。其兵目人等，亦无不喜事贪功，业有兵船 20 余只驶近虎门，相距不过 10 里，一不遂欲，势即猖狂"。

对于割让香港一事，琦善在奏折中说："香港亦宽至七八十里，环处众山之中，可避风涛，如或给予，必致屯兵聚粮，建台设炮，久之必觊觎广东，流弊不可胜言。"（《筹办夷务始末》第 2 册，第 627—628 页。）可见，一开始琦善也不同意割让香港，但是，琦善仍然坚持广东兵力不能与英军打仗的观点，向皇上请求以同意英国在厦门、福州两处通商，来换取广东问题的和平解决。

可是，道光皇帝已经改变了态度。原来，他以为英军只为受了林则徐禁烟的委屈而来，既然革了林则徐等人的职务，英国人就当息战罢兵而去了。结果，事与愿违，英国侵略者贪得无厌，不仅不肯罢手，而且要求越来越多。皇帝感到统治的权威受到了挑战，不能再"羁縻"下去了。道光在给琦善的指示中写道："览奏愤恨之至！逆夷要求过甚，情形桀骜，既非情理可谕，即当大申挞伐。所请厦门、福州两处通商及给还烟价银两，均不准行。逆夷再或投递字帖，亦不准收受，并不准遣人再向该夷理谕。现已飞调湖南、四川、贵州兵四千名，驰赴广东，听候调度。著琦善督同林则徐、邓廷桢妥为办理，如奋勉出力，即行据实具奏。并著琦善整饬兵威，严申纪律，倘逆夷驶近口岸，即行相机剿办。朕志已定，断无游移。该大臣受国厚恩，责任綦重，固不可失之冒昧，成不可稍有畏怯，务须计出万全，妥为筹办。"（《筹办夷务始末》第 2 册，第 632 页。）

道光皇帝的御旨实际上已经等于宣布谈判终止，要以武力来对付英国人了。琦善得到皇帝的御旨以后，不得不抽出 2000 兵力分布于广州以东江岸，但仍然幻想通过与英国人的谈判来解决问题，故而琦善的战备措施根本不力。为了不得罪侵略者，影响谈判局面，琦善向各海防要地添兵均采取夜间偷渡的方法，密派几百名士兵，散插于各处，因而实际效果不大。

而英国侵略者却并不理睬琦善的苦心，义律见琦善迟迟不肯答应他们的要求，就抓住琦善怕打仗的弱点，于 1841 年 1 月 7 日，向珠江口清军据守的大角、沙角两处炮台发起突然进攻。我大角、沙角炮台守军奋起迎战，终因寡不敌众，大角炮台被炮火毁坏，沙角炮台失守，沙角炮台守将陈连升父子双双战死，情形极为悲壮。

琦善原来就对侵略者的炮舰极为恐惧，大角、沙角两处炮台失守，更使其吓破了胆，遂于1月11日向义律发出照会：同意给予外洋一处地方寄居，以替代沙角，进出口货税仍在黄埔交纳；既已给寄居之地，无须再增开口岸；广州开港仍应于交还定海之后进行。琦善的做法不仅超出了朝廷的限制，进一步向侵略者妥协，而且同意给寄居之地也不符合皇帝的谕旨。

可是，义律仍然不答应。他在接到中方照会以后，回复琦善，要求：以滨临尖沙嘴洋面的尖沙嘴地方和红坎（即香港），换回沙角；交还定海应在中国皇帝批准条约后一个月内进行；广州必须立即开港，未开港前，断不能以定海或沙角一处归还。

中英谈判的焦点集中于割地和归还定海、沙角的问题上来。琦善无法答应义律的要求，决定采取避重就轻的方法，要求义律先归还定海。于是，琦善于1月15日照会义律提出：广州开港之事，如能先交还定海，办理较易。让地之事，则表示尖沙嘴与香港两处只准择其一处寄寓泊船，并且还要"代为奏恳"，请求中国皇帝的应允。

1月20日，义律为了尽快获得谈判结果，造成既成事实，不等琦善签字，即在澳门片面地宣布了一份公告，声称："女王陛下的全权公使兹宣告他和中国钦差大臣已经签订的初步协定，其中包括以下条款：

（1）香港本岛及其港口割让与英王。大清帝国对于香港商业应征收的一切正当捐税，按在黄埔贸易例缴纳。

（2）赔偿英国政府600万元，其中100万元立即支付，余额按年平均支付，至1846年付清。

（3）两国正式交往应基于平等地位。

（4）广州海口贸易应在中国新年后十日内开放，并应在黄埔进行，直至新居留地方面安排妥当为止。"

义律在公告中以领土所有者的口吻说："全权公使利用这个最早的机会来宣布，女王政府并不在中国寻求单独有利于英商和英船的特权，他不过尽他的责任，贡献出英国的国旗米保护那些愿意来到女王陛下属地的其他列强的臣民、公民和船只。在女王陛下另作出决定以前，英国政府不收港口税或其他捐税。"（〔美〕马士《中华帝国对外关系史》（中译本）第 1 卷，第 306 页。）整个公告内容只提出了英国单方面的要求，对于中国谈判代表在谈判中提出的各项条件只字未提。这个公告本身充分暴露出英国侵略者最无耻的嘴脸！

为了造成强占香港的既成事实，义律表面上归还了大角、沙角炮台，却于 1841 年 1 月 26 日强行占领了香港。一个参加强占香港行动的英国士兵记道："舰队司令 24 日回来后，就派我们去香港，开始进行勘测工作。我们在 1841 年 1 月 25 日，星期一，上午 8 时 15 分登陆。我们是第一批的真实占领者。我们便在领地山上三呼万岁，举杯祝贺女王陛下健康。26 日，舰队到达。海军陆战队登陆，国旗在我们的营地上升起来，在其他将领的陪同下，伯麦司令官正式举行占领该岛的典礼，各舰和陆战队同时鸣放礼炮。"（《英舰"硫磺"号环游世界航行记事》）

英国侵略者强行占领香港以后，又采取了一系列侵略措施。1 月 28 日，英国远征舰队海军司令伯麦向负责防守九龙、香港地区的大鹏协发出照会，要求所属清军官兵一律退出该岛，并且不准在附近水域巡逻。由于琦善实行的妥协投降政策，清军均无斗志，也不知香港割让之事的真实情形，驻守香港的清军遂全部撤出，并将海湾对面九龙半岛上的两个简易炮台也拆除了。

几天之后，义律又以英国全权公使、驻中国领事的名义，与伯麦联名在香港贴出告示，称：香港岛全体居民现已属英国女王陛下的臣民，一切行动必须服从英国官员的管理。所有法律、制度、赋税暂沿清朝之旧，等英国政府颁定新例。

英军强占香港的行径，是当时资本主义列强在世界各地以欺诈手段掠取殖民地的一个突出事例，英军占领香港，激起了香港、广东军民无比义愤，他们纷纷要求惩办琦善，重新起用林则徐，抵抗英军侵略。

英军强占香港，出乎琦善意料之外，使中英谈判进入一个特殊的阶段。琦善的日子很不好过，但因琦善已经走得太远了，他仍然幻想通过谈判收回被侵占的领土，从而减轻自己在谈判过程中造成的失误。事实上，由于他一意求和、不事武备的态度，已使中英之间的谈判进入绝境。

四、狮子洋内的谈判

现在，义律所考虑的问题是，如何利用法律的形式，将英国侵略者已经到手的利益固定下来。因而，他与琦善的谈判中心，进一步围绕于条约文本的内容。

对于琦善来说，尽管道光皇帝已经下了对英军"痛加洗剿"的决心，但琦善对于打仗却没有任何信心，加上，自来广州以后，琦善的所作所为只是竭力削弱武备，并未真正进行作战准备，对于侵略者的武力胁迫也早已胆战心惊。琦善仍然幻想义律会在谈判中为他的难处着想，在做出让步以后，获得息兵罢战的结果。因此，琦善决定不顾道光皇帝不准再受英人文书和停止谈判的命令，继续与义律讨价还价。

1841 年 1 月 25 日，琦善决定接受义律的要求，举行中英广州谈判以来第一次最高官员的直接会谈。为了掩人耳目，琦善以视察虎门防务为名，从广州乘船向狮子洋驶去。随船官员有广州知府余保纯、广州协副将赵永德和翻译鲍鹏等人。

狮子洋距虎门海口 60 里，岸边有一座不大的山，叫莲花岗，会谈地点设于山下的清军营地内。义律于 1 月 27 日乘火轮来到狮子洋，为了耍耍威风，他还带着一支仪仗队，由英国传教士马礼逊充任翻译。

会谈在极秘密的情况下进行，义律受邀到琦善乘坐的官船中来，琦善把余保纯等随从人员一律遣至船头站立，只留鲍鹏一人相随参与谈判。简单地寒暄之后，义律拿出了事先拟好的条约草案给琦善过目。其中包括赔偿烟价、恢复通商、割让香港，以及有关贸易方面的细节。草案中关于以后英国商人不准偷带鸦片及漏税走私，有犯者船货没收入官等内容，得到了琦善的应允，但是割让香港一条，遭到琦善的坚决拒绝，琦善只同意以香港岛中的一处，给英国商人"泊舟寄居"。但由于义律坚持一定要霸占香港，琦善最终答应代向皇帝请求。

1841 年 2 月 2 日，琦善向道光皇帝上了一道奏折，提出了英国人要求得到香港的问题。他在奏折中拼命回避割让土地的事实，也不提英国要求赔款的事，竭力帮助侵略者说服皇帝同意向英国妥协。他在奏折中说：英军在夺占大角、沙角炮台以后，"即自知懊悔"，现在情愿将定海、大角、沙角等地归还给中国。但是，商业本是英国的"生计"，"自断其贸易后，举国无以为生，并以该国距此数万里，航海而来。动辄经年越岁，抛撇乡井，隔离骨肉，情可矜悯。间观西洋夷人，久沐天朝怀柔旷典，得以携眷在澳门寄居。今此事同一律，欲求代为吁恳天恩，自道光二十一年起，准其仍前来粤通商，并请仿照西洋人寄居澳门之例，准其就粤东外洋之香港地方泊舟寄居，即不敢求往他省贸易各等情。"（《筹办夷务始末》第 2 册，第 734—735 页。）

为了打动道光皇帝，琦善还特意为义律美言一番，在奏折中说："义律乘坐火轮船，前来求见，仅只随从数十人，并未带有兵船。是日情词极为恭顺。"同时，琦善还力陈英国船坚炮利，无法与之抗衡，希望皇帝进一步支持他的妥协政策。琦善说：英军"船只之多，大小悉备，火器之利，远近兼施。此间水师废弛已非一日，虽现在提督关天培亦须竭力鼓励兵心，而积重难返，究多畏葸。且该夷动辄火攻，师船碍难贴近，加以汉奸道引，水路交窜，省城则又无要隘可拒"。（《筹办夷务始末》第 2 册，第 776 页，第 735 页。）

总之，琦善的想法是无论如何打不得，只能同意英国人的要求，暂且妥协了事。在上奏皇帝的同时，琦善又向义律发出一份照会，提出中方的条约方案：（1）准英国商人至广州贸易，并可在广东新安县所属的香港一处寄居；（2）英商仍至黄埔纳税，税则不变，一切贸易事务，仍遵旧例，与朝廷指定的中国商人（即洋商）洽办；（3）嗣后英船如有夹带鸦片及违禁之物，或漏税走私，即将船货没官犯者治罪；（4）中英之事照此章程办理，以后永无变更。（参见《筹办夷务始末》第2册，第815页。）

义律随即派人传话，拒绝接受中方草案，并且宣称一切条款必须以狮子洋会谈英方提出的条款为准，否则将再行开战。

琦善害怕打仗，遂又约请义律于2月11日再次会谈，地点在虎门镇远山后的蛇头湾秘密举行。这一次会谈，琦善只带着鲍鹏一同前往，其余官员一概不予通报。会谈中详细讨论了条约的具体条款，经过激烈争论和讨价还价，取得了大体上一致的意见，但在割让香港全岛的问题上，琦善始终未敢答应。

2月13日，义律将"条约草案"交给鲍鹏带给琦善，其内容为：

（1）英国商人赴广东省会贸易，仍照旧例请领牌照，均听其出入。凡船进口，查无违禁货物，即行放入，毋庸具结。

（2）两国官员文书平行往来。

（3）割让香港予英国。英国不再要求另外割地，也不再要求往他处贸易。中国商船至香港贸易，一律免税。

（4）如有居住香港之中国民人犯罪，即交附近中国地方官会同办理。寄居中国的英人犯罪，即交英国领事，与中国地方官在香港审明，共同办理。如有中国罪犯逃至香港躲避，英方立即将其解交中国方面。

（5）英国商船仍得进入黄埔照旧贸易，所输纳的洋行规银，以本年元旦为期，不准再行增加。至贸易章程、进出口货物税课、各种规费等事，由中国洋商三人、英国东印度公司商人三人会议商定，报广东省政府批准实行。以前中国洋行所欠英商货款，准于三年内陆续还清。三年后洋行不得垄断贸易，英商可与内地民人随意贸易。

（6）英国商人如违禁带入鸦片及货物走私漏税，任由中国政府缉拿，货物没官，人犯或交英国领事，或驱逐回国，不准再来中华。

（7）此条约先由中英双方谈判代表盖印，再送中、英政府续盖公印。

这就是人们知道的所谓中英《穿鼻条约》。

琦善拿到义律的《穿鼻条约》以后，因没有奏准皇帝批准，故不敢在草约上盖用钦差大臣关防。义律曾多次派人胁迫琦善在条约上签字，琦善终以关系重大，拒绝盖印。（《会审琦善亲供》，载《鸦片战争》第4册，第211—213页。）其实，不久琦善就得到了道光皇帝对他的严厉谴责。道光在读到琦善2月2日的奏折上写下批语：

"朕断不似汝之甘受逆夷欺侮戏弄，迷而不返，胆敢背朕谕旨，仍然接递逆书，代逆恳求，实出情理之外。是何肺腑？无能不堪之至！汝被人恐吓，甘为此遗臭万年之举，今又摘举数端，恐吓于朕，朕不惧焉。"

随后，道光皇帝就下达了将琦善革职交部议处的命令。

琦善拿到皇帝的上谕之后，已知自身难保，因而愈加不敢在草约上签字。2月中旬，义律曾再次面见琦善，要求盖印，琦善避而不见，于18日照会义律，以"日来抱恙甚重，心神恍惚"为由，不肯签字。

义律在强占香港时的公告中谎称已与清朝钦差大臣"初步协定"，实际上，琦善始终没有在这个条约上签字。所以，英国侵略者对香港的占领，只能是进一步的侵略和强夺，并没有任何协议根据。一些近代史的著作误称，琦善与义律签订了《穿鼻条约》，也是没有根据的。

五、《广州和约》的签订

琦善在与义律的谈判过程中，虽向皇帝汇报过多次，但对香港已被英军占领一事，始终讳莫如深，不敢向皇帝实说。他总想通过谈判使问题得到解决，把自己从困境中解脱出来。可是，义律却不管他的难处，在香港、澳门一再宣称，割让香港已被中国钦差大臣认可，香港已成为英国属地等等。

纸包不住火。英军占领香港一事，终于在1841年2月26日，被广东巡抚怡良的一份奏折揭发了出来。怡良在这份奏折中说："英夷义律等，妄肆鸱张，已忘名分，况复胆思狡启，指称钦差大臣琦善与之说定让给，实为骇人听闻。该大臣到粤如何办理，虽未经知会到臣，然以事理度之，亦万无让给土地人民，听其主掌，如该逆所称已有文据之理。既无从悉其真伪，彷徨夙夜，心急如焚。"怡良又说："海疆要地，外夷竟思主掌，并敢以天朝百姓，称为英国子民，臣实不胜愤恨！"（《筹办夷务始末》第2册，第803—804页。）

道光皇帝得知上述情形以后，不由大怒，立即下旨严惩琦善，说："现据怡良奏报：英逆盘踞香港，称系琦善说定让给，已有文据；并伪发告示，称该处百姓为英国子民。览奏殊堪痛恨！朕君临天下，尺土一民，莫非国家所有。琦善擅与香港，擅准通商，胆敢乞朕恩施格外，是直代逆乞恩。且伊被人恐吓，奏报粤省情形，妄称地利无要可扼，军械无利可恃，兵力不固，民情不坚。摘举数端，危言要挟，更不知是何肺腑？如此辜恩误国，实属丧尽天良。琦善著即革职锁拿，派副都统英隆，并著怡良拣派同知知州一员，一同押解来京，严行讯问。所有琦善家产，即行查抄入宫。"（《筹办夷务始末》第2册，第805页。）

琦善被革职拿办，中英谈判遂告终止。其时，道光已经任命皇侄奕山为靖逆将军，户部尚书隆文和湖南提督杨芳为参赞大臣，前往广州主持军务，并由川、鄂、黔、湘、赣、桂数省调集了万余人马，向广州进发。

2月中旬，义律获悉清廷向广东调兵遣将，并对英宣战，便决定趁清军主力未到之时，先发制人，向虎门、广州发起进攻。2月25日，义律率领军舰18艘进攻虎门炮台。驻守虎门炮台的将领水师提督关天培，身先士卒，带领官兵400余人与敌死战，其时，仍在广州主持大局的琦善不肯向虎门增调援兵。英军3000人从炮台侧翼登陆，关天培在激战中负伤多处，仍然镇定指挥，还亲自燃放大炮，多次击退英军。炮台守军坚持抗击一个半小时，终因寡不敌众，全部壮烈牺牲，关天培也以身殉国，表现了中国人崇高的民族气节。这也是对琦善多次诬称广东水师多存畏葸，不能与侵略者交战的有力鞭挞。

虎门失陷，广州门户洞开。然而，侵略者也面临着兵力不足的最大问题。义律不得已调回定海英军，又从印度征调援军，而英军在广州的参战人员仍然不过3000余人，难以进一步扩大战争。所以，英军攻势暂缓下来，等待援军。

道光皇帝派出的靖逆将军奕山，原本是宗室近支，朝廷显贵，根本不懂军务。他一路缓行慢步，直至 4 月 14 日才抵达广州。到达广州以后，他对各省征调而来的绿营兵很不放心，自作聪明地将他们"互调分配，各离营伍"，以致"兵不见将，将不见兵"，平时全无纪律，打起仗来乱作一团。

刚到广州，林则徐曾向奕山提出六条御敌措施：1. 堵塞水道要口；2. 洋面船只查明备用；3. 炮位验演拨用；4. 火船水勇，整理挑用；5. 外海战船，分别筹办；6. 夷情宜周密探报。可是，刚愎自用的奕山根本不理睬林则徐的建议。他不做认真的作战准备，便急于一战，企图侥幸取胜。

5 月 21 日，奕山及其亲信草率决定，兵分三路对侵入广州附近的英军发起进攻，企图以夜袭取胜，进而收复广州周围的各处炮台。可是，清军夜袭的消息早有汉奸报知义律。义律于 21 日白天从容通令住在广州城内的外国人，于日落前秘密离开广州。

当晚 11 时许，清军发起进攻。清军利用暗夜乘驾小快艇靠近敌舰，用长钩钩住敌舰，再以火箭火弹攻击敌舰。英军立即开炮还击，但由于英舰较高，火炮死角较大，打不到附近水面。此时，清军西炮台和东炮台也向江中的英船开炮，给英舰以一定的杀伤。一开始的战斗，清军打得较为顺利，但并未给英军以重创，英舰也未沉一艘。第二天黎明，英军乘顺风向清军炮台发起进攻，奕山的军队遂溃不成军，纷纷向广州城内逃逸。广州城郊的重要据点泥城炮台和四方炮台，不战而陷。

不几日，英军已经占领了广州城北的炮台与山冈，居高临下，俯瞰广州全城，而奕山的万余清军全部收缩城内，满城文武惶惶无主。26 日，英军在四方炮台集中了数百门大炮，直打广州城内，中国兵民死伤无数。奕山等人吓得丧魂落魄，急忙在城头竖起了白旗，并派广州知府余保纯出城向义律乞和。

1841 年 5 月 27 日，奕山在英军的炮口下，与义律签订了可耻的《广州和约》，全部答应了义律提出的五项条件：

1. 钦差大臣及除本省军队以外之一切军队务须于六日内撤至城外 60 里

以外之地。

2. 当于一星期内付款 600 万元，以供英王之用。自 5 月 27 日算起，5 月 27 日日落以前当交付 100 万。

3. 目前英国军队暂时驻留原地，对方不得增加准备。如所同意之款项未能于 7 日内全部付清，即增至 700 万，如未能于 14 日内全部付清，即增至 800 万，如未能于 20 日内全部付清，即增至 900 万。当全部付清后，所有英国军队当撤至虎门及横档以外，江中一切设防地带当交还于中国。但在两国间之事端尚未解决以前，不得重新设防。

4. 毁坏商馆所引起之损失及西班牙双桅船"米巴音奴号"之损失当于一星期内赔偿。

5. 广州知府须有代表三位钦差大臣、总督及提督、抚院的全权证明书，书上须有他们的官印，以代表他们来缔结以上各项协议。（宾汉《英军在华作战记》，载《鸦片战争》第 5 册，第 223—224 页。）

奕山打了这样的败仗，签了如此屈辱的条约，却在给皇帝的奏折中编造了一大套谎言，说"初八日焚击痛剿，大挫其锋，义律穷蹙乞抚""求大将军转恳大皇帝开恩，追完商欠，俯准通商，立即退出虎门，缴还各炮台，不敢滋事"等等。昏聩自大的道光皇帝，也明知奕山打了败仗，却于 6 月 18 日下谕："该夷性等犬羊，不值与之计较，朕谅汝等不得已之苦衷，准令通商。"（《筹办夷务始末》第 2 册，第 1044 页，第 1046 页。）如此一来，道光皇帝实际上批准了这个条约。于是，乞降变成了乞抚；赔款变成了代还商欠；大败变成了大胜。

就这样，《广州和约》的签订使中英之间的战争告一段落。

无论是由琦善主持的广州和谈，还是由奕山主持的广州战役，都充分暴露出清政府极端腐败的实质。以道光皇帝为首的清朝最高当局，长期闭关锁国，对于西方列强的社会状况、经济发展和军事实力茫然无知，不明敌情。和战大事，操诸皇帝一人之手，一句"夷情恭顺"，即令沿海各省裁撤防兵；一句"夷情桀骜"，即令"大张挞伐，聚而歼游"，其虚骄昏聩无以复加。

琦善与英军谈判一意妥协，裁兵撤勇，自毁长城，却任侵略者边打边谈，在谈判中始终处于有利地位。清军前线将领或者轻敌如蚁，或者畏敌如虎，战守无策，不能利用英军劳师远征所产生的种种弱点，采用灵活战术制胜敌军。谈判不能以武备制约对手，战争不能以己之长击敌之短，故而失败的结局难以避免。

第二章　城下之盟，国破之始

——耆英与中英南京谈判（1842）

一、伦敦对义律谈判的否定

1841 年 5 月，义律把《穿鼻条约》送回英国，结果引起了欲壑无底的英国统治者的强烈不满。他们认为，义律在战胜的条件下，攫取到的权益太少了。在发动这场战争之初，英国政府曾经通过了一份"条约稿本"，作为英国代表谈判的依据和未来条约的蓝本。这个"条约稿本"后来曾被澳门报纸披露，共计 14 款：

1. 英国人去年在中国受到了侮辱，应赔礼道歉，并保证今后不再发生如此行动；

2. 赔偿鸦片烟价款及这次远征军的全部费用；

3. 中国政府清还洋商拖欠的债款；

4. 不得因外洋走私鸦片之事，连累英国人及英国贸易之船；

5. 英国人呈递文禀，不必经过中国地方官员，直接封达北京的皇帝；

6. 允许英国人在一处通商口岸永远居住，如同澳门方式；

7. 增开福建、浙江、江苏、天津等处通商口岸六处；

8. 在北京建造使馆，派驻公使，在各通商口岸派驻领事；

9. 如有英人在通商口岸犯法，由英国官员自行审理，中国政府不得干预；

10. 通商口岸听凭英国传教士建造教堂；

11. 准许英国人携家眷在通商口岸居住；

12. 贸易之事不再经洋商之手，如洋商不能裁撤，也不得增减其数量；

13. 固定进出口税额，不得随意增减；

14. 必须裁减英国商船进关的各种规费。

这个"条约稿本"所包括的要求，甚至比后来签订的《南京条约》还要广泛，可见英国政府的侵略胃口是很大的。相比之下，老牌的殖民主义者英国外交大臣巴麦尊不满意《穿鼻条约》所索取到的权益，就不奇怪了。

巴麦尊对义律进行了极为严厉的指责。他说："我必须向你表示，我对你交涉的结果，极其失望，对你进行交涉的方法，也不赞同。"

巴麦尊指责义律在中方谈判代表拒绝接受全部谈判条件而发动穿鼻之战，攻占了中国的大角、沙角炮台以后，没有继续采取进攻行动，一举拿下虎门所有炮台，反而停止进攻，进行又一轮的无效谈判。

巴麦尊认为，义律在整个谈判中表现得太软弱了，不够凶狠，没有能够充分利用军事威慑的手段迅速达到战争目的。他说："如果你不用那种交由你使用的手段，就在交涉中得到了完全的胜利，我自当对你不借助武力而达到了我们的目标，加以赞赏。但是当你看出，不充分使用那支派去的兵力，你就不能得到你奉命争取的事情，而那支兵力又分明是为了一旦交涉失败使你能使用压力而派出去的，我却不明白，你为什么不用那支正是为这个目的而派去的兵力，你为什么不略微试一下你的手段是否能使你争取到所要求的全部条件，而你就接受了这不适当的条件。"

对于《穿鼻条约》所开列的条款，巴麦尊逐一加以批驳。

他认为要求中国赔偿的烟价 600 万元太少了，数量远不足以抵偿实际的烟款数额，而且不应该有五年期的偿还时间。他认为如果以五年时间来还清的话，那么中国政府可以用增加货物税收的方法，把赔款转移到英国商人的头上来。此外，巴麦尊还指责义律没有要求中国政府赔偿这次远征军的全部军费。

巴麦尊还指出，义律在归还定海的问题上，违反了英国政府的训令。因为英国政府曾经指示义律，必须在中国政府全部偿清了赔款，并在条约上签了字，中国大皇帝也批准了以后，英国军队才能离开定海一带，而义律过早地撤出了军队。

对于香港的割让，巴麦尊尤其感到不满。他认为，那只是一块非常荒凉的地区，连一所房子都难以找到的荒岛。并且，所谓的割占，不是主权的割让，而仅得到建造居留区的许可，其地位等同于葡萄牙人居住的澳门，这对于英国来说是不够的。此外，他认为，香港的地理位置不利于英国对华经济侵略的长远发展，说"香港也许能够给我们争得以前我们在广州所享有的商业利益，外加上身体和财产免受滋扰的优点。但在主要点上，你仍是失败者。这个主要点，就是为我们的贸易另辟向北发展之路，而这项目标本来会由占据定海一带，甚至利用规定分期摊付赔偿期而占据不放的办法来达到的"。（以上参见《零丁洋上不速客》第72—74页。中国人民大学出版社1993年版。）

最后，巴麦尊甚至还认为，义律在同中国代表谈判时，没有保持战胜者的"尊严"，指责他在同琦善往来的全部文书中，容许琦善使用一种"妄自尊大"的口吻，而自己却甘居人下。

英国女王也不满意义律所得到的利益。她在致她的姻亲比利时国王利奥波德的一封信中说："中国的事件很使我们懊恼，巴麦尊极其感到羞辱。如果不是由于查理·义律的那种不可思议的、奇怪的举动，我们所要求的一切或许已经到手了。……他完全不遵守巴麦尊给他的训令，却尝试着去取得他能够得到的最低的条件。"

上述这些充满强盗逻辑、极其野蛮无理地言论，对于我们中国人来说，即使过去了一百多年，仍然感到内心的愤怒与痛苦难以抑制。

义律的侵华英军总司令和谈判全权代表的职务，很快被亨利·璞鼎查所代替。璞鼎查是在印度干了40年侵略活动的老牌殖民主义者，对于欺压与讹诈弱民族有着丰富的经验。临行之际，巴麦尊对璞作了如下训令：

"你要清楚了解，同中国政府进行交涉是完全托付给你……交涉如果不成功，你就不停止军事行动，除非你从中国政府适当授权的一个官员处，得到（中国）皇帝对你以英国政府名义所提出的一切要求完全无条件的依允。"

此外，巴麦尊还对谈判的细节要求做了交代，他说："如果中国政府派遣全权大臣到海军司令船上来同你们商谈，应以各种适当的礼貌和敬意来接待这位全权大臣，并应依照同女王陛下的全权公使处于完全平等的地位来加以招待。女王陛下并不要求她的全权公使享有优越地位，但也不能容许大皇帝的全权大臣享有优越地位。"

对于谈判的地点，巴麦尊也不厌其烦地加以交代，说："如果中国政府反对在海军司令船上，而建议在其他地方进行交涉，那么拒绝和接受这一建议，应由你们权宜处理。但是必须记住，女王陛下政府，一方面，不想把单纯形式问题作成任何不必要的障碍，阻挠交涉的进展，另一方面也切盼女王陛下的全权公使，不要在问题最后解决之前，置身于中国当局的控制之下。"（参见《零丁洋上不速客》第 69 页。）

就这样，英国政府在给它们的远征军注入贪婪与狂妄的性格之后，把他们送往中国。1841 年 8 月，璞鼎查到达中国广东沿海，随他一起来的有海军司令巴尔克少将，陆军司令卧乌古少将，以及军舰 26 艘，士兵 3500 余人，开始了英国军队对中国领土的又一次野蛮征服。

二、英国扩大侵华战争

英国政府交给璞鼎查的军事进攻路线是，第一步先重新占领定海，然后率舰队北上，占领中国沿海的主要口岸，强迫中国政府答应英国政府的一切条件。

璞鼎查留下 1000 余人驻守香港，其余兵力倾巢北犯。1841 年 8 月 26 日，英军攻陷鼓浪屿、厦门，随后，留下 400 人守鼓浪屿，主力继续北上。

就在英国政府喧喧嚷嚷地要向中国索取更大利益的时候，昏聩的中国皇帝却十分放心地以为英军退出虎门，战争已经结束，只要相机收复香港，就万事大吉了。1841 年 7 月 28 日，道光皇帝通谕沿海各省将军督抚，酌量裁撤各省调防的官兵，以节省军费。8 月上旬，专办浙江军务的钦差大臣裕谦接到奕山等人的咨文，获悉英军即将再犯闽浙，乃要求清廷暂缓撤退江、浙两省防兵。道光皇帝对于英军还要再犯闽浙的消息，根本不信，竟于 8 月 19 日批复裕谦说："如果逆夷别有思逞，断无先行传播透漏之理。著裕谦仍遵前旨，会同刘韵珂、余步云体察情形，于镇海、定海紧要处所，酌量暂留弁兵外，其余调防官兵，即著奏明裁撤归伍。其江苏防堵官兵，亦著会同程鹬采、陈化成酌议撤回，不必为浮言所惑，以致糜饷劳师。"（《筹办夷务始末》第 2 册，第 1129 页。）

然而，就在道光皇帝要求裁军的谕旨下发不几天，厦门已被英军攻破。9 月 25 日，英军再攻定海。定海守军 5000 人，在总兵葛云飞、王锡朋、郑国鸿的率领下，与侵略者血战六昼夜，全部壮烈牺牲，10 月 1 日，定海再陷。10 月 10 日，镇海失陷，两江总督裕谦投水自尽。13 日，宁波被英军占领。短短几天，清军连死一总督三总兵，形势十分严重。道光皇帝于万分震惊中，派出另一个皇侄奕经，为扬威将军，调集内地数省军队，前往浙江应战。

奕经同奕山一样，都是皇宫内的纨绔子弟，在军事指挥上只是个不中用的草包。奕经获得扬威将军的头衔之后，一路游山玩水，赴浙江上任。初时，奕经并不上前线，却扎营苏州，"营帐中器皿珍馐，穷极瑰异……帘幕壁衣之属，皆以貂狐洋鼠为之，围炉拥酒，侑以管弦"。（黄钧宰《金壶七墨·浪墨》第 2 卷，《将军》。）手下一批纨绔子弟，在各地索取供应，招养歌妓，费用无度，丑闻远近传播。后来，英国在慈溪、奉化、余姚等地到处窜扰，前线不断报急，奕经才于 1842 年 1 月 21 日到达嘉兴，与参赞大臣文蔚等人策划反攻计划。其时，浙江各处防御的兵力已达 4 万余人，其余义勇、乡勇也有 9 万余人，奕经、文蔚等表示：一俟各省援兵到齐，即克期进剿，"以正兵明攻其前，以奇兵暗袭其后"。

几天以后，奕经做了一个好梦，梦见洋人纷纷上船，向外洋逃逸而走，以为好兆，文蔚也附和说做了同样的梦。二人遂兴奋不已，奕经还到西湖关帝庙抽了签，说这个好梦应在道光二十二年正月二十八日，于是决定就在这一天发动反攻。

2月，奕经移驻杭州，决定兵分三路，对英军实施全面反攻，一举同时克复宁波、镇海、定海三城。进攻的办法是事先密派内应，潜伏三城之内，等到清军发起总攻时，里应外合，收复地方。奕经从各省调集的兵员中选取了1.1万余士兵，又雇募水勇、乡勇2万余人，准备"合力洗剿"。道光皇帝得到消息以后，十分高兴，表示"引领东南，敬待捷音，立颁懋赏"。双方都把胜利寄托于一次性的"投资"之上。

可笑的是，就在清军向三城进攻之前，奕经的全部反攻计划，在浙江已是"路人皆知"了。英军早已做好了应变的准备，并且还有比奕经更秘密的"顺手牵羊"的作战计划。3月10日夜间，奕经下令发起总攻。在宁波，清军冲入城内，遭到英军布置在城内的伏击，清军"前后壅塞，立脚不住"，在英军的猛烈夹击下，死伤过半，仓皇退出城外。在镇海，清军与英军刚交上火，伤亡不大，清军即行溃退。至于定海，则几乎没有什么举动，即告失败。奕经的梦幻，只在一夜之间就完全破灭了。英军却趁势反攻，攻陷慈溪，奕经全军溃败，逃往杭州，再也不敢做什么反攻的"美梦"了。

为了掩盖其失败的责任，奕经等人与奕山一样，向皇帝送上一份报告，说："此次浙东用兵，该省水陆地势，处处港汊纷歧，其旱路只能沿河行走，宽者不过四五尺，势难大队进剿，是以奴才等数月以来，悉心筹划，必须明攻暗袭，正奇并用；或能得手。不意曹江以东，到处汉奸充斥，商民十有七八，孰奸孰良，竟莫能辨。所有奴才等现在兵勇数目若干，营盘几处，某日行至某处，以及带兵官员面貌姓名，莫不详细记认。至逆夷船坚炮利，向只于水路为便，而所有宁波一带，山势陆路，汉奸处处为之引导，反较我兵熟悉。奴才等带领官兵由苏来杭时，号称精兵十二三万，原欲震慑夷心，使之畏惧。乃自兵过曹江，所有兵勇若干，俱为汉奸逐队细数，官兵虚实，逆夷无不尽知，以故两次接仗，转致失利。"（《筹办夷务始末》第4册，第1669页。）这样，奕经等人就将战败的责任，推给了浙江一带的"汉奸"。

奕经等人打了败仗以后，浙江巡抚刘韵珂乘机上奏，力陈英军战斗力强大，清军无法与之交战，且清军漕粮难征，财政紧迫，要求皇上拿主意乞和。

奕经作战的惨败与刘韵珂的奏折，促使道光皇帝转而倾向于求和。1842年3月28日，道光调广州将军耆英，改任杭州将军前往浙江前线主持议和事宜。不久，又授耆英钦差大臣的头衔。

然而，就在中国皇帝一心想求和的时候，侵略者却不肯罢手。为了进一步取得与清廷谈判的主动权，璞鼎查决定进行更大的军事讹诈，攻下中国南北交通的枢纽—南京。

5月18日，英军攻陷江浙海防重镇—乍浦。

6月，英国从印度派来增援的大小船只百余艘，陆军士兵万余名陆续开到中国。璞鼎查有了这支援军，气焰顿盛，立即向长江进犯。

英军在进犯长江的途中，受到清军部分将士的顽强抵抗。驻守吴淞炮台的江南提督陈化成，时为七旬老将，率领守台清军5000余人，奋力抵抗英军。陈化成在激战中身负七伤，仍亲燃大炮轰击敌人，击伤敌舰数艘。当时参加这场战役的侵略者自己描述道：

"中国军队始终打得很凶猛，我方战舰在指定地点停妥后始行回击；双方连续炮战达两个半小时。……我方军队自与中国作战以来，中国人的炮火以这次为最厉害。我军旗舰被击多次，后樯被击中3炮；'布郎底'号击中14次，希威特海军中尉在甲板上被一颗炮弹击中而阵亡。'西索斯梯斯'号被击中11次，其他舰只也都被击中多次。"

但是，由于扼守吴淞口炮台侧面的两江总督牛鉴临阵逃脱，致使陈化成腹背受敌，最后血染战衣，壮烈殉国。6月16日，吴淞口失陷。19日，上海沦入英军之手。英国人写道：

"当我军进抵上海北门口时，那边显然没有准备进行什么抵抗，我们看到城门口仅有的两门大炮，对于我们似乎也不足为害。实际上，城门口已经找不到一个中国兵，我军派出两三名士兵，设法爬过城墙，把城门打开，其余的士兵也就由此进了城。我们这时才知道，中国地方当局于前一天晚上，已经离开了这个地方。"（柏纳德：《"复仇神"号轮舰航行作战记》，载《鸦片战争末期英军在长江下游的侵略罪行》。）

英军从长江口到镇江，几乎如入无人之境，得意忘形。可是，他们没有料到，在镇江他们受到清军最坚决的抵抗。当时，镇守镇江的清军只有 2400 人，而来犯英军却有 12000 人。力量如此悬殊，在侵略者看来，镇江唾手可得。其实不然，驻守镇江的清军，在八旗副都统海龄（满族人）的率领下，与英军展开了激烈的搏斗。当英军攻上镇江城头时，许多清军士兵向着敌人的刺刀冲上去，抱住敌人，与敌兵一起跳下城墙，同归于尽。英军进入城内后，清军利用每一个"据点"，与侵略者展开顽强的巷战，直至全部壮烈牺牲。副都统海龄在城陷以后，率领全家自杀。镇江战役击毙英军 185 人，是交战以来，英军损失最多的一次。清军副都统海龄则是第一次鸦片战争中牺牲的唯一的一个满族英雄。

恩格斯曾经撰文高度评价了镇江抵抗战，说："如果这些侵略者到处都遭到同样的抵抗，他们绝对到不了南京。"（《英人对华的新远征》，载《马恩全集》中文版，卷 12，第 190 页。）

8 月上旬，英军舰队驶入南京江面，两江总督伊里布急忙派人上了英国军舰，捧出道光皇帝"永定和好"的上谕，告诉侵略者说：钦差大臣耆英即日可到，恳请英军暂勿开炮。于是，战争告一段落，开始了在英国侵略者军事讹诈之下的南京谈判。

三、耆英受命主持中英谈判

耆英为爱新觉罗氏，满洲正蓝旗人。早年以荫生授宗人府主事，1838 年任盛京将军，主持清朝皇都的军事防御。1841 年琦善被革职以后，耆英被任命为广州将军，前往广州处理军务，后因奕经在浙江战败，道光皇帝预备向英军求和，又改派耆英为杭州将军、钦差大臣，前往与英军进行停战谈判。

自璞鼎查带兵前来重新挑起侵略战火以后，耆英一直是主和派，曾多次向皇帝建议停战议和。他在 1842 年 5 月 26 日于英军攻陷乍浦后，向皇帝上书说："逆夷现在攻陷乍浦，其猖獗情形，与前攻陷定海、镇海之时，毫无二致。是其前之退出宁波，包藏祸心，已可概见。今乍浦既为所据，敌势愈骄，我兵愈馁，万难再与争持。该逆之垂涎省垣，较乍浦尤甚，其势欲来侵犯。至嘉兴为江、浙要区，亦恐该逆前往滋扰。两处一有疏失，于大局关系匪轻。此时战则士气不振，守则兵数不敷，舍羁縻之外别无他策，而羁縻又无从措手。"（《筹办夷务始末》第 4 册，第 1813 页。）

耆英的这份奏折，意思就是要皇帝向英国侵略者无条件求和，并且求和也"无从措手"，故而更要不惜代价地求和，其投降的意念何等急切！此外，耆英还向道光皇帝极力推荐因与琦善一道向英军妥协投降而被道光革职戍边的原两江总督伊里布，说他"素为该夷所敬服"，要求皇帝让伊里布一同参加与英军的谈判。最后，道光皇帝接受了耆英的推荐，下令著伊里布改发浙江效力，又赏七品顶戴赴浙江军营。同时，道光还颁给耆英钦差大臣关防，给以便宜行事之大权，让他们俩联袂与英军谈判求和。

有趣的是，耆英在赴浙江主持谈判事务时，与琦善当年起用鲍鹏一样，也物色了一名充任谈判代表的小人物—张喜。张喜，字小沧，天津人。原就在伊里布门下任差，形同伊里布的家奴。此人很会察言观色，又能言善变，故深得伊里布欢心。1840 年 7 月，英军第一次攻陷定海以后，张喜就曾奉伊里布之命，到定海城内与懿律谈判，企图以英国俘虏换回定海。伊里布与琦善一起被革职查办以后，张喜也随同被逮捕进京问罪。现在，伊里布既被重新起用，张喜也一同"解放"。

耆英在与英军谈判前夕，召见张喜，问他对于谈判有何见解？

张喜回答："主意由将军斟酌，有用到小人之处，当赴汤蹈火，断不敢辞。谈判之时，保证不把公事办坏，一则不致过刚，弄出枝节，误国家大事，使将军为难；二则不致过柔，示弱于绝域，给大清丢脸。"

耆英对张喜的应答十分满意，遂带在身边，准备委以重任。

耆英、伊里布等于 1842 年 4 月底到达浙江以后，就与英军搭上了关系，双方照会频繁往来。耆英等不断向英军请求谈判，但由于璞鼎查要进一步向中国皇帝施加军事压力，一直拒绝和谈，把军队开入长江。耆英等人则尾随英舰之后，跟着请求谈判。

7月初，耆英到达江苏，又一次向英军发出照会，指出在镇海或松江等处开始谈判，遭到英军拒绝。璞鼎查声称，不愿停战，要一直打到南京、天津，然后与中国皇帝直接谈判。其侵略者的嘴脸无耻之极！耆英在给皇帝的报告中说："接据酋目璞鼎查等复书，当即公同拆阅。该酋目并不将所指相见处所言明，仅以不能戢兵，仍与相战为词，并称贵将军、贵都统谅念之等语。是该酋目先欲约见处所，又复藉词不肯戢兵，诡诈狐疑，实堪发指。更有可恨者，该逆在上海，将官仓谷石支给民食。并张贴伪示，本国与百姓毫无战争，最愿彼此和睦，广开通商之路，但大清官兵不肯议和。此等鬼蜮伎俩，尤令人愤满胸怀。奴才等面询外委陈志刚等，佥称十九日驰抵吴淞口，二十日即上夷人兵船，面见夷目马礼逊、郭士利。伊等皆称：我国兵船已到，且所商之事甚大，恐耆将军、伊中堂见面，亦不能为我们做主。现在我们欲先到扬子江，后到天津等语。"（《筹办夷务始末》第4册，第2024页。）

马礼逊为英国传教士。1814年出生于澳门，自幼学习中文，精通中国的语言文字。1830年在广州担任英国商人的翻译，曾于1833年撰写《对华通商指南》一书出版。1834年成为传教士。鸦片战争爆发后，他一直在英军中担任情报和翻译工作，是英军侵华战争的主要谋划者之一。1840年，他曾随同懿律和义律，参与同琦善的谈判活动。1842年又成为璞鼎查的随员，参与后来的南京谈判。在谈判中，马礼逊对清朝官员经常谩骂恫吓，是英国侵略军中的一个可耻帮凶。

马礼逊虽然身在英军舰艇之中，情报工作却做得很好，他每天都能读到清朝宫廷下发的《京报》。当时，《京报》为朝廷的通讯报纸，上面登载着皇帝的谕旨和大臣们的奏章文书，是很有价值的政治情报资料，只限于清朝高级官员们传看，一般人是看不到的。马礼逊却能将这么重要的情报弄到手，从而对于清朝皇帝的一举一动，清朝内部的动向都能知道得一清二楚，使英军在对中国的谈判中取得了很大的主动性。后来，耆英曾将《京报》流入英军之手的消息报告了道光皇帝，道光极为震惊，曾下令追查泄露之人。

尽管璞鼎查拒绝与耆英等人谈判，但耆英仍然不断向皇帝报告英军船炮厉害，不能与之争锋的情况，向道光皇帝施加压力，要他定下完全投降的决心。当英国军舰进入吴淞口以后，耆英在给皇帝的奏折中说："现当江水盛涨，伏汛方长，该逆船折戗往来，较内港樯帆行驶尤为迅利。且彼兵在船安坐，施放炮火，直有不可向迩之势。我兵在岸露立，既无障蔽，甫经败挫，锐气全消，大炮均已无存，兵械亦复不整。如骤与争锋，必难望其得力，甚至地方糜烂，民困滋深，殊觉伤心惨目。至从前督臣牛鉴所奏，水师战船十六只，招募各船大小七十只，另制水轮船四只。自吴淞失守后，均经散失，并被逆夷烧毁，无论一时备办不及，亦断难与彼船相持。若一意坚守，长江既为所扼，则声势梗阻，是战守两难，日久更不堪设想。惟有吁恳天恩，俯念东南时势，应如何曲予矜全，敕下廷臣速议良策，务期有裨国计而卫民生。"（《筹办夷务始末》第 4 册，第 2089 页。）

在英军的军事讹诈和耆英等投降派的内部压力之下，道光皇帝终于停止了调兵遣将的"示威"活动，准备向侵略者一意求和。道光于 7 月 16 日给耆英等发出谕旨说："该夷如果真心求和，于通商而外别无妄求，朕亦何乐而不罢兵？即令仅只求给香港一处，栖止贸易，或该国船只，偶至闽、浙口岸，暂时停泊，售卖货物，旋即驶去。虽非旧例，然随时变通，朕岂不思保全沿海生灵，聊为羁縻外夷之术。无如该逆逞凶陷地，屡肆鸱张，既来犯境，即不得不集兵防堵。今观伪示，该逆有悔罪之意，或可乘机开导。"（《筹办夷务始末》第 4 册，第 2054 页。）

此时的道光皇帝，虽然还在强撑颜面，可还是对英军要求割让香港、开放通商口岸等条件松了口，表示"虽非旧例，然随时变通"，准备在谈判中做出让步。这就给了耆英等人在谈判中的求和工作提供了方便。

不久，道光又进一步授予耆英谈判全权，鼓励他放胆向英军乞降。皇帝在 7 月 26 日的上谕中说："前已谕知耆英，将香港地方暂行赏借，并许以闽、浙沿海暂准通市。该逆既来诉冤，经此次推诚晓谕，当可就我范围。惟前据该逆照复，似以耆英、伊里布不能作主为疑。恐其心多惶惑，不肯遽敛逆锋，著耆英、伊里布恺切开导，如果真心悔祸，共愿戢兵，我等奏恳大皇帝，定邀允准，不必过生疑虑。该大臣等经朕特简，务须慎持国体，俯顺夷情，俾兵萌早戢，沿海解严，方为不负委任，不必虑有掣肘，以致中存畏忌，仍于事无益也。"（《筹办夷务始末》第 4 册，第 2127 页。）

至此，道光皇帝表示了他一意求降的意向，也授予了耆英等人全面投降的权力，从而使耆英等人主持的南京谈判，有了比琦善的投降活动更为有利的条件。

四、张喜等人与璞鼎查的初步交涉

1842 年 7 月 4 日，英军已经攻入长江，璞鼎查与耆英才最后商定在南京举行正式谈判。

对于谈判的方式，道光皇帝曾给耆英等人下达过指示，要他们轻易不与洋人见面。道光在上谕中说："兹据奏称该逆约地会商，该大臣发给照会关往，尚未接该逆酋复信。……夷情诡诈，全不可信。著该大臣仍遵前旨，断不可轻身前往，即该逆前来请见，亦不可与之会晤。倘有应行商办之处，只可令陈志刚等持书前去，免致堕彼奸计。"可见，道光皇帝对于谈判的内容并没有多大的担心，倒是对于清朝官员的面子十分注意。由此可以看出中国皇帝对于国际交往问题的愚昧无知。

根据皇帝的训示，耆英等决定谈判的策略为，先派小人物与英军头目会晤，观察其口气与措辞，然后再派较高级的官员去谈判实质性问题，自己则最后出面签订条约。这样一来，中英双方的正式谈判，重大问题却由中国的小人物起着关键性的作用。

耆英首先派出了以张喜为首的谈判代表团，随从人员有外委陈志刚及谢继超、刘建勋等五人。为了撑撑门面，耆英令张喜暂着五品军功顶戴，赴南京谈判。

8 月 7 日，张喜一行先到南京城内，拜见两江总督牛鉴。第二天，张喜等人即到英国军舰"皋华丽"号上，向璞鼎查呈上中方照会，询问对方议和条件。看了中方照会以后，璞鼎查、马礼逊等人均摇头摆手，露出一副不屑一顾的样子。接着，马礼逊首先对中方代表的资格问题发难，说：

"伊中堂一片苦心，怎奈无权，不是钦差。既无全权二字，又无钦差关防，何能了此大事？即耆钦差到也未必能了。"

张喜答曰："中国的钦差即贵国的全权，钦差关防在耆将军处，怎么不能了此大事。"

马礼逊说："如果你们完全依照我方照会签字，便可以了事了。"

张喜问："照会有什么内容？"

马礼逊答："要求申冤等事。"

张喜问："冤如何申？"

马礼逊答："中国皇上必须认错。"

张喜说："皇上乃天下之主，怎么能随便认错？除了这件事，还有别的要求吗？"

马礼逊答："赔偿赎城费、烟价、兵费，偿还商欠，所有这些钱给足了，即能停战息兵。"

张喜问："这些钱合共有多少呢？"

马礼逊答："前面已有照会，一共 3000 万。"

张喜争辩道："太多了！如果这个数目能够大加核减，我当禀明钦差，把这件事了结了。"

马礼逊说："如果中国方面果真想了结此事，银钱稍减一些，亦无不可。"

在这次交涉中，英方主要提出了赔款方面的问题，还不是全部的条件。会谈结束时，双方约定，第二天由中方派人来取英方的回文。

第二天，耆英派陈志刚去领回文，遭到璞鼎查的拒绝，声称英军得到确实情报，牛鉴由河南调至 900 兵员增防南京，说明中方缺少谈判诚意，如果这样，英军准备于明日开炮攻城。伊里布、牛鉴等人听到英人拒绝谈判又要攻城的消息后，惊恐万状，立即派太仓直隶州知州徐家槐，持中方照会到英舰，许给南京赎城费 300 万元，请求英军万万不可开炮。

8 月 11 日，张喜等人奉命再赴英舰，进行第二轮的谈判。此时，英国军舰已升起了旗帜，两大队英军均已登陆，一副箭在弦上、准备攻城的样子。张喜急忙上前，向马礼逊再次重申中方谈判诚意，要求英方切勿开炮攻击。

张喜向马礼逊表示，如果英方不下令进攻南京，中方可以先付 300 万元赎城费。

马礼逊却说："300 万元是小事，如果大事能了结，300 万元不要也无所谓。"

张喜小心翼翼地答道："如果贵国诚心息兵，钦差大人必能了结此事。"

马礼逊不愿再与张喜饶舌，不耐烦地说："事情还是等着钦差来了以后再议吧。"遂将张喜送下英舰。

其实，这时耆英已经到达南京。得到张喜等人的报告，决定第二天派职位稍高一点的盛京佐领塔芬布与张喜等人再赴英舰谈判。

这一轮的谈判安排在岸上的静海寺内举行。双方对英军提出的条件进行了逐条辩论。张喜对于赔款数额进行讨价还价，认为商欠若干不能列入其中，上年已在《广州和约》中偿还。英方代表商量了很久，决定在赔款数额上略做让步，从 3000 万元，减至 2100 万元，并且声称：烟价、商欠均不能减，只能减去战费。

最后，双方商订的条款共三大项，即：赔款 2100 万；广州、上海、宁波、福州、厦门为通商口岸；租让香港；英国官员与中国官员用平行礼。双方约定，先将这次谈判所列条款各自带回，如有不同意的地方，可在条约草稿上批改，于次日在静海寺再行会商。

张喜等人临行之际，马礼逊又提出："明天来谈判时，耆钦差须将中国皇帝授予全权代表的谕旨带过来看看，免得我们怀疑中国代表的身份。同时，我们亦将英国女王所颁的敕令，给钦差看看，双方以昭信用。"

张喜一行回城以后，将中英双方谈判的记录交给了耆英、伊里布、牛鉴三大幕后主持人。耆英草草将记录看了一遍，说："窒碍难行。"其余并不商量，只想慢慢含糊应付了事。

第二天，张喜要去静海寺谈判，不得不向耆英等人讨论应付方案。耆英等关照说：赔款问题，只能说是清理税务，不准再有商欠，断不可许给银两。英国人要看皇帝的上谕，这不可以。你可以变着方法告诉他们。

张喜见昨日与英人所商条件等于一一驳回，这岂不是前功尽弃吗。于是，张喜鼓起勇气说："英方所提要求一概不准，恐怕不行吧。"

三大员均佯装没有听见，不给张喜答复。张喜遂又请耆英等人按照与英方商定的方式，在谈判记录上做了批示以后，由自己退还英方。牛鉴似嫌张喜啰唆，说："你就说我们外出不在就行了。"

大吏们食言背信，原是中国官场交涉中的"策略"，以此故意制造障碍来换取对方让步。然而，这些中国官僚们并不了解英国人的情况，这么做，不仅使前面谈判的结果全盘否定，而且使中国的谈判代表陷于十分被动的地位，许多话都不好说了。因此，张喜得不到高级官员的任何承诺，只得怏怏不乐地随塔芬布再次赴静海寺谈判。

到了静海寺，马礼逊劈头就问："中国皇帝的上谕可曾带来？"

张喜只得谎称："上谕寄给扬威将军阅看，尚未寄回。"

"何时寄回？"马礼逊问。

张喜胡诌："今明日不定。"

马礼逊又问："昨日所开各条，你们的钦差准了几条，是否将原件带回？"

张喜只觉十分尴尬，答道："今天没有带来。"

马礼逊立刻变了脸色，说："商量好了的要紧物件，一件都不带来，凭什么谈判？显然你们的议和是缓兵之计。现在，我们的军队已经在钟山上架好了炮，如果谈不好，我们就开炮攻城，到时候不要怪我们失信。"

张喜只得央求道："你们总得听听我方的答复再决定吧。"

马礼逊傲慢地说："恐怕等不及了。"

谈判无法再进行下去了。马礼逊等人交给张喜一份最后通牒，声称以明晨为限，如果中方不交呈有关文件，英方即行开炮攻城。如果要再度和谈，必须改派更高的官员过来，不得再用低级官员敷衍其事。

果然，英军的军事威胁在谈判中屡屡奏效。当张喜等将英军的最后通牒交给耆英、伊里布时，塔芬布又描述了英方几位谈判代表的凶狠情状，钦差大臣耆英这才慌了手脚。他连忙命人取出张喜昨天带回的原条款清单，也来不及仔细讨论了，匆忙之间，对于英方提出的各项条款大端，一一允准，只有细节可待进一步商量。耆英心里只想着尽快阻止英军的进攻。随后，命令塔芬布、张喜连夜将中方照会送至英舰，并通知英方，清政府将改派江宁藩司黄恩彤、侍卫吉林副都统咸龄，到静海寺等候与英军继续谈判。

自此，清政府的谈判代表才由非正式官员转为正式官员，谈判进入一个新的阶段。

8月15日，英军谈判代表麻恭、马礼逊到静海寺会见了黄恩彤一行，谈判继续进行。马礼逊等查看了中国皇帝给耆英的上谕，确认耆英已获谈判全权代表身份以后，才开始正式谈判。

这一次，为了配合岸上的谈判，英军各舰悬挂着旗帜，一副整装待发的模样，大炮一列列架在岸边，炮口对着南京的城墙。这是对中国谈判代表实施着一种心理战术。

黄恩彤、咸龄首先针对英方所开列的各项条款进行逐一批驳。

咸龄责问："烟价已由广东还银600万两，岂能重新索要？商欠宜由洋行清理，岂能由官方赔偿？你们国家所用兵费，更不能取偿于中国。"

英方宣称："以前所给的600万还不及英国损失烟价的半数，这次是补还烟价；商欠虽可请你们行文广东查明，勒限追缴，但如果过期还是不能追回，仍然应由官方交保；兵费用于犒赏遣散英国兵船，如果没有钱，我们不能保证这些从印度等地调来的兵船是否肯退回原地。"

咸龄说："香港业经造屋，尚可请皇帝恩准，予以借居，其广州等五口开埠，未免过多了。其他贸易输税原则等项，也应在此时议明才好。"

英方蛮横答道："必须开放广州等五口，否则英军所占各城将不予归还。贸易输税可按中国例则，但为了避免洋行从中盘剥，其税应由英国领事在海关完纳即可。"

接着，中英双方就以上提及的各条进一步辩论。英方代表态度固执，不肯有丝毫让步。谈判结束时，咸龄无奈地说："你们的条件太苛刻了。"

第二天，黄恩彤、咸龄等再一次去英舰，要求继续会商，遭到英方的拒绝。英方认为条款商量已告结束，谈判应由中国方面的最高代表前来商定条约。并约中方代表于 8 月 18 日来取英方草拟的和约文本。

18 日，耆英派人冒着滂沱大雨赴英舰，取回了英方草拟的和约文稿。内容共 10 款，前面是汉文本，后面是英文本。19 日，黄恩彤、咸龄等人又一次赴英舰交涉会商。对于英方所提出的条款没有提出新的异议，双方约定于 20 日举行中国钦差大臣耆英与英国全权代表璞鼎查的正式会见，以进一步确定谈判初步拟定的和约草稿。

于是，在英军的炮舰威胁下，中英之间的战争谈判又告一段落。

五、耆英签订《南京条约》

中英之间的谈判终于进入到最高层次的会谈。中国的谈判代表们面对历史上从未有过的奇耻大辱的谈判，竟然毫无伤感，把最后的见面搞成了虚华排场的聚会。

8 月 20 日中午时分，三位中国皇室代表穿着崭新的绣花丝绸的官服，向着侵略者鞠躬致敬以后，迈开穿着华丽的满洲靴的脚，穿过英军的仪仗队，一步步缓慢地走上了英国的旗舰"皋华丽"号。当英国人奉上咖啡、茶酒、糖果、樱桃、白兰地等食品以后，中国的代表们立即品尝起来，耆英一边吃，一边不住地称赞"好吃，好吃"。

英方等待着中国的大员们对中英谈判半月以来所拟条约的意见，直至席终，耆英未谈一句有关条约的问题，却与璞鼎查谈了一些有关音乐和武器之类的话题。这使英国人也多少感到有点意外，他们带着耆英等人参观了一下军舰，即将中国代表们送走了。当时，英国的谈判随从利洛曾评价说：中国大员非常欣赏樱桃和白兰地而欣赏音乐的能力甚低。

耆英却于这次会见之后，向道光皇帝写了一份奏折，将中英谈判的结果告知皇上，并且更加具体地描述了英军船坚炮利的情形。他说："该夷船坚炮猛，初尚得之传闻，今既上其船，目睹其炮，益知非兵力所能制伏。"虚骄的道光皇帝完全被吓倒了，在耆英的奏章上批示："耆英……亲经夷船，要为招抚一折，览奏愤懑之至，朕惟自恨自愧，何至事机于此。于万无可奈之中，一切不能不勉允所请者，诚以数百万民兵所关，其利害且不止江浙等省，故强为遏抑，各条均准办理。"（《筹办夷务始末》第 5 册，第 2307 页。）

8 月 24 日，耆英在静海寺摆开盛大的欢迎仪式，恭候回拜的璞鼎查一行。璞鼎查等英军高级官员分乘 12 顶绿呢大轿，带着一支西洋乐队，施施然来到了静海寺。耆英、伊里布等中国大员在门外迎接，一支中国的欢迎乐队，敲起了大锣大鼓，震天动地，盖过了西洋乐队的声音。大殿以内，摆满了中国的山珍海味，名肴佳馔，似乎要在吃的方面尽展天朝风情，与洋人"一决高低"。

英人利洛在笔记中记录了这次会见，说："当我们的首长们登岸时，响了三声炮，宣布他们的到临。他们坐上轿子，由几个中国官吏陪伴着走向大庙，还有十一二个轿子在后面跟随。不同等级的官员们争取坐轿，颇像英国下院议员们有时被召到上院听国王演说一般。钦差大臣们站在大院的路口迎接亨利璞鼎查……这次聚会的进行与上次一样，即饮茶、说话和一些客气的演说。"（参见《鸦片战争末期英军在长江下游的侵略罪行》，上海人民出版社 1958 年版。）

在这次的宴会上，耆英与璞鼎查商量，将扬州盐商为了阻止英军进城而向英军纳献的 35 万两白银折算为 50 万元，在中国第一批赔款中扣除。在耆英的盛情款待之中，璞鼎查做了一个顺水人情，应允了此事。可是，就在这一天，耆英又接到道光皇帝的谕旨：不准于福州通市，如果万不得已，或改在泉州。耆英立即派人前去与英军商量，结果，马礼逊毫不客气地拒绝道："黄恩彤、咸龄两大人已将各事说定，此时不可更改，诸位不必再谈。"耆英也无可奈何，只能让皇帝委屈一下了。

8月26日，璞鼎查应约进了南京城，耆英仍然热情有加，四队清兵夹道护卫，鼓乐鸣炮，不亦乐乎。中英代表们在美餐一顿之后，对和约条款做最后的审定。耆英等人迅速传看了条约以后，只提出一个有关天朝颜面的问题，要求将军费、赎城等字样改换一下，认为这些词语"俱属不雅"。结果，英国人全然拒绝了耆英的要求。耆英也不再坚持，很快就同意了条约的全部条款。在场的英国人曾经窃笑说："中国官员对条约不检查一字，一阅即成，在欧洲是没有的。"

在英国侵略者的炮口威胁下，耆英一字不改地同意了英方拟定的条约，并约定于次日双方正式举行签字仪式。

第二天，因为参加谈判的重要人物伊里布病重，将签字日期延后了两日。这里面还有一个有趣的小插曲。

伊里布早就患有肝病，他在与英国人的第一次见面以后，英国的谈判随从洛利曾经这样描述了对他的印象："年近八十，看来很感疲倦，面上的表情露出内心的痛苦。"伊里布经耆英等人的推荐，被道光皇帝下令戴罪立功以后，其官职为四品顶戴。为了抬高清朝谈判大员的地位，耆英在与英军头目们会面时，让伊里布戴上了一品顶戴，与同去的耆英、牛鉴一样。

不料，就在谈判签字的前几天，伊里布的肝病复发，体温"时冷时热"。8月26日那天，中英双方在南京城内谈判，伊里布请求英国医生伍斯南大夫替自己看病。伍斯南给伊里布开了药方，并要求他派一名随从到英舰"皇后号"上取药。张喜被派去取药了。结果，因张喜曾多次到英国军舰上谈判，"熟人"很多，在英国军舰上留下来喝了不少白兰地，稀里糊涂地把医生开的服药说明书给弄丢了。张喜把药拿回去以后，伊里布问怎么吃法，张喜这才想起丢了药方，又不敢如实禀报，遂胡诌道："全部药丸和药水"一次服下去。结果，伊里布吃完药，病情顿时加重，不能起床，耆英不得不通知英方推迟两天签约。

到了 8 月 29 日那天，伊里布的病情也没有好转，但事情不能再拖了。签字那天，伊里布"被抬进舱中，安置于沙发之上，在整个会见期间，一直躺在那里"。

1842 年 8 月 29 日，为《南京条约》的签字日，中华民族近代以来第一个丧权辱国的不平等条约产生了。这一天的中午 11 点，耆英一行登上了英国旗舰"皋华丽号"，在英国谈判代表马礼逊拿出的四份条约文本上一一签了名，加盖了钦差大臣关防。最后，双方约定，两国分别钤用国宝之后，至广东交换文本。

英国侵略者通过这个条约向中国攫取了极大的利益，达到了整个侵略战争的目的。对于中国来说，条约像一条巨大的绳索，把中华民族拉向半殖民地半封建社会的深渊。英国人利洛兴奋地写道："这是一个光荣的景象。离着中国最大河流口 200 英里，在它的故都城垣之下，在一个具有 74 座炮位英国军舰的船舱内，中国第一次被迫缔结的条约，并由三位最高的贵族，在英国国旗之下代表天朝签了字。"

《南京条约》全文如下：

1842 年 8 月 29 日，道光二十二年七月二十四日，南京兹因大清大皇帝，大英君主，欲以近年来之不和之端解释，息止肇衅，为此议定设立永久和约。是以大清大皇帝特派钦差便宜行事大臣太子少保镇守广东广州将军宗室耆英，头品顶戴花翎前阁督部堂乍浦副都统红带子伊里布；大英伊耳兰等国君主特派全权公使大臣英国所属印度等处三等将军世袭男爵璞鼎查；公同各将所奉之上谕便宜行事及敕赐全权之命互相较阅，俱属善当，即便议拟各条，陈列于左：

一、嗣后大清大皇帝、大英国君主永存平和，所属华英人民彼此友睦，各住他国者必受该国保佑身家全安。

一、自今以后，大皇帝恩准英国人民带同所属家眷，寄居大清沿海之广州、福州、厦门、宁波、上海等五处港口，贸易通商无碍；且大英国君主派设领事、管事等官住该五处城邑，专理商贾事宜，与各该地方官公文往来；令英人按照下条开叙之例，清楚交纳货税、钞饷等费。

一、因大英商船远路涉洋，往往有损坏须修补者，自应给予沿海一处，以便修船及存守所用物料。今大皇帝准将香港一岛给予大英国君主暨嗣后世袭主位者常远据守主掌，任便立法治理。

一、因大清钦差大宪等于道光十九年二月间经将大英国领事官及民人等强留粤省，吓以死罪，索出鸦片以为赎命，今大皇帝准以洋银600万元偿补原价。

一、凡大英商民在粤贸易，向例全归额设行商，亦称公行者承办，今大皇帝准以嗣后不必仍照向例，乃凡有英商等赴各该口贸易者，勿论与何商交易，均听其便；且向例额设行商等内有累欠英商甚多无措清还者，今酌定洋银300万元，作为商欠之数，准明由中国官为偿还。

一、因大清钦命大臣等向大英官民人等不公强办，致须拨发军士讨求伸理，今酌定水陆军费洋银1200万元，大皇帝准为偿补，惟自道光二十一年六月十五日以后，英国因赎各城收过银两之数，大英全权公使大臣为君主准可，按数扣除。

一、以上三条酌定银数共2100万元应如何分期交清开列于左：

此时交银600万元；

癸卯年六月间交银300万元，12月间交银300万元，共银600万元；

甲辰年六月间交银250万元，12月间交银250万元，共银500万元；

乙巳年六月间交银200万元，12月间交银200万元，共银400万元。

自壬寅年起至乙巳年止，四年共交银2100万元。

倘有按期未能交足之数，则酌定每年每百元加息五元。

一、凡系大英国人，无论本国、属国军民等，今在中国所管辖各地方被禁者，大清大皇帝准即释放。

一、凡系中国人，前在英国人所据之邑居住者，或与英人有来往者，或有跟随及伺候英国官人者，均由大皇帝俯降御旨，誊录天下，恩准全然免罪；且凡系中国人，为英国事被拿监禁受难者，亦加恩释放。

一、前第二条内言明开关俾英国商民居住通商之广州等五处，应纳进口、出口货税、饷费，均宜秉公议定则例，由部颁发晓示，以便英商按例交纳；今又议定，英国货物自在某港按例纳税后，即准由中国商人遍运天下，而路所经过税关不得加重税例，只可按估价则例若干，每两加税不过分。

一、议定英国住中国之总管大员，与大清大臣无论京内、京外者，有文书来往，用照会字样；英国属员，用申陈字样；大臣批复用札行字样；两国属员往来，必当平行照会。若两国商贾上达官宪，不在议内，仍用禀明字样为著。

一、俟奉大清大皇帝允准和约各条施行，并以此时准交之 600 万元交清，大英水陆军士当即退出江宁、京口等处江面，并不再行拦阻中国各省商贾贸易。至镇海之招宝山，亦将退让。惟有定海县之舟山海岛、厦门厅之古浪屿小岛，仍归英兵暂为驻守；迨及所议洋银全数交清，而前议各海口均已开关俾英人通商后，即将驻守二处军士退出，不复占据。

一、以上各条约关议和要约，应俟大臣等分别奏明大清大皇帝、大英君主各用朱、亲笔批准后，即速行相交，俾两国务执一册，以昭信守；惟两国相离遥远，不得一旦而到，是以另缮二册，先由大清钦差便宜行事大臣等、大英钦奉全权公使大臣各为君上定事，盖用关防印信，各执一册为据，俾即日按照和约开载之条，施行妥办无碍矣。要至和约者。

道光二十二年七月二十四日即英国记年之 1842 年 8 月 29 日由江宁省会行大英君主皋华丽船上钤关防。

（摘自王铁崖《中外旧约章汇编》第 1 册，第 30—33 页。）

六、国破之始

纵观整个《南京条约》，只看到英国从中捞取到的种种好处，而无须承担任何一项义务；中国所承担的统统都是义务，而无一项权利。这就是至今仍令每一个爱国的中华儿女深感耻辱与痛恨的第一个不平等条约。

后来，一些英国人曾把这场战争说成是为了争取外交和贸易"平等"的战争，在中英两国的全部谈判过程中，英国代表也始终把"平等""平行交往"列入条约之中，企图给这场战争抹上一层"道德"的光环。对于这一点，中国的历史学家胡绳说得好：

"—这是一种强盗逻辑。强行进入一个独立的主权国，否认这个国家有权自行规定自己的对外政策和对外贸易制度，企图用武力来取得在这个国家中为所欲为的地位，而称之为要求'平等'，这是 19 世纪的作为世界霸主的英国资产阶级的强盗逻辑。"（《从鸦片战争到五四运动》第 35—36 页。）

中英《南京条约》的签订，给中国社会带来极大的变化。强占香港，破坏了中国的领土主权的完整，英国得以在香港建立起殖民统治，此后一百多年中，香港成为帝国主义侵略中国的重要基地。

五口通商，从此，使中国东南门户洞开，资本主义商品汹涌而来，通商口岸成为外国侵略者插在中国人民身上的吸血管。各列强纷纷在这些通商口岸建立租界，从政治上、经济上进一步加强对中国的控制。

勒索巨款，2100 万元相当于当时清政府全年财政总收入的三分之一。此后四年中，清政府被迫拿出其财政支出的十分之一来支付这笔赔款，是英国侵略者对中国的无耻掠夺。

协定关税，使中国丧失了关税自主权。此后，大大降低的关税利率，使侵略者从中国获得了更广阔的商品基地和廉价的原料基地。

保护汉奸，使中英战争中一批出卖灵魂，为侵略者服务的民族败类"全然免罪"，这不仅是对中国内政的粗暴干涉，而且为中国此后对外战争中不断出现这样的引狼入室、卖国求荣的民族败类埋下了祸患。

更为可悲的是，愚蠢颟顸的清朝最高统治者并未意识到《南京条约》给中国即将带来的巨大灾难。道光皇帝看到了《南京条约》以后，竟然认为"此约办理得明白简易"，以为从此以后天下太平，一劳永逸了。他对参加这次谈判的人员一一论功行赏。耆英得授两江总督要职,伊里布授广州将军兼钦差大臣,就是张喜,也得到了千余两赏金,真可谓"皆大欢喜"。道光还将《南京条约》称之为"万年和约",企图保得清王朝一万年太平日子。然而,这只是中国皇帝一厢情愿的幻想,《南京条约》签订以后,接踵而至的是不停的"厄运"。

就是这个谈判立功的耆英,于 1843 年再任钦差大臣,到广州虎门与璞鼎查进一步签订了中英《五口通商章程》和《虎门条约》,使英国货进入中国市场获得了"值百抽五"的低税率;领事裁判权,即"其英人如何科罪(定罪),由英国议定章程、法律,发给管事官(领事)照办";片面最惠国待遇,即"设将来大皇帝有新恩施及各国,亦应准英人一体均沾,用示平允"。这不仅使得外国侵略者在中国领土上获得了为所欲为的高度自由,而且使侵略者们结成了共同侵略中国的伙伴关系。

1844 年,耆英任两广总督兼办通商事务,他于这一年的 7 月,与美国签订了《望厦条约》,不仅使美国人分享了英国获得的利益,而且扩大了领事裁判权的范围,规定美国兵船可以自由地闯入中国领海,到各港口"巡查贸易"。同年 10 月,耆英又与法国签订了《黄埔条约》,特别规定了天主教的特权,为此后的教会风波埋下了隐患。

就这样,从耆英的笔下出卖了众多中华民族的利益。耆英也堪称昏庸腐败的清王朝的代表人物。不过,他自己的命运,也正像没落的清王朝一样,是一个悲剧性的结局。1846 年 1 月,耆英在英国侵略者的压力之下,公然贴出"告示",准许英人进入广州城,遭到了广州人民的强烈反对。无奈之中,耆英暗中答应英国人两年之后准许他们进入广州城。做此承诺以后,耆英也知道无法向广州人民交代,遂急于内调,企图"金蝉脱壳"。1848 年,耆英如愿以偿,得授文渊阁大学士,从广州撤回京城。1850 年道光皇帝病死,咸丰即位。在舆论的强烈抨击之下,咸丰将耆英革职。1858 年第二次鸦片战争期间,耆英又被派往天津与英法侵略军交涉,因遭到侵略者的轻视,擅自回京,被咸丰皇帝下令自缢而死。

第三章　强取豪夺，玉碎宫倾

——奕䜣与中英、中法北京谈判（1860）

一、鸦片战争狼烟再起

第一次鸦片战争结束后，英国商人们欣喜若狂地欢庆，打开了世界上最广阔的中国市场。但是，事情并不像英国人的如意算盘那样顺利，从 1843 年到 1855 年，英国对华输出的工业品总值始终徘徊在 100 万—250 万英镑之间，没有多大进展。同一时期，英国对中国的鸦片输入却急剧增长，1843 年至 1845 年，平均每年 37000 箱，到 1853 年至 1855 年间，平均每年即增加为 73000 箱（总价值 500 万—600 万英镑）。

显然，中国人不可能既买英国人的毒品，又买英国人的商品。当时，中国虽然开放了沿海五口，与外国商人通商，而内地却保持着闭关自守的状态，中国的自给自足的小农经济仍然顽强地抵抗着资本主义商品的侵入。然而，英国人在用大量鸦片卷走中国大量白银的同时，还要强迫中国人购买他们的商品。英国政府一方面抓住鸦片贸易获得的惊人利润不放，另一方面又急于向中国市场倾销它的过剩商品，当时英国正面临着 1857 年第一次世界经济危机的阴影。为了实现这一目的，英国政府的政策是：向中国进一步勒索深入内地贸易的权利，把"吸血管"直接插入中国的心腹地区。

19 世纪中叶，法国资本主义经济也有了显著发展。从 1845 年到 1856 年，煤、生铁产量和进出口贸易额都增长了一倍以上。1844年中法《黄埔条约》签订后，法国对华输出有了一些增长，但绝对数很小，而中国输入法国的丝、茶及其他原料却大量增加。因此，法国资本家们对于《黄埔条约》所给予的殖民特权越来越不满足了，他们也急切地要求进一步打开中国的市场。

美国1848年加利福尼亚金矿的发现，大大刺激了美国资本主义经济的发展。因此，美国侵略者也就处心积虑地谋求从中国攫取更多的殖民特权。

1853年至1856年，为了争夺黑海海峡和巴尔干半岛，沙俄同英法争夺土耳其殖民地，发生了克里米亚战争。结果，俄国遭到失败，被剥夺了在黑海保有舰队的权利。在此后的一段时间内，俄国便对向东蚕食倾注了更大的兴趣。

英、法、美、俄，这四个侵略者，尽管矛盾重重，但在侵略中国的未来战争中，因为共同的利益，结成了暂时的侵华同盟。

1854年，《南京条约》签订满12年，英国驻华公使包令，援引中美《望厦条约》关于12年后可以修改的条款，同时又援引各最惠国利益"一体均沾"的条款，联合美、法公使，向清政府提出了全面修改条约的要求。其实，即使是《望厦条约》中所提到的12年以后的修改，也是就原条约本身的枝节性修改，并非全面修改，条约中说："和约一经议定，两国各宜遵守，不得轻有更改；至各口情形不一，所有贸易及海面各款恐不无稍有变通之处，应俟十二年后，两国派员公平酌办。"

而英、法、美三国公使却借口这个"稍有变通"的修改条款，向清政府提出了全面修改条约的要求。其要求包括：（1）中国全境开放通商，准许鸦片贸易合法化；（2）准许华工出口，废除进出口货物通过内地的子口税；（3）外国公使进驻北京等等。

清政府通过第一次鸦片战争，屈服于侵略者的武力，出卖了国家主权和民族利益。他们害怕外国侵略势力不断深入，威胁和损害他们的统治，更怕外国侵略者日肆觊觎，贪厌之心没有底。他们只希望继续维持第一次鸦片战争以来的现状，道光皇帝将《南京条约》称为"万年和约"，心里做的就是一劳永逸的梦。从此以后，清政府既不去得罪外国侵略者，也不轻易答应他们进一步的侵略要求，小心翼翼地守着中国已经残缺的“防线”，对于侵略者的任何要求，均采取能推则推、能拖则拖的办法，总想敷衍搪塞过关。

1856 年 3 月，克里米亚战争结束，英国再次发动侵华战争的时机已经成熟，侵略者处心积虑地寻找挑起战争的借口。

10 月 8 日，中国广东搜查了停泊在广州珠江炮台附近的一艘名叫“亚罗号”的走私船，逮捕了躲藏在船上的两名海盗和其他 10 名水手。亚罗号是中国商人方亚明的船，为了掩饰走私和海盗活动，该船曾购过香港通航证，但当时为期一年的通航证已经期满，船上也并没有悬挂英国国旗。而英国驻广州的领事巴夏礼得知此事后，认为向中国政府示威的良机来了，遂立即宣称中国水师违法上船捕人，撕扯英国国旗，侮辱了英国的荣誉和英国领事的体面，强硬要求当时的两广总督叶名琛放人道歉，并限于 24 小时以内给予满意答复。这就是所谓的“亚罗号”事件。

消息传到伦敦，英国政府乘机鼓动战争，宣称“我们的国家遭受到很大的侮辱，我们的国民在辽远的地方遭受到种种强迫和虐待，对于这样的举动是不能置若罔闻的”。（英国首相巴麦尊在市长爵士宴会上的演说）

在“亚罗号”事件发生以前，还发生了一起“马神甫”事件。1856 年 2 月，法国传教士马赖及其信徒，非法潜入中国广西西林县，披着宗教外衣，勾结当地痞子流氓行凶作恶，被西林县知县张鸣凤依法逮捕，并将为首的马赖与信徒二人处以死刑。消息传到巴黎，法国政府借保护教会为名，同意英国政府的提议，两国共同向中国用兵。

1857 年，英国派遣额尔金为与中国谈判的全权大臣，法国派葛罗为全权大臣，各率本国海陆远征军向中国沿海驶来。7 月至 10 月，英法联军先后到达香港。

英、法联军共同发动的对华战争已如箭在弦上，势在必发。所谓“亚罗号”事件和“马神甫”事件，只不过是两国挑起战争的借口而已。

二、叶名琛的外交策略

英、法侵略者为了达到修约的目的，首先打交道的是中国两广总督叶名琛。叶名琛在当时因镇压两广天地会等农民起义活动而颇具"威名"。他1848年任广东巡抚，随后即镇压了罗镜、南韶等地的天地会起义，于1852年升任两广总督。1854年至1856年间，他又在英、法、美等侵略者的支持下，镇压了广州附近佛山、从化、东莞、增城、韶州等地的红巾军起义，屠杀了10余万人，严重摧残了人民反封建、反侵略力量。然而，就是这样一个对于农民起义大肆镇压的"铁腕"人物，对于外国侵略者却竭尽忍辱负重之能事。

就清朝的两广总督而言，不仅具有一般封疆大吏管理地方的责任，而且肩负着与外国人打交道的外交使命，是一个集内政外交于一体的重要位置。

叶名琛居两广总督之职，不能不对外交事务有所考虑。他总结了前任总督们的经验，认为：林则徐、裕谦等人对外主战，结果以挑起外夷衅端而被革职，或战死；琦善、耆英主和，结果为世人清议，亦身败名裂。既是和战两难，叶名琛就独创了一套自成一格的外交路线，即对内高谈雪国耻、尊国体；对外矫作镇静，不刚不柔、不理不睬，以不变应万变，以静制动。

其时，咸丰皇帝已于1850年继道光死后上任。他继位后立即处置了道光帝倚为重臣的穆彰阿、耆英等人，其罪名为"穆彰阿暗而难明，耆英显而易见，贻害国家，其罪非一"，"战和不定，遂成外患"。显然，咸丰对于道光年间由主和派把持的外交失败很不满意，似乎要采取更为强硬的外交立场。但咸丰皇帝本质上也还是个色厉内荏、外强中干的人，加之咸丰年间太平天国农民起义的巨大声势，也使得咸丰帝内外交困，根本不可能在外交方面有所改善。

1856年10月，"亚罗号"事件发生以后，英国驻广州领事巴夏礼蛮横照会叶名琛，要求于24小时以内"向英国道歉，并礼还全部被捕水手"，否则"女王陛下的海军军官将用武力强求如愿以偿"。叶名琛迫于英国方面的压力，基本接受了巴夏礼的要求，于第二天放回了逮捕的"亚罗号"船上的全部水手。

可是，原本就在蓄意制造侵略借口的巴夏礼，拒不接受叶名琛放回的全部水手，以中国方面没有道歉为由，于 10 月 27 日炮轰广州城垣，挑起了侵略中国的第二次鸦片战争。

英国军队攻破广州外城，并一度冲进内城，纵火烧毁了靖海门、五仙门附近的民房，叶名琛的衙门也被英军抢掠一空。但是，由于当时在华英军不过 2000 人，入广州城者也只有百余人，没有久占广州的实力，同时也遭到中国广州军民的强烈反抗，故而在一阵烧掠以后，又退出了广州城。

11 月，叶名琛下令收复被英军攻占的珠江沿江炮台，中国广州水师在二虎洋面击败英军，迫使英军退至虎门。叶名琛立即上报皇帝说："防御英夷获胜。"

咸丰皇帝接到英国人又向中国挑战的消息后，十分惊慌，立刻谕令军机大臣密旨叶名琛说："当此中原未靖，岂可沿海再起风波？"他又多次交代叶名琛，对于侵略者只可"设法驾驭"，只要敌人自知"悔罪求和"，"只可俯如所请，以息兵端"。（《筹办夷务始末》咸丰朝，卷 15，第 6 页。）

可见，咸丰皇帝所要奉行的是一条避战求和的外交方针。于是，叶名琛自是不敢再度轻启兵端。可是，这位总督两广多年的清朝重臣，并未积累起对于侵略者的敏锐知觉，他也不用心了解与自己打交道的各国列强的向背与虚实情况，更不预谋对策，只是一味地奉着"避战求和"的圣旨，对外国人采取不理不睬的态度。

在此前后，英、法、美等国公使都曾找机会与叶名琛见面，商谈修改条约之事。叶名琛一概采取敷衍推托的态度，告诉他们"敝人管理数省军务，刻无暇晷，一俟稍有余暇，自当择定吉日相见"。叶名琛抱定"接触愈少，麻烦愈小"的宗旨，对他们采取不予见面的政策。直到英、法、美三国公使联名照会叶名琛，正式提出面商"修约"问题时，叶名琛给了他们一个明确的复文，说："天朝臣下无权，但知谨守成约。其重大事件，必须奏明请旨。"（《筹办夷务始末》咸丰朝，卷 9，第 2 页。）

叶名琛对于英国侵略者已经准备向中国重开战端，不仅毫无知觉，甚至在英国军舰已经开至广州海面以后，仍然不相信战争已经开始，不做任何战争准备。

1857 年 10 月，英、法舰队已集结于珠江口。叶名琛闻报后声称："此讹言耳，必无是事。"待到英、法联军进逼广州，派出代表要求谈判，叶名琛仍只简单地答复："除通商外，余概不允从。"仍然一如既往地采取爱理不理的态度。

战事一触即发，广州各督属抚司道官员急如星火，不断参见叶名琛，要求他作出对应决策，叶名琛却说："彼第作战势来吓我耳，张同云在敌中，动作我先知之，我不与和，彼穷蹙甚矣。"（当时，叶名琛的情报大多得自英领事馆通事张同云。张实际上是个大汉奸，故意拿些不可靠的情报来愚弄叶名琛。薛福成《书汉阳叶相广州之变》，《第二次鸦片战争》第一册，第231 页。）

叶名琛还主张："若不乘此罪恶贯盈之际，适遇计穷力竭之余，备将节次要求各款，一得斩断葛藤，以为一劳永逸之举。则得陇望蜀，伊于胡底？"（《筹办夷务始末》咸丰朝，卷 17，第 37 页。）

叶名琛口出大言，要将英、法各国以往的各项要求"斩断葛藤"，但却不做任何战守准备。眼见敌人的进攻迫在眉睫，广州危急，叶名琛的部将僚属纷纷向他请求调兵设防，他不准；请求召集广州民团练自卫，他也不准；请求派人到敌船上去侦察动静，他还是不准。对于请战者，叶名琛厉声指斥说："水面难敌，兵勇虽多无益；陆路该夷断不敢上来，我敢出结。如有谁要添兵募勇，令其自行捐办，不准开销。"与此同时，他也不准到英、法联军的船上去进行"和议"，说："如有官绅士庶敢赴洋船议事者，即指名参奏。"

于是，广州成了一个不设防的城市，只等着英、法联军前来逞凶。

叶名琛何以如此大胆地作出这种不战不和的姿态呢？原来，支撑其胆略的东西，除了对外国侵略者的本质一无所知，以为"该夷不过虚张声势"以外，还有的竟是最荒唐无稽的"乩语"。

　　叶名琛的老父亲喜欢扶乩，笃信占卜问卦之类的迷信活动。叶名琛将父亲接到广州以后，特意在广州观音山麓建了一座精舍，名叫"长春仙馆"，供奉吕洞宾、李太白二位仙人，让其父在里面修身养性，以占扶乩为乐。就在英、法联军集结广州珠江口外之时，叶父忽得一乩语，谓："过十五日便可无事。"束手无策的叶名琛如获至宝，对此乩语深信不疑，并告诉手下人："扶乩祈签，亦主镇静。姑待之，过十五日，必无事矣。"

　　所谓过 15 天者，即至 12 月 30 日，便可无事了。可是，英、法侵略者并不与叶名琛的乩语配合。12 月 26 日，英国额尔金和法国葛罗向叶名琛发出最后通牒，限 24 小时内答复，否则将于 12 月 28 日早开炮进攻，"定将合城打为灰烬"。28 日拂晓，英法联军向广州城内连续发炮 27 小时。商店、民房相继失火，总督衙门也遭轰击，"满城遂无净寸土。百姓扶老携幼，街道拥塞。"（华廷杰《触番始末》卷中，《第二次鸦片战争》第一册，第180 页；第 181 页。）

　　直到这个时候，叶名琛才终于丢掉了镇静面目，赶紧逃往内城粤华书院避难。29 日，英法联军攻陷广州城。当广州沦陷以后，曾一度谣传叶名琛已经逃走，亦有传其自杀者。可是，巴夏礼很快得到密报，得知叶名琛仍然藏在城内的粤华书院中，遂于 1858 年 1 月 5 日带兵前往粤华书院搜捕叶名琛。当巴夏礼赶到粤华书院时，已是人去楼空，并不见叶名琛踪影。而最后叶名琛还是被已经投降了侵略者的原广东巡抚柏贵出卖了。巴夏礼在左都统署的后花园中逮捕了叶名琛。

　　叶名琛被捕之后，仍然力图维持清朝官员的"体面"。巴夏礼要他随同英兵前往联军的司令部，叶名琛厉声责问："你是什么人？竟敢用我的语言对我说话！"到了侵略军的司令部，他仍坚持换上朝服，端正顶戴花翎，上前径坐入中间的太师椅内，神情不卑不亢。叶名琛到了这个时候，仍然认为英国人有求于他，想要他签订约章，而他则准备置生死于度外，不让外国人阴谋得逞，准备进行一番"外交"斗争。他的态度，颇令侵略者难堪。

　　当时，英法联军攻下广州城，自然是向着北京的清朝最高统治者示威，企图以武力迫使清朝政府全部答应他们的要求。对于叶名琛，英、法、美诸国公使都很痛恨，因为前此关于"修约"问题的提议，一概被叶置之不理。英法联军的头目们商量处置叶名琛的方法，觉得以叶名琛不肯投降的死硬态度，继续将他留在广州城内，对于联军进一步统治广州、压服中国民众的反侵略情绪极为不利，而且还可能引起一部分清朝将领的武力进攻。

1858年1月6日《香港日报》评论说："问题是叶名琛的威望是否仍然使广州人怀念他。他无疑是个勇敢、果断的人，广州人一定为有这么个父母官而骄傲。"要想完全占领广州，"必须把叶名琛的名声搞臭。"（《拉伦英文手稿》第1230种，67号，《香港日报》1858年1月6日。）后来也有人分析说；"叶钦差曾经成为反对联军的各种敌视运动和群众暴动的一个可能的中心；并且，就在他做了联军的阶下囚之后，这危险也并未减少，因为他仍可以继续左右那些留下来的官吏们的行动，并且可以成为各种阴谋的核心，结果会妨害他们维持着在那个被攻下的城里的治安。"（马士《中华帝国对外关系史》第1卷，第566页。）因此，他们最后决定将叶押往印度的加尔各答，那里人烟稀少，逃跑的机会很小，无须严格管制。

叶名琛被允许带着家人、厨子、剃头匠等一干人等一同移居国外。他们还尽可能地带上了一些衣服、食物和银钱。当英国士兵押着叶名琛经过舢板船往英国军舰上走时，叶名琛的随从人员曾用眼睛示意他往海里跳，意思是，只要叶名琛跳海而死，既可保得名节，且再也不受英国人的侮辱了。可是，叶名琛佯装没有看见，径直登上了英舰。后来，他对家人们说：他原以为英国人要把他送到英国去，听说英国国王很明理，因此，他准备与英国的国王当面理论一番，劝说他放弃侵略中国，以保全清朝的国体。

对于叶名琛的"爱国热忱"，清朝政府并不欣赏，咸丰皇帝十分实际地革了叶名琛的职，反倒起用了已经投降了英军的柏贵。

到了印度的加尔各答以后，叶名琛被囚禁于海边的一座英军炮台之中。他每日以作书画消遣，还将书画送予前来探访他的洋人，在其书画上题字为"海上苏武"。直到1859年4月，叶名琛从中国带去的食物银钱均已用完，叶拒绝食用英国人送来的食物，最后以"不食周粟"而亡。临终之际，叶名琛对于清朝政府的"遗弃"还是发了一句牢骚，说："纵云一范军中有，怎奈诸君壁上看。"（《中国近代史资料选辑》，第 73 页。）

叶名琛死后，有人以打油诗总其言行为："不战不和不守，不死不降不走，相臣度量，疆臣抱负，古之所无，今亦罕有。"（《第二次鸦片战争》第 1 册，第 233 页。）

实际上，叶名琛集愚昧与骄矜于一身，在对外事务中玩忽轻敌，致使广州数年失陷于侵略者之手。他的言论行为正是当时清朝政府对外政策的缩影，他的个人悲剧亦是清王朝外交失败的必然结果。

三、天津谈判

1858 年 2 月，英、法、俄、美四国公使在上海分别照会清政府，提出了公使驻京、增开通商口岸、允许外国人至中国内地游历、赔偿军费等侵略要求。咸丰皇帝对于侵略者的野心仍然估计不足，以为他们只是"虚声恫吓"而已，遂复照各国公使，要他们速回广州，与新任两广总督黄宗汉办理谈判事宜。已经做好侵略准备的英法联军决定继续北上，给清政府以足够的武装威慑。4 月，英国军舰 10 余艘、法国军舰 6 艘、俄国军舰 1 艘，陆续开到天津白河口。

4 月 24 日，英、法、俄、美四国联合向当时的直隶总督呈递了要求清政府派全权代表谈判的照会，同时扬言"万一不能满足所提出的要求，必定采取断然行动"。

见到侵略者来到自己的鼻子底下，咸丰皇帝也就乱了神，他慌忙下诏宣布："惟现在中原未靖，又行海运，一经骚动诸多掣肘，不得不思柔远之方，为羁縻之计。"（《筹办夷务始末》咸丰朝，卷 19，第 23 页。）显然，清政府对于太平天国的"内乱"更加重视，不惜以对侵略者的"怀柔"政策来解决危机。这大概也是"攘外必先安内"政策的早期版本了。

咸丰首先派出直隶总督谭廷襄、仓场侍郎崇纶为谈判代表，赶赴天津大沽办理与英、法谈判事宜。

谭、崇二人仿照"老外交官"耆英等人的办法，到了大沽之后，连日备办隆重盛大的宴会，恭恭敬敬请来了侵略者。席间以红布为幔，红毡铺地，鼓乐伴奏，美味佳肴，千般各色，极尽中华风物。

可是，英、法侵略者在饱餐了中国酒肉之后，并不见嘴软，仍然对中国代表张牙舞爪，实行百般刁难之惯伎。

英国的谈判代表兼翻译李国泰，一上来就以十分傲慢无礼的态度责问谭廷襄：

"总督能否自作主张，能办理两国间的事务吗？"

谭廷襄答："总督皆能做主，皆可代表。"

李国泰问："我方公使为全权大臣，可以便宜行事，阁下是否有相同的全权文件？"

谭廷襄老实答道："我没有全权文件。中英两国制度不同，我国必须请旨遵行。"

李国泰说："你如果领到便宜行事全权，英国公使才能与你见面商谈。"

谭廷襄表示这件事可以向皇上请旨，李国泰则立刻威胁说："五日以后，我们听候你的答复，届期没有结果，后果由你们自负。"

谭廷襄无奈，只得将英方要求全权代表参加谈判的事向咸丰报告。咸丰以中国向无此官衔，何尝有便宜行事的名目，断然否决了英、法的要求。

于是，英、法公使拒绝与谭廷襄谈判，要求到北京申述要求，咸丰帝又一次拒绝了他们的要求。

5月20日上午8时，额尔金和葛罗向谭廷襄发出最后通牒，要求让四国公使前往天津，并限令清军在两小时以内交出大沽炮台，否则以武力占领。10时，侵略者向我大沽炮台发起了进攻，联军两队炮艇开入口内，同时轰击南北两岸的清军炮台。我大沽炮台守台爱国官兵奋起抵抗，与侵略者炮战两小时，最后大沽炮台失守。

英法联军占领大沽炮台以后，溯白河西进，不到一个星期，直抵天津城下，谭廷襄在大沽炮台守军的激战中乘轿逃至天津，见侵略者追至天津城下，早已吓破了胆，向咸丰皇帝连上奏折，称："天津郡城残破"，"时势危急，战守两难"，因此，"统观事态，细察夷情，有不能战、不易守，而不得不抚者"。（《筹办夷务始末》咸丰朝，卷22，第805页。）一个劲地建议向侵略者投降。

5月26日，兵临天津城下的英法侵略者向清政府发出严厉照会，通知清政府立即派两名一品全权谈判大臣，迅速前来天津谈判，否则就要攻陷天津，进军北京。英法联军的舰队还不时放出小舢板，探测北运河水道，摆出一副进攻北京的架势。

咸丰皇帝再也不敢拒绝侵略者的要求了，急忙派大学士桂良、吏部尚书花沙纳为全权谈判大臣，前往天津议和。这个时候，皇帝也顾不得中国有没有便宜行事的名目了，在上谕中开出了"便宜行事，从权办理"的许诺。他说："前因各国有恳求事件，谭廷襄等办理不善，特派桂良、花沙纳驰往天津，妥筹商办。惟据各该国照会，尚以桂良等不能作主为疑。著桂良、花沙纳剀切开导，如果事在情理，真心戢兵，但于中国无伤者，定可允准，不必更生疑虑。桂良等经朕特简，务须慎持国体，默察人情，除非礼相干各款外，其有应行便宜行事之处，即著从权办理。勉之！"（《筹办夷务始末》咸丰朝，卷23，第852页。）

桂良、花沙纳到达天津以后，又一次宴请四国公使，将皇上的"全权"证书交与对方验看，随后开始了忍辱负重的谈判。

谈判以英国方面为主要对手，因为英国派出的军队最多，要求的事项也最贪婪。其他国家只等着英国人把谈判条款拿下来，就可以根据以往条约中"利益均沾"的条款，坐享其成了。当然，其他各国对于中国代表也从各方面施加压力，协助英国人实现谈判中的勒索。其中，尤以俄国和美国的公使最为狡猾。他们以"调停者"的身份出现，来往于谈判双方，骗得了清朝官员的信任，不断为本国争得额外利益的同时，还将清朝谈判代表的情况不断向英、法公使透露，并且，一到关键时刻，就毫不留情地下手逼迫清政府让步。

英国的谈判代表，实际上是额尔金在幕后操纵，由李国泰在前台表演。

　　李国泰为英国人，幼年随父到中国学习汉语，曾在英国上海领事馆供职。其时 26 岁，年轻气盛，决不把中国谈判代表放在眼里。他为人狡诈诡诘，精通汉语，实际上掌握着这次谈判的主动权。在谈判期间，清朝官员见李国泰咄咄逼人，曾试图对他进行贿赂，以期他在谈判中对中方代表嘴上留情。可是，李国泰不客气地收了中国方面的巨额贿赂之后，仍然对中国代表毫不留情。

　　李国泰对中国谈判代表大施淫威，在谈判中任情逞凶。他根本不与中国代表进行任何论辩，而自始至终以一种作威作福的流氓腔调说话。当中国代表对英方提出的条款发表不同意见时，李国泰立即跳将起来，用最粗野、最蛮横无理的语言威胁和痛骂中国代表。桂良、花沙纳面对李国泰失去常形的暴怒，常常感到一筹莫展，变得更加懦弱与胆怯。

　　桂良、花沙纳在给皇上的奏折中谈到这种情形说："此时夷人窥破中国虚实，凡我国家艰难困苦情状，了如指掌，用敢大肆猖獗，毫无顾忌。所深幸者，英酋额尔金荣禄已极，尚无贪功之志。其所以如此为难者，皆其下威妥玛、李国泰辈为之，李国泰狡骄异常，虽前此啗以重利，仍于暗中陷害，万分可恶！"又说，李国泰"往来公所，咆哮要挟"，"无理已极"。（《筹办夷务始末》咸丰朝，卷 27，第 981 页；卷 26，第 12 页；卷 25，第 4 页。）

　　后来，一个目击谈判情形的英国人也在回忆录中提到：到后来，桂良、花沙纳等人"当额尔金的代表走近时，就陷入一种极端委屈的状态中。桂良已经完全沮丧，而花沙纳显然从烈酒中寻找安慰"。

　　为了帮助桂良、花沙纳谈判，咸丰皇帝决定重新启用已经被革职的耆英。因为耆英跟侵略者打过多次交道，曾经得到外国人的信任，因此，咸丰指望他能在谈判中遏制外国人的嚣张气焰。他在上谕中说："从前所定万年和约，不料今日至于如此。耆英即原办之人，自可与之正言讲理，折其骄慢之气，然后设法羁縻，庶可尊国体而戢戎心。"（《筹办夷务始末》咸丰朝，卷 24，第 877 页。）

　　可是，实际情况与皇上的想法恰恰相反，耆英到天津与外国人见面之后，不仅没有杀减其"骄慢之气"，反而被李国泰等人大大侮辱嘲弄了一番。

耆英重新受到皇帝的任用，感到十分荣幸，到了天津以后，原本也想在谈判过程中立功赎罪，缓解英法联军的压力，遂主动约请英国谈判代表威妥玛、李国泰见面。见面时，耆英依然以佳肴接待。席间，耆英追忆着在签订《南京条约》期间与旧日的英国朋友和老熟人如何如何友好，并表示对这些老朋友的感情依然如故，至今仍然深深地挂念着。耆英装出一副感情十足的恋旧情怀，不断地用手擦拭眼角，很想以情动人，借机打动李国泰等人。

李国泰一直冷眼旁观，趁着耆英感情奔放、谈兴正浓之际，他忽然往桌上扔下一叠文件，冷酷地说："你还是先读读这些文件，然后再谈你与英国人的友情吧。"

耆英一看这些文件，立即傻了眼。原来都是清朝留存于广州的档案文件，其中有许多正是耆英给皇上的奏文和皇帝的朱批。这是英法联军占领广州城后，从叶名琛的总督衙门内搜出的东西。

李国泰指着一份耆英给皇上的奏折咆哮起来。奏折中，耆英向皇帝表示，自己所以和外国人维持表面上的友好关系，只在于"驾驭夷人"，以实现"羁縻夷人"的目的。与他们的频频交往，貌似朋友，实际上也不过是"虚与夷人委蛇而远之"。如此等等。

李国泰在耆英已经羞容满面、十分狼狈的情形之下，进一步羞辱这个老资格的清朝外交官说："你如今已经被革职，现在也并非全权大臣，有什么资格与我们的公使谈判？你过去愚弄我们英国人，现在不行了，你赶快走吧！我们不想再看到你，也不想与你多说一句话！"

当时，年事已高的耆英经不起如此残酷的羞辱，觉得老脸全部丢尽了，也不可能在天津起任何作用了，遂告诉桂良、花沙纳自己先行回京向皇帝汇报情况，赶紧离开天津，逃往北京。

咸丰皇帝听了耆英的报告以后，恼怒异常，本来启用耆英是为了让他发挥缓和谈判形势的作用，不想转圜的计划完全落空，反倒招来如此羞辱。愤怒已极的皇上找不到洋人出气，却把对洋人的万般仇恨向耆英身上倾泻而来。

他以畏葸无能、擅离职守的罪名，将耆英赐死。耆英终于落得个悬梁自尽的可悲下场。

李国泰等英国谈判代表哪里是在谈判！他们在谈判过程中的所作所为与强盗、流氓的勒索敲诈没有任何区别。神经脆弱的清朝谈判代表们早已被他们吓破了胆，根本就没有说理的余地。当事隔一年之后，咸丰皇帝又要派花沙纳参加与英国人的谈判时，花沙纳竟愁肠百结，从皇宫回家以后便与家人诀别，然后自己悬梁自尽了。由此可见，与英国人谈判，对于这些王公大臣们来说，竟不下于经受酷刑，他们宁愿自杀，也不愿再见到这些外国人。

当时，咸丰皇帝的弟弟奕䜣曾经建议，在谈判的时候将李国泰扣起来，或当场正法，或解京治罪，这样就可除去英国人的心腹，使谈判容易着手。这个建议最后被桂良以"恐立起兵祸"为由拒绝了。奕䜣为咸丰帝的六弟，时年28岁，血气方刚，然他对于外交常识也是一无所知，最后却被咸丰帝任命为与英法联军打交道的"全权大臣"。奕䜣要将李国泰扣押起来、就地正法的建议，虽然在当时没被接受，却为后来在谈判中扣押英方代表巴夏礼的动作埋下了伏笔。

天津谈判，显然只能顺着英国人设置的轨道向前。

1858年6月25日，李国泰向桂良呈递了一份由英国方面拟定的《中英天津条约》56款，声称"无可商量，即一字亦不令更易"。在此之前，桂良已同法国代表商定了《中法天津条约》的内容。中英、中法天津条约的主要内容包括：

（一）外国公使进驻北京。

（二）开放牛庄（后改营口）、登州（后改烟台）、台湾、淡水、潮州（后改汕头）、琼州、汉口、九江、南京、镇江为通商口岸。外国人可以在开放口岸自由居住，租赁房屋，购买土地，建造礼拜堂和医院，可以进入内地游历通商、自由传教。

（三）外国侵略者的军舰和商船，有权驶入长江和各个通商口岸。

（四）外国人之间的民事纠纷及犯罪行为，中国官员无权过问；涉及中外的民事案件，也须在外国领事官的监督下，由中外双方官员"会同审办"。

（五）对英国赔款 400 万两白银；对法国赔款 200 万两白银。

条约规定，以一年为期，双方在北京交换正式批准约文。

条约到京以后，朝野上下议论纷纷，尤对"公使驻京"一条极为不满。认为"该夷一入京师，则一切政令，必多牵制，即欲为生聚教训之谋，不可得矣"。公使进京，即为"肘腋之变"，"祸将立见于天朝"。（《第二次鸦片战争》第 1 册，第 453 页，456 页。）

在朝议的激烈抨击下，清政府指示桂良，"公使驻京"一条碍难应允，只同意"有事进京"，并且"须改中国衣冠，听中国约束"。桂良等将此点向英、法代表转述，希望能够获得谅解，可是，无论桂良如何口焦舌燥地解释，英、法方面始终不为所动，并对桂良大施威胁，说："谈判徒事迁延，若再无定说，惟有带兵北上。"

桂良在两边的压力之下，身心俱疲，也知自己没有能力使英、法让步，遂下决心不待朝廷的明确指示，即以全权大臣的身份与英、法等国签订了《天津条约》。6 月 26 日、27 日分别与英、法签订条约以后，桂良又反过来劝皇上接受英、法的要求。

他在 6 月 28 日给皇帝的奏折中提出了对外不可战五端，从而证明屈从于外国侵略者的要求是当前唯一的选择。他说："此次英、法两夷入津口后，狂悖情状，难以言传，皆由窥破中国虚实，故致大肆猖獗。奴才等苦心孤诣，勉强撑持二十余日，愈逼愈紧，急欲定议，所有奴才等为难光景，非目睹者不能深知。""此时欲主战者，大抵皆谓：养痈遗患，不如决胜疆场。不知津口已为该夷所踞，一旦决裂，天津不战自失。说者曰：愿捐津郡城池，不可令其进京。岂知夷人得天津后，得有巢穴，仍须带兵北窜。官军战胜，必将添调兵船，万一关阻不住，竟近都门，战则不敢侥幸，抚则愈难为力。无论该夷彼时就抚，所愿愈奢，即照现在款目抚之，事已迟矣。况该夷枪炮迅利，前见夷兵在津郡爬城，其疾如梭，若抵都门，祸恐难测。此战之不可者一也；天津民情汹汹，数日不和，必将内变。附近天、河两府土匪以及各属盐枭，久欲观衅而动，一闻有警，盗贼四起，官军应接不暇。此战之不可者二也；直隶库款支绌，运道各库币项皆空，兵勇见贼，多易奔溃，火药有限，炮械无存。天津以北，道途平坦，无险可扼。此战之不可者三也；国家内匪未净，外患再起，征调既难，军饷不易。此战之不可者四也；各夷就抚，迅议通商，则关税日充，兵饷有出。不抚而战，虽未闭关，而税课有限，南军待哺嗷嗷，无从筹划。此战之不可者五也。"（《筹办夷务始末》咸丰朝，卷 27，第 965 页，第 981—982 页。）

咸丰皇帝知桂良说得有理，只好默认了《天津条约》，然心中总是耿耿不快。桂良也知《天津条约》签得委屈，侵略者进入北京和中国内地，无异于掏心挖肺，以后祸害无穷，因此，桂良又向咸丰表示，签订《天津条约》仅是权宜之计，"万不可作为真凭实据，不过假此数纸，暂且退却海口兵船。将来倘欲背盟弃好，只需将奴才等治以办理不善之罪，即可作为废纸"。（《筹办夷务始末》咸丰朝，卷 26，第 966 页。）

可见，当时的清朝外交官员对于条约的严重性并无正确认识，以为签约以后也可以随时反悔不认账，其愚昧幼稚一至于此，自然免不了要在强权的压迫之下遭受更加严重的屈辱了。

《天津条约》签订以后，英国公使额尔金得意地说："由于枪口正对准咽喉，所以中国的钦差大臣们不得不接受英国的全部要求。"随后，英法联军的舰队陆续退出大沽海口，只等着来年进京换约以品尝他们掠夺的胜利果实了。

侵略者一走，咸丰皇帝立即恢复了昔日的"威风"，表示：《天津条约》所应允的"派员驻京、内江通商、内地游历"，使朝廷"动受挟制"，难以忍受。因此，他密诏计划："不动声色，使之不疑，我则先将天津海口水陆预备齐全，候其来年赴京换约之时，聚而歼之。"（范文澜《中国近代史》上册，第 185 页。）

另一方面，侵略者欲壑无底，《天津条约》墨迹未干，英国的《每日电讯》即得寸进尺地叫嚷："条约中有关商务的条款，不能令人满意。"

如此，战火重燃又如箭在弦上。

四、扣押巴夏礼

1859 年 3 月，英国公使额尔金致电英侵华海军司令，要他赶快在上海集中"强大的兵力"和"足够的炮舰"，以备护送英国新任驻华公使卜罗斯到北京换约。法国也和英国一样，决心用枪炮来迫使清政府兑现《天津条约》。葛罗说："中国皇帝是在枪炮威胁下接受这些条件的，其中有些对于他本人和他的庞大帝国，都是屈辱的，致命的；这些条件，只有在暴力之下才能实行。"（《葛罗致外交大臣函》，载《第二次鸦片战争》第 136 页。）

于是，英国海军上将何伯率领着一支联合舰队，其中英国军舰 19 艘、法国军舰 2 艘、美国军舰 3 艘，"护送"着英国公使卜罗斯、法国公使布尔布隆、美国公使华若翰一行，浩浩荡荡直接开到了中国大沽口外。

清政府眼见大兵压境，慑于侵略者的炮舰淫威，又将态度软了下来，不准备毁约了。咸丰皇帝派人通知英、法等国公使：中国方面同意按期在北京换约，但为了防备外国军队再次攻占大沽炮台，威胁京、津，规定各国公使须由北塘登陆，经天津到北京来，随行人员不得超过 20 人，并不得携带武器。与此同时，他还命令新任直隶总督恒福立即到北塘迎候各国公使，并负责护送他们进京。

作为一个主权国家，指定外国公使的进京路线，以及提出某些进京要求，应该说是完全正当的。当然，其中也不免包含着一些清政府想要在挽回面子，树立尊严方面所作的努力。依据一般的外交惯例，英、法等国公使应当尊重这些规定，可是，以炮舰为后盾的侵略者们早已将清朝政府的颜面践踏于脚下，连最后一点自尊也不想留给它。他们要彻底摧毁天朝的制度和尊严，使之完全屈服于列强的武力和强权之下。因此，英、法公使断然拒绝了清政府的要求，狂妄地叫嚣："定行接仗，不走北塘。"

对于侵略者的蛮横无理，马克思曾给予严厉地斥责。他说："既然《天津条约》中并无条文赋予英国人和法国人以派遣舰队驶入白河的权利，那么非常明显，破坏条约的不是中国人而是英国人，而且，英国人预先就决意要在规定的交换批准书日期以前向中国寻衅了。"（《马克思恩格斯选集》第2卷，第46页。）

6月25日上午，英国舰队司令何伯率领舰队悍然闯入白河，强行拔去河内布置的木桩、铁戗等防御工事，并向大沽炮台发起突然炮击。大沽炮台守将忍无可忍，愤怒回击。战斗进行了一昼夜，清军炮台守军"合营悲愤之余，勇气百倍"，"无不以一当百，枪炮连环，声撼天地"。（《第二次鸦片战争》第1册，第615、617页。）开战时，正值河水涨潮，英法联军上了岸，战至后来，河水又落潮，侵略者的军舰有不少搁了浅，成了清朝炮兵炮轰的目标。清朝悍将僧格林沁亲王率领一支蒙古骑兵，向上岸的英法联军发起猛烈袭击，亲王本身也骑马上阵。

激战结果，英法联军被打得大败，清军击沉击毁英法军舰4艘，有6艘军舰丧失了战斗力。英军死伤464人，法军死14人，英国海军司令何伯受了重伤。联军舰队不得不狼狈退出大沽，向上海方面逃去。此一役，清军还缴获了敌人的舢板船3只，洋枪41支，是鸦片战争开战以来清朝军队获得的一次最大胜利。由此可见，只要预作防备，同仇敌忾，船坚炮利的侵略者也并不是不能打败的。

战败消息传到英国，政府党报纸大肆咆哮："一致要求实行充分的报复"；"大不列颠应攻打中国沿海各地，占领京城，将中国皇帝逐出皇宫，并得到物质上的保证，担保以后不再发生袭击事件"；"无论如何应该实行恐怖手段，应该教训华人重视英人，英人高出于华人之上，英人应成为华人的主人翁"，等等。一时气焰嚣张，不可一世。

马克思当时就评论说："即使中国人应该让英国和平的公使前往北京，那么中国人抵抗英国人的武装远征队，毫无疑义地也是有理的。中国人这种行动，并没有破坏条约，而只是挫败了英国人的入侵。"（《马克思恩格斯选集》第2卷，第43页。）

大沽口一战而胜，并没有使咸丰皇帝真正壮起胆子来与侵略者决一胜负，相反，他却开始幻想以一胜之威再度向侵略者求和。他在上谕中强调："从来驾驭外夷，未有不归于议抚者，专意用兵，如何了局？""如美、法两夷为英夷说合，即可因势利导，相机措辞，暂为羁縻。"（《筹办夷务始末》咸丰朝，卷38。）在得知英、法公使返回上海以后，咸丰皇帝赶紧派两江总督何桂清到上海设法与之谈判，同时又命令撤去北塘防御工事和守军，打开门户，等候侵略者来京换约。

自然，侵略者并不理会咸丰皇帝企图继续议抚的苦心。他们决定以进一步扩大侵华战争来最终迫使中国皇帝低头。英、法两国重新启用额尔金和葛罗为全权公使，由他们率领新组成的侵华军队再次向中国北方驶来。

1860年7月底，英国军舰173艘，士兵10050人；法国军舰33艘，士兵6300人，又一次闯入大沽口外。由于北塘地面防御尽撤，侵略者于8月1日未经战斗即占领了北塘。12日，侵略军1万余人在新河一带与僧格林沁骑兵队3000余人激战。中国骑兵以无比的勇敢精神向着敌阵猛烈冲击，但血肉之躯终究不能抵挡洋枪洋炮的轰击，许多兵士血染祖国大地。僧格林沁在丧失了主力部队以后，不得不退守通州。14日，英法联军占领塘沽，随后包抄大沽炮台后路，炮台守军腹背受敌，北炮台先行失守，南炮台也在直隶总督恒福的命令之下向侵略者投降。

8月24日，英法联军占领天津，京师告急。咸丰皇帝急忙任命桂良、恒福为钦差大臣，赴天津议和。英、法方面趁势在《天津条约》之外提出新的条款，其中包括：增加赔款、公使驻京、增开天津等通商口岸、带兵千名进京换约等。清廷闻报，命令桂良等极力挽回，斟酌办理。9月2日，桂良以战事紧迫为由，全部同意了英法公使的条件，同意增加赔款英、法各200万两，天津开埠，英、法公使各带400人入京。

原本就喜怒无常的咸丰皇帝，看到桂良的报告后，不由大怒，立刻又从维持抚局的政策急转而要与侵略者决战。9月9日，咸丰不顾中国各种军事准备不足的情况，准备孤注一掷，以万分悲痛的心情下达了他的"决战上谕"。他说："桂良等奏，夷务决裂情形。览奏何胜愤懑！朕为近畿百姓免受荼毒，不得已勉就抚局，乃该夷屡肆要挟，势不决战不能。况我满、汉臣仆，世受国恩，断无不敌忾同仇，共伸积忿。朕今亲统六师，直抵通州，以伸天讨而张挞伐。著内廷王、御前大臣、军机大臣、内务府大臣迅速定议。"（《筹办夷务始末》咸丰朝，卷60，第2254页。）

咸丰皇帝一时怒起，要亲统六师，决战通州，以伸天讨，实在不过是虚张声势，做做样子的，经过群臣的一番规劝之后，也就作罢了。而由于桂良等人的谈判未能得到朝廷批准，英法联军继续向通州前进。

通州是拱卫京城的最后一道屏障，清军节节败退，不能抵抗侵略者，战事愈迫，咸丰帝不得已又派出怡亲王载垣、兵部尚书穆荫为钦差大臣，前往通州向侵略者乞和。

9月14日，英国谈判代表巴夏礼等抵达通州，开始与清朝大臣谈判。与此同时，咸丰皇帝又下谕要载垣相机扣押巴夏礼等人，说："即著将各该夷及随从人等羁留在通，勿令折回，以杜奸计，他日战后议抚，再行放回。若不能羁禁巴夏礼等，令其全数回河西务，亦无不可，断不准去留任意，有碍战局。"（《筹办夷务始末》咸丰朝，卷61，第2290页。）可见，咸丰皇帝直到英法联军已到眼前，仍然战抚不定，毫无定见，这不能不使通州谈判最终还是归于失败。加之，扣押人质的办法，在古代以血亲关系为纽带的谈判代表身上也许有效，在近代谈判中却是十分幼稚可笑的行为。

通州谈判开始时，载垣还是想通过议和结束战争的。当巴夏礼提出要求清政府承认《天津条约》和桂良在天津已经应允的续增条款时，载垣当即表示同意，并马上向额尔金发出了签字画押的照会。可是，侵略者们实际上并不想就这样结束战争，他们还是想通过进一步扩大战争的形式，迫使清政府完全屈服于外国的武力之下。

因此，9月18日深夜，巴夏礼等40余人又一次至通州找到载垣，提出使清政府难以接受的新条件。英、法公使要求持国书，面呈中国皇帝，同时必须带千名士兵进京。

载垣大惊，问："前次未见提出这个问题，何以忽生这些枝节？你们外国公使不肯采用中国礼节，而此事关系国体，万难应允。"

巴夏礼明知故问："见中国皇帝需要行什么礼？"

载垣答："按中国礼制，见皇上必须跪拜。"

巴夏礼说："我不是中国之臣，怎么能解袍跪拜呢？"

双方为礼节问题争论许久，相持不下。

穆荫为了从中调和，出主意道："请贵国公使远立，不为皇上看清，或许可以不跪。"

巴夏礼立即傲慢地拒绝道："我奉天主，与中国君主应该平等，必须面呈条约。"

双方反复争辩，没有结果。最后，巴夏礼竟托词累了，不愿再与中国官员交谈，自去睡觉了。

第二天上午，巴夏礼见到载垣后，进一步提出要张家湾一带由僧格林沁统率的清兵全部撤退，给英法联军让出道路，并不容载垣多说，扔下了一句："不允亲递国书，即中国不愿和好。"说完竟扬长而去。

载垣见巴夏礼态度如此狂悖，所提条件又是清政府绝不可能接受的，所以心里明白"抚局断无可议"。于是，根据咸丰皇帝的指示，下令僧格林沁将巴夏礼一行截拿扣押。僧格林沁遂将巴夏礼以下英国人 26 名，法国人 13 名拘捕，扣为人质。至此，谈判完全破裂。

得知谈判人员被扣押以后，额尔金下令说："中国人的不守信义使我们摆脱了限制我们前进的任何义务，而巴夏礼和其他被俘人员的安全问题，最好是由一种前进行动来求之。"9 月 18 日，英法联军与僧格林沁所率部队大战张家湾一带，双方伤亡都很大，僧部骑兵在这一役中损失殆尽。21 日，联军进攻八里桥，清军"奋不顾身，齐声大呼杀贼，进如山倒"。（《第二次鸦片战争》第 2 册，第 10 页。）鏖战两小时，终因血肉之躯难敌迅猛枪炮，清军失败了。

八里桥一失，北京门户洞开，北京城内一片混乱。

9 月 21 日，咸丰皇帝上谕："现派恭亲王奕☒前往督办和局，本日明发谕旨一道，僧格林沁即宣示夷人，并竖立白旗，令其停兵待抚。恭亲王奕☒

未便与夷人相见，候其派委议抚之人，或恒祺或蓝蔚雯等，到后再与面议。该大臣等仍当严阵以待，堵其北犯，务须阻遏凶锋，以顾大局，是为至要！"（《筹办夷务始末》咸丰朝，卷 62，第 2338 页。）

第二天，咸丰皇帝带着臣僚、嫔妃们，以"秋狩木兰"的名义，从圆明园出逃，狼狈奔往热河避暑山庄。北京的烂摊子就只好指望奕䜣来收拾了。

五、奕䜣签订《北京条约》

1860 年 10 月 13 日，英法联军不费一枪一弹，占领了北京安定门。一座封建王朝的京城就这样落入了侵略者的手中。那些号称不愿接受封建王朝的跪拜礼节，要求平等外交的侵略者们，在入城仪式上却强迫战败的清朝士兵夹道跪迎侵略者，充分暴露出西方殖民主义者最野蛮凶残的本性。

英法联军进城以后，奕䜣悄悄回到西便门外的天宁寺，焦急地寻找与侵略者和谈的机会。在此之前，奕䜣已经按照额尔金的要求放回了扣押的巴夏礼一干人质。现在，他只有请求俄国公使伊格纳提耶夫来帮助他缔结和约了。

俄国公使见到中国的全权大臣一筹莫展的苦相，决定先敲诈一下。他向奕䜣提出了出面调解的三项条件：第一，必须由奕䜣本人以书面方式提出请求；第二，中国同英法谈判的内容必须事先征询他的意见，不许对他"稍有隐瞒"；第三，在领土问题上，中方必须满足他在 1859 年提出的全部要求。（布克斯盖登《1860 年北京条约》第 208—209 页。）

10 月 18 日，奕䜣派人前往俄公使住处投递照会，表示："一切当照他的要求办理。"

就在同一天，英法联军的总头目额尔金却以"被获夷兵，凌虐过严"为由（巴夏礼一干被扣押人员共 39 人，生还的只有 18 人，其余一半死于狱中。），派出英法联军于 18、19 两日到圆明园大肆抢掠之后，又放火烧毁了这座闻名世界的皇家宫殿。

圆明园坐落于北京西北郊，本是明朝的一个故园，经明清两代 150 余年的经营，建造成综合中西建筑艺术，聚集古今艺术珍品，世界少有的壮丽宫殿。园内有100多景，无数楼台殿阁，其中珍藏的金珠珍宝、铜瓷古玩、名人字画、孤本秘籍以及古今中外极其珍贵的历史文物，使它又成为一座闻名世界的伟大的博物馆、艺术馆和图书馆。

侵略者闯入圆明园后，可怕的抢劫行动就开始了。当时的《泰晤士报》随军记者报道说：“据估计，被劫掠和被破坏的财产，总值超过600万英镑。在场的每一个军人，都掠夺得很多。在进入皇帝的宫殿后，谁也不知该拿什么东西，为了金子而把银子丢了，为了镶有珠玉的时计和宝石，又把金子丢了，无价的瓷器和珐琅瓶，因为太大不能运走，竟被打碎……许多人掠得30—40磅纯金，另一些人则得到无价的珍珠和宝石。”

这是侵略者们贪婪无耻的自画像。

为了消灭罪证，侵略者们最后残酷地纵火烧毁了这座瑰丽宏伟的宫苑。法国文学家雨果曾痛斥道：“两个强盗走进圆明园，一个抢了东西，一个放了火。……这个胜利者把口袋装满，那个把箱箧装满，他们手拉手，笑嘻嘻地回到欧洲。”“在历史面前，这两个强盗一个叫法兰西，另一个叫英吉利。”（转引自丁名楠《帝国主义侵华史》第1卷，第158页。）

奕䜣目睹了这一场火烧圆明园的浩劫。他在给咸丰的奏折中写道：“臣等于初四日亥刻，接到英夷照会，声称：被获夷兵，凌虐过严，欲拆毁圆明园等处宫殿。当即连夜札调恒祺来寓，令其前往阻止。乃初五日辰刻，该卿来后，正在谆嘱商办间，即见西北一带，烟焰忽炽。旋接探报：夷人带有马步数千名，前赴海淀一带，将圆明园三山等处宫殿焚烧。臣等登高瞭望，见火光至今未熄，痛心惨目，所不忍言！臣等办理议抚，致令夷情如此猖獗，只因夷兵已阑入城，不得已顾全大局，未敢轻于进剿，目睹情形，痛哭无以自容！”咸丰皇帝也在奏折上批道：“览奏曷胜愤怒！”（《筹办夷务始末》咸丰朝，卷66，第2473页。）

然而，痛哭、愤怒都已无济于事了。在侵略者的淫威之下，清朝政府和皇帝都完全屈服了。10月22日，奕䜣卑躬屈膝地照会询问额尔金：“你们打算何时换约？"不料，额尔金、葛罗又提出了割让九龙、准许华民出国、准许中国军民学习天主教等等新的要求。奕䜣无奈，以"自入城以后，我之藩篱既失，彼之气焰方张，一经驳辩，难保不借生事端"，决定完全接受侵略者的要求。咸丰皇帝也只得下谕："俱著照恭亲王等所议办理。"（《筹办夷务始末》咸丰朝，卷66，第2476页。）

几乎没有任何谈判，奕䜣于1860年10月24日在清朝的礼部大堂上，与英、法两国正式签订了《中英北京条约》9条、《中法北京条约》10条，其主要内容如下：

1. 承认《天津条约》完全有效；

2. 开放天津为商埠；

3. 准华工出国做工；

4. 割让九龙司给英国；

5. 赔还以前所没收的天主堂、学校、坟茔、田土、房廊，"并任法国传教士在各省租买田土建造自便"。

6. 赔偿英、法各800万两白银。

条约还规定了英法军队必须在清政府完全偿付了800万两赔款以后，才逐步撤离北京至大沽，以及广东等地驻军。

其实，进入北京以后，对于英法联军来说，弹药的补充已经成了很大的问题，他们害怕战争无限期地拖延下去。加上，入城以后疯狂进行抢劫活动的军队，要想恢复战斗力也会十分困难。即将来临的冬季，也给英法联军的舰队有可能困在北京带来极大的威胁。

就在中英《北京条约》签订的那一天，英国政府陆军大臣从伦敦发来了通知，以极不耐烦的口吻，表达了要求尽快结束战争的愿望。他说英国公众对这场战争已经不很感兴趣了。相反，他们厌倦战争，不愿为它花钱，特别是现在花的钱这么多。在议会中也无人支持战争，而反对战争的发言，则受到所有各方面的热烈欢迎。所以，陆军大臣认为，除了结束战争，政府再不能得到拨款，因此，如果可能，不要把任何事情留到明年。

　　显然，英国人结束战争的愿望，由清政府的迅速屈服而很快就实现了。当条约已经签订的消息传到英国的时候，那些咆哮战争的政客们无不欣喜若狂。英国财政大臣抑制不住内心的激动，大叫起来："和约已经签订了，我们刚才决定再用100万于冬季占领，这已成为过去。我无比高兴地节省了100万镑。"

　　咸丰皇帝在《北京条约》签订以后，因病滞留于热河，于1861年8月死在热河。其子载淳继位，改年号为同治。载淳的生母慈禧太后掌握了清政府的最高权力。

　　为了便于处理日益增加的外交事件，清政府于1861年1月正式成立了一个"总理各国事务衙门"（简称"总理衙门"，或"译署"），奕䜣被任命为首任总理各国事务衙门大臣。这个机构是中国走上近代外交的一个重要职能部门，也是清王朝半殖民地化的一个重要标志。

第四章　折冲樽俎，索回伊犁

——曾纪泽与中俄彼得堡谈判（1880—1881）

一、沙俄侵占伊犁，左宗棠平定新疆

1689 年，中国与俄国曾签订了一项边界条约，称《尼布楚条约》。这是一个平等的边界条约，规定了中俄东段边界，肯定外兴安岭以南、黑龙江和乌苏里江两岸的广大地区都是中国领土，只留下乌弟河地区待议。鸦片战争以后，英法等国对于中国的侵略与掠夺，大大刺激了沙俄的侵略胃口，它趁中国穷于应付对外战争之际，向中国的北方领土伸出了长长的魔爪。

1858 年，俄国趁英法进逼天津之时，强迫清政府签订了不平等的《中俄瑷珲条约》，割去了中国黑龙江以北、外兴安岭以南 60 多万平方公里的土地，并把乌苏里江以东的中国领土划为中俄共管。

1860 年 11 月，中国分别与英、法签订《北京条约》后，俄国又胁迫清政府与之签订了《中俄北京条约》，把乌苏里江以东中俄共管的土地划归俄国，如此又强占了中国 40 多万平方公里的土地。

1864 年 10 月，俄国又强迫清政府与之签订了《中俄勘分西北界约记》，把历来属于中国的巴尔喀什湖以东以南的 44 万多平方公里的领土，划入了俄国的版图。

从 1858 年以后，俄国与清政府每签订一次条约，每勘分一次边界，都

从中国割去一块领土。就这样，俄国在短短数年之中，共吞并了中国 150 多万平方公里的土地。恩格斯曾在 1858 年 10 月尖锐地指出：沙皇俄国"除了分沾英法所得的一切明显的利益以外，还得到了黑龙江沿岸地区"，"从中国夺取了一块大小等于法德两国面积的领土和一条同多瑙河一样长的河流"。（《马克思恩格斯全集》第 12 卷，第 662 页。）连英国的外交大臣巴麦尊也破口大骂："像俄国这样，用极其方便而狡诈的手段，获得那么肥沃的土地，在世界上实在难以找出第二个。"

在大肆鲸吞中国北方大块领土的同时，沙皇俄国进一步垂涎中国的新疆地区。他们利用与中国签订的通商条约，在中国新疆以及西北边境地区大肆活动，测绘土地，了解我国西部的边防情况。

1864 年，新疆一些少数民族上层封建主领导的反清起事日趋扩大，他们提出了"排满、反汉、卫教"的口号，在天山南北先后建立起 5 个封建割据政权。当时，占领喀什噶尔回城的回族首领金相印，率军进攻喀什噶尔汉城和英吉沙尔，久攻不下，遂派人向邻近南疆的浩罕汗国（今乌兹别克境内）求援。1865 年 4 月，在英俄势力卵翼下的浩罕汗国摄政王派遣其军事头目阿古柏率领一支浩罕部队侵入我国南疆，先后攻占了英吉沙尔、叶尔羌、喀什噶尔汉城、莎车、和田、阿克苏等城。1867 年，阿古柏野心膨胀，自立为王，建立了"哲德沙尔国"。

1870 年，阿古柏进一步攻占乌鲁木齐和吐鲁番盆地，势力急剧扩张，一直伸展到玛纳斯，侵占了我国南疆全部和北疆的部分地区。阿古柏政权在英俄势力的支持下，盘踞新疆 13 年，把美丽富饶的天山南北变成了"毒杀与系狱，没收财物，死刑与拷打"的人间地狱。

1871 年 2 月，沙俄政府召开专门会议，决定乘阿古柏政权尚未向伊犁扩展之际，迅速占领伊犁。5 月，俄国七河省省长科尔帕科夫斯基向清朝驻伊犁当局提出要求，限七日之内交出"逃犯"塔扎别克（哈萨克部族首领），否则就要派兵进城追捕。伊犁当局对俄国官员的无理要求未予理睬。

于是，俄国得到了入侵伊犁的借口。沙皇于 1871 年 6 月任命科尔帕科夫斯基为伊宁远征军长官，指挥一支近 1800 人的军队，越过中俄边境，大举进攻伊犁，全部占领了伊犁九城，并悍然宣布"伊犁永远归俄国管辖"。他们撤销了清政府设在伊犁的一切机构，把中国官员当作俘虏扣押起来，对伊犁实行直接的殖民统治。

俄军占领伊犁以后，清政府即派荣全为乌鲁木齐督办伊犁将军，前往新疆与俄交涉收复伊犁。俄方对于荣全的交涉一再推诿，说："只以回乱未清；代为收复，权宜派兵驻守，俟关内外肃清，乌鲁木齐、玛纳斯各城克复之后，即当交还。"（《新疆图志》第 54 卷，交涉志 2，第 2 页。）

荣全在给清廷的奏章中揭露了沙俄的侵略野心，建议由左宗棠率兵收复国土。荣全指出："该夷（指俄国）包藏祸心，已非一日，此次来文，显以伊犁为己有，寻衅欲将库尔喀喇乌苏等处地方，交该国管理，是其得陇望蜀之心，已直出诸口。……夷情叵测，其机已动，不可不思患豫防。……请饬陕甘总督左宗棠，迅拨劲旅，继金顺之后，鼓行而西，不独回逆可期速平，而于夷务亦可防患机先。"（《筹办夷务始末》同治朝，卷 93。）

左宗棠，原为湘军重要将领，曾在闽浙一带镇压太平天国军队，后又参加追剿太平军余部捻军的战争。1866 年调任陕甘总督，曾参与洋务运动，先后建立西安和兰州机器局，制造新式武器和弹药，随后又以钦差大臣督办陕甘军务。

对于沙皇俄国侵占我国伊犁的行径，左宗棠极为气愤，他在 1871 年曾写信给其部将刘锦棠说："俄人侵占黑龙江，北地形势日迫，兹复窥吾西陲，蓄谋既久，发机又速，不能不急为之备。……弟本拟河湟收复后，即乞病还湘。今既有此变，西顾正殷，断难遽萌退志，当与此虏周旋。"（《左文襄公全集·书牍》第 11 卷，第 48 页。）表达了他规复新疆的决心。

其时，又正值日本发兵进攻我国台湾，清廷内部兴起海防塞防之争。以直隶总督李鸿章为代表的一派，认为朝廷应将防范的中心放在海防，暂时搁置西北边疆的争端。左宗棠不同意李鸿章重海防轻塞防的观点，提出了"东则海防，西则塞防，二者并重"的主张。他分析当时的形势后指出："若此时即拟停兵节饷，自撤藩篱，则我退寸，而寇进尺，不独陇右堪虞，即北路科布多，乌里雅苏台等处恐亦未所晏然。是停兵节饷，于海防未必有益，于边塞则大有所妨。"（《左文襄公全集·奏稿》卷46。）左宗棠的主张，在朝廷内得到了一些重要官员的支持，最终使清廷下了征讨新疆的决心，任命左宗棠为督办关外剿匪事宜的钦差大臣，授以筹兵、筹饷和指挥军队的全权。

1876年，左宗棠率领所部分三路出关。他的战略目标是：先平定南疆回乱，以杜绝俄人对中国领土的进一步贪欲；先克乌鲁木齐，再收伊犁。

当时，新疆的形势是：俄国人占据伊犁，在西部；清政府的势力仅存于从哈密，经巴里坤、古城子到济木萨、塔尔巴哈台一线，在东部和北部；其余部分都在阿古柏政权的控制之下。清政府所保存的地区，虽然只有狭长的一条，但很重要。因为由甘肃出关到新疆，哈密是第一道大门，巴里坤则是北路的门户，吐鲁番是南路的门户。

左宗棠军先由北路进攻乌鲁木齐，军行急速，于1876年6月攻克古牧地，打开了通往乌鲁木齐的通道，8月，收复乌鲁木齐，11月又收复玛纳斯。

阿古柏见已失乌鲁木齐诸城，遂集中兵力坚守新疆南路要塞吐鲁番一带。阿古柏以一支部队守距乌鲁木齐南200里的达坂城；主力部队守吐鲁番；自己带领一支部队守托克逊，形成三点掎角之势，为固守之计。

1877年4月，左宗棠军分三路从乌鲁木齐向南进攻。主力直逼达坂城和托克逊城；另一路从哈密往西驻屯盐池；还有一路从巴里坤往西，经穆家沟到盐池取齐。三路大军的最后目标是吐鲁番。左军三路势如破竹，攻城略地，于4月中旬，乘黑夜潜行，出敌不备，攻占达坂城，全歼守城敌军，追杀外援阿古柏军。城内阿古柏守军未留一人一骑逃出。此一战，令阿古柏军闻风丧胆，不几日，清军顺利收复吐鲁番和托克逊城。

阿古柏率残兵退至库尔勒，见大势已去，于5月25日服毒自杀。阿古柏的两个儿子又因争夺王位互相残杀，遂使阿古柏残部呈土崩瓦解之势。1877年8月，左宗棠军胜利进军，以20日越过1200里荒野沙漠，先后攻克叶尔羌、和阗和喀什噶尔诸城。收复和阗时，清军处决了勾引外族侵略者的金相印；在收复喀什噶尔城时，阿古柏军残部裹胁我 5000 余居民和大批牲畜，逃入俄国境内。

至此，左宗棠军收复了除伊犁以外的全部新疆领土，取得了平定阿古柏的重大胜利，从而粉碎了英、俄侵略者企图利用阿古柏政权逐步向我新疆内地蚕食的阴谋，为进一步以外交谈判收回伊犁创造了条件。

左宗棠之迅速收复新疆，不仅使饱受外国侵略者轻侮的中国人民精神为之一振，也使许多西方人对中国人刮目相看。当时的《西国近事汇编》曾载西方评论家的文章说："平时欧洲人轻料中国，谓中国人不能用兵。今观中国之恢复回部，足令吾欧人一清醒也。"

二、崇厚与沙俄的交涉

俄国人占据伊犁之始，曾有中国收复乌鲁木齐、玛纳斯城即归还伊犁的许诺。而当左宗棠军收复全疆以后，行文沙俄驻伊犁司令科尔帕科夫斯基，要求俄方信守诺言归还伊犁时，俄国人却以事关重大，非得清廷的总理衙门派人前来商议不可，仍然赖在伊犁不肯走。

清政府不得已，只得于 1878 年 10 月，任命吏部侍郎崇厚为钦差全权大臣，赴俄谈判，索还伊犁。

崇厚，满洲镶黄旗人，字地山。1860 年在奕䜣与英、法代表谈判并签订《北京条约》中，受命"襄办抚局"，后来曾任三口通商大臣、署直隶总督。崇厚独力所办的第一件外交事务是，1870 年天津教案之后，出任赴法国赔礼谢罪的专使，受尽法国人的怠慢与羞辱。因此，他在外国人的面前始终是一个"抬不起头"的角色，在清廷的眼中却是个能办事的"外交人才"。

俄国政府在得知中国代表崇厚即将来俄索要伊犁，立刻召集会议紧急磋商，最后决定：在不得不交还伊犁时，要求中国必须赔偿费用 1 亿金卢布，并决定这笔钱将用来建设西伯利亚铁路。

1878 年 12 月，崇厚及其随员，带着清朝同文馆（即翻译局）的人员抵达圣彼得堡。次年 1 月 8 日，崇厚向俄国政府递交了全权交涉的国书，要求开始谈判。俄国政府先是对中国代表肆意刁难，后见崇厚对于谈判方案并无定见，且是个极好"说话"的人，则对崇厚破格接待，虚意笼络。1879 年 1 月 20 日，沙皇亚历山大二世亲自设宴款待崇厚一行，使得崇厚受宠若惊，对于俄国人的野心毫无防范。

俄国政府一方面给崇厚大灌迷魂汤；另一方面却在暗中紧急商议攫取中国利益的谈判方案。1879 年 3 月，沙皇命陆军大臣米留金主持召开特别会议研究谈判方案，会议决定交还伊犁的条件是：给予俄国在中国通商贸易的特权，修改中俄边界并赔偿军事占领费。（《库罗巴特金将军关于日俄战争的回忆录》第 95 页。）俄方参加谈判的代表有：助理外务大臣吉尔斯、外交部首席参赞热梅尼、亚洲司长梅尼阔夫，以及俄国驻华公使布策。

就在崇厚赴圣彼得堡谈判之际，左宗棠唯恐崇厚落入俄国人的圈套，曾有一信给崇厚，要求他坚决向俄方索回伊犁，不容其侵占留住，意即要求崇厚在谈判中取较强硬的态度，不容俄国人讨价还价。崇厚对此不以为然，却在给皇帝的奏折中，力陈收回伊犁的谈判应该迅速了事，免生枝节。他说："崇厚到该国后，与其外部会商，已将允还伊犁大意渲露，似有转圜之机。唯思洋人唯利是图，其间俄人在伊犁地方岁收各项税租，每年不下数十万两，未必轻易交还，其索讨兵费自是意中之事。既经崇厚允其商办，并请由臣衙门照会其署，使臣凯阳德代达谢意，以冀办理迅速。连日接有电报，是事机正在吃紧，自应速为照办，俾免日久另生枝节。"（《清季外交史料》卷 15，第 17 页。）俄方代表处心积虑要谋中方权益，中方代表却要"速为照办"，这就为俄国人在谈判中暗算中方，乘机谋取利益埋下了伏笔。

俄方在与崇厚的谈判过程中，逐步亮出贪婪的嘴脸，对崇厚不断进行讹诈，施加压力。会谈经过八个半月，俄方代表得寸进尺，昏庸无能的崇厚顶不住俄国人逼迫，竟不顾清政府"未可因急于索还伊犁，转贻后患"的指示，于 1879 年 10 月 2 日，未经清政府同意，擅自与俄方代表签订了《交收伊犁条约》（又称《里瓦吉亚条约》），在条约上签字画押。

《里瓦吉亚条约》的主要内容有：

一、关于划界：俄国允将伊犁地方交还中国，但其西境霍尔果斯以西之地区，南境特克斯河谷和沟通天山南北的穆扎尔特山口地区则划归俄属，即伊犁周围地区的十分之七的土地都割给了俄国。此外，在喀什噶尔地区，两国边界由苏约克山顶往南经伊尔克什坦卡东面的克则勒河再往南至玛里他巴山；在塔尔巴哈台地区，两国边界由奎峒山顺哈巴、布尔崇二河中间山岭分流划界。这两处的分界均做了有利于俄国的修改。

二、关于通商特权：俄国除照旧在伊犁、塔城、喀什噶尔、库伦等处设领事以外，又准其在嘉峪关、科布多、乌里雅苏台、哈密、吐鲁番、乌鲁木齐、古城等七处地方增设领事。增辟中俄陆路通道两条：一路由嘉峪关经西安、汉中至汉口；一路由科布多经归化（今呼和浩特）、张家口、通州至天津。此外，俄国进口税均减三分之一征收；准俄船在松花江内河行驶，并可与沿江一带居民贸易。俄商在新疆和蒙古全境享免税贸易特权。

三、关于赔款：中国允付俄国"代收、代守"伊犁所需兵费，加上俄国居民在其他未了案件中所受"损失"费，共 500 万卢布。

按照这个条约，中国从俄国人手中索还的伊犁，只是一座西、北、南三面均在俄国人包围之中的空城。俄国人什么时候要取伊犁，中国人毫无阻挡之力。俄方从条约中增设领事、增开通商道路，不仅扩大了俄国在新疆的势力范围，而且将其势力推展深入到中国的腹地，其后患真可谓无穷。至于俄国人将他们对伊犁的侵占，说成是"代收、代守"，甚至还要借此勒索巨额赔款，则更是贪婪狡诈之极。

崇厚所签条约，显然又是一个丧权辱国的条约，而条约竟是在左宗棠横扫新疆收复失地、大获全胜的背景下签订的，故而不能不引起举国舆论大哗，群情激愤。老百姓"街谈巷议，无不以一战为快"；士大夫则纷纷要求"反中国积弱之弊，消俄人蚕食之谋，慑外人觊觎之心，振志士奋发之气"。（《清季外交史料》卷16，第27页。）

即使是清政府内部反对这个条约的人也不少。总理各国事务衙门的主管奕⊠在给朝廷的奏折中说："中国接收伊犁后，霍尔果斯河西及伊犁山南之特克斯川，均归俄属；并塔城界址亦拟酌改，是照同治三年（1864）议定之界，又于西境、南境各划去地段不少，似此则伊犁已成弹丸孤注，控守弥难；况山南划去之地，内有通南八城要路两条，关系回疆全局；兼之俄人在伊犁置有财产，照旧营业，亦彼此人民混杂。种种弊端，难以枚举。以此视之，收还伊犁与不收同；或尚不如不收为愈。"（《清季外交史料》卷16，第27页。）

两江总督沈宝桢在奏折中指责崇厚所订条约为"割无瑕之肉补已溃之疮"，要求清政府拒绝批准条约。左宗棠得知此条约以后，更是义愤填膺，力主废约。他在上朝廷的奏折中说："察俄人用心，盖欲据伊犁为外府，占地自广，借为养兵之计。久假不归，布置已有成局。我索旧土，俄取兵费巨资，于俄无损而有益。我得伊犁只剩一片荒郊，递境一二百里间皆俄属部，孤注万里，何以图存？况此次崇厚所议第七款，接收伊犁后，霍尔果斯河及伊犁山南之特克斯河划归俄属，自此伊犁四面俄部环居，官军接收，堕其圈内，固不能一朝居耳。虽得必失，庸有幸乎。"左宗棠还进一步谴责说："武事不竟之秋，有割地求和者矣。兹一矢未闻加遗，乃遽议捐弃要地，厌其所欲，譬犹投犬以骨，骨尽而噬仍不止，目前之患既然，异日之忧何极！此可为叹息而痛恨者矣。"（《清季外交史料》卷18，第3—4页。）

左宗棠在力主废约的同时，提出了与俄方继续交涉的具体办法。这就是：先折之以议论，次决之以战阵。左宗棠表示，一旦与俄交涉失败，就集中南疆与北疆的清军，直取伊犁，以武力收复国土。

其余清朝各路封疆大吏也纷纷上书，要求更改条约，参劾崇厚。

在全国舆论的压力之下，清政府也觉得崇厚所订条约有碍大局，决定拒绝批准"崇约"，并且以误国媚敌、擅自订约、擅自回京为由，将崇厚革职拿问，交刑部议处治罪。

如此一来，必须重新派人到俄国去解决伊犁问题。这将比崇厚之行增加了更多更大的难处，谁能膺此重任呢？

三、曾纪泽受命赴俄谈判

在清廷酝酿新的出使人选时，直隶总督李鸿章曾对出使俄国再开谈判的困难，做过一番真实的剖白，他说："俄人阴鸷狡诈，虽英德等国皆视为劲敌而惮与共事。然出使大臣宜沉毅坚忍，置得失荣辱于度外，又必统筹全局相机应付以全力与之磋磨，乃不至堕其术中。中国士大夫风气向以出使为畏途，平时讲习俄事者尤少，而此事一出一人关系甚巨。往者，臣筹及西事每不免鳏鳏过虑者，诚恐恢复故疆则有名而无实，变通商务或受损于无穷也。"（《清季外交史料》卷17，第16页。）

其时，四川总督丁宝桢曾奏请皇上，毛遂自荐，要去俄国重新谈判，但是，清王朝的最高统治者，最后还是选中了当时担任英、法两国公使的曾纪泽。光绪皇帝在给曾纪泽转交俄国皇帝的推荐国书中说："念两国和好二百余年，朕恐大皇帝因此或疑中国有渝和好之意，是以再行简一等毅勇侯大理寺少卿曾纪泽为出使贵国钦差大臣，亲携国书代达衷曲，以为真心和好之据，并将前议窒碍难行原委分别缕陈，即希大皇帝派员与该大臣和衷商办。朕知曾纪泽和平通达，熟悉中外交涉事件，务望推诚相信，俾尽厥职，以永敦睦谊，共享升平。"（《清季外交史料》卷19，第3页。）

1880年3月3日，远在英国伦敦的曾纪泽接到了清朝总理衙门委任他为赴俄谈判大臣的命令。他立即意识到这一次的谈判任务非同一般，极为艰巨，将其称为"障川流而挽既逝之波，探虎口而索已投之食"。

当时，清政府内部对于这次谈判也有多种不同意见。不少封疆大吏要求全部废弃崇厚所订条约，力争收回伊犁；左宗棠为首的一派意见为谈判不成，即以武力收回伊犁；直隶总督李鸿章等人的意见则是暂时放弃伊犁，着重防守东南边疆；总理各国事务衙门的意见则是，如果谈判受到阻碍，只要让俄国人承认崇厚所订条约作废即可。

曾纪泽在给友人的信中，进一步分析了俄国政府对此事件将持的态度，以及清政府内部各种势力对此事件的不同意见，对于谈判的艰难作了深刻的估计。他说："夫全权大臣与一国帝王面订之件，忽欲翻异，施之至弱极小之邦，然且未肯帠然顺从，况以俄之强大，理所不能折，势所不能诎者乎！刻下函牍来至，不知其详，不审所任之事是否犹可措手。纪泽所惧者，入其境而见轻，直无术以自列于公使之班，无论商议事件之龃龉也。总署有总署意见，京官有京官意见，左帅有左帅意见，俄人有俄人意见，纪泽纵有画策于无可著棋之局觅一劫路，其奈意见纷歧，道旁筑室，助成者鲜而足毁者多，盖不蹈地山（崇厚字）覆辙不止也。"（《曾惠敏公文集》卷3，第7页。）

因此，曾纪泽在接到任命时曾表示"阅电战惧，莫可名状"；对于谈判前途则表示"事之难成，已可逆睹"。然而，尽管如此，曾纪泽最终仍抱定了只求对国家利益大端有所裨益，自身荣辱将置之度外的精神，决心赴俄与侵略者做一番较量。

曾纪泽，为曾国藩之长子，从小勤奋好学，除了学习中国传统文化以外，对于欧洲近代科学文化也无不探究。1872年曾国藩去世，33岁的曾纪泽在家为父守墓，靠着一部英文字典和一本英汉对照的《圣经》，开始自学英文，后来达到了能用英语交谈、用英文写诗的程度。1878年，曾纪泽出使英、法，由此逐步成为我国清末一位杰出的外交家。

当时，清政府给曾纪泽的谈判训令十分明确，要他"不激不随，以全大局"，即既要向俄国要求修改条约，又不能激起俄国人的愤恨而引发战争。而俄国人却在谈判中不断以战争相威胁，因为他们早已知道，这是对付清王朝的最好方法。参加谈判的俄国代表甚至说：与中国人谈判，要"把枪口对准他们的胸膛"，"必须向他们露一露牙齿"。面对如此蛮横的谈判对手，曾纪泽所遇到的困难，是可想而知的。非有大智大勇，万难完成使命。

为了在谈判中掌握主动权，曾纪泽对于崇厚所订条约，以及伊犁一带的地形作了详细研究。出发前，他购买了有关中国新疆一带的英文、俄文，以及中文的地图，作了细致的对比，对于谈判的具体方案已了然于胸。

曾纪泽权衡各种利弊以后，对于谈判方案作了周密思考。他认为，放弃伊犁与决以战阵的意见，目前都不适用，只有修改条约维持和平的方法才可取之道。为了达到既使俄国人同意修改条约，又不至于激怒俄国人的目标，谈判过程必须循序渐进，一步步达到预期的结果。

他在1880年7月21日，向清廷呈上了《谨就收回伊犁事宜敬陈管见折》，详细阐述了他对谈判原则的基本看法。他认为，综合崇厚所订《里瓦吉亚条约》，可将其内容分为分界、通商和赔款三大部分。在这三端之中，赔款为损害最轻之事，因为钱的损失毕竟是一时的损害，自当在一定范围以内讨价还价；其余分界与通商两端，又以通商为稍轻，因为通商条约通常都是经常修改的。"通商之损益不可逆睹，或开办乃见端倪，或久办乃分利弊，或两有所益，或互有损益，或偏有所损，或两有所损，是以定约之时必商定若干年修改一次，所以保其利而去其弊也。"因此，在谈判通商条款之时，似又可以稍轻者留待以后修改商约时再改，只就重要的条款加以力争。对于分界一端，通常是各国"长守不渝"的部分，曾纪泽认为这是此次谈判修改的重点。

据此，曾纪泽提出这次谈判的原则为："分界既属永定之局，自宜持以实力，百折不回。至于通商各条，唯当即其太甚者酌加更易，余者似宜从权应允而采用李鸿章立法用人之说以补救之，如更有不善则俟诸异日之修改。虽暂未公平，彼此宜互相迁就，庶和局终可保全，不遽决裂。"（《清季外交史料》卷21，第21页。）

曾纪泽虽有维持和局之意，但也强调必须有一定的武力保障。他在去俄国谈判之际，向总理衙门提出："窃以为宜以满洲之士卒，参以近年来立功各军之营制，得其人而练之，俾成劲旅以备不虞，似不仅一时边徼之谋，或且为万世根本之计。愿俄人不欲失和，仍能以礼接待，使者则可相其机宜，收得寸则寸之效。"（《曾惠敏公文集》卷3，第9页。）

中国政府将赴俄谈判代表崇厚"革职问罪"以后，在俄国引起轩然大波。俄国驻华代办凯德阳立即前往清朝总理衙门"质询"，提出中国方面惩办崇厚，关系中俄交涉事件甚大，表明中国并非真心与俄国和平相交。此外，他还威胁说："俄国并非没有力量与中国相对抗，条约准与不准，在俄国总是一样。"俄国驻华公使布策也威胁说："贵国若将崇厚保治以死罪，则关系邦交大局与各国公使脸面，明言之无益，姑看贵国办理如何！"（《清季外交史料》卷18，第10、11页。）

与此同时，俄国在中国边疆和沿海集结军队，并积极准备派遣舰队进攻北京，企图以武力压迫中国接受已订条约。俄国政府除在伊犁驻军1万余人以外，又急忙在土耳其斯坦和西伯利亚两地大量增兵，又命海军上将列索夫斯基率领一支23艘兵舰的舰队，于1880年7月开往远东海面，对清政府做出箭在弦上之势。

此时，中国国内的反俄情绪高涨，一些廷臣疆吏纷纷要求增兵备防。于是，清政府下令左宗棠、李鸿章、曾国荃、刘坤一等人积极筹办防务，在东北以至新疆一线，加强了防御性部署。左宗棠在此情形之下，更是积极备战，表示："俄事非决战不可。"在新疆调兵遣将，勤奋操练，做出武力收回伊犁之势。1880年春，左宗棠进一步率领大军分三路向伊犁挺进，并在从嘉峪关向哈密进军的途中，命人抬着自己的棺材，表达了誓与侵略者血战到底的英雄气概。

曾纪泽与俄国人的谈判，就在这种剑拔弩张的气氛中拉开了帷幕。

四、曾纪泽与吉尔斯、布策等人的初步交涉

曾纪泽的俄国之行，从一开始就荆棘丛生。

俄国人得知清政府任命新的谈判代表以后，明确表示：如果不赦免因与俄国谈判而获罪的崇厚，就拒绝曾纪泽入境。西方各国也纷纷为此事出面调停，英国女王甚至亲自致信清政府，要求赦免崇厚。法国总统也"警告"清政府不要错过了调解中俄争端的时机。清政府在各方面的压力之下，遂于1880年6月26日下令暂免崇厚罪名，等曾纪泽到俄国办理情形以后，再行处理。

1880年7月25日，曾纪泽带领一批赴俄交涉随员，其中包括英国翻译马格里、法国翻译日意格等人，启程到俄国的彼得堡重开谈判。

鸦片战争以后，清政府与外国侵略者签订了一系列屈辱的不平等条约，

在签订这些条约的过程中，中国的谈判代表无不受尽欺压与侮辱，像曾纪泽这一次赴俄所进行的修改条约谈判，在清政府的外交史上是史无前例的，没有前车可鉴。当然，这一次的谈判也有一些比较有利的因素，那就是左宗棠收复新疆的战争势如破竹，令中外人士对中国军队的作战能力刮目相看，中国人民坚决支持收回伊犁的正义斗争。

此外，俄国方面亦有其自身的困难。当时，俄国刚刚从俄土战争中解脱出来，极欲休养生息，注意力也还集中于欧洲与巴尔干半岛，无心在远东再与中国开战。然而，俄土战争以后，俄国的财政赤字已达 5000 万卢布，财政十分拮据，亟欲从对中国的谈判中捞上一把，以弥补战争后的亏损。崇厚的谈判，使俄国政府轻易地得到了大宗的好处，要想让俄国人轻易放弃已经到手的利益，自然也是十分困难的事，而且，这里面也有一个大国的颜面问题。

如此，在这次形势微妙的谈判中，问题的焦点是：中国方面想以最小的牺牲，换回俄国在数大端利益上的让步；俄国人则想尽可能地保留已经到手的利益，在不丢面子的情况下以最小的让步换取和平解决问题。

俄国人认为，在这次谈判中，中国仍然是弱者，必须对中国的谈判代表施加足够的压力，打击其人格意志，使其在谈判中屈服顺从。

1880 年 8 月 4 日，曾纪泽赴俄国外交部，会见了俄外交副大臣吉尔斯、俄驻华公使布策和俄外交部高级顾问热梅尼。

曾纪泽首先说明了奉命赴俄改约的来意，要求他们向俄国皇帝转交国书。

吉尔斯却冷冷地对曾纪泽说："崇厚为贵国全权特使，有权签订条约，而且条约已经我国皇帝批准，不可更改。"

曾纪泽指出："各国签订条约都需经过双方政府批准，方可生效。崇厚未经请示朝廷，擅自签字画押是为越权。今我皇上认为该条约的一些条款窒碍难行，故要求加以修改，这是符合国际公例的。"

热梅尼责问："各国订约诚然有修改之事，唯独没有未经商办就惩办全权使节之事。况且中国方面目前增兵设防，有意向我国寻衅，哪有和平谈判的诚意？"

曾纪泽说："崇厚奉命出使，遇事不请旨，违训越权，中国按律惩办，这完全是他咎由自取。以中国之法，治中国之臣，这与贵国没有关系。我清军将领已经收复新疆全部，只留伊犁一处谈判解决，这本身即表明了我国对于贵国的和平诚意，决不会有意寻衅生事。"

此时，布策在一旁冷笑道："当初崇厚以头等全权公使的头衔来我国谈判，你现在只是个二等公使，并且连全权大臣的名分也没有。哪里有头等大使所订的条约二等公使却可以更改，而头等全权公使签订的条约不能生效，二等无全权公使签订的条约却能生效的道理？"

布策话音刚落，俄国代表们脸上都露出了会心的微笑，以为这一击必定直中要害，令曾纪泽抬不起头来。

曾纪泽没有露出丝毫难堪的表情，理直气壮地说："西洋各国公法上都写得清楚，奉派之公使，无论头等、二等，通称全权大使。我曾纪泽虽然职居二等，不称全权，但只要遇事请旨，不师心自用，无论何等头衔，都是一样可以完成朝廷使命的。"

在经过一番论争，俄方代表见没有办法压住曾纪泽，最后只得同意将曾纪泽的来意奏报沙皇，向沙皇呈递中国国书。

曾纪泽返回中国使馆后，立即向清政府汇报谈判情况，并要求清政府暂时赦免崇厚，召回左宗棠，以减少谈判障碍。

8月23日，曾纪泽又一次赴俄外交部交涉。这一次曾纪泽拿出了自己的第一谈判方案，要求修改《里瓦吉亚条约》中的六条：（1）交还伊犁全境；（2）塔尔巴哈台、喀什噶尔交界仍照《中俄勘分西北界约记》划分；（3）伊犁全境交还后，允许俄商到嘉峪关通商，并可开放尼布楚、科布多两条商路；（4）只在嘉峪关一处增设领事；（5）哈密、巴里坤、古城不设领事，但俄商可于其中一处留货；（6）俄商在新疆贸易不能处处免税。

曾纪泽的修约方案基本上包含了原条约中对中方危害最大的部分，只是曾纪泽回避了直言修改原条约某一部分的内容，而是巧妙地从正面重新提出了六点原则，作为双方谈判的基础。同时，他的方案也没有完全将清政府内定的应驳条款全盘端出，他考虑先将这些"大端"议定以后，其余小处自可从容商量，这也是他的谈判策略之一。

曾纪泽将他的想法电告总理衙门说："此次催询修改各事，其势若迫不及待。纪泽本拟将尊处议政各案和盘托出，继思发端伊始，似以浑括大意为宜，观其口气如何，再为逐条分析。庶操纵在我，不虞扞格。"（《曾惠敏公全集》卷4，第3页。）

然而，即使这个在曾纪泽认为十分委婉的六点意见，还是使俄国代表十分恼火。吉尔斯不满地说："这样一来，你不是将原来条约中的所有条款都驳了吗？"

显然，俄国人原来以为中国人要求修约，也只是像国际惯例那样，做一些枝节性的修改，并没有料到曾纪泽要对原条约进行根本性的纠正。因此，俄国代表们看了曾纪泽的修改方案，个个面色冷峻，措辞严厉，这一次谈判很快就不欢而散了。

8月25日，沙俄陆军大臣米留金主持召开了外交、陆、海军联席会议，讨论曾纪泽提出的修改方案，研究对策。经过一番议论与权衡，确定了俄国方面对于这次谈判的三条原则：（1）中国方面如果同意增加赔款，俄方将不再坚持对特克斯地区的主权要求；（2）修改条约不能有损俄国的名誉和声望；（3）不进行长期争执，必须借助武力，以求迅速解决问题。

这次会议还决定：中俄双方可以重新谈判，但原条约中的主要内容不能更改。同时，不以曾纪泽为谈判对手，改派布策直接赴北京重开谈判，并派遣海军上将廖索夫斯基率领舰队到中国沿海，向清政府示威，以争取尽快解决中俄争端。

8月28日，俄国政府单方面中止在俄国正在进行的交涉，照会曾纪泽，奉沙皇命令，将派遣俄国驻华公使布策赴北京谈判。

曾纪泽陷入进退维谷的尴尬境地。

事实上，俄方中止与曾纪泽的交涉，改派布策赴北京谈判，还是其对曾纪泽和清政府施加威胁的伎俩。热梅尼曾直言不讳地说："我们原来要求在北京进行谈判，是以此作为给清政府一个教训，是对它拒绝批准在这里缔结条约的惩罚。"联席会议以后，布策暂时避往瑞士，观察形势变化，再行决定行止。

沙俄政府虚晃一枪的军事讹诈，对于虚弱的清政府却立即起到了震慑作用。总理衙门内马上陷入一片惊慌，很快即致电曾纪泽，要他赶快向俄国政府交涉，不惜做出重大让步，也要让谈判继续在俄国进行。

总理衙门在给皇帝的奏折中说："事机之阻，出于意外，转瞬间布策挟兵船而来，必且于十八条（崇厚原定条款—著者按）之外更多无理要求。应之则贻患尤甚，拒之则兵衅立开，深恐大局不可收拾。臣等再四筹思，前次电旨，曾纪泽无论何日奉到。总当遵旨办理。如能多争几条固可藉以转圜，万一十八条竟不能挽回，无论如何定议，较之布策来华多方挟制势仍处于不得不允，其利害轻重又复大相悬殊。臣等冒昧之见，倘曾纪泽与之妥议尚在十八条之内，将来奏到时应请允予批准，倘竟于十八条之外别有要挟，仍不得擅许。"（《清季外交史料》卷 22，第 26 页。）

据此，总理衙门指示曾纪泽：俄事日迫，能照前旨争重让轻固妙，否则就彼不强中国概允一语，力争几条，即为转圜地步，总以在俄定议为要。

这时，总理衙门的意见实际上就是要求皇上同意批准崇厚所订条约，对于俄国不再有任何修改条约的要求。就是曾纪泽的谈判，现在也只是做做样子，"力争几条"捞点面子完事。即使这样，也还在战战兢兢地害怕俄国人在原有条约之外另提无理要求，其软弱无能之状于此表现得淋漓尽致。

当时，朝廷内部也有人力主备战，坚决不向俄方让步。洋务派的领袖人物之一张之洞就曾上奏表示："从古敌国交际之事，谋战为本，辩论为末，形势相禁制为上，婉辞恳请为下计。"布策之来，"若知我实有必战之心，则十八条之中必可商改；若见我实无能战之具，则十八条之外必多要求。俄人必欲来华定议，诡谋不过如此。若虑要挟过甚，听命于人，不若求之在我。"（《清季外交史料》卷 22，第 28 页。）

张之洞之议论，在当时确也是掷地有声的铮言。同时，李鸿章也奏请皇上，给予曾纪泽以全权谈判大臣的身份，皇上准了奏，加强了曾纪泽在谈判中的权力。

比起清政府的软弱可欺来，曾纪泽的态度要镇定得多。

曾纪泽接到总理衙门的指示后，立即到俄国外交部约见热梅尼。此时，吉尔斯已陪同俄皇到黑海休假去了。

曾纪泽不动声色地对热梅尼表示："前次所提出的六点修改意见，只是双方谈判的基本方案。只要双方开诚布公，若有确实需要中国退让的地方，我方必定酌量相让，一切都还可以商量。"

热梅尼傲慢地说："此事恐已经晚了，布策已赴北京谈判了。"

曾纪泽说："贵国仍可以召回使臣。据我所知，目前在北京谈判将对贵国十分不利，京中不少大臣反对与贵国谈判，主张以武力收回伊犁，布策到北京谈判，势必受到反对派的阻碍，恐怕更不利于和局。况且，若是不能在此商办的条款，到了北京商议也不会准允。所以，我希望贵国从和局出发，重新考虑布策进京谈判的问题。"

曾纪泽的话对热梅尼起了很大的作用。热梅尼由此向沙皇报告，提出：布策赴北京谈判，若是清政府任意拖延、中断谈判，都会给俄国造成不利影响，况且，一旦谈判破裂，兵舰下旗撤离，必将加深两国之间的裂痕。不如让谈判仍在俄国进行，这样有利于把军事威胁与外交手段结合起来，加上，现在曾纪泽已获得全权谈判大臣的权力，集中力量对付曾纪泽，比较主动。

经过热梅尼的争劝，沙皇政府最终决定召回布策，继续在彼得堡的中俄谈判。但是，俄国人又秘密策划了新的谈判步骤，决定暂时不以外交部的名义与曾纪泽进行正式谈判，而让布策与曾纪泽举行私人会谈，先摸清清政府的底牌，然后再作定夺。

曾纪泽从热梅尼处听到俄国代表的意见后，立即警觉到，这是俄国人耍的花招，当即声明：清政府只是要求修改条约，在阐明我方建议时，也希望知道俄方态度，并要以此向清政府报告，从而能够不断协调谈判方案。

双方的非正式谈判开始以后，曾纪泽应布策的要求，第二次交上了对原崇厚条约的驳改要点，其基本内容还是第一次交给俄国代表的 6 条意见。

布策感到十分棘手，曾纪泽在经过这一轮的威胁以后，并未作出任何让步！

10 月 13 日，曾纪泽与布策进行了为时四小时的谈判。在此后的会谈中，布策等就割地、赔款等问题漫天要价。

布策表示："我国军方代表坚持不肯放弃伊犁地方，因此中国索回伊犁，必须最充分地赔偿代守兵费，并对驻守伊犁的军队加给补恤银两。此外，交还伊犁以后，中国应割让乌苏里江方面的一块土地，以为补偿。"

曾纪泽说："我们同意赦免伊犁居民和偿付代守兵费，补恤费用亦可商量。但是，关于割地问题，属于原条约以外的要求，我不能同意。中国只能将伊犁以西之地，于将来修订界约时，酌让若干，归于俄国，以便于安置迁民。"

布策提出："塔尔巴哈台和喀什噶尔交界的划分问题，应维持与崇厚原定条约。"

曾纪泽表示："在这个问题上，中国不会让步。"

显然，在领土问题上，远远不能满足俄国人的欲望。

布策又提出："俄国如果归还特克斯河流域及莫萨尔山口，就必须在中国的西北边界或沿海得到补偿。中国沿海何处可以让予俄国？"

曾纪泽断然回答："中国土地，断无再让之事！"（《伊犁定约中俄谈话录》第 120 页。）

第一次交锋，双方距离很大，热梅尼认为谈判不能令人满意，必须进一步对曾纪泽施加压力。他们决定故伎重演，向曾纪泽放出风来：若是谈判不能令人满意，俄国准备中断谈判，仍然到北京继续谈判。

这一次，曾纪泽对于俄国人的伎俩心中有数，不予理睬。10 月 18 日，曾纪泽采取主动，分别约见热梅尼与布策，表示倾听俄方意见，并从他们的谈话中寻找差异，进行"火力侦察"。

热梅尼向曾纪泽提出："中国自谈判以来，在中俄边境各处增加军队，致使俄国不得不调派军队加强防务。俄国设防添兵，并派水师前往中国，所费卢布已达1200万元。如果事情迟延一日，则本国多一日之费。本国兵费愈多，将来中国吃亏愈重。"

曾纪泽答道："我们两国并未开战，贵国何以向中国索取'兵费'？如果照你这样说法，中国亦可以说花了许多钱，用了许多兵来防俄国，俄国是否也肯同样赔偿中国方面的兵费呢？"

热梅尼气急败坏地说："无论兵费不兵费，总算是俄国要钱。中国必须理解这一点。"

其时，俄国与英国在中国西北方面有很大的矛盾。俄国插手新疆一带，英国则插手西藏一带。英国在远东和土耳其问题上与俄国嫌隙很深。俄国在中国西北大块蚕食中国领土的行为，已遭到英、法、德等国的忌恨。

因此，曾纪泽旁敲侧击地回答："我们两国皆不能说什么赔偿兵费的话，以免有伤两国和好，且致各国闻之生心。"

热梅尼当然听得出曾纪泽的弦外之音，遂为之语结，气焰顿时稍减。

俄国代表与曾纪泽的几次交锋之后，一致感到曾纪泽不好对付。热梅尼得出结论：从曾纪泽身上不能期待任何东西，甚至连收回伊犁后的军费也不能指望。因此，必须对北京政府施加压力，才有可能达到目的。

10月30日，布策与曾纪泽再次举行会谈。曾纪泽对布策所提各项一一给以驳难。

布策恼羞成怒，露出狰狞面目，说："如果这些条件贵公使均不能同意，那么俄国正欲一战。我们将派海军上将廖索夫斯基前往北京递交最后通牒。"

曾纪泽对于俄国人的花招也已看得透彻，自此不再示弱，态度也渐强硬，针锋相对地回答："中国不愿有打仗之事。倘不幸而有此事，中国百姓，未必不愿与俄一战。中国人坚忍耐劳，纵使未必取胜，然中国地方最大，虽十数年，亦能支持，想贵国不能无损。况且，最后的胜负，现在还很难遽断，中国获胜，则俄国亦须赔偿我国兵费。"（转引自《中国近代爱国者百人传》第95页。黑龙江人民出版社1985年版。）

其实俄国刚经过土耳其战争，此时正不欲在远东再与中国交战，况且，旷日持久的战争更是俄国人所惧怕的事情。曾纪泽的一番话正击中了对方的虚弱之处，弄得布策很难下台。

自然，俄国代表不会就此罢休。此后数日之中，俄方代表又不断向曾纪泽施加压力。

曾纪泽迫不得已，使出一招，声称："我们可以停止谈判。中国暂缓索回伊犁，但崇厚所订《里瓦吉亚条约》也宣告作废。"曾纪泽想以此彻底否定崇厚所订条约，打破目前僵局，以利于日后重新开始谈判。这不失为退一步求进的"好棋"。

布策立即要求曾纪泽出具文牍，写明："中国永远不再索还伊犁。"

曾纪泽表示：这是绝对不可能的事！

双方谈判陷入僵局。

曾纪泽在第一轮的谈判中所保持的坚定立场，使俄国人对他失去了全部幻想。热梅尼在致吉尔斯的信中提到："今天与曾会谈以后，我们和毕佐夫一起从邮局给您寄上此信。……我坚信，对于这些中国老爷们不能再抱任何幻想。他们十分傲慢，并且熟悉世界政治。我们的示威没有使他们害怕，正如科托尔的示威没有使苏丹害怕一样。"（曾纪泽《出使英法俄日记》第 22 页。）

当时，俄国国内的阶级矛盾日益严重。列宁曾经指出："1879—1880 年间，俄国已呈现一种革命形势，虽然那时并没有发生革命。"（《列宁全集》第 21 卷，第 190 页。）沙皇政府知道不能再靠一次对外战争来巩固其地位了，因此，他们希望通过军事讹诈来达到割地、赔款和商业特权等项好处。但是，他们的讹诈在曾纪泽这里没有起到任何作用。

在谈判期间，俄国政府得知，中国方面向德国订购了 10 万支德国步枪，其中有五分之一已经交货。因此，俄国人认为，中国人与俄国开仗的疑虑已在逐步消失。并且，当时中国政府召回左宗棠，也被俄国人理解为中国要对伊犁方面开战，准备以武力收回伊犁。

所有这些，都使俄国政府内部惊慌失措。参加谈判的热梅尼向吉尔斯呼请："让我们如实地正视事态吧。尽管不利，让我们接受现状吧。"最后，沙皇政府认为远东的俄军尚未具备对清作战的准备，所以应当尽快结束中俄谈判，并准备在谈判中作出让步。

自此，中俄谈判进入一个新的阶段。

五、中俄针对备忘录的正式谈判

1880 年 11 月 8 日，热梅尼、布策约见曾纪泽，向中方代表呈送了俄国方面的谈判备忘录，要求中国代表以此备忘录为基础开始谈判。备忘录的主要内容有：

清政府批准《里瓦吉亚条约》，另立两国商改专条，俄国允应归还特克斯流域；塔尔布哈台、喀什噶尔两处分界仍照《里瓦吉亚条约》；嘉峪关通商和松花江航行两事应商办；中国必须增加兵费赔款。

显然，俄国方面的备忘录与曾纪泽所要求的修改条款相去甚远，曾纪泽据理力争。谈判的中心集中在分界、商务和赔款三大问题上。

第一，关于分界问题。

曾纪泽首先指出："俄方是否愿意交还整个特克斯流域？如果是，为何要重新定界？原来的边界早已有条约规定。"

热梅尼答道："毫无疑问，我们将归还整个特克斯流域，并同意以旧图为定界的出发点，但为了有一个符合两国利益的良好边界，修订一下是有好处的。"

曾纪泽又指出："如何划定喀什噶尔的边界？《里瓦吉亚条约》在一些重要地方背离了《北京条约》的旧界线。"

热梅尼狡辩道："《里瓦吉亚条约》与《北京条约》并不矛盾，俄国不可能背离《北京条约》。"

曾纪泽提出："霍尔果斯河以西伊犁河南北两岸的分界，是否也照旧界？亦或俄方仍坚持《里瓦吉亚条约》划定的界线？"

热梅尼蛮横地说："俄方备忘录中没有提及的问题，我们不予讨论，一律保持不变。"

曾纪泽为了争回主要的分界线，故而在霍尔果斯河以西问题上，没有坚持提出进一步的异议，而坚持索回南境与北面的领土。

在后来的谈判中，布策又提出："俄国归还特克斯流域，但该流域西南部的3个村落应划归俄国。"

曾纪泽查阅地图，见布策所要的村落地长百余里，宽40余里，距穆素尔山口最近，感到这样的地区断无让给俄国之理。遂厉色争道：

"贵国既已同意全部归还特克斯流域，岂有另要村落的道理？"

布策强词夺理说："全部归还并不影响部分修改。边界稍有修改，不能不算全还。"

经过不断的争论与对抗，曾纪泽终于将特克斯河流域全数争回。同时，在改定塔尔布哈台和喀什噶尔界务方面，经过双方的一再交涉，都作出了一定的让步。前者按《中俄勘分西北界约记》和《里瓦吉亚条约》的有关规定，重新划界；后者则按两国"现管界址"划界。

第二，关于商务问题。

最初，讨论俄国商船在松花江航行问题，曾纪泽要求删去。俄国代表表示，同意缩短航线，但必须以中方准许俄国汽船行驶为条件。

曾纪泽表示："作为个人的看法，可以同意汽船行驶，但这个问题必须请示政府批准。"

在商务问题上，曾纪泽争论的核心问题是要求俄国取消《里瓦吉亚条约》中有关由西安、汉中直抵汉口商路一款。

当曾纪泽提出删去两条陆路通道时，俄国代表企图采取回避拖延的办法进行搪塞。

吉尔斯提出："等条约各重要部分都商定之后，我们再行商议这两条商业通路问题。"

曾纪泽不肯听从俄国人的摆布，于吉尔斯提出这个拖延计划的当晚，亲自到布策的寓所，严正指出：

"此事关系谈判全局，如果这一条俄国方面不同意，那么其余各条可能尽属空谈。因此，必须将这两条先行决定下来。"

在曾纪泽顽强抗争之下，俄国人被迫同意删去嘉峪关至汉中、天津两条商路的有关条款；松花江航行问题，也因曾纪泽指出前约中对于松花江地名的误解而被删去。当然，曾纪泽在商务问题上争回了谈判预想中的主要条款以后，对于《里瓦吉亚条约》所给予俄国其余特权没有再提出新的要求。

第三，关于赔款问题。

俄国代表提出：中国应赔偿未守已成之条约而使俄国海陆军调动所费军费 1200 万卢布，折合清政府的银圆 800 万元左右。原《里瓦吉亚条约》中的赔款数为 500 万卢布，折合银圆 280 万两，现在俄国人一下子狮子大开口，把赔款数增加了一倍多。

曾纪泽先是与俄国代表争论这次赔款的名目，坚决不同意俄方所提出的所谓调动军队所费的"兵费"问题。最后，俄国代表不得不又重新提出，可以算作延长一年收回伊犁而增加的代守费。

关于赔款问题，曾纪泽原本为着谈判最后能够解决争端，准备做一些让步，但不准备全部满足俄国人的贪婪。在这个问题上，清政府曾经电示曾纪泽，允许增加赔款 250 万两，继而又嫌数目偏大，再电示曾纪泽，如果俄国没有别的纠缠，允许总赔款数为 500 万两，即崇厚所答应的 280 万两，追加部分不得超过 220 万两。

曾纪泽将清政府的电示压了下来，先不让俄方知道底牌，继续与俄方讨价还价。

曾纪泽提出："延长收回伊犁的费用，只能增加 250 万卢布。如果俄国能够同意归还霍尔果斯河以西地区，那么，中方可以考虑略微增加赔款数目。"

吉尔斯厉声表示："不要再谈霍尔果斯问题！"

曾纪泽仍然表示："俄方所索赔款数目太大，中方难以应允。"

吉尔斯阴险地笑着说："俄国岂是以地出售？如果是这样的话，那么特克斯流域难道只值 500 万卢布？不过是因为贵大臣已经改约多端，而俄国如果一无所得，面子上太不光彩了，所以索要一些赔款，也不过是聊以自慰罢了。"

曾纪泽看到俄国方面对于赔款问题不肯让步，又感到谈到这一步不容易，不想因为赔款数目的出入，影响整个谈判成果。故而抓住俄国代表在赔款数目上前后的矛盾，做最后抗争。

他针对吉尔斯提出的增加部分不能少于 500 万卢布的要求，指出："热梅尼在前次谈判中已提出延长代守费数目为 400 万卢布，为何贵国代表言而无信，又多增出 100 万之数。"

因为热梅尼确实在谈判中提到，延长一年的伊犁驻军，多耗费了 400 万卢布。因此，曾纪泽的诘问使得吉尔斯无言以对，最后不得不同意，赔款总数定为 900 万卢布。这样一来，900 万卢布折合为银圆，正好是 500 万两，与清政府的指示正好吻合。

至此，谈判终于达成初步协议。

这样的谈判结果，对于曾纪泽来说，是经过千辛万苦、得来不易的东西。曾纪泽赴俄之后近半年时间，仅在这次正式谈判中即与俄方交涉达 50 余次，其中的甘苦自是难为人道。他曾在致总理衙门的信中约略地提到了谈判的艰难，说：

"来俄遂已半载，宾主诘难数十万言。前此都是虚掷景光，枉劳唇舌。布策阴柔狡狠，本有入水不濡、近火不热神通。纪泽于理喻情动操术两穷之时，辄赴外部一申吾说，而外部尚书吉尔斯既随扈远在黑海，署尚书热梅尼于大端必须禀承俄皇吉相之诏令，小事又不如布策之精熟。是以争辩虽繁，漫无实际。朝允商改，夕复游移。纪泽于事亟时幸未轻与放松，事缓亦无须忽然加紧，故自抵俄至今，尚无前后语言不符之弊。公务虽极磨难而未至遽遭轻侮者，独赖此耳。"（《曾惠敏公文集》卷 4，第 4—5 页。）

由此可见，俄国代表在谈判中极尽刁难之能事，不仅在谈判过程中让主要代表吉尔斯离开彼得堡，而且出尔反尔，变化无常。曾纪泽在谈判中坚持了不急不缓、始终如一的谈判方针，最终使得俄国人的各种威胁利诱都归于失败，不得不和中国重新签订条约。

在签订条约之前，曾纪泽一面把条约内容电请总理衙门批示，一面与布策逐字逐句地推敲、争辩条约的法文底稿。

曾纪泽说："与布策先行商议法文条约章程底稿，逐日争辩细意推敲，稍有龃龉，则随时径赴外部详晰申说。于和平商榷之中仍示以不肯苟且迁就之意，且以有益于中国无损于俄人等语，开诚布公而告之，于崇厚原订约章字句，陆续有所增减。"（《清季外交史料》卷25，第15页。）

像曾纪泽这样重视条约文本的字句，如此认真推敲条约措辞的外交大臣，在清政府中也是绝无仅有的一人。

1881年2月24日，曾纪泽与俄方代表吉尔斯、布策签订了《中俄伊犁条约》（又称《圣彼得堡条约》）和《改订陆路通商章程》，其主要内容如下：

（一）在界务方面：中国收回了伊犁九城及特克斯河流域、莫萨尔山口的2万多平方公里的中国领土。但是，由于沙俄蛮横拒绝谈判霍尔果斯河以西的领土问题，致使伊犁河南北两岸13000多平方公里的土地仍为沙俄霸占。此外，在塔尔巴哈台地区，新条约规定："自奎洞山过黑伊尔特什河（喀喇额尔齐斯河）至萨乌尔岭划一直线，由分界大臣就此直线与旧界之间酌定新界"；在喀什噶尔地区，由两国派员按俄国强占的所谓"现管之界"勘定新界、安设界碑。后来，沙俄就在上述这些善后分界工作中，进一步割占了中国的大块土地。

（二）在商务方面：俄国只在嘉峪关和吐鲁番两地增设领事，删去了原约中在科布多、乌里雅苏台、哈密、乌鲁木齐和古城等五处设领事的条款，许以商务兴旺以后再议；俄商只准到嘉峪关贸易，删去原约中准许俄商贩运货物到西安、汉中、汉口贸易的条款；俄商在新疆各城贸易，改原约中"均不纳税"为"暂不纳税"，在蒙古地方仍可免税贸易；俄商运来货物经陆路到天津或肃州（嘉峪关），照正税减征三分之一；中国同意输入俄国的几种茶叶减低出口税；中国指定中俄边界35处，任俄民通行、经商。原约准俄人在松花江上航行并可与沿江一带居民贸易条款，暂缓实行。

（三）在赔款方面：中国补偿俄方代收、代守伊犁所谓"兵费"及所谓"补恤"俄国商民，给沙俄赔款 900 万卢布，限两年偿清。

（四）关于伊犁居民问题：条约规定，伊犁居民"或愿迁居俄国入俄国籍者，均听其便"。事实上，后来沙俄利用这一条款，以武力胁迫中国居民迁入俄境，"所迁之民，多非情愿"，"其不愿迁徙者，鞭挞重至，哀号之声彻于四野"。（《清季外交史料》卷 32，第 15 页。）

曾纪泽与俄国签订的这个《中俄伊犁条约》虽然还是一个在沙俄武力威胁与外交讹诈下产生的不平等条约，但是，较之崇厚所订的《里瓦吉亚条约》，在分界与商务方面，中国收回了一些重要利权，也堵塞了此后很可能使沙俄势力侵入中国内地的重要隐患。更为重要的是，这个条约是从沙俄已经到手的利益中重新争回国家权益，实现了"挽狂澜于既倒，探虎口而索食"之艰难外交，从而使这一次的军事谈判成为中国近代外交历史中唯一的一次成功谈判。

其中，中国方面的谈判代表曾纪泽功不可没！

六、中国近代第一位优秀外交官

曾纪泽与俄国代表所进行的修改条约的谈判，最终毫无疑问地让沙俄将已经吞入口中的东西又吐了出来，这在野心勃勃的沙皇俄国的外交历史上，也是绝无仅有的一次。当时，英国驻俄公使德佛鄂曾经不无讽刺意味地说："中国已迫使俄国做出了它从未做过的事，把业已吞下去的领土又吐出来了。"（耶拉维奇《俄国在东方》第 138 页。）

总结这次成功的谈判经验，我们可以看到，索回伊犁的谈判是在各种客观因素作用下进行的，而曾纪泽很好地利用了对中国有利的各种因素，使得谈判最终达到了中国方面的基本愿望。

第一，审时度势，据理力争。

对于俄国方面来说，不利的因素主要来自国内政治危机与财政困难。

1877—1878 年的俄土战争，使沙俄国力耗损十分严重。为了巩固国防，沙俄不得不在西部广筑铁路，并组建黑海舰队，同时，在里海附近，沙俄又在与土库曼人进行战争。沉重的财政负担使沙俄无力再承担起对中国的另一场战争。加上，因沙俄穷兵黩武而引起俄国国内阶级矛盾日益尖锐，使沙皇政府确信，已经不可能通过再一次的对外军事胜利来巩固自己的国内统治了。

因此，沙俄的财政大臣阿巴萨声称："宁可放弃《里瓦吉亚条约》中的商业权利，也不要在远东冒战争的危险。因为大规模的战争要求巨大的费用，而这是当时俄国财政所不能允许的。"（纳洛契尼茨基《1860—1895 年资本主义列强在远东的政策》第 235 页。）

此外，当时俄国在国际上也很孤立，发动侵华战争必将得不到列强的支持。1878 年的柏林会议，使俄国在欧洲大陆十分孤立。俄奥不和，俄德嫌隙很深，1879 年成立了德奥反俄同盟。当时，欧洲的英、奥、德、土都以俄国为敌。故而俄国在中俄谈判期间，几乎都处于内外交困之中。同时，俄国也不愿因发动对华战争而加剧英俄在中国西北一带的对抗。

所有这些因素，都在一定程度上制约着俄国在谈判中实施真正的军事进攻，都使俄国不得不在谈判过程中作一定程度的让步以结束谈判。

对于曾纪泽来说，就是很好地利用这些有利的因素。在逐步掌握了沙俄也不愿开战的心理以后，曾纪泽采取了比较强硬的谈判态度，在一些重大原则问题上始终不肯退让一步。不管沙俄代表采取何种威胁利诱，坚决不为所动，且在谈判中不断以旁敲侧击的方法，利用沙俄与欧洲列强的矛盾，以及俄国国内困难沙皇亟欲尽早结束谈判的心理，向俄国代表施加压力。

所以，在整个谈判过程中，俄国代表反而经常诘责曾纪泽逼迫太甚，感到对曾纪泽无计可施。曾纪泽更多地掌握着谈判的主动权，从而能够据理力争，迫使沙俄逐步吐出已经攫得的领土利益。

对于曾纪泽在谈判过程中所表现出来的作为一名外交家的优秀素质，连俄方代表也不否认。热梅尼在谈判中途致吉尔斯的信中说："他（指曾纪泽）不唯出众于中国，亦罕见于欧洲，诚不可多得之使才也。"（曾纪泽《出使英法俄日记》第 22 页。）

曾纪泽在谈判中所表现出的坚韧不拔的自尊、灵活善辩的自信和勇敢无畏的自强精神，都是中华民族难能可贵的传统美德。他是列强们过去同清政府的历次谈判中所遇到的一个最强劲的对手。

第二，文谈武备，军事威慑。

曾纪泽这一次的谈判，不是战败以后的谈判，而是谈败以后的谈判，中国仍然保有武力收复新疆全境以后所产生的军事威慑力量。

左宗棠收复新疆，在我国近代外交史上具有十分重要的意义。第二次鸦片战争以后，各国列强侵略者对中国虎视眈眈，都准备从弱不经打的中国毫不费力地掠得领土和特权。此时，清政府能够收复被外来侵略政权盘踞达 13 年之久的新疆全境，对于各国瓜分中国的侵略野心，无疑是一次沉重的打击。

左宗棠的新疆之战经过了充分的战前准备，在粮、饷、武器方面都有比较优裕的配备；在部队的整编训练方面，左宗棠也下了很大的力气，选拔将才，训练士卒，使他的部队逐步成为一支能攻善战的精锐之师。左宗棠在收复新疆的战争中还制定了一套正确的战略方针和作战原则，如"先北后南""后进速击""广储粮草、杜其窜路，然后相机大举，聚而歼之"等等。

这些都使得左宗棠收复新疆的战争打得有声有势，一路势如破竹，不仅令阿古柏侵略政权望风披靡，而且令各国侵略者对中国的军事力量刮目相看，不敢如前一般小视中国军队。

曾纪泽赴俄国谈判以后，左宗棠率军逼近伊犁，带棺行军，给予沙俄以极大的震慑力。

俄国代表也知道左宗棠是清政府内部的主战派，而且有力量收复伊犁，因而对他十分惧怕，暗中对沙皇政府提出："战争对于我们俄国将是耗费巨大、没有止境而又无益的。"

在与曾纪泽的谈判中，俄国代表多次询问清政府是否有用兵之意，曾纪泽总是一方面回答清政府不愿意与俄国开战，另一方面也表示中国也有许多有力人士赞同以武力收复伊犁。当俄国代表以破裂谈判准备开战威胁曾纪泽时，曾纪泽义正词严地回答俄国人："中国不愿打仗，但如果俄国一定要打，那么胜负尚难逆料。"

当时，清政府事实上是极怕与俄国开战的，对于曾纪泽，也不断叮嘱其保持与俄国和好之意，甚至以不惜在谈判中作出重大让步，来防止与俄国关系破裂。可以想见，当时曾纪泽在谈判中所采取的强硬态度，是冒很大风险的，一旦关系破裂，俄国人发动战争，曾纪泽完全有被清政府革职问罪的可能性。但是，为了逼迫俄国人在谈判中作出让步，曾纪泽置自身荣辱于度外，始终如一地采取了在重大原则问题上毫不动摇的态度。

当清政府召回左宗棠，意在减轻俄国人对于中国加强边防的指责，并向俄国表示中国政府并不赞同以武力解决伊犁问题的时候，俄国人误解了，以为清政府准备打仗了。他们紧张了，又向曾纪泽打听，左宗棠回京，究竟意欲何为？曾纪泽是知道清政府的用意的，但是却不向俄国人透露风声，使俄国人对于中国政府的真实意图始终难以摸透。最后，俄国代表于左宗棠到达北京前三天，与曾纪泽签订了《中俄伊犁条约》。可见，俄国人当时也是外强中干的纸老虎，中国的军事后盾还是在谈判中起到了重要的威慑作用。

第三，折冲樽俎，百折不挠。

然而沙俄毕竟是侵略性很强的大帝国，尽管在与中国谈判之时，有着自身难以克服的困难，但让俄国人轻易放弃已经到手的利益，对于中国这样老大的弱国，仍然是万分艰难的事情。作为谈判代表本身所面临的问题更是局外人所难以想象的。

曾纪泽在谈判结束以后，曾经谈到谈判中所遇到的种种艰难：

其一，西方人对待二等公使的态度远远不如对待头等公使，况且各国认为已经定议的条约再行改动的责任，远远大于初次议定条约的责任。因此，对于清政府派遣头等全权公使崇厚所订的条约，却要由二等公使曾纪泽来要求修订，颇不以为然，从而时常以此轻侮中国谈判代表。一旦曾纪泽在谈判中与俄方代表发生争执，俄国代表动辄即说："你没有全权且为二等公使，做不得主，不如还是我们派人到北京谈判去。"尽管曾纪泽对于俄国代表的无礼态度，表现了不屈不辱的态度，但在心里仍然时常感到难堪与办事的棘手。这实际上是清政府内部一贯对于汉族官员的歧视政策所造成的人为结果，致令中国外交人员受到别国谈判人员的轻视。曾纪泽在给皇帝的奏折中提出这一点，也是为今后中国外交谈判提供殷鉴。

其二，各国参与议定条约的公使，从没有不等候本国君主的批准，或不听从本国外交部门指示，而擅自签字画押的。而崇厚出使俄国签订《里瓦吉亚条约》，竟敢不等本国政府批复，擅行签字画押，使得政府的意见与条约内容大相径庭。各国修改条约，莫不是从枝节问题上稍做改动，从没有像这一次那样修改这样多的重要内容。这又是谈判的一重困难。尽管曾纪泽已经十分策略地逐步提出清政府要求修改的内容，但是，仍然令俄国方面十分恼火。曾纪泽说："外部（指俄国外交部）见臣照会将约中要领痛行驳斥，莫不诧为奇谈，屡以崇厚违旨擅定之故晓之，奈彼闻所未闻，始终不信，此其难二也。"

其三，崇厚所订条约中，有许多条款，如在中国开辟通往内地的通商道路、在新疆一些重要地区设立领事、在中国内河允许俄国商船航行等等权益，都是布策作为俄国驻华大使，多年来一直向中国总理衙门请求而未得中国方面应允的事，经由崇厚条约，俄国人轻而易举地得到了这些争取多年的好处。现在却要经过曾纪泽的修约谈判，让俄国人再次让出这些权益，可以想见困难是十分大的。曾纪泽的谈判日记中也多次提到，布策的态度最难缠，几乎无事不设障碍。曾纪泽只得利用另外两个谈判代表吉尔斯、热梅尼对中俄通商情况不太了解的弱点，先说服吉尔斯、热梅尼二人，然后再以他们的意见压服布策。

其四，中文与俄文之差异甚多，在中国人十分温和婉转的话，一旦转译为俄语即成词锋凌利之辞。因此，许多情况下，曾纪泽挖空脑筋想出来的一些温和争辩之语，一经翻译转译过去，俄国代表即时恼羞成怒，说中国不是真心与俄国交好等等。"臣虽饰词慰藉，而俄之君臣怀憾难消。"语言的障碍也使谈判代表深感表达争辩的困难。

其五，俄国人在谈判中多次以中断谈判、派员进京谈判相威胁。"一言不合，俄使即以去留相要。维时，留之则要挟必多；不留则猜嫌滋甚，更恐留而仍去，适示怯而见轻。"这是曾纪泽在谈判中时常受到的另一种威胁。而在这一威胁中，清政府决不支持自己的谈判代表，在俄国扬言要到北京来谈判时，清政府立即来电指责曾纪泽在谈判中没有尽力，致使俄国人要到北京来谈判。因此，曾纪泽在这个问题上受到来自两面的双重压力。

其六，清政府在这次谈判中要求曾纪泽必须事事请示、不许专断。曾纪泽在崇厚擅订条约的教训之后，自是更加谨慎。但是，由于沙皇限定了谈判的最后期限，谈判进程十分紧迫，"有时于立谈之顷，须定从违，臣于未经请旨之条，既不敢许之过骤，然既有转圜之旨，又不敢执之过坚"，即一些条款的商定，当场俄国人就要曾纪泽拍板，曾纪泽常因没有向朝廷请示而不敢骤然决定，但一些明显有利于我的改动，俄方代表既已同意，又必须立即定下来，以免再生变卦。如此，在请示与机断之间，也颇让曾纪泽为难。

在这次谈判过程中，曾纪泽面对重重困难，但他仍然以国家利益为重，不辱使命，百折不挠。在半年多的时间内，他往返与俄国代表交涉 300 余次，"于和平商榷之中，仍示以不肯苟且迁就之意"，始终如一地坚持中方立场，不为利诱，不屈淫威，大智大勇，折冲樽俎，以罕见的毅力与坚忍，不辱使命，成为中国近代第一位英雄式的外交大臣。

伊犁谈判的成功，提高了中国在国际上的地位，一改中国近代以来"奴才外交"的怯弱形象。但是，曾纪泽的成功不可能根本改变清政府对外软弱无能的真实面目，新疆的收复、伊犁的索回也不能使清政府建立起自尊自强的信心。中国在腐败的封建王朝统治下，仍然不由自主地走向衰落与失败。

曾纪泽作为优秀的外交官，在西方各国受到忌恨，早已把魔爪伸向中国的侵略者们，不喜欢这样不屈不挠为中国而抗争的外交官。在后来的中法战争中，法国政府终于逼迫清政府，召回在战争中向法国政府提出强烈抗议的曾纪泽，使曾纪泽最终不能在国际舞台上施展他的才华与抱负。这是曾纪泽个人历史的悲剧，更是中国近代外交历史的悲剧。

第五章　不败而败，昏聩之极

——金登干与中法巴黎谈判（1884—1885）

一、中法战端与李鸿章的对外妥协政策

中越两国是山水相连的邻邦，彼此之间有着悠久的政治、经济、文化联系。两国的统治者之间亦有着一种特殊的历史关系，越南国王接受清朝皇帝的"册封"，并定期派人到北京"朝贡"，清政府则对越南国土负有保护的责任。

最早进入越南境内的法国传教士百多禄，曾经于 1787 年就向法国国王路易十六建议，在越南建立"一个殖民地"。此后，越南一直成为法国人觊觎的对象，千方百计插足越南。

1860 年第二次鸦片战争结束后，刚刚劫掠北京的法国侵略者立即抽调侵华法军 3500 名，全力进攻越南南部的南圻，并于 1862 年 6 月，强迫越南政府签订了《第一次西贡条约》，割嘉定、边和、定祥三省及昆仑岛给法国。1867 年，法军再次侵略越南，占领了越南的永隆、河仙、昭笃三省。这样，法国在越南南部建立了一块拥有六省面积的殖民地，并且控制了十分重要的湄公河三角洲。

此后，法国侵略者将目标逐渐移向越南的北圻以及中国的西南边界。法国伯爵圣华利尔在议院发表演说："北圻拥有许多南圻所没有的资源"，"有足够的条件成为一个繁荣的殖民地"。法国驻越南西贡的总督杜白蕾则干脆

向其政府建议说："我们出现在这块富有的土地上，出现在这块与中国交界，也是中国西南各个富饶省份的天然产品出口的地方，根据我的意见，这是一个关系到我们今后在远东地区争霸的生死问题。"（〔越〕陈辉燎《越南人民抗法八十年史》中译本，第 1 卷，第 70 页；第 71 页。）

1873 年 11 月，法国驻西贡总督杜白蕾派出一支侵略军，由安邺率领，向越南北部进攻，占领河内后，连陷海阳、宁平、南定等城。越南国王阮福时请求驻扎在中越边境的中国黑旗军帮助抵抗法国侵略者。

黑旗军原是太平天国农民起义军，首领刘永福，一直是清军追剿的队伍。1867 年黑旗军进入越南北部，并逐渐发展为 2000 人左右的部队。接受越南国王的请求以后，黑旗军立即驰援河内，配合越南军民抗击侵入越南北部的法国侵略军。1873 年 12 月 21 日，黑旗军于河内近郊击败法军，当场击毙法军首领安邺，大获全胜。然而，怯懦的越南阮氏王朝，又惧怕黑旗军的胜利招致法国军队的更大报复，遂下令不许黑旗军乘胜追击。一方面，越南政府授予刘永福"三宣副提督"之职，让他管理宣光、兴化、山西 3 省，利用黑旗军阻止法军继续向红河上游扩展势力；另一方面，又与法国侵略者签订了《第二次西贡条约》，把主权进一步出卖给法国侵略者。

《第二次西贡条约》规定：法国承认越南为独立国（脱离与中国的藩属关系），越南承认法国在越南中部及北部的保护权；越南承认法国在南部下交趾地区有完全的主权；越南向法国开放河内、宁海等通商口岸，开放红河至中国云南的内河航行；法国在越南享有领事裁判权。

这个条约使法国成为越南的保护者了。尽管如此，越南国王仍然将中国看作越南的上国，照例于 1876 年、1880 年派使臣来北京朝贡，并不断向中国政府寻求支持。

1880 年，茹费理出任法国内阁总理，他曾被恩格斯痛斥为镇压巴黎公社革命的"可耻的刽子手中最可耻的一个"。茹费理上台以后，立即狂妄地宣称："必须征服那个巨大的中华帝国"，为此，"就必须站在那富庶区域的通路（越南）上。"于是，法国又一次积极筹划武力夺取越南北部，并把侵略矛头直指中国西南边疆。

1882年4月，法国海军上校李威利率军再度攻陷河内，越南形势日趋严峻。面对法国侵略者咄咄逼人的攻势，1882年越南国王曾向清朝政府求援，并在乞援咨文中强调了越南与中国的藩属关系，称："下国久赖天朝封殖，豫列职方，二百余年，尺土一民，皆天朝隶属。"（《清光绪朝中法交涉史料》卷3，第37页。）

越南先后两次派出使者到北京求援，清政府内出现主战、主和两派，一时间争论不休。主战派以两江总督左宗棠、山西巡抚张之洞、兵部尚书彭玉麟、驻英法公使曾纪泽为代表，他们积极主张不承认法国强迫越南签订的不平等条约，要求援越抗法，"固藩篱而卫门户"。主和派则以直隶总督兼北洋大臣李鸿章、军机大臣翁同龢为代表，他们不主张直接出兵支援越南抗法战争，说："各省海防兵单饷匮，水师又未练成，未可与欧洲强国轻言战事。"（《李文忠公全书》卷14，第10页。）李鸿章建议派得力官员赴越南，仔细调查情况，为越南国王出主意，"将通商自强事宜，随机开导"，从暗中支持越南以自力抗法，对于法国则希望以和平谈判解决问题。

在经过种种疑虑、两难之后，清政府最终决定战备、和议双管齐下，"以理谕之，以势遏之"，"二者交相为用"。于是，一方面，清政府应越南之请于1882年起陆续增派了一些军队驻扎于越南北圻，并对直接在越南参与抗法作战的黑旗军给予一定的物资支援，暗中支持黑旗军对法作战；另一方面，清廷又严令进驻越南的清军"不可衅自我开"，另派李鸿章立刻与法国就越南问题开始谈判。

1882年11月，李鸿章与法国驻华公使宝海在天津谈判。在谈判中，宝海强调法国与越南前订条约，意在行船通商，并非吞并越南土地，在越采取的军事行动也是为了"靖匪党"，而中国遣兵入越则是破坏和局，制造衅端。并蛮横地要求中国先撤兵，然后再开谈判。李鸿章则在谈判中委曲求全，表示不否认1874年法国与越南签订的条约，但法国也应尊重中国对越南的特殊关系。经过几天的辩论，李鸿章与宝海签订了一个备忘录（又称《李宝协议》）：

（一）中国将驻北越的军队撤退回境，或在离边境若干里之处驻扎；法国申明无侵犯中国领土主权之意及贬削越王治权之谋。

（二）中法在滇桂界外与红河中间之地划界，界北归中国巡查保护，界南归法国巡查保护，"中法互约申明，永保此局"。

（三）中国在保胜立关开埠。

（《清光绪朝中法交涉史料》卷 3，第 25 页。）

显然，这个协议满足了法国侵略者要求中国撤兵、通商的贪欲，中国一无所获，连法国强迫越南签订的旨在排除中国"保护权"的不平等条约也只字不提。然而，就是这种不费一枪一弹而得到莫大好处的协议，也不能满足侵略者贪婪的胃口。1883 年 2 月，茹费理再次组阁，宣布宝海与中国的谈判是失败的，于 3 月 5 日召回宝海，另派法国驻日本公使脱利古为全权代表来华谈判，对中国施加外交压力。脱利古得到茹费理的训词是："要像对待阿拉伯人一样去处置中国人。"

就在脱利古带着法国政府嚣张的训令赴中国谈判前夕，越南境内的中国黑旗军却给了法国侵略者以迎头痛击。

根据茹费理内阁的强硬态度，越南境内的法军在李维业的率领下，于 1883 年 3 月继续向越南北部进攻，侵占南定，北圻局势严重。越南政府再次请求黑旗军救援。刘永福立即率黑旗军开赴河内，在城西二里纸桥附近与李维业所率法军大战四小时，"法军大败，杀得尸横遍野，血流成渠"。（《中法战争》第 1 册，第 268 页）法军司令李维业及军官 30 余名、士兵 200 余名均被黑旗军击毙。但是，当时驻扎于谅山、太原、宝光等地的清军按兵不动，驻北宁的越南军队也未给予很好的配合，使黑旗军未能乘胜出击一举收复河内。

6 月，脱利古抵达上海，立即向李鸿章提出了强硬方案：中国必须声明越南是法国的保护国；法国要消灭黑旗军，中国不得给黑旗军以援助；通商地点改为中国云南境内。

在谈判中，脱利古气势汹汹，对李鸿章威胁说："目下情形，只论力，不论理"。拒绝与李鸿章商谈越南局势问题，企图强迫清政府退出越南事务，只准讨论中越边界通商、划界诸事。

法军在越南的疯狂进攻以及法国代表的狂妄态度，激起中国各阶层人民的极大义愤，主战派纷纷上书要求援越抗法，而被朝廷倚为重臣的李鸿章却主张对法妥协，放弃中国对越南的保护权，进一步向法国侵略者妥协让步。李鸿章于6月16日向朝廷上了《法越事端交涉重大遵旨妥筹全局折》，分析了法国侵占越南的严重情形，说："越如为法所并，凡我属国，咸有戒心，而滇粤三省先失屏蔽"，"边患固无已时"。并且，法国"并越之念甚坚，不会甘心释手"，故"我以虚声吓之，彼未必即相震慑"。然而，这种情况并未促使李鸿章作出应该抗战的结论，相反，他却认为："使越为法并，则边患伏于将来；我与法争，则兵端开于俄顷；其利害轻重，皎然可睹。"并且"我以重兵临之，则内地益形空虚"，"兵连祸接，防不胜防"。（《清光绪朝中法战争史料》卷4，第22、23页。）因此，他主张在对法交涉中，以"华不必明认属国，法不必明认保护"的方式来加以妥协。（《李文忠公全书》卷1，第26页。）

李鸿章的主张受到清廷内部主战派强烈反对，作为决策人物的慈禧太后亦"和战不定"，但觉得不能公开承认法国保护越南之事，要李鸿章在谈判中与法力争。李鸿章没有得到朝廷的支持，故在谈判中不敢轻易应允脱利古的要求，谈了一个多月未见成效。

脱利古虽然一时没能压迫中国代表立即答应他们的要求，但他还是看出了清王朝的软弱。他向法国政府报告说：谈判破裂了，但北京朝廷不愿断交，也不向我们宣战。而法国正应抓住清政府的弱点，采取"刚勇""强力"的行动，与中国断交，进行武力进攻，"那些只与强者协商的中国人，必将首先向我们让步"。

于是，1883年8月，一批增派至越南的法国侵略军在法国海军少将孤拔的率领下，兵分两路，一路沿红河进攻黑旗军；一路由海军舰队组成，直接进攻越南首都顺化。进攻黑旗军的法军遭到黑旗军和越南军民的痛击，损失惨重；而由孤拔亲自率领的海军却攻入了越南首都顺化。其时，越南国王去世，其弟继位，在法军压境的情况下，被迫与法国签订了《顺化条约》，其要点为：

(1) 越南承认并接受法国保护；

(2) 法国管理越南与外国（包括中国）的一切关系；

(3) 扩大法占交趾支那的范围；

(4) 东京（即河内）在行政上置于法国总督代表的管辖之下；

(5) 法国军队得按需要据守红河全程。

这样，法国实际上把越南全境置于自己的势力范围之内。法国在越南达到目的之后，立即把矛头对准中国，试图强迫中国承认法国在越南的殖民权利。

9月，脱利古与李鸿章在天津恢复会谈。脱利古肆无忌惮地进行讹诈，提出三点协议：保护在越南的中国商民；剿除北圻土匪（指黑旗军）；另订中法边界。

此时，在国内一片抗议声中，李鸿章对法态度稍强。他对脱利古明确表示："越南为中国属国，北圻土匪实由中国剿平。今法国恃强称兵，而曰此事与中国无干，中国岂能甘心？在法之意，不认越为中国属国，不欲中国与闻越事，并疑中国驻兵越境即为暗助黑旗，在中国之意，则认定越为属国，必应设法保护，驻兵越境，乃中国应有之权，并可自护边界，且亦不自今日为始。两国务执一见，愈说愈远。"（《中法战争》第4册，第76页。）

10月23日，法国政府命令脱利古中止与中国的谈判。脱利古在离开中国时扬言，法国将把驻扎于越南北圻的中国军队当作土匪驱除出境。

11月15日，茹费理向法国议会提出了拨款2000万法郎，增派15000名法军赴越作战的提案。他在议会歇斯底里地叫喊："凡中国所据的兴化、山西、北宁三城，都要取来，不能顾惜。"16日，议会通过了茹费理的提案，法国的报刊出现了统一的醒目标题，"同中国开战！"

中法之间第一轮的谈判宣告破裂，中法战争一触即发。

二、曾纪泽的外交攻势

时任中国驻英、法公使的曾纪泽，一直密切关注着法国对越南的侵略举动，并采取积极的外交行动，干预法国政府的侵略行径。

1874 年法国与越南签订《第二次西贡条约》以后，曾纪泽多次去法国外交部交涉，声明越南是中国属国，中国政府不能承认法国与越南政府签订的条约；中国对法国在越南的侵略活动不能默然视之；中国愿意与法国在和平友好的前提下进行谈判，尽量满足法国在越南从事的正当合法的贸易要求。

曾纪泽一方面向法国政府提出严正抗议；一方面积极向清政府建议对策。1881 年 10 月，法国侵越行动愈演愈烈，曾纪泽电告总理衙门，提出："法人谋占越南北境，并欲通商云南，现拟预筹办法以弭衅端。"他不同意李鸿章关于中国军队不能抵挡法军的观点，认为，"中国水师渐有起色，如拨数艘移近南服，使敌人有所顾忌，并自据红河以控制，否则以力助越南保守该江，不使他国据以逼我。"（《清光绪朝中法交涉史料》卷 2。）

第二年，曾纪泽进一步向清政府提出建议：令越南派大员长期住于北京，以便不断向清政府传达中越双方情形，沟通两国对策；通知越南切不可再与法国人订立新的条约；关于法国所说红河多盗之说，不管其真伪，都应向法国严正提出由越南人自主除盗，力量不足则由中国政府帮助；应当利用当前国际间错综复杂的形势，趁法越条约还未被西洋各国承认之际，宣布废除越南与法国签订的不平等条约；（参见《清光绪朝中法交涉史料》卷 2。）然而，曾纪泽的建议均遭到李鸿章的批驳，不予采纳。

随着法国政府侵略越南的嚣张气焰一波连着一波，曾纪泽在法国采取较强硬的态度，不断拒绝和抗议法国政府的无理要求。法国占领越南河内以后，英国外相格兰威尔曾经出面约见中国驻英大使曾纪泽和法国驻英大使瓦亭顿，居中调停。他向曾纪泽施加压力，要求中国"节制"，作出让步，满足法国侵略者的要求，以避免中法之间爆发战争，格兰威尔的建议遭到曾纪泽的驳斥，使这个与法国狼狈为奸的调停者的阴谋归于失败。

　　法国政府从曾纪泽的不断抗议中受到很大的舆论压力，故而避开曾纪泽，直接到中国与李鸿章谈判。就在曾纪泽在法国外交部提出交涉的同时，法国又先后派宝海、脱利古与李鸿章谈判。他们从李鸿章的妥协态度中获得了很大的成效，又反过来压迫曾纪泽。法国的外交人员曾通知曾纪泽说："李鸿章告诉脱利古，他不赞成曾纪泽在法国的言论与行动。"使得正在法国持强硬态度交涉的曾纪泽感到非常难堪。

　　曾纪泽处于对法交涉的第一线，对于李鸿章在中法谈判中的妥协论调是不满意的，他曾直言指责李鸿章说，越案"每况愈下，始终误于三字，曰'柔'，曰'忍'，曰'让'"，"吾华早示刚严，则法人必不敢轻于举发"。（《曾惠敏公遗集》文集，卷5，第8页。）他多次呼吁清朝总理衙门与他采取一致态度，共同对付法国侵略者的无理要求。

　　不过，曾纪泽终究是一位务实的外交家。他在与法国外交部的谈判中也并非一味强硬，而是尽可能地提出一些可行的方案，在努力避免战争爆发的前提下，对法国作一些让步，以配合李鸿章在国内的谈判。他在对法国外交部的谈判中，根据国内的谈判情形，放弃了否认法国在越南的一切侵略特权的主张，明确提出中法分界保护越南的建议。他曾向法国新闻界宣布，只要法国承认中国与越南的宗藩关系，中国也可以考虑同意法国与越南签订的一些条约。他坚决否认中国政府与黑旗军有任何联系，也否认中国政府对黑旗军有所支持，但同时，他又指出，剿除黑旗军是中国和越南两国的事务，不能听任法国"驱逐"。

　　总之，曾纪泽在这个问题上坚持的基本立场是，维护中国主权和中越两国之间长期形成的历史联系，抵制法国侵占越南全境的野心。

　　1883年12月中旬，茹费理派出的法国远征军在总司令孤拔的指挥下，以6000兵力，分两路由河内出发，进攻清军和黑旗军守地山西（河内以西）。其时，驻守山西的黑旗军3000人，另有清军2000，共约5000兵力。法军进攻山西时，黑旗军与清军将士浴血奋战，在孤立无援的情况下，毙伤法军近千人，给了侵略者以沉重打击。但是，由于前敌主帅云南巡抚唐炯明消极避战，驻守北宁的清军无所作为，致使山西守军孤军奋战，且山西守军未能灵活应战，利用有利地形对运动中的敌人实施袭击，而是采取了单纯固守城池的作战方法，故而难以抵挡住法军强大炮火的攻击。山西保卫战最终归于失败，12 月 16 日法军占领了山西，为其继续进攻北宁创造了有利条件。

法军占领山西的消息传到巴黎以后，法国政府欣喜若狂。他们兴奋地谈论这次战役说：“敌人的损失约 1000 余人。在急忙逃走时，放弃了大炮 50 门及无数军需。黑旗军已经瓦解，长期内不能再作攻势。山西在我们的手中，保证了整个底河及红河地带的归服，此外它又可以作为进攻兴化及上江流域的根据地。最后，这个以坚不可破而著名的堡垒被攻下，在越南及中国必将发生一种精神上的效果，使人们不愿抵抗而有利于和平解决。战争被拖延已久，这次以辉煌的一仗开了头。”

1884 年 3 月，法军将目标转向北宁，向清军发起新的攻势。清军将帅昏庸怯懦，指挥失措，致使人多势众的清军陷于被动。法军长驱直入，于 3 月 12 日攻占北宁，随后，清军又连失重镇太原、兴化。赴越参战的清军一片混乱。这是清政府战守不定的政策所造成的严重后果。

法国则立即沉迷在越南战场的胜利欢腾之中，宣称：“色当被山西掩蔽了。”

在 1870 年 9 月的普法战争中，法军败于色当，法皇拿破仑三世率 10 万法军向普鲁士军队投降，色当之败成为法国人心中的耻辱。“色当被山西掩蔽了”，即是指法军在越南山西的胜利，已经洗刷了当年色当投降的耻辱。

山西失败也引起了清政府内部的剧烈变动。慈禧太后罢黜了恭亲王奕訢的总理衙门大臣的职务，更换了全部军机处成员，并将前线将领唐炯明、徐廷旭撤职查办。改派潘鼎新、张凯嵩为桂、滇巡抚，督军备战，摆出了一副与法军决战的架势。

为了支持清政府抗法的决心，曾纪泽积极向清政府提出对法军实行持久战的思想。他说：“对法战争，一战不胜，便谋再战，再战不胜，便谋屡战，此彼之所甚畏者。”（曾纪泽《复陈俊臣中承》，载《中法战争》第 4 册，第263页。）另一方面，他在法国同时发动外交攻势，给狂喜中的法国当政者泼点冷水。曾纪泽在法国发表公开谈话时，针对法国人"色当被山西掩蔽了"的说法，语含机锋地指出，"山西之败，尚未似10年前失守色当之故事也！"言下之意，中法战事，形势未卜，胜负尚未分晓，给了法国侵略者以迎头一棒。

中法战争爆发之前，茹费理曾经与曾纪泽会谈，希望曾能够说服清政府对法让步，达成和议。茹费理对曾纪泽说："中国赋予你全权和崇高的个人地位，因为你有关于欧洲与法国的知识，这个地位是适当的。既然如此，你就应当说服你们国内的政治家，不要固执他们的主张，向他们解释与我们和平地达成协议是如何的必要。这样，中国和我们都能从越南的邻睦关系中获得果实。"

茹费理极想利用曾纪泽的特殊身份，对清王朝的政策产生影响，促成中国接受法国提出的和谈条件。曾纪泽没有让他满意。他告诉茹费理，法国在越南的侵略行径已经引起中国人民的极大义愤，中国人不愿听到妥协的声音，赞成和议的李鸿章在国内受到很多谴责，被人指为懦弱。他对茹费理说："我或许熟悉欧洲，但我是中国人，我定然更熟悉中国。"曾纪泽以委婉的外交辞令拒绝了法国总理的游说，反过来，给这位狂妄自大的侵略者以一定的心理压力。

法国政府终于发现，曾纪泽与李鸿章是完全不同的两种外交家。曾纪泽从一开始就坚决地站在法国人的对立面说话，与法国政府的侵略政策进行毫不妥协的斗争，他是诱使中国政府接受和议的重要障碍。更为可怕的是，曾纪泽很有外交活动的能力，他"能令各国新闻报并法国许多新闻报纸，替中国说话"。

所以，法国当局认为，要想利用法国在越南的军事胜利，向清政府施加政治压力，迫使清政府接受法国的和平条件，就必须清除曾纪泽。

在法国政府的授意下，1884年4月，法军占领越南北宁、太原后不久，法国海军舰长福禄诺在香港以密函托人带至天津交李鸿章，提出了中法议和的四项条件：

1. 中法订立"南省通商章程并税关规则"；

2. 承认法国保护越南，但措辞可以"少失天朝应有权威"；

3. 迅将曾纪泽调离巴黎；

4. 早日议和，兵费可"极力相让"。

（《清光绪朝中法交涉史料》卷 73，第 25 页。）

其时，清政府的抗战决心并不坚定。收到法国福禄诺的密函之后，李鸿章立即将信抄报总理衙门，说："似将来此事收束，亦只能办到如此地步……与其兵连祸结，日久不解，待至中国饷源匮绝，兵心民心动摇，或更生他变，似不若随机因应，早图收束之有裨全局矣。"（《清光绪朝中法交涉史料》卷 13，第 22 页。）总理衙门也认为法国提出的条件"均无伤国体，事可允行"，遂授权李鸿章在天津与福禄诺谈判。

同时，清政府应法国人的要求，在谈判之前撤了曾纪泽驻法公使的职务，任命驻德公使李凤苞暂行代理。此后，曾纪泽虽仍留在欧洲以中国驻英公使的身份对中法之局有所献议，但毕竟已是局外之人了。此后，中法外交竟由少数洋人操纵起来。

中法谈判进入一个新的阶段。

三、洋人穿针引线的中法交涉

第二次鸦片战争结束后，外国公使进驻北京，为侵略者直接干涉中国的内政外交事务打开了方便之门。

在中法谈判过程中表现最积极的要数英国人赫德了。赫德于 1859 年任广州海关副税务司，1863 年继李泰国之后任中国海关总税务司。1865 年，赫德将他的总税务司搬到了北京。外国人担任中国的海关总税务司，本来就是不平等条约造成的恶果，赫德却利用自己的身份，不仅掌握着清政府的经济命脉，而且进一步干涉中国的内政、外交。赫德为人聪明圆滑，在中国多年，深悉中国上层统治集团内部的情形，又具有较灵活的外交手腕。故而他在插手中法外交事务时，既能骗得清政府的信任，又能打通法国上层人物的关节，在中法谈判中起到了举足轻重的关键性作用。这也是半殖民地中国外交的一道"奇异"景观。

法军在越南取得山西、北宁胜利以后，不想再打仗了，他们急于逼迫清政府承认法国占领越南的事实，以巩固他们在越南的利益。第一个出面为中法谈判牵线的是德国人德璀琳。此人当时为清政府任命的粤海关税务司，与李鸿章有很多交往，深得李的信任。

德璀琳于 1884 年 3 月前往广州赴任途中，停泊香港，受到法国舰队副司令利士比的款待，担任"伏尔泰"战舰舰长的福禄诺在天津时就与德璀琳过从甚密。三人就越南问题进行了密谈，最后决定通过德璀琳向李鸿章诱和。德璀琳遂立即将法国愿意和谈的密信从广州电告李鸿章。

山西战败以后，李鸿章曾一度由主和转而主战。他的理由是："中外交涉，每举一事，动关全局，是以谋画之始，断不可轻于言战，而挫败之后，又不宜轻于言和。"（《中法战争》第 5 册，第 257—258 页。）所以，当时国人以为李鸿章从主和派转变为主战派，中法战争将会坚决地打下去了。其实，李鸿章一方面因与法国谈判破裂，战局已开的形势所激愤，另一方面为主战派激烈的言论与抨击所挤迫，故而做出主战的姿态而在骨子里头，他还是主张放弃越南，与法国议和的。故而，一收到德璀琳与法言和的信，立即动员清政府接受和议。

于是，1884 年 5 月 5 日，福禄诺到达天津，法国军舰也纷纷开往上海，舰队司令利比士宣称："法舰在中国与东京海面，半月内保无动静。"（《清光绪朝中法交涉史料》卷 14，第 4 页。）这实际上是给清政府以武力威胁，要强迫清政府于半个月内满足法国人的侵略要求，否则就有可能有"动静"了。

李鸿章赴天津与福禄诺谈判前，清政府下达了一道密谕，规定了谈判让步的四项原则：越南对华仍保持朝贡关系；云南边境不开放通商；保护黑旗军；不赔款。李鸿章深知清廷也是求和心切，只是碍于国内舆论压力，对于谈判不得不加以限制，所以，他仍以争取达成和议为主要目标。

5月6日，中法双方在天津直隶总督署衙门内举行谈判。中方代表李鸿章，随员马建忠；法方代表福禄诺，随员法驻津领事法兰亭。

双方寒暄一番后，福禄诺先说："我们知道中国所要争取的不在小小一个越南，其实是中国还有其他的属邦，担心放弃越南对于中国上国的体制有所妨碍。"

李鸿章答道："此事关系极重。我国朝廷也很重视这点，贵方能够看到这个问题，可以说明智之极。"

福禄诺立即拿出一纸洋文，声称已经拟好了谈判条约。随即开始念条约第一款：中国南省毗连越南北圻边界，无论外国何人前来侵犯，法国约明均应保全护助。

李鸿章问："这一条对于中国有什么好处？"

福禄诺胡吹道："将来别国如果与中国开衅，法国不能暗地与之立约而有碍于中国，而且'保全'二字就是法国不再侵犯之意。"

第二条：中国既经法国许以不侵犯中国南省边界，中国即将北圻驻扎各防营退回，并约明于法越已定未定各约概置不问。

李鸿章对这条中所涉及的法越条约的实质性问题避而不谈，只就条约的措辞问题提出了异议，说："从前法越条约，于中国数百年来为越南上国体制大有违碍之语，必须商改。"

福禄诺含混答曰："可以商量。"

李鸿章又问："'不问'二字作何解释？"

福禄诺狡猾地答道："'不问'与'不认'有轻重之别。中国不问法越条约，并非就是承认条约，正如法国不问越南向中国朝贡之事，也并非即是承认越南为中国属邦一样。"

第三条：北圻边界听凭彼此货物往来运销无阻。

李鸿章强调："但不准在中国境内开口。"

福禄诺又提出："兵费照公法必应议赔。"

李鸿章驳斥道："贵国自行添兵攻取，衅自彼开，与中国何干？如何再议赔款？"

福禄诺遂向李讨价还价，提出中国必须开放北圻边界通商，另行议定有利于法国的商约税则，如此才能免除赔偿等。李鸿章也支支吾吾含糊应对。

经过两个多小时的会谈，李鸿章与福禄诺以罕见的速度达成了协议。这即是《中法会议简明条款》（又称《李福协定》），其内容主要有：

1. 清政府承认法国与越南订立的条约；

2. 法国不索赔款，中国同意在中越边境开埠通商；

3. 中国将北圻的部队即行调回边界；

4. 法国答应在与越南修约时，绝不出现有损中国政府体面的字样。

《简明条款》得到了清政府的同意，慈禧在上谕中肯定："各条均与国体无伤，事可允行。"（《清光绪朝中法交涉史料》卷15，第12页。）

事实上，《简明条款》显然违背了中越两国人民的根本利益，满足了法国侵略者侵吞越南、窥伺中国西南边境的侵略野心。因此，茹费理很快便从法国拍来了庆贺电报，他对福禄诺说："我高兴地热烈祝贺你迅速地结束了和中国的冲突。这些新的协议必将于法国与中国之间建立紧密的联系。告诉李（鸿章），我快乐地体验到了这位政治家是用和我们自己相同的观点去考虑两国的利益的。"（《法国黄皮书》，载《中法战争》第7册，第216页。）

条约签订以后，国内一片反对声浪，弹劾李鸿章的奏折竟达50余份，然而，清政府求和心切，对于反对派置之不理。从这一点看，李鸿章对于朝廷的心理还是揣摩得比较透彻，故而在各种反对声中仍可立于不败之地。

一直密切关注着中法谈判进展的赫德，曾经对德璀琳捷足先登，抢了联络中法谈判的先机充满妒意。当他读到中法双方签订的《简明条款》以后，也不能不感觉到法国人从李鸿章手中拿走了莫大的权益。他十分深刻地指出："这条约是我所见到的最奇特的文件，露在表面上的完全不是真的，真正的意义却在表面上一点也找不到！它念上去倒像一个李鸿章对法所得胜利的公告，而不是中国失败的记录。它允许法国在越南为所欲为，比法国国会的方案还有驰骋的余地。我认为它给了法国一张在越南的空白支票，而且是法国

'保护'中国的第一步。"（《中国海关与中法战争》第 150 页。）

清政府满以为《中法会议简明条约》可以使中法之间暂时平安无事了，却不料正是这个条约使中法战争又一次迅速爆发。

问题出在关于中国撤军的条款上。《简明条约》规定以法文本为准，但在撤军问题上，中法文本存在着差异。法文本为北圻清军"立即"撤回，如届时不退，"法国得断然加以驱逐"。中文本却为"将北圻的部队即行调回边界"。清政府当时认为，撤军问题必得等与法国订立详细条约以后，况且"边界"一词，清政府也未将其理解为中国边境以内。同时，李鸿章为了减轻在谈判中妥协太过的责任，向清政府解释撤兵一款的含义时说："只须密饬边军屯扎原处，勿再进攻生事，便能相安，亦不背约。"于是，清政府传谕北圻将领："督饬各军，仍扎原处。"

条约签订以后，法国即迫不及待地想把清军从越南赶出去。6 月 22 日，杜森尼上校率领法军 900 人，试图接收谅山北黎（又称观音桥）一带。驻守北黎的清军前敌将领通知杜森尼说：没有接到上级撤退的命令，请暂缓进兵，"并非常合理地请求他通知法国当局转递必要的命令"。（〔美〕马士《中华帝国对外关系史》第 2 卷，第 391 页。）23 日，杜森尼却扬言："和与不和，三日内定要谅山。"遂指挥法军炮击清军阵地，清守军被迫还击，将法军击退。这一仗，清军伤亡 300 人，法军伤亡 100 人左右。这就是当时轰动一时的北黎事件。

法国政府立即以北黎事件为借口，攻击中国破坏《简明条约》，乘机扩大事端。茹费理照会中国驻法公使李凤苞，要求清政府公布即刻从北圻撤军的谕旨；提供忠实执行《简明条约》的担保；向法国赔款 2.5 亿法郎。

清政府强调北黎事件纯系误会，为了避免和局破裂，一面立即下令撤回北圻清军；一面以新任两江总督曾国荃为全权代表，赴上海与法国驻华公使巴德诺举行谈判，并呼吁美、英等国进行调停。清政府给曾国荃的谈判原则为：维持《中法会议简明条约》的内容，坚决不赔款，拒绝任何超出《简明条约》的新条款。

　　一直就想在中法争端之间露一手的赫德，终于找到了介入两国谈判的机会。他应清政府的请求积极地充当起了"中间人"的角色。6月30日，赫德先到法国使馆，与法国驻京代理公使谢满禄密谈以后，即到清朝总理衙门斡旋开来。

　　赫德首先将北黎事件的责任推向中国方面，说："中法简明条约既允法文为正，不照法文即是背约。"接着威胁这些清朝官员们说："法国政府一旦知道了详细的情况，必将派海军进攻中国，那时就难办了。"他要求清政府退兵和偿付赔款，说："中国退兵并不吃亏，付赔款而避免战争是上算的。"（参见《中国海关与中法战争》）

　　清政府同意撤兵，不同意赔款。赫德立即代表清政府向法国公使巴德诺保证：7月15日前，中国将驻扎北圻的部队全数撤回。

　　7月19日，中国全权大臣曾国荃到达上海与巴德诺谈判。赫德致电总理衙门，提出了这次谈判的三个条件：赔偿法国的索款，但赔款名称可以变；敦请其他国家调停；中国方面所有谈判的办法和细节，都要先同总税务司（即他本人）商订。事实上，赫德就是要全盘地操纵整个谈判。愚蠢的清政府竟还回电将赫德夸奖了一番。

　　曾国荃与巴德诺的谈判主要集中在赔款问题上。巴德诺坚持要求中国赔偿法国兵费；曾国荃因有清廷训令，不敢轻许赔款问题。故而双方僵持着，谈判没有进展。7月29日，巴德诺单方面终止会议，骄横地退出谈判。曾国荃无奈，在赫德的怂恿下，答应以"抚恤"的名义，赔给法国白银50万两（折合350万法郎）。巴德诺认为这个数字与法国要求的相差太大，怒气冲冲地拒绝了曾国荃的建议；而更多的赔款又是曾国荃所无法答应的。赫德于是又向曾国荃建议，以"保边费"为名，让清政府赔1000万两银子给法国，分十年付清；遭到总署拒绝以后，他又致电清朝政府的军机处，说赔法国400万两就可以了。

　　赫德后来曾经不打自招地承认他在中法谈判中扮演角色的基本原则，即"让清政府在法国的菜篮子里多放些鸡蛋"。

　　清政府原希望赫德在谈判中能够"据理代争"，却不料他一力替法勒索赔款，故而转请美国公使杨约翰出面调停。杨约翰立即表示愿意调停，说："本大臣于力所能行之事，均愿如贵署之意，尽力相助。"因此，清政府很乐观地致电曾国荃，告诉他说："美国转圜，本有旧约，且亦较得体，巴（德诺）既止孤拔按兵候议，阁下只管设法与商细约，切勿议款，待美调停可也。"

　　不料，杨约翰到达上海以后，不仅同样帮助法国人胁迫清政府接受赔款条件，甚至进一步提出建议，要清政府将一块海岛闲地租给法国以示补偿。杨约翰的建议遭到拒绝以后，又反过来帮助法国政府向清政府提出新的谈判条件：1. 订立中法商约，由法国起草；2. 中国赔款500万法郎；3. 法国占据基隆、淡水，直至中国履行条约；4. 上述条款和通商章程履行后双方撤兵。清政府表示不能接受其中的二、三两条。

　　杨约翰随即宣布调停无效，给了满怀期望的清政府以迎头一棒，使清政府再次尝到了被列强抛弃和愚弄的滋味。

　　8月4日，美国调停宣告失败，法军即开始进攻台湾基隆，又一次点燃中法战火。与此同时，法国舰队竟强行驶入中国福建水师基地马尾军港。即将开战的两国兵舰同泊一处，这一极不正常的现象，并未引起清朝官员的警惕。他们一味等待和平谈判的成功，生怕引发法国的进攻。福建船政大臣何如璋竟丧心病狂地下令："不准先行开炮，违者虽胜亦斩。"

　　8月21日，法国驻京代理公使谢满禄下旗离京，同时，中国公使李凤苞也离开法国，中法断交。

　　23日，法国舰队采用突然袭击的强盗手法，向马尾军港中停泊的中国舰只开炮。福建水师仓促应战，有的兵舰还未来得及起锚就被击沉；有的船身起火，连遭法舰夹击而沉没。在这种极为不利的情况下，福建水师的部分爱国官兵临危不惧，英勇抗敌。水师旗舰"扬威"号在一分钟内即中水雷，舰上的士兵在船身迅速下沉的危急时刻，仍不停地射击，并用尾炮对准法国旗舰回击，击中舰桥，轰毙法国领航人和两名舵手。"振武"号在激战中首尾着火，船已失去控制，慢慢下沉，然就在整个舰身沉没的最后一刹那，还向法舰射出一炮，重伤法舰舰长和两名士兵。

但是，所有这些终不能挽救中国水师在马尾惨败的命运。这场海战一共仅有 7 分钟，可中国海军兵船 11 艘、商船 19 艘全部被炸沉，中国海军官兵 700 余人伤亡。马尾军港旁边的马尾造船厂也被法舰轰毁，一艘正要完工的快船被破坏。法国军舰在 7 分钟以后，仍不过瘾，又驶向马江沿岸继续逞凶，击毁两岸炮台，炸毁民房无数。

对于法国人这样的不义之举，即使是赫德也感到"义愤填膺"，他说："我的理智判断告诉我中国现在应当用任何方法解决这争端，而我的同情却属于主战的一派。如果我是一个中国佬，我也是要打的！这场战争是完全不必要的，法国的行动不合道理而且非常刁毒"，"法国扮演了一回恶棍，一个非常蠢恶的恶棍"。与此同时，他也从这场海战之中看到了中国人抵抗列强的决心。他说："法国在福州虽然取得了所谓胜利，但那天真正的荣誉应当属于战败的人们，他们虽没有策略足以抵御敌人配合得很好的进攻，但他们奋战到底，并且和焚烧着的、满被枪弹打穿的船舰一齐沉没！"（参见《中国海关与中法战争》。）

1884 年 8 月 26 日，也就是马尾丧师三天之后，清政府被迫对法宣战，谕令"沿海各口，如有法国兵轮驶入，著即督率防军，合力攻击，悉数驱除。其陆路各军，有应行进兵之处，亦即迅速前进"。同日，清政府正式授予黑旗军将领刘永福官职，"著以提督简放，并赏戴花翎"。谕令吏部主事唐景崧与刘永福合作，进攻宣光；谕令岑毓英、潘鼎新等率部收复北圻失地。并且宣布，今后倘再有陈奏赔偿和解之说者，着即交刑部治罪。（《中法战争》第 5 册，第 518 页。）

清政府的宣战使中国前线将士大受鼓舞，却使实际上与法国享有共同利益的英国人赫德深感不安。他的直觉告诉他，中国一旦与法交战，法国并无必胜的把握，并且"战争拖得越久，中国越不会退让，也越可能发生对中国有利的事"。这样会"驱使中国走入德国和美国的怀抱，英国人和英国的利益将被抛在一旁去了"。同时，他也摸透了清政府的懦弱本质，认为："基隆被攻击后，中国不得不战，但中国始终不愿战争，准备谈判。"因此，赫德决定"必须抓住任何一个微小的机会来行动以争取成功"，"必须找到可以开辟新途径的机会"争取重开谈判。（参见《中国海关与中法战争》。）

这样，就在清政府公开宣布与法国决裂，决心在战场上与法国人一决雌雄之时，由赫德一手操办的中法秘密谈判却悄然迅速地开展起来。

四、金登干在巴黎的秘密谈判

清政府对法宣战以后，进一步制定了"沿海防御，陆路反攻"的作战方针；而法国人的战略方针则是：东攻台北，西取谅山，踞地为质，勒索赔款。战争初期互有胜负。

战争期间，英、美等国都积极从事秘密活动，设法充当调停角色。法国侵略者也不忘在战争中向清政府进行诱和。

1884 年 10 月，茹费理抛出一个议和方案：清军撤出北越，法舰停止在华作战；批准《中法会议简明条约》，缔结正式和约；法军占领基隆，直至协定完全执行；法国占据基隆煤矿和淡水海关，作为赔款的等价品，占领时间由各国调停解决。

清政府断然拒绝了法国的解决方案，提出了态度强硬的八条议和条件：修改《中法会议简明条约》；从谅山到老街划一直线为中越边界；法国不得以保护越南之名，干预越南内政；北越清军停止进攻，法军撤出基隆，解除对台湾的封锁，双方约定撤兵日期；清政府可以免去法国的赔款，等等。清政府试图将这一方案通过英国政府转达给法国，而英国认为这些条件是法国完全不能接受的，因而竟不屑为清政府转递。

中法双方暗中较量了几回以后，处于僵持状态。这时，赫德出面提出了一个折中的方案，即在原《简明条约》之外附加三条解释：1. 中法协定以中、法等三种文字同时使用，有争执时以第三种文字为准；2. 越南继续向中国朝贡与否，由越王自行决定；3. 在谅山以南，东西划线为中越边界。法国如果同意这三条附加内容，那么清朝政府就可以批准《中法会议简明条约》。

清政府同意了赫德提出的方案，并通过英国政府转交给法国政府。狂妄的茹费理不愿理睬中国的方案，叫嚣："现今中国肯听从的唯一谈判者是波里也将军。"（波里也为北越法军统帅）至此，由政府出面的调停活动宣告失败。

赫德于1885年1月打出了秘密外交的一张"王牌"，授意他的部下金登干赴法国，以解决"飞虎号"事件为由，面见茹费理，直接沟通中法谈判。

所谓"飞虎号"事件，是1884年10月，封锁台湾海面的法国军舰扣留了清政府海关的巡船"飞虎号"，其时，"飞虎号"正给台湾海面的各灯塔送给养。作为中国海关总税务司的赫德，自然出面与法军交涉放船，而法国舰队司令孤拔却宣称：只有接到巴黎的命令，才能予以释放。

赫德认为，利用"飞虎号"事件向茹费理直接交涉，可以掩人耳目，达到直接控制谈判争取和议成功的目的。金登干是苏格兰人，1862年进中国海关工作，1873年中国海关成立伦敦办事处，金登干被派往伦敦任办事处税务司。

赫德在一切安排妥当之后，密电金登干："飞虎号"事件将使你能亲自去见茹费理，我希望你能好好地利用这个机会。向他解释说，我主张和平，曾多方试图解决，我已劝导总理衙门说出中国的真正目的，接受英国的调停，并同意附加条款等等，我这样做，是为了谈判能够继续，希望最后成功。

赫德要求金登干竭力向茹费理证明，总税务司是可以与中国最高当局直接联系的人，是中国的高级官员，能代表中国政府进行谈判；总税务司及其在伦敦办事处的税务司都很熟悉中法谈判的内部情形，并且愿意推动中法争端的和平解决。

最后，赫德向金登干交代了秘密谈判的基本方案：1. 以私人的名义，婉转地询问茹费理，对赫德提出的关于《简明条约》的附加条款的意见；2. 中国提案内有法国不能接受的条款；法国提案中又有中国不能接受的条款，是否可以允许调和一下，即中国放弃边境线要求，法国放弃关于占据淡水关税和基隆煤矿等要求；3. 如能达成一个初步协议，可以授权由金登干签字，即请清政府批准中法天津协定，法国解除封锁台湾；清政府同意商订商务条约，法国撤退基隆军队；北圻中法军队各自保持现在位置，直至商订撤兵日期为止。

根据赫德的指示，金登干于1885年1月11日很快与茹费理搭上了线。金、茹第一次会晤以后，赫德立即电示：“不必再有所顾忌，直奔中心问题！”

1月23日，金登于再次会晤茹费理，谈到《简明条约》的附加条款问题时，茹费理表示，《简明协定》与附加条款自相矛盾，法国完全不能接受。但对于赫德提出的新的谈判方案可以接受，并说这个方案是“他所听到的唯一合理的办法”。但是，茹费理对于赫德等人的权力和秘密外交仍有疑问，表示：“对任何提案，除非直接来自总理衙门并正式送交，不便赞成或接受。”

随着中法战事的延续，清政府的抗战热情逐渐减退。经过赫德的活动，清政府表示：不再坚持越南朝贡，但要在中国边界以外画一条线，由越南当局治理，法国人不得进入此线。

赫德给金登干的密电中写道：“关于朝贡和边境，已谈到现在的地步，剩下的问题，如耐心筹划，应当可以解决。特别需要筹划的是中国的面子……”显然，赫德让金登于为清王朝争取的不是实际的利益，而是语言形式方面的修饰（即面子）。

2月6日，金登干再见茹费理，提出了清政府的意见，遭到茹费理的拒绝。同时，茹费理提出，为了照顾清朝的面子，法国不反对划定一条新的中越边境，但法国必须占领老街。

法国在与清政府进行秘密谈判的同时，实行军事讹诈，于2月初再度增兵越南，并下令法军向北越大举进攻，以便争取在边境问题上取得有利地位。清军节节败退，北越重镇谅山失守。清政府张皇失措，决定在谈判中再次作出让步，提出放弃警戒区和由谅山直向西划界的要求，而希望由谅山到老街划界，并应允在谅山、老街开放贸易市场。

2月19日，金登干把清政府的让步方案转告茹费理。茹费理依仗军事上的胜利，再次蛮横地拒绝了清政府的要求。他提出法国要占领老街，并坚持要清政府提供履行条约的担保，即让法国占领中国某一处领土以保证清政府实行条约。在此基础上，法国不再于《简明条约》以外增加新的条款。

随着法国态度的逐渐转硬，清政府的态度逐渐变软。

2月20日，清政府传令津、沪等方面中法间进行的谈判活动一律停止，将所有谈判事宜交付给赫德和金登干，同时，授权金登干与法国签订和平谈判的初步协定。就这样，两个金发碧眼的"老外"，竟然把持了代表清政府对法谈判的全权。

对此，赫德不禁高兴得手舞足蹈。他说："目前的谈判，完全在我手里，并不受干预。"他得意地提请茹费理注意："我把事情全抓在手里，并尽量保守秘密，连李鸿章都不知道实情，而且没法碰到它。"（《中国海关与中法战争》。）

茹费理对于赫德所获得的特权也很有兴趣。他要金登干转达他对赫德工作的肯定，说："我和他一样，认为只有一个居间人，并且每一件事都要保持极度的秘密，直到可以恢复公开谈判为止。"并且他在给驻德法国大使的电报中说："我通过赫德爵士与北京直接接触，赫德爵士是总理衙门所唯一授权的人。"（《法国外交黄皮书》第178、197页。）

赫德终于获得了中、法两方面的信任，于是就放手将谈判向他所预设的目标推进。他兴奋地看到，经过四个星期的谈判，中、法之间的分歧已在逐渐缩小。中国人实际上已经同意批准中法简明条约，并且放弃了要越南朝贡的条件；法国人也不再强调赔款和以天津海关税收担保赔款；在谅山以南的边界问题上，法国人已经答应重定边界，而中国也已经同意让步了。现在，最后的症结只在法国人提出的要求、中国政府提供履行条约的担保和法国人最终会要提出的赔款问题上。

根据赫德的指示，金登干再次会晤茹费理，就法国要求的"担保"问题提出建议。赫德建议："最好不明提保证—即暂时占据台湾—而把它视为当然，那里的军队，可留到订立详细条约或为最后撤退备好便利的运输之时。"这就是不向清政府明确提及担保问题，而法国事实上以占据基隆、淡水为担保。

茹费理对此说法心领神会，当即表示："台湾抵押问题，如经默许并得到谅解，可以不提。"

随后，赫德在为清政府草拟的协定中，就写下了"订立详细条约之后，规定撤兵日期"，暗含了法军占据基隆为担保之意，同时，草约中又避开了"担保"字样，保全了清政府的面子。

在赔款问题上，法国在前一阶段的谈判中没有提及，但最后茹费理提出，除非把重点放在商务利益上，法国才会不提赔款问题。金登干立即表示：清政府方面曾经允许让出某些有关铁路的权利。

到 1885 年 3 月初，经过金登干在巴黎的多次秘密谈判，中、法之间终于达成了初步协定。本来可以顺利签订协定结束战争的，可是，茹费理却做出了一个错误的决定。他命令北越法军于 3 月中旬发动大规模军事进攻，"给清军以新的教训"，求得在未来谈判中更有力、更有利的地位。

这一次茹费理的军事讹诈失算了！

五、谅山大捷与《巴黎停战协定》

1885 年 2 月清军在北越作战失利之后，清朝内的主战派首领张之洞等力荐广西提督冯子材担任北越清军指挥官。清廷于 2 月 17 日任命冯为帮办广西关外事务。冯子材虽然年近七旬，但"久任广西提督，三次出关，威惠素著，得桂、越人心"。（《中法战争》第 3 册，第 78 页。）冯子材到达前线后，清前敌将领公推冯为东线总指挥。冯子材一面调整清军部署，令部队赶修工事；一面整顿军纪，安定民心，迅速稳定和改善了清军阵地的防御态势。

经过仔细勘察敌情、战场，冯子材利用关前隘有利地形预设了防御阵地。他以亲率所部防守镇南关正面；以 8 营清军置于冯军后半华里处以为第二梯队；另以 10 营人马屯于入关路旁，相机袭击敌后；以 18 营作为总预备队；以 8 营控制水道。其余部队分别控制清军后路。

3月中旬，法国侵略军向北越发起攻势。23日，法军第二旅主力1000余人趁大雾偷偷进入镇南关。24日清晨法军分三路发起进攻。冯子材传令各部将领："有退者，无论何将遇何军，皆诛之！"当敌人接近清军阵地构筑的长墙时，冯子材持矛大呼，率领两个儿子一齐跃出长墙，冲入敌阵，展开白刃格斗。全军将士见主帅身先士卒，一齐大开栅门，向敌人冲去。《克复谅山大略》一文中记载："冯年已七十余，以帕裹首，赤足草鞋，持矛大呼跃出。诸军将领见冯如此，俱感奋力战。"镇南关一战，歼灭法军约千名。28日，清军乘胜进攻谅山，所向披靡，势如破竹。攻城之际，"各营员弁、勇丁，蚁附而上，劈开城门，兵刃交下"，法军死伤累累，损兵千余，丢弃大量军用物资。攻下谅山以后，清军继续追击残逃法军，法军犹如惊弓之鸟，一口气逃到郎甲、船头一带。

与镇南关—谅山大战同时，刘永福领导着黑旗军与越南人民起义军在临洮大败法军，收复大量失地。

中国军队在北越陆地反击战的胜利，不仅使北圻东线作战反败为胜，而且使整个战局发生了根本性的变化。"法人自谓入中国以来，从未受此大创。"（《中法战争》第4册，第240页。）

法军在北越大败的消息传到巴黎。3月30日，法国人民成千上万涌上街头，游行示威，包围议会，反对战争，高呼"打倒茹费理！"茹费理及其内阁成员悄悄从后门离开众议院，然后被迫向法国总统提出集体辞职。

茹费理内阁集体垮台的消息，并没有使代表中国在巴黎谈判的金登干兴奋起来，为中国政府提供新的谈判方案，相反，他和北京的赫德都因中国军队的胜利而焦急不安起来。赫德对金登干说："你是总理衙门的居间人，而我又是你的代表，咱们都是英国人，并没有中国臣民应有的责任。"真是一语道破天机。这两个清政府的全权谈判代表，在清军获得重大胜利的关键时刻，却起到了出卖中国利益的关键作用。

赫德于3月30日晚上给茹费理发了一份加急电报，内容是：总理衙门声明接受茹费理对中法协定的口头修正及其解释说明书。为避免再发生战争误会，中国希望在说明书内作若干补充。这些补充如果茹费理接受的话，金登干就可以立刻在草约上签字。

31 日，也就是茹费理下台的第二天，他读到了赫德的电报，中国人的愚蠢与软弱几乎使他忘记了内阁辞职的羞辱。中国政府并没有因为军事上的胜利和他的下台而要求改变已经议定的屈辱条款，竟还愿意在这种时刻将"肥肉"自己送上门来。这在奉行强权就是真理的侵略者来说，简直不可思议。茹费理闭上眼睛，长长地出了一口心中的郁闷之气。

可是，茹费理内阁已经倒台，失去了代表政府对外签署协定的权力，而新内阁尚未组成，中法协议的签字仪式被耽搁下来。

这时，赫德的信念只有一个，就是让清政府迅速同法国达成妥协以结束战争。赫德深知，因为镇南关—谅山的胜利，清政府内的主战派意气复壮，舆论的压力可能迫使北京政府撤回已经答应的让步；如果战争延续下去，中国只要不妥协，很有可能战胜混乱的法国。中国的胜利，是这位与法国侵略者有着共同利益的英国人所不愿看到的。

4 月 3 日晚上，金登干又将一份赫德打来的急电送到了法国外交部，内容是："总理衙门对未能迅速签字，甚觉不安。一个星期的拖延，可能使我们经三个月忍耐、坚持的工作所达成的协议，归于失败。"

4 月 4 日，茹费理召集已经辞职的同僚们在外交部召开紧急会议，一致同意立即在条约上签字，不再等待。于是，他们委托政务司长华乐向总统陈述了即时签约的种种好处，强调这个条约丝毫不会削弱法国的地位，从而促使总统批准了签字。

当天下午 4 点，华乐代表法国，金登干代表中国在文件上签了字。这份文件就是《巴黎停战协定》（又称《中法议和草约》），主要内容包括：1. 两国遵守天津《中法会议简明条约》；2. 两国停战；3. 双方派员在天津或北京谈判和约细款及撤兵日期。

中法战争就在中国军队望见胜利曙光的一刻结束了！

1885 年 4 月 7 日，根据《巴黎停战协定》，清政府向前线各军下达了停战命令，说："中法既议修好，允准津约，各路军营着即定期停战。滇粤各军并着照约定期撤回边境。"（《清季外交史料》卷54，第31页。）

　　腐败的清政府将越南前线清军将士流血牺牲换来的胜利，当作了向侵略者妥协求和的资本。李鸿章声称："当借谅山一胜之威，与缔和约，则法必不再妄求。"（《中法兵事本末》第268页。）清廷也下谕宣称："有此大捷，乘机结束，尤为得体。"下令前线官兵于15日停战，25日撤军。

　　停战命令传到前线，清爱国将士们气得"拔剑斫地，恨恨连声"。冯子材立即给张之洞一个电报，请他上奏"诛议和之人"，表达了广大前线爱国将士对清政府妥协求和的无比愤恨。张之洞上书希望清廷准许缓期撤兵，遭到了李鸿章的严厉斥责，说："冯、王若不乘胜即收，不唯全局败坏，且恐孤军深入，战事益无把握。"他要张之洞"如期停战撤兵，倘有违误，致生他变，唯该督是问"。（《李文忠公全书》电稿，卷5，第29页。）冯子材等军被迫撤回边境。

　　按照《巴黎停战协定》，中法双方要议定正式和约。法国政府任命巴德诺为全权代表，清政府仍派李鸿章为全权大臣。然而，真正的谈判并不是在中国天津进行的李、巴谈判，而仍然是金登干和法国外交部政务司副司长戈可当在巴黎的谈判。赫德仍然操纵着清政府方面的谈判。

　　具体的谈判程序是：法国将拟定的条约草案交给金登干，金登干电告赫德，赫德递交总理衙门；清廷就法国的条约草案提出修改意见，再经赫德交给金登干在巴黎与法国谈判。每当双方就某几款取得协议之后，才由中法政府把这几款分别交给李鸿章和巴德诺，由他们就细节和约文加以斟酌与核对。

　　因此，对于中法之间的最后谈判，连李鸿章自己也承认并未实际参与进去。他说："款议始终由内主持，专倚二赤（指赫德），虽予全权，不过奉文画诺。"（《中法战争》第4册，第498页。）可见，腐败的清政府对于赫德这样居心叵测的洋人竟然如此信任有加。

　　赫德在谈判中真的能为清政府争取利益吗？我们可以从赫德自己的表白中找到答案。

早在德国人德璀琳主持李鸿章与福禄诺的谈判之时，赫德就嫉妒地说："对于他（指德璀琳）正在增长的权势，我所畏惧的倒不是他将取代我的地位，而是德国的努力将因他而高涨，英国的势力衰落下去。"

在谈判中，赫德表示，他所制定的谈判条件是"基于中国是较弱的一方面拟订的"；他的谈判准则是"让清政府在法国的菜篮子里多装些鸡蛋"。

当中国军队在越南取得重大胜利之时，赫德曾经分析了中法双方的力量，得出了"法国劳师远征是必会疲敝的"，"中国如果真能打到底的话，它会赢的"结论。但是，赫德决不帮助中国取得对法作战的胜利，相反，他却提出"必须用任何方法把中国拖住"，不让中国取得胜利。因为"战争拖得越久，中国越不会退让，也越可能发生对中国有利的事，像欧洲方面的纠纷，反对法国的外力干涉等等"。（参见《中国海关与中法战争》）

所有这些都说明，赫德操纵中法谈判的目的，除了从根本上维护英国的利益以外，还要维护西方列强在中国的整体利益。尽管英、法、德、美等国有着各种矛盾与冲突，甚至在一些地区剑拔弩张，但由于它们在华的总利益休戚相关，因而它们的共同目标都是要扼杀中国人民的对外斗争，不让中国在对外战争中获胜。所以，赫德的调停活动，实质上只是协调西方列强的行动来共同对付中国，阻止"可能对中国有利的事"发生。清政府把这样的侵略者引为心腹，放手让其"代表中国"，最终只能给中国带来战胜而求和、不败而败的耻辱。

可悲的是，在列强压迫下的清政府并不以出卖中国的权利为耻。

1885年6月9日，李鸿章和巴德诺签订了《中法会订越南条约》（又称《中法新约》），其主要内容有：越南境内听任法国"自行弭乱安抚"，中国"不派兵前赴北圻"，不干预法国越南间已定和将定之条约，从而使法国取得了对越南的"保护权"；中越边界地区向法国开放通商，指定保胜以上、谅山以北两处为通商处所，法国在此享有和其他通商务口相同的权利，所运货物进出云南、广西边界纳税"照现在通行税则较减"，从而使法国取得了在我国西南通商的特权；日后中国修筑铁路，自向法国业此之人商办，从而又使法国夺得在中国修筑铁路的特权。而中国所得到的，只是"中越往来""必不致有碍中国威望体面"的虚文。

就这样，法国在战败的形势下，仍然达到了它发动这场侵略战争的全部目的。

《中法新约》签订以后，中法谈判代表举行酒会以示庆贺。巴德诺在祝酒词中说："我确信我们刚刚签字的外交文件，其结果将不只是终结了我们的争端。我希望这个争端将迅速为人们所忘却。"李鸿章的祝酒词则称中法之间"谊同皎日"，即拨开云雾以后出来的太阳，并以"残宵水气山间绕，人晓消溶世复明"的诗句，来表达他对中法战争过后的"美好"愿望。

事实是残酷的。中法战争决不会给中国带来任何光明。中国政府在战争中暴露出来的软弱无能，大大刺激了各帝国主义列强对于中国的侵略野心，从此，中国四周再无宁日，深深坠入半殖民地半封建的黑暗深渊。

第六章　丧师失地，奇耻大辱

——李鸿章与中日马关谈判（1895）

一、甲午风云

中国清政府在中法战争中的失败和软弱无能，大大刺激了各资本主义列强特别是日本进一步侵略中国的野心。

日本也曾经是一个"闭关锁国"的封建帝国，1854年，被西方资本主义列强打开大门，与美、英、法、俄、德等国签订了一系列不平等条约。当时的日本面临着与中国同样的民族危机。1868年，日本"明治维新"，推行了全面的资产阶级改革，对内改革行政机构，改进经营管理水平，大力促进生产力的发展，迅速走上了资本主义的道路。同时，日本的明治维新是自上而下的改良，许多封建领主和武士在改革过程中转化为资本家。他们使日本的资本主义带上了明显的封建色彩，并具有很大的侵略性。日本以军事工业为主导发展资本主义，大办军事工业，积极建立陆海军，并对士兵实施"武士道"训练，使日本的军事实力大大增强起来。

随着经济、军事实力的增长，日本开始了一些外交活动，以提高其国际地位。日本知道，自己的经济实力和军事力量都还不能与欧美竞争，但他却对中国、朝鲜广阔的市场和丰富的资源垂涎三尺。因此，日本政府一方面忍气吞声地和欧美各国谈判修改不平等条约；另一方面却觊觎朝鲜和中国，企图在亚洲捞一把，来弥补他们对资本主义列强的损失。

日本明治天皇在位时公开主张，以武力"开拓万里波涛，布国威于四方"。随后，日本政府制定了臭名昭著的"大陆政策"，即第一期，征服台湾；第二期，征服朝鲜；第三期，征服中国的东北和蒙古；第四期，征服全中国；第五期，征服南洋、亚洲以至全世界。这是一个丧心病狂的侵略政策，而日本政府却着手将其实施起来。

1879 年，日本公然派兵占领中国的琉球，把它改为日本的一个县—冲绳。清政府无可奈何，使日本人尝到了宰割中国的快感。1887 年，日本军部首脑山县有朋制定了《征讨清国策》，计划对中国发动战争，将中国的辽东半岛、山东半岛、舟山群岛、台湾、澎湖列岛和长江两岸十里之地，全部划归日本版图，其野心之大，令人咋舌。19 世纪 90 年代初，一个叫波尔纳的欧洲人曾经得到一份日本军方的军用地图。上面绘制着包括朝鲜、中国东北、山东半岛和渤海湾在内的地形环境，将中国的村镇、道路、地形，甚至水井的位置都标示得十分清晰详细。波尔纳感慨地说："这份地图本身就是久已蓄谋侵略中国的证据。它驳斥了日本当时是被迫作战的说法。相反地，那是一次有意图的、精心策划的侵略行动。"

1894 年，即中国旧历甲午年，日本终于找到了对朝鲜和中国发动侵略战争的机会。

这一年的春天，朝鲜爆发了以"东学党"为首的农民起义。起义军很快发展到几十万人，并迅速控制了全罗、忠清、庆尚三道。6 月，清政府应朝鲜政府请求，派兵 1500 人进驻朝鲜牙山，准备镇压起义。与此同时，日本也以"保护"使馆和侨民的名义出兵朝鲜，并陆续增兵，占领汉城，其在朝总兵力达到万人以上，远在清军之上，中日战争有一触即发之势。其时，朝鲜的农民起义已经平伏，清政府立即向日本建议，两国军队同时撤出朝鲜。日本政府蛮横拒绝了清政府的建议，要求由中日两国共同监督朝鲜改革内政。

日本外相陆奥宗光说出了日本赖在朝鲜不走的真正目的："当时中日两国军队虽同驻朝鲜国内，但驻地相隔甚远，一时似无发生冲突之患；……目前既无迫切的原因，又无表面上的适当借口，双方还不可能开战。因此，要想使这种内外形势发生变化，除去实施一种外交策略使局势改观以外，实在没有其他方法。"（《蹇蹇录》第 20—21 页。）

日本发动战争的意图已十分明显，清政府内部却在主战、主和问题上争论不休。以光绪皇帝为首的一派势力，想借主战向慈禧太后夺权，而操纵政府军事、外交大权的直隶总督、北洋大臣李鸿章却主张避战自保，争取英、俄、美帝国主义出面"调停"以解决朝鲜问题。各帝国主义出于自身利益的考虑，对清政府采取两面手法，表面虚与敷衍，暗地里支持日本打仗。

英国就在这一年的 7 月 16 日与日本谈判修约成功，使日本实际上获得了英国的支持，更加有恃无恐。英国的谈判代表甚至向日本外相指出："今后中日两国若发生战争，中国的上海为英国利益的中心，希望取得日本政府不在该地及其附近作战的保证。"（《蹇蹇录》第 46 页。）日本方面欣然答应，等于得到了英国不反对日本对华发动战争的承诺。

于是，仅隔 3 天，7 月 19 日，日本即向朝鲜政府提出了下令撤退中国驻牙山军队，废除中朝通商条约以及与朝鲜独立相抵触的一切中朝条约的强硬要求。23 日，日军突然攻入朝鲜王宫，劫持国王，逼迫朝鲜大院君宣布废除与中国历年所订条约，下令请求日军帮助驱逐在牙山的清军。就在同一天，日本不宣而战，在丰岛海面袭击了中国的两艘军舰及其护送的运兵船，杀害中国士兵 1000 余人。25 日，日军又以同样的偷袭手法攻击牙山中国驻军，清军千余人战败逃跑。

日本已经拉开了战幕，清政府不得已于 8 月 1 日对日宣战。

李鸿章奉旨抗日后，向朝鲜增派四支大军 14000 余人，驻守平壤，却任命畏敌如虎的牙山败将叶志超担任各军总统。9 月，日军分四路进攻平壤，清军将领左宝贵率部顽强抵抗，不幸阵亡。叶志超竟率部狂奔 500 里，渡过鸭绿江，退入中国境内。日军顺利占领朝鲜全境。

9 月 17 日，日本联合舰队在黄海海面与中国北洋舰队激战五小时，中国舰队惨败，损失军舰 5 只，逃跑 1 只，返航 4 只，阵亡海军将士 700 余人。

北洋舰队是李鸿章惨淡经营多年的成果。黄海战后，李鸿章采取了固守威海的消极防御政策。他在奏折中称："今日海军力量，以之攻人则不足，以之自守尚有余"，主张"不必定与拼击，但令游弋渤海内外，作猛虎在山之势"。（《清光绪朝中日交涉史料》卷18，28页。）于是，剩下的北洋水师竟成日躲在威海卫军港之内，听任日本军舰在中国沿海各处运兵运械，游弋寻衅，大逞凶焰。

10月，日军一路从平壤继续北犯，一路从辽东牛岛登陆。11月初，大连失陷，随后，旅顺失陷。李鸿章经营16年的旅顺军港，前后费银数千万两，船坞、炮台、军储号称"北洋精华"，此时全然送给了日本强盗。日军在旅顺杀人无度，全市只留36人掩埋同胞尸体，其野蛮暴行，令人发指。

就在日军向中国本土进攻之时，清政府已经由抗战转向求和了。

10月初，西太后指示李鸿章请俄国公使出面"调停"。李鸿章希望俄国能够出面干涉日本的侵略行径，俄国公使喀西尼表示："日人自以为水陆之战，皆甚得手，现时如与议和，中国已须吃亏。然如不趁此了结，将来倭兵再进一步，贪心更大，和议更难。"但同时，俄国人又表示不愿单独出面干涉，只能与各国驻华公使"会同商办"。

与李鸿章请俄人出面的同时，西太后又派军机大臣孙毓汶等人求英国出面调停。据赫德记载："孙毓汶、徐用仪和我自下午四点谈到六点钟。他们两人几乎痛哭流涕，愿意接受任何好的建议，答应今后办这样办那样……"清政府求和官员卑躬屈膝的丑态，几乎令人作呕。

10月6日，英国政府向美、俄、法、德等国提出联合"调停"的建议。各国政府各怀鬼胎，对英国的建议采取了冷淡的态度。美国公使田贝竟露骨地希望战争继续打下去，说："应该听任战争进行下去，……要使这个国家（指中国）能够与这个世界和洽，非武力不行。中国遭到败北，直到它的皇朝受到威胁为止，都是有益的事情。只有这样的时机迫近时，才是外国进行干涉的时机。"（魁特《美日外交关系史》英文版，第2卷，第492页。）显然，美国人以歹毒心肠支持着日本的野蛮侵略。

很快，日本政府委婉而坚决地拒绝了英国发起的"调停"活动，说："帝国政府十分感谢英皇陛下政府提出关于停止中日战争建议的友好动机。但直至今日，战争的胜利常属于日军方面。然帝国政府认为：在战争的现阶段，尚未达到足以保证在谈判上得到的结果，因此，帝国政府暂时不能表示有关停战条件的公开意见。"（《蹇蹇录》第106页。）由英国出面组织的"调停"活动遂告失败，日本继续向中国进攻。

清政府不进行坚决抗日，战场上败绩频传，各国公使不愿出面干涉日本，无奈之下，李鸿章想到请德国人德璀琳代表中国去日本联系求和事宜。

二、日本驱逐中国议和使团

1894年11月中旬，清政府派户部侍郎、总理衙门大臣张荫桓到天津，与李鸿章密商求和事。李鸿章认为，日本方面正因军事上节节胜利而骄狂万分，若派中国政府大员赴日，恐遭日本人的轻侮，有失大国体面，不如先派一个"忠实可信"的洋人前往日本试探，摸清日本人的打算，也好再作主张。他推荐了与自己多年相交的德国人德璀琳，清政府同意了李鸿章的主张。

11月19日，德璀琳携带李鸿章致日本内阁首相伊藤博文的信和清政府致日本政府的照会，启程赴日。滑稽的是，这个在中国工作多年的"老外"，临行之际一定要向李鸿章要个清朝官员的"头品顶戴"威风威风，李鸿章求和心切，就送了他一副"头品顶戴"。却不料，旅顺失陷之后，李鸿章受到许多上疏弹劾，遭到了"拔三眼花翎，褫黄马褂，革职留用"的处分。

德璀琳于11月22日抵达日本神户。日本外相陆奥宗光在他的日记《蹇蹇录》中记载了他就德璀琳来日给伊藤博文的报告，说："有关德璀琳事，经过较全面的考虑之后，我认为，无论您或日本政府接待他，还是接受李鸿章的信件，都是不恰当的。在目前情况下，除非中国政府预先发出通知，并派出合适的、有资格的全权代表，否则是不能与中国官员进行接触的。如果德璀琳带着任何受到我们鼓励的迹象回到中国，则要导致德璀琳本人或赫德被任命为将来谈判的全权代表。而任命外国人为全权代表，无论如何都必须拒绝。因为这样做不仅不合适，而且可能给列国一个间接干涉的机会。因此，我坚持认为，您不要接见他或接受李鸿章的信，而应签署命令，让德璀琳在限定时间内离开日本。"

日本政府派兵库县知事周布，一个小官，对德璀琳宣布：你不是有正当手续的外国使节，因此不能和伊藤首相会面。中日两国正处于战争状态，中国如有事商量，应该通过正当手续，派遣能发挥实效资格的人前来。即使是为正式代表做准备工作，也必须派中国官员来，你带来的李鸿章的信函我们不能接受。

德璀琳面无表情地听完了周布的通知，知道事情无法继续下去，第二天就带着他的随员回到了天津。

日本方面为了迫使清政府派出全权议和代表，通过美国向中方提出：清廷如真诚希望和平，可任命具备正当资格的全权代表会商。清政府马上也通过美国人向日方转达要求：希望日方将两国打算商议的问题概要示知。日本立即声称：如果不经过具备正式资格的全权代表的会商，日本不能宣布媾和条件。

清政府受逼无奈，担心自己的谈判代表在日本受到挟制，遂向日本提出在上海进行议和会谈；日本为了完全控制谈判，断然拒绝，表示会商地点必须在日本国内。

其时，中日两国政府之间的函电往来全部通过美国驻北京和东京的公使馆，美国人感到已经控制了中日间的"调停"事宜，一力从旁帮助日本逼迫中国政府。当清政府对谈判代表、地点等问题犹豫不决之时，美国公使田贝就威胁说："中国办事无果决之才，恐难成事。且待日军夺取北京，然后再议。"（《中日战争》第3册，第302页。）在日美两国的威逼摆布之下，清廷忍气吞声全部顺着日本的意思办，还要承受讥讽和责骂。对此，田贝得意扬扬地说："中国方面唯一的希望是不惜任何代价求和。……在它的这一无可救药的灾难下，它以孩童似的信赖，来信赖我们。"又说：总理衙门的大臣们"很直率地表示，希望我担任并指导全部和谈事宜"。（魁特《美日外交关系史》英文版，第 2 卷，第 501、503 页。）

最后，清政府决定任命张荫桓和兵部侍郎邵友濂为赴日全权谈判代表。使团成员还有参赞伍廷芳、端良、梁诚，翻译罗庚龄等，一行 50 余人。使团的国际法顾问为美国人科士达，是田贝推荐的人选。

科士达曾任美国国务卿，是个亲日派。他当了中国代表团的顾问，对日本十分有利。日本外相陆奥宗光兴高采烈地说："我对科士达先生之来是很满意的。他是我个人的朋友。他做了顾问后，那么我们的行动，就不会像我们单独同中国会谈那样受到种种不正常而拖延的限制。科士达先生是一位人格无可指摘的、有经验的外交家，他的出席，将加速会议的进行。"（科士达《外交回忆录》，载《中日战争》第 7 册，第 465—466 页。）的确，在后来的谈判中，科士达实际上起到了日本人所不能起的作用，暗中帮了日本人不少忙。而科士达却拿着中国政府给他的高额聘金，先是 3 万美金，后来随李鸿章再到日本谈判，酬金升至 15 万。而他正是中国人所说的那种"吃里扒外"的角色。

中国议和使团到达日本之时，日本人正沉浸于军国主义的狂热之中。日本家家户户挂满日本国旗、军旗，大街小巷张灯结彩，男女老少"个个兴高采烈，人心欢腾，流于骄横与傲慢"，"进攻！进攻！"之声震耳欲聋。

对于和平谈判的草案，日本各方面贪欲奇大，个个向中国露出血盆大口。陆军部要夺取中国的辽东半岛；海军部要吞并台湾、澎湖；财政部提出索要白银 10 亿两；改进和革新党叫嚷："我国必须有瓜分四百余州的决心，届时应将山东、江苏、福建、广东四省划入我国版图"；自由党声言："应使中国割让吉林、奉天、黑龙江三省及台湾，并缔结中日通商条约，其条件应超过中国与欧洲各国所订的条约。"（《蹇蹇录》第 116 页。）充分暴露出日本军国主义暴发户的贪婪嘴脸。

中国代表启程来日本之后，日本政府在广岛召开御前会议，确定中日两国媾和条件。陆奥宗光介绍了他与伊藤早已策划出的议和条件，其中包括霸占朝鲜、割让土地、赔偿军费和获取通商航海方面的特权等等。明治天皇批准了他们的方案。

日本人知道他们开出的媾和条件是十分苛刻的，因此准备对外严守秘密。他们并不担心中国会拒绝日本的议和条件，而是害怕将这种"狮子大开口"的条件对外发表后，遭到各国列强的忌恨，从而遭到各国干涉。

伊藤在与陆奥密谈时说："详细观察目前国内外形势，不能不说媾和的时机尚未成熟，且中国政府是否具有真心亦难揣测。若我们稍一疏忽，不仅媾和之目的未达，反将使我国对中国要求之条件传播于外，恐将引起内外议论。因此，我们与中国使节会晤之日，如不明察他们的才能和权限，绝不可轻易开始媾和谈判。"于是，在中国使团踏上日本土地之时，就已经坠入了遭受日本拒绝与羞侮的圈套。

为了逼使中国派出几位高资深的谈判代表，使日本方面提出的骇人条件在短时间内得到清政府的同意，避免谈判过程中的周折，日本政府任命伊藤首相和陆奥外相为日方谈判全权代表，其身份和地位显然高于中国政府派出的张荫桓、邵友濂二位使臣。其用心极为阴险。

1895 年 2 月 1 日，中日双方在广岛县厅举行第一次会晤。伊藤和陆奥按照既定计划，首先向清朝代表发难。

伊藤说："请先出示委任状一看。"

清朝代表将国书递上，伊藤请罗庚龄翻译。日方代表向张荫桓等出示全权委任状。

伊藤指着清廷的国书问："这就是全权委任书吗？"

张荫桓答："是国书。"

伊藤责问："贵国的全权委任状究竟有没有？现在所看到的不是说是国书吗？"

张荫桓说："国书里包含着全权委任的意思。"

陆奥立即插话说："在这个全权委任状之外，还有没有觉书（即照会）？请对此速予回答。"

伊藤进一步逼道："贵国不遵守国际法惯例，国书和委任状是有区别的。"

张荫桓看出日本方面的刁难之意，气愤地反问道："阁下也曾派大使来清朝，记得也只携带了国书，另外还带着全权委任状吗？"

伊藤面有愧色，但仍狡辩说："是的，只因未能谒见皇帝呈递国书，仍将原件带回。但与李鸿章会谈时，是互阅了全权委任状的。"

接着，伊藤又声明："现在两国关系破裂，这次为特殊目的进行的谈判，不可不互换特殊的全权委任状。"

张荫桓答道："委任状放在旅馆里，可派人回去取来。"

经伊藤同意，中国代表梁诚回旅馆去取委任状，10 分钟后即返回。

张荫桓将委任状交给伊藤时说："这是两份委任状，分别为张、邵的，内容完全一致。"

陆奥再次刁难说："全权委任状就是交换原本。"

张荫桓反问道："两位所携的是原本吗？"

伊藤称："是的，是原本。"

张说："就是交换原本也没有异议。"

之后，双方在委任状是否返还问题上争执一番。随后，日方又在觉书的问题上做起了文章。

陆奥说："对所提的觉书，务请在今天回答。"

张荫桓问："那么，今日就不开谈了吗？"

伊藤板起面孔说："在接到觉书的回答以前，不应开谈。"

张荫桓答："对于觉书当尽速回答。"

为了达到阻止中国使团顺利进行谈判的阴险目的，第一次会晤结束后，日本方面告诉张荫桓等，战争期间，禁止张、邵使团向清政府发送电报，从而切断了使团与政府的联系。对于日方的无理举措，张、邵要与日方交涉，遭到日方拒绝。

2 月 2 日上午，中国代表向日方作出书面答复，指出："本大臣系蒙本国大皇帝界以讲和缔结会商条款署名画押之全权，至所议奉款，以期迅速办理，自应电奏本国，请旨订期画押，再将所议约本赍回中国，恭候大皇帝亲加批阅，果系妥善，批准随行。相应备文说明，即祈贵大臣查照可也。"

中国代表的答复完全符合国与国之间谈判订约的国际惯例，无可指责。可是，日本方面却已经打定主意要驱逐中国代表团了。

2日下午4点钟，中日双方代表再次会晤。伊藤首先发言，对中国进行侮辱诽谤，说："从来中国与世界各国几乎完全背道而驰，有时因加入国际团体得享受其利益，但随之而在外交上应负之责任，则往往不自顾及。中国常以孤立不羁猜疑刻薄为政，故于敦睦邻邦之道公明信实二者，盖阙如也。"

在将上述莫须有的罪名统统加诸中国之后，伊藤才言归正传地说出了日本方面的意思，即说张荫桓等人未合"全权定义"，故日本方面拒绝与之举行一切谈判。陆奥向张荫桓递交了事先草拟的备忘录，称："日本帝国全权办理大臣，不能同意与只携有会商事件、咨报总理衙门、随时请旨遵行之清朝钦差全权大臣进行谈判。"

清朝谈判代表听了这份备忘录以后，大为惊讶，当即与之争辩。陆奥等人蛮横地阻止了张荫桓等人的说话，冷然发出了"逐客令"，说：本市为大本营所在地，当然不得久留，阁下等除了从他处迅速觅便船离开日本以外，没有其他办法。

清朝代表只得苦苦争辩谈判权力，均被日方以狡辩驳回，没有商量余地，谈判在日本的蓄意破坏下就此宣告中断。

会谈结束时，伊藤邀请伍廷芳暂留一步，向其暗示，要求中国政府派奕⊠或李鸿章为全权代表赴日议和。当晚，日方又派外务省顾问美国人端迪臣约见清朝使团的科士达，向其解释日方行动。科士达与日本人达成默契，对于日方的无理行为，缄口不言。

张荫桓一行到达长崎后，通过美国将日本驱逐使团一事向清廷报告。清廷电令张荫桓等暂留长崎，等候补办全权手续。然而，日本立即加以拒绝，坚决不同意中国使团再在日本逗留。无可奈何，张荫桓使团于2月12日含羞忍辱离开长崎回国。

为了加重谈判桌上的砝码，就在张荫桓使团到达日本的日子里，日本海陆两军夹攻威海军港，海军提督丁汝昌自杀，11 艘舰艇落入敌手，李鸿章的北洋舰队全军覆没。随后，陆路日军又相继攻占牛庄、营口、田庄台，辽东战场 6 万清军一败涂地。

正像科士达所说的那样：“日方已经派出一支军队去攻袭威海卫炮台，击毁或捕捉在那里避难的中国海军的剩余部分。当使臣们在广岛举行会议时，在该炮台正进行着激烈的战事。无疑，日本人感到在这一仗胜利结束后，他们可以处于一个较优越的地位来签订和约。”（《中日战争》第 7 册，第 472 页。）

清朝的谈判代表伍廷芳也深有感触地说：“我将卒苟能奋勇于疆场，不容其猖披，何致就彼而受此欺慢？欲消此恨，其在将与兵焉！和局易成与否，亦在战争之胜负判也！”的确，军事谈判中的折冲樽俎，靠的是军事上的实力。战场上保不住的东西，谈判桌上也保不住。

三、关于停战问题的谈判

中日开战以来，清朝陆海军战无不败，如今又求和不成，清政府内早已乱成一团。1895 年 2 月 10 日，光绪皇帝召集军机大臣议事，“问诸臣，时事如此，战和皆无可恃，言及宗社，声泪并发”。（《翁文恭公日记》）可怜君臣哭作一堆。第二天，皇帝决定派李鸿章赴日求和。

不久，李鸿章即收到了皇上的电报。电报说：“前派张荫桓、邵友濂为全权大臣，前往日本会议条款。讵日本意存延宕，藉敕书有请旨之语，谓非十足分际，不与开议，送回长崎。迨令田贝再电询问，乃又答云：无论何时，可以再行开商和议，总须中国改派从前能办大事，位望甚尊，声名素著之员，给予十足责任，仍可开办等语。现值倭焰鸱张，畿疆危迫，只此权宜一策，但可解纷纾急，亟谋两害从轻。李鸿章勋绩久著，熟悉中外交涉，为外洋各国所共倾服，今日本来文，隐有所指，朝廷深维至计，此时全权之任，亦更无出该大臣之右者。李鸿章著赏还翎顶，开复革留处分，并赏还黄马褂，作为头等全权大臣，与日本商定和约。直隶总督北洋大臣，著王文韶署理。李鸿章着星速来京请训，切毋刻迟。一切筹办事宜，均于召对时详细面陈。"（《李文忠公全书》奏稿，卷79，第46页。）

对于李鸿章的出使，清朝官员吴汝纶说："此时言和，直乞降耳，乃欲以口舌争胜，岂可得哉？"赫德也说："签订和约，是沉重而不得人心的任务，不但为全国人所咒骂，也许还要受政府的公开谴责。"（《中国海关与中日战争》第83—84页。）李鸿章岂有不知其中利害的道理，只是君命难违，不得不行而已。不过，李鸿章也确是老谋深算之人，临行之际，他要做的是两件事：其一是向清政府力争割地全权；其二是争取各国列强的支持。

李鸿章于2月22日到达北京，随后几次受皇帝召见，商讨和议对策。当时，日本已通过美国公使田贝向清政府提出了承认朝鲜独立、赔偿军费、割让土地等议和先决条件。廷臣们的意见集中于割地问题。

李鸿章先发制人，向光绪皇帝提出："割地之说不敢担承，假如占地索银，亦殊难措，户部恐无此款。"军机大臣翁同龢等反对割地，主张"但得办到不割地，则多偿"。孙毓汶、徐用仪等则表示："不割地，便不能开办。"即不同意割地，和议成不了。李鸿章进一步表示："割地不可行，议不成则归耳。"（参见《翁文恭公日记》）李鸿章的意思是要皇帝明确同意割地问题，将来和议签订以后，可以减轻自己的责任。

在同朝廷大臣们商议对策的同时，李鸿章又四出拜访列强驻华公使，请求他们共同阻止日本的"割地"要求。结果李鸿章处处碰壁，公使们都说："中国不割让给日本一块土地，就没有签订和约的可能。"美国公使田贝甚至直接教训李鸿章，要他"背向欧洲列强，面向日本"。

事情拖到3月初，清军在辽南战场形势进一步恶化，光绪帝迫于形势，不得不授予李鸿章"商让土地之权"，但同时告诫他，在谈判时"斟酌轻重，与倭磋磨定议"，即尽量讨价还价。

最后，李鸿章带着"便宜行事，预定和约条款，予以署名画押之全权"字样的全权委任状，东渡日本，开始了屈辱而艰难的谈判。

李鸿章使团的成员约 135 人，其中有他的长子李经芳，以参议职衔随行。李经芳精通英、日两种语言，曾出使日本两年，与陆奥宗光熟识。其他随员有参赞海关道罗丰禄，参赞候选道马建忠、伍廷芳，日文译员罗庚龄、卢永铭等。美国顾问科士达在张荫桓的推荐下再次随李鸿章出使。

1895 年 3 月 14 日，李鸿章乘坐德国商船，悬挂着"中国头等全权大臣"的黄龙国旗，向日本马关驶去，于 19 日抵达目的地。

一路之上，73 岁的李鸿章绞尽脑汁，考虑着自己的对手和对策。对于伊藤博文，李鸿章并不陌生，有着深刻的印象。还在 1885 年朝鲜发生"甲申事变"后，日本政府派伊藤博文为全权大使到中国来谈判。李鸿章与伊藤就惩办在朝武弁和中日撤军问题进行争辩，最后达成了共同撤军的协议。那次谈判实际上正是十年后这次谈判的一个伏机。

与伊藤谈判结束以后，李鸿章曾给总理衙门上了一份报告，提出了自己对伊藤的看法，以及防范日本的必要等等。他说："该使久历欧美各洲，极力摹仿，实有治国之才，专注意于通商、睦邻、富民、强兵诸政，不欲轻言战事，并吞小邦。大约十年内外，日本富强必有可观，此中土之远患，而非目前之近忧，尚祈当轴诸公及早留意是幸。"（《李文忠公全书》译署函稿，卷 17，第 8—9 页。）应该说，李鸿章的看法极具眼力，他在十年前就已认识到伊藤其人的野心与能力，并且预见到日本可能对中国构成的威胁。此后中日关系之演变，被李鸿章不幸而言中了。

3 月 20 日下午，中日双方举行第一次谈判。

双方代表见面后，互换了全权证书。

李鸿章说："依照国际惯例，于开议和约之始，拟请两国水陆各军即行一律停战。"

伊藤答道："此事明日作复。"

为了创造必要的和谈气氛，李鸿章从中日两国的长远利益出发，就中日关系发表了长篇议论。他说：

"贵我两国乃东洋之两大国，同文同种，利害攸关。贵国近年进步极速，跻身泰西各邦之列，实令人钦羡不止。然如贵大臣所深知，我国虽待革除之弊甚多，然实行之中不如意事常十居八九。我国与贵国提携，共图进步，借以泰西争衡，防止白色种人之东侵，此乃两国之共同愿望。今虽一时交战，终不可不恢复和平，且冀更进而为亲睦之友邦。切望贵我两国将为东亚之两大强国，以与欧美持久对抗。庶几变今日之不幸而为两国深交厚谊之基础也……。"（《马关议和中日谈话录》）

李鸿章的这番议论，是想从世界大势、中日友好的长远利益出发，为此次谈判奠定基调，讽示日本政府迅速达成和约。同时，以李鸿章的身份赴日谈判，只有从大势着眼，才能暂时摆脱失败求和的难堪处境，为中国方面争取发言权。

伊藤和陆奥对于李鸿章的用心是明白的。陆奥宗光在日记里评论说："他所以不断表示羡慕我国的改革进步，……又论东西两洋的形势，以戒兄弟阋墙而招外侮，主张中日同盟，不外讽示迅速完成媾和的必要。"又说："他所议论的虽然只是今日东方政界人士的老生常谈，但是他如此高谈阔论，其目的是想借此引起我国的同情，间用冷嘲热讽以掩盖战败者的屈辱地位。尽管他是狡猾的，却也令人可爱，可以说到底不愧为中国当代的一个人物。"（《蹇蹇录》）

不过，李鸿章的议论并没有博得伊藤与陆奥的一分同情，也丝毫没有打动贪得无厌的侵略者。

3月21日下午，双方举行第二次谈判。

日本方面拿出了准备好的停战条款，答复文已经译成英文、汉文，伊藤博文亲自以英文朗读：

　　　　停战条件如下：

　　　　日本军队应占守大沽、天津、山海关，并所有该处之城池堡垒，驻
　　上开各处之清国军队，须将一切军器、军需交与日本国军队暂管；

　　　　天津、山海关间之铁路当由日本国军务官管理；

停战限期内日本国军队之军需军费应由清国负担。(《日本外交文书》卷 28，第 1089 号。)

日本的停战条款是一种骇人听闻的勒索！当时日军尚在旅大、海城一线，离山海关、天津甚远，即使清军再不能战，日军到达这两处也得耗费大量兵力与财力。而且，天津乃北京门户，将天津让日军驻守，等于用北京作了谈判的抵押，中国方面岂能接受如此荒唐的停战条件！

一贯主和并对日本的蛮横有所准备的李鸿章，看了这个停战条款后也不由得大惊失色，连呼："过苛，过苛。"

李鸿章责问："日军并未至大沽、天津、山海关等处，为何所拟停战条款内意欲占据？"

伊藤答道："凡停战，两国应均沾利益。停战于中方有益，日军应据此三处为质。"

李鸿章又问："三处皆险要之地，停战期满，议和不成，日军已据此，岂非反客为主？"

伊藤说："停战期满，和议已成，当即退出。"

李鸿章提出："停战条款，陵逼太甚。除所开各款外，尚有别的办法吗？"

伊藤答："别的办法，没有考虑。"

至此，李鸿章意识到停战条款已无谈判的余地，无奈，只得低声下气，向日方代表请求放宽条件。

李鸿章说："甫议停战，贵国先要踞有三处险要之地。我为直隶总督，三处皆系直隶所辖，如此于我颜面有关。试问伊藤大人，设身处地，将何以为情？中日系切近邻邦，岂能长此相争，久后必须和好。但欲和好，须为中国预留体面地步，否则，我国上下伤心，即和亦难持久。如天津、山海关系北京门户，请贵国之兵不必往攻此处，否则，京师震动，我国难堪，本大臣亦难以为情。"

伊藤冷然答道："两国相争，各为其主，国事与交情，两不相涉。"又说："我方坚信：此外决无宽大之道。如阁下认为苛刻，乃贵我之意见不同，只有深表遗憾。阁下如不能接受此条件，只有一面继续交战，一面进行和谈，此外别无他策。"（《中日外交文书》卷28，第1089号。）

李鸿章请求停战条件容中方考虑一周后答复，伊藤厉言拒绝，限三日内答复。

事实上，有关停战条款的设置，正是日本方面的一个阴谋。陆奥在日记中说："此时，他们提出休战要求，实亦无可奈何，如加拒绝，又恐违反各国普通之惯例，因而决定提出严厉的条件，使其无法接受，自动撤回休战的要求。"（《蹇蹇录》第132页。）

就在中日谈判停战问题期间，3月23日，日军向中国澎湖列岛发起进攻，清朝守岛军队或死或降，仅两三天时间，澎湖岛失陷。日军进一步做进攻台湾的准备。

李鸿章在第二次谈判结束后，给清廷去电报告日本停战条款，其中也说日本"要挟过甚，碍难允行"。军机大臣们立即分头去各国使馆商量，希望各列强能够对日有所制约。各国公使均认为，清政府应先向日本方面索取议和条款，停战问题可暂时搁置起来。清政府无奈，只得电令李鸿章暂时不提停战要求，先向日本索要和议草案。

3月24日，双方举行第三次谈判。

李鸿章首先表示，由于日本停战条款过于苛刻，中方只好不谈休战，先谈议和，请日方出示议和的条款。

伊藤此时却蛮横地要求："中国使臣必须先撤回休战问题，并保证在今后的谈判中不再提出休战要求，我国才能提出媾和条件。"

李鸿章苦笑着说："你的意思，我已完全明白了。如果我再提停火，你不是仍然可以拿出那些苛刻的条件来抵挡吗？"

伊藤这才答应明天拿出议和条款。李鸿章提醒伊藤说："如所示和款或有牵涉他国权利者，必多不便，请贵大臣斟酌。"此时的李鸿章自知没有任何办法制约日本方面的"狮子大开口"，只希望利用西方列强的影响来压一压日本。接着，伊藤与李鸿章有一段对话：

李鸿章说："以前美国总统格兰德游历经过天津，与我有过友好的交往。他曾对我说：'我国南北战争，伤亡很多，后来当了总统，就不愿轻易引起争端。李中堂在中国剿灭了太平天国，战功卓著，但我劝你亦不可轻言战事。'此后，我一直将他的话记在心里。这次中日战争，实在不是我的本意。"

伊藤说："兵，凶事也，伤人实多，有时两国时势交逼，不得已而用之。"

李鸿章说："敝人已老朽年迈，实不欲看到流血。少壮政治家往往坚持主战论，余则断然不取，只愿国家平安无事。"

伊藤乘机攻击中国说："此次战争，如贵国政府诚心避免，绝非不可能。奈贵国未尽应尽之道。"

李鸿章没有对伊藤的荒谬说法加以驳斥，反而推心置腹地与他谈起了对清廷内部主战派的不满，说："北京政府中之政治家，唯以主战为能事，对国外形势极为生疏，徒露圭角，不顾破绽，诚堪忧虑。"

伊藤看着神情沮丧的李鸿章，十分得意，遂向李鸿章透露了日本军队已经攻占澎湖，并且要进一步进攻台湾的消息。

李鸿章听到日军准备进攻台湾的消息，脸上显出惊愕之色，马上意识到，日本在议和条款中必定对台湾有所觊觎。于是，李鸿章马上浮起了以国际干涉来打消日本侵占台湾的念头。他说："贵大臣提及台湾，想来是有前去占据之心，日本不愿停战的原因，是否就是为此？不过贵国若占领台湾，英国将不能置之不理。我前面所说的恐损他国利益者，正是指此耳。"

伊藤说："英国原以局外中立，无任何理由对此说话。"

李鸿章说："英国固然为局外中立，但是台湾与他自身的利害攸关。"

伊藤笑着讽刺李道："利害攸关者并非英国，而是贵国。"

李鸿章说："不然，因为台湾接近香港，听说英国有不愿他人盘踞之意。"

伊藤说："贵国如将台湾送与别国，别国必将笑纳也。"

李鸿章答道："台湾已立为中国的一个行省，不能送给他国。"双方在言谈之中，伊藤博文态度骄横，野心昭彰；李鸿章转弯摸角，委屈求全。

下午 4 点多结束会谈，双方约定明日进入正式议和谈判。散会后，李鸿章从会场春帆楼乘轿返回寓所接引寺。路上，突然有日本浪人小山丰太郎从人群中窜到李鸿章轿前，用手枪狙击，子弹打中李的左眼下颧骨，"血流不止，子未出，登时晕绝"。经医生检查，还好不是致命之伤，只是子弹嵌入颊骨，不易取出；遂决定留弹合口。

李鸿章被刺事件，举世哗然。一个外国使节被所在国人暗杀，实在是一件极端野蛮、丑恶的事。英国公使说："此次事件，情形甚为可叹，给欧洲恶感甚大"。"俄国朝野上千，大有怀疑日本开化与否之势"。（《日本外交文书》卷 28，第 1046 号。）

陆奥也承认："我观察内外人心所向，认为如不乘此时机采取善后措施，即有发生不测之危机，亦难预料。内外形势，已至不许继续交战的时机。若李鸿章以负伤为借口，中途归国，对日本国民的行为痛加非难，巧诱欧美各国，要求它们再度居中周旋，至少不难博得欧洲二三强国的同情。而在此时，如一度引出欧洲列强的干涉，我国对中国的要求亦将陷于不得不大为让步的地步。"（《蹇蹇录》第 137—138 页。）

基于这种认识，日本天皇特派军医及护理人员前往诊治，伊藤和陆奥也到李鸿章寓所表示慰问，并自动宣布除台湾、澎湖地区外，中日战事从此停止。

陆奥在回忆录中提道：当李鸿章听到日本答应无条件停战的通知时，"绷带外面仅露一只眼睛"的李鸿章，"露出了欣喜的目光"。

四、关于和约条款的谈判

李鸿章希望以自己负伤之事，引起日本同情，多少能够减轻一些议和条款的压力，因此，面伤未及痊愈，即向日方提出继续谈判的要求。他声明自己不能躬亲往晤，但拟令其子李经芳代他向日方取回议和条款。

4 月 1 日，日本将和约草稿送达李鸿章处，同时规定，中方须在三四天内给予答复。

　　日本的和约草案共十款，其中主要的有：清政府承认朝鲜"独立自主"；割让奉天南部各地、台湾、澎湖列岛给日本；赔偿日本军费银3亿两；缔结新的通商行船条约；开放北京、沙市、湘潭、重庆、梧州、苏州、杭州7处为通商口岸；日本臣民得在中国设厂从事各种制造，并得输入机器等等。

　　李鸿章于病榻上读完全部议和条款。如此严重的勒索，使他顿觉沮丧万分，几乎对达成协议感到绝望。尽管李鸿章从日本人的停战条件中，已经预料到日方欲望甚奢的苗头，但还是没有料到议和条款竟是如此苛刻。最后，在科士达的"规劝"和"鼓励"下，李鸿章不得不打起精神，勉为其难，着手下一步的工作。

　　一方面，他给清廷去电报告日本和约内容，指出："日本所索兵费过奢，无论中国万不能从，纵使一时勉行应允，必至公私交困，所有拟办善后事宜，势必无力筹办。且奉天为满洲腹地，中国亦万不能让。日本如不将拟索兵费大加删减，并将拟索奉天南边各地一律删去，和局必不能成，两国唯有苦战到底。"最后，他又建议清廷秘密将日本和议条款中有关割地、赔款等节目告诉英、法、俄三国公使，恳请三国出面干涉。同时，他又嘱咐，不要将日本关于重订通商新约、开放新的通商口岸等内容告诉外国。因为这些"皆各国多年愿望不可得者"，"恐见其有利可沾，彼将协而谋我"。（《李鸿章全集》电稿（三），第478页。）其实，有关通商、开放口岸等条款，正是日本人讨好列强，换取列强同意其霸占中国大块领土、勒索中国大宗赔款的交换条件。

　　另一方面，他又草拟了一篇长长的驳改说帖答复日本。在这份说帖中，除了同意朝鲜"独立自主"外，对割地、赔款、通商三事进行了驳议：

　　关于割地：日本与中国开战时宣称，所争为朝鲜"自主"，非贪中国之土地，今乃依恃武力，割夺大片疆土，中国民众将"饮恨含冤，日思报复"，"两国子子孙孙永成仇敌，传之无穷"，"中日系紧邻之国，何必结此仇血衅"？况且奉天为清朝发祥之地，其南边各处，如被日本得去，以为训练水陆各军驻足之地，随时可以直捣京师，"是欲为我永远仇敌"。望日本方面，酌量更改，缔成一永远和好彼此援助的和约。

关于赔款：此次战事，并非清政府首先开衅，清朝亦未侵占日本土地，论理似不当责令清政府赔偿兵费。有允偿兵费之说，原为息事安民起见。3亿两巨款，"必非中国现在财力所能偿，故非请日本将拟索军费银大加删减不可"。且自开战以来，日本与清政府用兵所费，不超过1.5亿两，日军在作战中所得清政府兵船、军械、军需，折价为数甚巨，自应在拟赔兵费中扣除。而规定限年赔款，复行计息，更属不公，亦难照办。

关于通商：通商问题"情节极为繁重，非一时所能遍加考核"，"中国既有可以照准之处，亦即有必加更改之处"，容后细商，但其中洋货入境，厘金不能免，日本在华设厂制造，甚属窒碍难行。（《中日战争》第5册，第389—395页。）

这份说帖于4月5日规定答复的期限送至伊藤、陆奥手中，连陆奥阅后也不得不承认其"笔意精到，仔细周详，将其所欲言者尽情地说了出来，不失为一篇好文章"。但伊藤与陆奥立即商定，不与李鸿章斗笔杆子，免得局外人认为日本"胜于力而屈于理"。他们于4月6日照会李鸿章，要其按条商议可否之处，如有商议改动之处，请一一开明条款为望，即要李鸿章只讨论条款所列事实，不谈其他。

4月6日，清政府因李鸿章负伤，唯恐有碍和议，任命李经芳为全权大臣，与日本继续商谈和议。

李鸿章在接到伊藤的照会以后，电告总署：日本"嫌（说帖）未说明所欲允之意，注意仍在让地、赔款两条实在着落。若欲和议速成，赔款恐须过一万万，让地恐不止台澎。但鸿断不敢擅允，唯求集思广益，指示遵行"。4月7日，李鸿章接到朝廷电示，说："南北两地，朝廷视为并重，非至万不得已，极尽驳论而不能得，何忍轻言割弃。"责令李鸿章"先将让地应以一处为断，赔费应以万万为断，与之竭力申说"。（《李鸿章全集》电稿（三），第482—483页，第485页。）显然，朝廷的要求与日方条件相去甚远。

根据朝廷的指示，李鸿章对日方的议和草案进行了逐条批复，于4月8

日由李经芳带交伊藤。关于割地，提出辽阳州、台湾全岛，皆日兵所未到，未便请让；旅顺口、大连湾应归还中国。关于赔款，应查明用兵所费实数；日本所得中国船只军需、军火等项，估价甚巨，应于兵费中扣除；第一次赔款后，余款起息，实欠公允。关于通商口岸，京城重地，开埠诸多未便。关于在华设厂制造，实碍中国商民生计，未能准行。关于留兵担保，盛京奉天为都会之地、陵寝所在，难允日军暂行占守。

李经芳带着这份批复去见伊藤，却因伊藤恶狠狠的威逼和恫吓，未敢将这份东西拿出来给伊藤看。

一见面，伊藤即对李经芳说："休战期限仅余11日，希以明日为限，对我方提案给以明确答复。"

李经芳答道："我父子地位极为困难，尚乞谅察。但赔款及割地两项关系重大，在作正式书面答复以前，希望面议，彼此斟酌。"

伊藤声明："赔款数额虽可略减，但决不能作大量削减；割地则奉天、台湾皆须割让。"

伊藤不等李经芳答话即威胁道："若此次谈判破裂，我一声令下，将有六七十艘运船，搭载增派之大军，陆续开往战地，北京的安危亦有不忍言者。"

伊藤的恫吓使李经芳感到带来的批改条文已经根本无济于事了，遂说了一番不要使谈判破裂的恳求意见，便回行馆向李鸿章报告了。

李鸿章见日方逼迫甚急，根本不容中方驳论申说，遂频频电示清政府，请示办法，而清政府没有再给他答复，事机紧迫，不得已，李鸿章一面将交涉进展电告清政府；一面起草了新的备忘录，答复日方的议和提案。其主要内容是：割地限于奉天省内的安东、宽甸、凤凰、岫岩四县厅，以及澎湖列岛；赔款白银1亿两；担保听允日军占守威海卫。

4月10日下午4点，双方举行第四次谈判。

客套一番以后，伊藤拿出了对中方备忘录的复文。其中赔款改为2亿两，奉天割地稍有退让；通商口岸减为沙市、重庆、苏州、杭州四处。

伊藤也承认，新的修正案较原案"所减有限"，但不容中方再提意见，声称

"但有允、不允两句话而已。"

李鸿章仍然与之讨价还价，说："赔款二万万，为数甚巨，不能担当。"

伊藤答："减到如此，不能再减，再战则款更巨了。"

李鸿章说："此次赔款，必借洋债。"

伊藤说："借债还款，是贵国之责。"

李鸿章说："款巨而又加利，不啻两次赔款。"

伊藤答："分两年之期，期内清还，自可免息。"

在款息问题上几经争论后，转向割地问题。

李鸿章责问："台湾全岛，日兵尚未侵犯，何故强让？"

伊藤说："此系彼此定约商让之事，不论兵力到否。"

李鸿章说："我不肯让，又将如何？"

伊藤说："如所让之地，必须兵力所到之地，我军若深入山东省，将如之何？"

李鸿章说："此日本新创办法。兵力所已到者，西国从未全据；日本如此，岂不贻笑西国。"

伊藤反问："中国吉林、黑龙江一带，何以让给俄国？"

李鸿章答："那不是打仗让的。"

伊藤狡猾地说："台湾也是这样，此理更说得过去。"

……

李鸿章无奈，硬着头皮求道："总之现讲三大端：二万万为数甚巨，必请再减；营口还请退出；台湾不必再提及。"

伊藤说："如此，我们两人意见不合。我将改定约款交阅，所减只能如此，为时太促，不必多辩。照办固好，不能照办，即算驳还。"

李鸿章问："不许我驳议吗？"

伊藤答："驳只管驳，但我主意不能稍改。贵大臣原来希望速定和约，我也是一样。广岛有60余艘运船停泊，计可运载2万吨，今日已有数只船出口，兵粮齐备，所以不运出者，就因为有停战之约耳。"

……

李鸿章再作最后乞求："赔款请再减 5000 万，台湾不能相让。"

伊藤凶狠地说："这么说，我当即派兵前往台湾。"

李鸿章低声下气："我们两国比邻，不必如此决裂，总须和好。"

伊藤说："赔款让地，犹债也；债还清，两国自然和好。"

第四次谈判以后，李鸿章于当天将会谈情形电告清廷，说：日本"乘胜贪横，悍然不顾，实非情理能喻。……鸿力竭计穷，恳速请旨定夺"。朝廷回电，要求李鸿章再与日方谈判，割地允割台湾一半，赔款再请减少。

李鸿章写信给伊藤要求再次会晤。其时，日本方面已经将清政府与李鸿章的来往电报全部截获破译，故而对于中国的谈判立场和态度洞若观火。中国愈是软弱求情，日本愈是强横凌逼。为了逼迫清政府立即就范以免拖延时日别生枝节，伊藤以极强硬的态度拒绝了李鸿章要求再度会谈的建议，回信说："今对来函只作一言答复，即本月十日本大臣所提出之要求条件，为最终条件。无论至何时候，亦不允再加讨论，除此申述外，其他无回答之必要。"

与此同时，日本调动军舰 20 艘，故意绕马关出口，开赴大连，表示谈判一旦破裂，即行动武。

李鸿章遂完全屈服于日本的威胁、恫吓之下。他于 4 月 12 日急电清廷，说："若议不合，必至决裂。察看近日日人举动，已遣运兵船 20 余艘，由马关出口赴大连湾，并令法、美观战探事人随队往前敌，其意可知，恐非即与订约不可，不得不先奏明。"（《李鸿章全集》电报（三），第 494 页。）这一天，李鸿章连发三份电报请求批准条约。

4 月 14 日，光绪皇帝发来谕旨："李鸿章十九日（农历）三电均悉。十八日所谕各节，原冀争得一分有一分之益，如竟无可商改，即遵前旨与之定约。"（《李鸿章全集》电稿（三），第 498 页。）

李鸿章得到这份电报以后，如释重负。

五、签订《马关条约》

1895 年 4 月 15 日，中日双方举行第五次谈判。

由于中方来往密电已被日本破译，故而伊藤已经知道和约条款得到了清政府的批准，故而喜形于色。只有李鸿章尚还蒙在鼓中，以为日本人不知道，希望在最后一次的谈判中再作一次努力。

李鸿章说："现已奉旨，令本大臣酌量办理，此事难办已极，还请贵大臣替我酌量，我实在无法酌量。昨日我派经芳至贵大臣处面谈各节，一一回告，贵大臣毫不放松，不肯稍让。"

伊藤说："已让到尽头，万不能改。"

李鸿章乞求道："请贵大臣替我细想，何处可以酌让？即如赔款让地两端，总请少让，即可定议。"

伊藤坚决地说："万难稍让。"

李鸿章可怜地说："如此凶狠的条款签押，我必受人唾骂，奈何？"

伊藤说："说便宜话的人到处都有，我之境地亦然。"

李鸿章哀求："5000 万不能让，2000 万可乎？"

伊藤拒绝："屡次说明，万万不能再让。"

李鸿章又问："赔款既不肯减，地可稍减乎？"

伊藤不耐烦地说："已尽力让到尽头，盖议和非若市井买卖，彼此争价，不成事体。"

李鸿章说："贵国所得之地甚多，财源甚广，请从宽处着想。"

伊藤答："所有财源皆未来事，不能划入现在赔款。这些条款万万不能再让。"

李鸿章无可奈何，只能在计算赔款利息、割让台湾时间以及交换条约的地点、期限等枝节问题上，继续哀求日方稍稍宽容。但伊藤心中有底，不怕李鸿章不屈服，故而对李鸿章所求各项，毫不放松，步步威逼。

最后敲定，赔款必须计算利息；台湾必须在两个月内交割；条约必须在

20 天内互换，互换地点定于烟台。

所有事宜定下之后，李鸿章颓丧地对伊藤说："又要赔款，又要割地，双管齐下，出手太狠，使我太过不去。"

伊藤答道："此战后之约，非如平常交涉。"

李鸿章说："媾和即当彼此相让，尔办事太狠，才干太大。"

伊藤说："此非关办事之才，战争的结果，不得不这样。如与中堂比才，万不能及。"

最后，伊藤再次提醒台湾交割时间，李鸿章说："贵国何必急？台湾已是口中之物。"

伊藤露出一副馋涎欲滴的嘴脸，说："尚未下咽，饥甚！"

侵略者的凶残贪婪于此已经暴露得淋漓尽致！

李鸿章回到寓所以后，心情沉重，异常暴躁。科士达以威胁的口吻规劝道："若谈判破裂，战争重新开始，清政府的统治和中国的独立，就将处于极其危险的境地了。"这确实击中了李鸿章的要害，他最终丧了气。

1895 年 4 月 17 日，清朝代表李鸿章、李经芳，日本代表伊藤博文、陆奥宗光，在日本马关的春帆楼举行了《马关条约》的签字仪式。没有演说，没有争论，双方默默地签了字。

签字结束以后，李鸿章立即回寓所打点行装，当天下午离开马关回国。

李鸿章于 4 月 20 日返回天津，立即向清廷奏报和约内容，同时悲痛陈词："敌焰方张，得我巨款及沿海富庶之区，如虎傅翼，后患将不可知。臣昏耄，实无能为。深盼皇上振励于上，内外臣工齐心协力，及早变法求才，自强克敌，天下幸甚。"（《光绪朝中日交涉史料》卷 38。）

李鸿章害怕受到群臣抨击，不敢进京，称病留在天津，而派科士达携条约进京，请求皇上批准。

其时，签订《马关条约》的消息传出，朝野愤慨，人心激动，不少人要求毁约再战。光绪皇帝一时拿不定主意。此时，恰好发生俄、法、德三国干涉还辽事件，清政府致电三国，询问应否展缓换约日期，三国劝告清政府按期批准和约。一些手握兵权的封疆大吏，如刘坤一、王文韶等不敢承担责任再言主战。美国人科士达这时却大展外交才能，威胁清朝枢臣赶紧签约。他说："条约已不是李鸿章的条约而是皇帝的条约了，因为在签字前每一个字都电达北京，皇帝根据军机处的意见，才授权签字。假若他拒绝批准的话，那在文明世界之前，他将失掉体面，对于皇帝的不体面，军机大臣是应负责的。"（《中日战争》第 7 册，第 480—481 页。）

犹豫半个月之后，光绪皇帝还是决定签约，吞下这难咽的苦果。军机大臣翁同龢说：光绪"绕殿急步约时许，乃顿足流涕，奋笔书之"，"战栗哽咽，承旨而退。书斋入侍，君臣相顾挥涕，此何景象耶。"（《翁文恭公日记》第 34 册，第 32 页。）5 月 2 日，中国皇帝含着眼泪签下了《马关条约》。8 日，清廷派伍廷芳、联元为钦差换约大臣，在烟台与日本来使互换了批准的条约。至此，《马关条约》正式生效。

5 月 17 日，光绪皇帝明发朱谕，向全国臣民宣示不得已换约的苦衷。他说："自去岁仓卒开衅，征兵调饷，不遗余力，而将少宿选，兵非素练，纷纭招集，不殊乌合，以致水陆交绥，战无一胜。近日关内外情事更迫，北则径逼辽瀋，南则直进畿疆，皆眼前意中事。陪都为陵寝重地，京师则宗社攸关。况二十年来，慈闱颐养，备极尊崇，设一朝徒御有惊，则藐躬何堪自问，加以天心示警，海啸成灾，沿海防营多被冲没，战守更难措手。是用宵旰彷徨，临朝痛哭，将一和一战，两害熟权，而后幡然定计。其万分为难情事，乃言者章奏所未及详，而天下臣民应共谅者也。兹批准定约，特将前后办理缘由，明白宣示。嗣后我君臣上下，唯当艰苦一心，痛除积弊。于练兵筹饷两大端，尽力研究，详筹兴革。……务期事事敷实，以收自强之效。"（《德宗实录》卷 366。）

《马关条约》共十一款，主要内容有：割让台湾全岛及所有附属各岛屿和澎湖列岛；赔款 2 亿两，后三国干涉归还辽东牛岛，增加赔款 3000 万两，合共 2.3 亿两；承认朝鲜"完全无缺之独立自主"；允许日本资本家在中国通商口岸投资设厂；开放沙市、重庆、苏州、杭州为通商口岸，日本轮船可以驶入上述各埠，搭客载货。

当俄、法、德三国干涉，要求日本退出辽东半岛时，日本外相陆奥宗光建议执行"向三国完全让步，而对中国一步不让"的政策。在交还辽东半岛的同时，要求中国给日本 3000 万两白银作为"报酬"，三国达到目的后，也帮助日本劝说中国批准《马关条约》。

日本强迫清政府签订了《马关条约》以后，从中国大大捞了一把，全国上下沉浸在"暴发"的喜悦之中。日本前外相井上馨惊喜地说："在这笔赔款以前，日本财政部门根本料想不到会有好几亿的日元，全部收入只有 8000 万日元。所以，一想到现在有 3.5 亿日元滚滚而来，无论政府或个人都顿觉无比地富裕。"从 1895 年到 1903 年，日本各种公司总数及其资本总额都增加了三倍以上，大大推进了日本资本主义的急剧发展，从而又刺激日本更快地走向新的侵略战争的疯狂中去。

2.3 亿两的巨额赔款，对中国来说是不堪的重负。清政府为了偿付对日赔款，不得不拆了东墙补西墙，向西方列强大借外债。战后三年多的时间里，清政府先后对外借款 3 亿两，连本带利共 6 亿两。这些借款一般都附有政治条件，各国从中国攫取了大量利权，从经济上、政治上进一步控制了中国。中国更深地陷入半殖民地半封建的深渊。

日本割走了中国富庶的宝岛台湾，各国列强无不垂涎。三国干涉还辽，并非真心帮助中国，而是不让日本一次从中国得到太多好处。不久，这几个干涉的国家就向中国相继伸手，分享日本人在中国土地上大捞一把的快感。

1896 年，俄国与中国签订《中俄密约》，在中俄"共同防日"的名义下，通过修筑中东铁路，把自己的势力伸入到中国东北地区。随后，俄国又将旅大租借下来，整个辽东半岛落入俄国手中。1897 年，德国强迫清政府与之签订了《胶澳租界条约》，将中国的胶州湾霸占了下来。1898 年，法国也逼清政府签订了《广州湾租借条约》，强租广州湾及其附近地区，另将滇、桂、粤置于法国的势力范围以内。

英国也不"吃亏"，于 1898 年 6 月强迫清政府签订了《展拓香港界址专条》，把深圳河以南、九龙半岛界限街以北及附近岛屿的中国领土，租借给英国，为期 99 年。

99 年后的今天，正是我们收回香港的日子。回想当年处于被瓜分狂潮中的中国，怎不令人痛心疾首，发愤图强呢！

如果说到甲午战争对于中国人来说有什么特殊意义的话，那么，就是它对中国社会的震撼力远远超过了以往的历次战争。过去，我们总是说武器不如人，所以失败；而中日战争，我们的武器并不比日本差多少，可是却战无不败，失地丧师。中国人开始从人的方面寻找失败的原因。可以说，中国人的近代民族意识和国民意识，就是在甲午战争以后苏醒和迸发出来的。

第七章　宁赠友邦，不予家奴

——奕劻、李鸿章与八国联军的谈判（1900—1901）

一、八国联军占领北京

甲午战后，各帝国主义相继疯狂侵略与瓜分中国，一个个"租借地"在中国沿海兴起，成为帝国主义的"国中之国"，欺压中国人民的"乐园"。他们在中国设厂、开矿、筑路，大肆掠夺和勒索中国人民。《马关条约》中所规定的巨额赔款迫使清政府3次大举借贷外债，将中国的关税、盐税乃至内地的常关税全都押了出去。与此同时，为了解决自身的经济危机，清政府又添加各种捐税，把沉重的经济负担强加到老百姓身上。

义和团运动就是在帝国主义疯狂侵略和清朝政府腐败已极的情况下爆发起来的人民反侵略斗争。义和团运动首先发起于山东，迅速发展至直隶、津、京、山西、东北等地。朴素的农民起义者打起了"扶清灭洋"的旗号，表达了扶助清朝，保卫中华，反对帝国主义瓜分中国的强烈爱国情绪。

当时，义和团民众对于帝国主义的认识仅停留在感性认识阶段，他们的反帝斗争表现为一种笼统的排外主义倾向，即烧教堂、扒铁路、拆电线。《戊戌以后三十年中国政治史》一书的作者李剑农曾分析说："他们很笼统的思维，以为使得我们穷困，都是由于中国的不太平；不太平都是由于洋人的欺负，修铁路，开矿山，把我们的龙脉挖断了，地藏的宝气泄露了；设教堂，把我们的神祇祖先侮蔑了；所以使得我们一天穷困一天。我们要想免除这种穷困，非把一切洋人驱逐出去不可。"

1900 年初，义和团势力迅速发展起来。当时人记载："京畿东南各属，一倡百和，从者如归，城市乡镇，遍设神坛"，"入其教者当不下万千之众，消息灵通，一呼立应，志不在小可知"。清政府对义和团运动采取了"宜抚不宜剿"的政策，客观上默许了义和团势力的发展，并准备在必要时对这股强劲的人民力量加以利用。部分地方官吏也对义和团采取了招抚鼓励的政策，直隶总督裕禄曾礼迎义和团首领张德成、曹福田进入天津；山西巡抚毓贤不仅让义和团众进驻省城，而且在抚衙内接待义和团师兄。

1900 年 4 月 6 日，驻京的美、英、法、德四国公使奉本国政府密令，联合照会清政府，措辞极为强硬，限定两个月以内"将义和团匪一律剿除，否则将派水陆各军驰人山东、直隶两省代为剿平"。6 月，英、俄、美、法、德、意、日、奥八国驻大沽口的司令官根据其政府的指令，迅速组成了一支 2100 人的联军，在英国海军司令西摩尔的率领下，由天津乘火车向北进犯。

这支八国联军在廊坊地区受到义和团的猛烈袭击，侵略者死伤 280 余人，余部仓皇逃往天津。事后，西摩尔心有余悸地说："义和团所用设为西式枪炮，则所率联军，必全军覆灭。"就在联军廊坊受挫的同时，以沙俄军队为主的 2000 多侵略军，配备 24 艘军舰，开始了大规模的军事行动。侵略者于 6 月 16 日晚向中国大沽炮台守将罗荣光发出最后通牒，蛮横宣称，中国军队守卫大沽炮台，"于我西人代平匪乱一事，实有不便"，限令中国守军于 17 日凌晨两点交出炮台。（《拳祸记》上编，第 79 页。）中国守军拒绝了侵略者的无理要求。第二天凌晨，八国联军悍然向我大沽守军发起进攻，中国守军顽强抵抗，但终因孤立无援，寡不敌众，大沽炮台失陷。麇集于大沽炮台外的大批侵略者，纷纷从大沽登陆，向天津、北京进犯。空前野蛮的八国联军侵略战争就这样爆发了。

在义和团运动爆发，中外矛盾激化的情况下，清朝的反动统治者采取了极其阴险的两面策略。慈禧太后于 1900 年 6 月 26 日、29 日的两则上谕，明确表示了朝廷的态度：一曰："此次义和团民之起，数月之间，京城蔓延已遍，其众不下十数万。自居民以至王公府弟，处处皆是，同声与洋教为仇，势不两立，剿之则即刻祸起肘腋，生灵涂炭，只合徐图挽救。"一曰："朝廷非不欲将此种乱民下令痛剿，而肘腋之间，操之太蹙，深恐各使馆保护不及，激成大祸，亦恐直、东两省同时举事。"（《义和团档案史料》上册，第 187、189 页。）

就在清政府对于义和团剿、抚未定之时，慈禧太后得到一份密报，说洋人进京将要勒令太后归政皇上。对于这种涉及权力的要求，使得慈禧悲愤异常，决心利用义和团运动，向洋人宣战，以泄洋人逼迫之愤恨。6 月 17 日，慈禧召集群臣，哭闹着叫嚷："我为江山社稷，不得已而宣战。顾事未可知，有如战之后，江山社稷仍不保，诸公今日皆在此，当知我苦心，勿归咎于一人，谓皇太后送祖宗三百年天下。"接着，清廷于 1900 年 6 月 21 日发布了宣战上谕，说：

"诇三十年来（外国）恃我国仁厚，一意拊循，乃益肆鸱张，欺凌我国家，侵犯我土地，蹂躏我民人，勒索我财物，朝廷稍加迁就，彼等负其凶横，日甚一日，无所不至，小则欺压平民，大则侮慢神圣，我国赤子，仇怨郁结，人人欲得而甘心，此义勇焚烧教堂，屠杀教民所由来也。

"朕今涕泣以告先庙，慷慨以誓师徒，与其苟且图存，贻羞万古，孰若大张挞伐，一决雌雄。

"其有同仇敌忾，陷阵冲锋，抑或仗义捐赀，助益饷项，朝廷不惜破格懋赏，奖励忠勋，苟其自外生成，临阵退缩，甘心从逆，竟做汉奸，即刻严诛，决无宽贷。"（《义和团档案史料》上册，第 163 页。）

这篇上谕文辞，听起来颇有些慷慨激昂之气，但骨子里发泄的却是慈禧痛恨洋人要其"归政"之私怨。

宣战后，慈禧太后肉麻地称义和团为"义民"，下令发放粳米 1 万石、银 10 万两给北京的义和团，打着对外作战的旗号，加紧欺骗和控制义和团。她一会儿支持义和团攻打外国使馆；一会儿又打出"力护使馆"的牌子，让义和团停止围攻使馆。后来，慈禧曾可耻地自白说：“依我想起来，还算是有主意的。我本来是执定不同洋人破脸的；中间一段时期，因洋人欺负得太狠了，也不免有些动气。但虽是没阻拦他们，始终总没有叫他们十分尽意的胡闹。火气一过，我也就回转头来，处处都留着余地，我若是真正由他们尽意的闹，难道一个使馆有打不下来的道理。”（《庚子西狩丛谈》，载《义和团》第 3 册，第 438 页。）

就在慈禧还没有在她的天平上把义和团和侵略军摆好，既希望义和团赶走洋人，又希望洋人驱出义和团的时候，侵略者已纠集了 4 万人马，自天津沿运河两岸向北京杀来。清朝军队或勉强应战一败涂地，或望风而溃不堪一击。

8 月 14 日黎明，北京城破，慈禧率领光绪皇帝及嫔妃侍女，仅由 200 余士兵护驾，仓皇弃城而逃，一路西行。在逃跑的路上，慈禧一面授权亲王奕劻和李鸿章为议和“全权大臣”，要他们“便宜行事”；一面又恶狠狠地发布命令，要官兵对义和团“痛加铲除”，以期博得帝国主义的欢心与宽待。

至此，以慈禧为代表的清朝统治者对于侵略者只剩下摇尾乞怜的媚态了。

二、五花八门的议和条件

当义和团运动高涨之时，帝国主义者曾口口声声攻击谩骂义和团“野蛮”“残暴”“仇视西方文明”，可是，事实却证明，真正野蛮、残暴的正是这些披着“西方文明”外衣的侵略者。

八国联军所到之处，中国人民遭到巨大蹂躏，“南至正定，北至张家口，东至山海关，均在联军势力圈内，往来巡梭，足迹殆遍。凡拳匪巢穴，无论官衙民居，遇则焚毁，往往全村遭劫”。八国联军的统帅德国人瓦德西在日记中也不得不承认：从塘沽到北京一段，“凡军队行经之地，但见其一片凄凉荒废而已，即北京自身，亦因烧抢之劫而大受破坏”；“沿途房屋未经被毁者极为罕见，大都早已变成瓦砾之场”；“至少当有 50 万人，变成无屋可居”。

（《瓦德西拳乱笔记》，载《义和团》第 3 册，第 29 页。）

八国联军占领北京以后，"特许军队公开抢劫三日，其后更继之以私人抢劫"，洋人从公使、将军到传教士、士兵全都参加了这一无耻暴行。据当时在翰林院任职的叶昌炽记载："城破之日，洋兵杀人无算，……大约禁城之内，百家之中，所余不过十室，今高门大宅，尚有虚无一人，而遗尸未敛，蛆出户外"；"各街巷大小铺户，货物抢劫一空，房屋尽皆拆毁"。

为了挽回残局，奕劻、李鸿章奉旨一北一南，分途前往已被八国联军占领的北京，办理向联军乞和之事。

1900 年 9 月 3 日，奕劻在日本军队的护卫之下进入北京；10 月 5 日，李鸿章在俄国军舰的护送之下抵达北京。他们开始了向各国侵略者卑躬屈膝的议和谈判。

10 月 15 日，奕劻、李鸿章联名正式照会各国，乞求各国停兵息战商议和事。

此时，八国联军于占领北京以后，内部的各种矛盾逐步产生，并最先反映在议和谈判的先决条件上。

德国因其驻华公使克林德被杀而获得了推荐联军统帅的资格。联军统帅瓦德西秉承德国皇帝的旨意：用麾下所属列强兵力，制止中国一切继续反抗，勒令中国承认各种赎罪条件，然后始能着手谈判。于是，瓦德西在联军占领北京后，立即组织部队。向山海关、保定等地的进攻，企图进一步扩大侵华战争。

英、美考虑其在华的整体利益，同时也要限制德国势力的膨胀，坚决反对将战事扩大到华北以外，希望尽快与中国议和。

俄国的注意力放在中国的东三省，企图趁火打劫，借谈判假意帮助清政府，以换取在东三省交涉中的独享特权。因此，俄国军队基本上不听瓦德西的调遣，甚至单独从华北撤军。其余法、意、日等国分别跟在各大国后面帮腔。

就在北京沦陷后的第六天，8 月 21 日，美国率先提出促成谈判的 5 点要求，即保护教士、侨民，镇压义和团和赔款等。

9 月 18 日，德国为了达到拖延议和的目的，提出了惩办慈禧、端王载漪等真正祸首，并将此作为与中国议和的先决条件。德国在给各国的照会中明确宣称：德皇陛下政府认为，应该把交出那些被确定在北京发生的反国际法罪行的首犯和真正的罪犯，作为同中国政府开展外交谈判的先决条件。

对于德国提议的将慈禧作为祸首加以惩办的先决条件，各国反应不一。意、奥表示赞同；俄国表示反对，主张宽大处理西太后；英国开始时赞同德国的要求，但随即意识到，惩办慈禧是现有清政府绝不可能接受的条件，如此，这个先决条件就意味着议和谈判将会无限期地拖延下去，并且将慈禧列入首犯，将冒着废弃清朝整个国家组织的危险，这对于欧洲也是不利的，故而又反对德国的先决条件；美国态度明确地反对德国的先决条件，认为"最有效的惩罚措施就是由帝国当局自己去罢黜和惩办肇事者"。

瓦德西于 10 月中旬到达北京，公然住进了中南海仪鸾殿，他本着"对待中国人切勿让步，切勿表露忙态"的原则，多次拒绝了奕劻、李鸿章的会晤要求，拒不接见清王朝的谈判代表。其时，德国人甚至否定李鸿章的全权代表资格。他们讽刺保护李鸿章入京的俄国人，把自己扮演成"追求中国宠爱的情人"，说沙俄正在推动"迅速的和平""腐烂的和平"。德皇威廉二世说："我们必须创造保障使我们的商人与教士将来能安全地执行他们的职务，但当北京在骚动中，及中国政府—如果它尚存在着的话—接触不到的时候，现在应怎样创造这些保障呢？因此，和平谈判，尤其是与李鸿章谈判，是过早的。"他甚至建议逮捕李鸿章"作为一个宝贵的人质"。（《德国外交文件有关中国交涉史料选译》第 2 卷，第 91、94 页。）

为了更有效地胁迫中国接受各国提出的谈判条件，比、俄、英、日、西等国又提出要求"两宫回銮"作为议和谈判的先决条件。他们提出：各国联军因为抢救使馆来到北京，现在京城人心不稳，要请朝廷回銮，安抚人心，才能开始议和。事实上，他们要求慈禧太后和光绪皇帝回到北京来，是为了便于各国以武力挟持中国"特权者"，迫使清廷彻底投降。

奕劻、李鸿章无奈，只得致电"西巡"的清廷，请求皇帝、太后回京，要慈禧"速定回銮日期，宣示中外"，并表示"敢保必无侵害"。慈禧知道回銮的厉害，不愿受列强的挟制胁迫，遂回电奕、李，责备他们未能"共谅"其"不得已之苦衷"，表示绝无"甘就偏安，轻弃京师之理"，只要"一有成议，自当即日降旨，定期回銮"。

虽然，各帝国主义列强在议和先决条件上意见不一，但是，他们都愿意采取各种方式努力协调他们内部的矛盾，企图达成一个共同对付中国的一致协议。他们都将清政府派出的谈判代表看作仅仅是议和谈判的摆设，真正的谈判实际上就是列强本身的磋磨。正如美国公使康格说的那样："我敢肯定他们（指中国谈判代表）不可能提出任何可行的方案，外国将不得不提出方案，并迫使中国接受。"

10月4日，法国政府向其他列强提出了一项照会，建议以6项条款作为对清政府谈判的基础。其内容是：

1. 严惩由各国提出的祸首；

2. 禁止军火入口；

3. 向各国政府、团体及个人提供公平赔偿；

4. 使馆驻军；

5. 拆除大沽炮台；

6. 联军占领大沽至天津之间的两三处地方，以保持北京至沿海联系的畅通无阻。

10月10日，在京的各国公使团召开会议，讨论法国提出的六项议和条件，最后达成基本一致的意见，决定以这六项建议为基础，由各国再加以补充形成最后条件。

在各国讨论议和条件期间，英、德两国鉴于俄国已出兵中国东三省，如果各国效法，容易形成瓜分中国的局面，从而影响其他国家在中国的商业利益，于10月16日达成了一项保护中国商务土地的协议。其内容有：

1. 中国沿江沿海各口岸以及英德权力所及之地，对于通商活动自由开放，各国一律；

2.英德不利用现时纷扰在中国获得任何领土利益，其政策以维持中国领土不使变更为原则；

3.若他国乘机取得中国土地，两国为保护在华利益应保留初步之谅解；

4.两国政府应将本协定通知其他关系列强，如奥、法、意、日、俄、美等国，并请其接受本协定所采取的原则。（《中华民国史纪要》第397页。）

英德协定反映了帝国主义侵略者在如何掠夺中国问题上的矛盾，矛头直接指向企图独霸中国东三省的沙俄，阻止俄国独自与清政府进行谈判。

留在北京城内充任清廷谈判代表的奕劻、李鸿章，因德国统帅瓦德西故意避而不见，迟迟不能开始议和，遂转而致电清廷，要求重惩义和团祸首，以争取各国同意开始议和谈判。因为，尽管各国在议和先决条件上有着种种矛盾，但对于惩办中国祸首一项上却是他们一致的意见。

慈禧太后无奈，为了尽早取得各国的谅解，于11月13日下令惩处祸首：削去端王载漪的王爵；革除庄王载勋、怡王溥静、贝勒载滢王位封号，交宗人府圈禁；已革贝勒载濂着闭门思过；辅国公载澜停俸降一级调用；左都御使英年降二级调用；前吏部尚书刚毅已病故免议；刑部尚书赵舒翘革职留任；已革山西巡抚毓贤发往极边充当苦差，永不释回。最后，慈禧要求奕劻、李鸿章迅速切实向各使商量开始议和。（《清德宗实录》卷473，第9—11页。）

对于清政府惩处祸首的决定，各国均表示不满。事实上，在此之前的11月3日，联军占领保定以后，已经杀害了清朝直隶布政使廷雍、保定城守尉奎恒、营官王占魁等三人，并发布告示，宣布三人"罪状"，还将清朝按察使沈家本革职，向支持过义和团的绅董摊派罚款。八国联军的头目们已经将自己俨然当作了中国人的"太上皇"。

11月15日，经过多方努力，奕劻、李鸿章终于见到了八国联军的统帅瓦德西。李鸿章首先向他提出了联军停止向北京外围进攻的问题。

李鸿章说："听说联军将开往张家口，确否？"

瓦德西回答："不过到长城为止，听说那里有华兵。"

李鸿章说："那里的华兵无非是为了弹压地方派去的。"

瓦德西说："如果贵大臣能保证华军不与联军接近，那我们就可以不再派兵前往各处。"

李鸿章说："联军所占各处，我们并不知道。"

瓦德西说："我将给你一份地图。"

李鸿章说："谢谢。但联军是否将去张家口呢？"

瓦德西傲慢地回答："如果我们遇到华军的抵抗，那么我们必定要打过张家口。"

瓦德西将八国联军在北京周围的分布图交予李鸿章看。李鸿章表示联军的分布过广，希望缩减。

瓦德西对此未置可否，却告诉李鸿章："联军目前正在修筑杨村至北京的铁路，不久就可以开用。北京居民没有回城的还有多少？"

李鸿章说："回来的大约有一半。铺户因为没有本钱，没有开张的很多。"

瓦德西故做悲天悯人状说："如果北京一带从此能够安静就好了。"

李鸿章抓住机会提出："我们深望和议能够立即开始。"

瓦德西阴险地嘲讽说："可以很快开始议和。但是，一旦开始议和，中国必须立即与各国达成协议，否则中国吃亏更大。早日归结，则吃亏较少。能否立即开议，还要中国政府拿出诚意来。"（参见《西巡大事记》卷3，第20—24页。）

瓦德西的意思，李鸿章心里是明白的，联军对于清政府惩办祸首的上谕仍不满意，必须让慈禧太后加重对那些曾经支持过义和团的臣属的惩罚，方能让侵略者满意。11月18日，瓦德西的联军又已开赴张家口。李鸿章只得联名奕劻致电军机大臣荣禄说："英、俄、美、德、法、西、意、奥、比、日十国使臣照会，朝廷不办毓（贤）、董（福祥），和议断难望成。且云董尚随扈，必是公之包庇，伏乞顾念大局，速回天听为要。"（《西巡大事记》卷3，第28—29页。）

当天，奕、李就得到了清廷密电，表示了不能严办董福祥的苦衷，准备先将董革职处分。电文是："董福祥带兵无状，获咎甚重，朝廷不即加重罪者，特以久握兵符，为甘陕两省汉回民兵所倾向，若办理稍涉操切，董福祥不足虑，而两省愚民悍卒罔顾大局，深恐一时哄动，致成巨祸。……否则朕于亲郡王之未在案者，尚不肯稍涉回护，何独袒庇董福祥一人，此情当可共谅也。前已撤去该部勇队五千余人，原期渐撤兵权，抚定人心，徐图办法。现拟明发谕旨，只含而不露，至革职而止。此后如严惩，断自朕衷。总之，此人断无轻纵之理，唯事须相机妥办，不能克期预定耳。着奕劻、李鸿章将此密旨转告各使，以释其疑，是为至要。"（《西巡大事记》卷3，第24—25页。）

可怜清王朝为了博得洋人的首肯，已经到了完全卑躬屈膝、委曲求全的地步了。

对于驻进北京城的洋人们来说，提出种种的议和先决条件拖延和议，一方面是为了协调各国内部的矛盾，以达到一致打击清王朝的目的；另一方面，他们可以用延缓和议来威胁清政府，使它接受帝国主义提出的每一个要求。因此，英国公使窦纳乐在给本国外交部的报告中明确说："在我看来，延缓和议，对英国并无损失，而且达成一般性的协议，短期内不甚可能。"所以，他建议英国政府"毋须严重考虑与中国政府议和的问题"。（《英国对华蓝皮书》1901年第1号，第246，254件。）

三、关于议和大纲的谈判

早在1900年10月15日奕劻、李鸿章入京议和之始，他们就代表清政府向各国提出了一个议和草案，其中包括：1. 承认围攻使馆最违反公法，向受害各国赔罪，保证以后不再发生类似事件；2. 商认赔款；3. 与各国分别修改或新订条约；4. 联军归还总署档案；5. 商议撤兵停战。

奕、李议和大纲的用意十分良苦，其要害在于清政府愿意与各国分别进行谈判，并准备与各国分别签订条约，从而希望通过与各国的谈判，利用各国之间的矛盾，"以夷制夷"，达到停战和减少清政府损失的目的。

对于清政府的议和大纲，除了俄国企图通过与清政府单独谈判独占东三省利益而表示赞成以外，其余侵略国公使一致表示反对分别谈判。他们完全将奕、李议和大纲丢弃一边，自行以法国提出的六项共同的谈判基础为原则，着手制定新的议和大纲。

从10月26日起，各国公使组成公使团在西班牙驻华公使馆，召开美、英、法、德等参加联军作战的八国，加上使馆受到冲击的西班牙、比利时、荷兰三国，共11国公使或专使参加的公使团会议，商讨制定向中国政府提出的议和大纲。

俄国率先提出停止军事行动，结束敌对状态的动议，与奕劻、李鸿章提出的议和大纲遥相呼应，结果遭到英德等国的坚决反对。英国针对俄国在东三省的侵略举动提出：既然要停战，那么东三省也应该停战。俄国生怕各国借此染指东三省，遂识相地收回了要与清政府单独议和的建议。

随后，德国提出要光绪、慈禧回銮的问题。由于11月八国联军杀了直隶布政使廷雍，加深了慈禧对八国联军的恐惧，各国已知再度要求慈禧回銮已不现实。因此，英美等国坚决反对德国提出过激条件阻挠谈判的进行。他们力主以比较温和的态度，赢得清政府的感激，从而在谈判中获取清廷最大限度的让步。最后，德国也不得不放弃自己的提议。

在"惩凶"问题上，各国颇费脑筋。英、德主张用"死刑"一词；俄国主张使用"最严厉的惩罚"一语；美、日、法等国反对使用"死刑"的说法，考虑到"死刑"不可能在皇室宗亲中执行，也缺乏回旋余地，故而反对使用。最后，公使团采用妥协意见，声明在"最严厉的惩罚"中包含了死刑的意思，同时，坚决地催促清政府将各国提出的祸首加以严厉惩处。

经过数十次会议的争议和讨论，公使团终于形成了12条议和大纲。12月24日，这个大纲获得各国政府的批准，各国公使在大纲上签字。

在公使团激烈争论着议和大纲的时候，奕劻和李鸿章完全被冷落在一旁，他们就像是两个待审的"犯人"，等待着列强的判决，根本无法参加讨论。真正的谈判只是在各侵略国的公使间进行。直到10月24日，怀着焦急不安心情的奕劻、李鸿章得到西班牙公使的通知，要他们前往西班牙使馆领取各国已经签字的"议和大纲"。李鸿章因病未能前往，奕劻独自前往西班牙使馆去取回议和大纲。

西班牙公使葛罗干代表 11 国公使向奕劻递交了议和大纲，同时，告诫奕劻：此次会晤仅限于面交议和大纲，"不允许对此问题交换看法"。奕劻不敢言语，临行之际，又听葛罗干严厉地说："议和大纲各条，中国必须立即完全执行，否则各国在北京、直隶不会撤兵。"

这 12 条议和大纲的要点为：

1. 戕害德国公使一事，由中国派亲王专使前往德国谢罪；

2. 严惩祸首，其戕害外人之城镇停止科考五年；

3. 戕害日本书记生一事，须用优荣之典，以向日本谢罪；

4. 于发掘各国民坟之处建立碣碑；

5. 军火及制造军火之材料，不准运入中国；

6. 赔偿各国损失；

7. 各国驻兵护卫使馆；

8. 从北京到海边留出畅行通道，大沽炮台一律削平；

9. 各国驻兵留守通道；

10. 张贴永禁军民人等仇视各国之谕旨；

11. 修改通商行船各约；

12. 改变总署及各国公使觐见礼节。

奕劻、李鸿章得到议和大纲之后，立即于当天电达皇帝、太后西安行在。为了迫使清廷最高统治者接受各国的议和大纲，以免节外生枝，奕、李二人在转送议和大纲的奏折中，恫吓清政府说："臣等查条款末段所称，若非将各款允从足适各国之意，难许有撤退京畿一带驻扎兵队之望，词意决绝，不容辩论。宗社陵寝均在他人掌握，稍一置词，即将决裂，存亡之机，间不容发。唯有吁恳皇太后、皇上上念宗社，下念臣民，迅速乾断，电示遵行。"（《光绪朝东华录》卷 8，第 4571—4572 页。）

慈禧太后在未得到各国议和大纲之前，整日忧心忡忡，惶恐不安，生怕各国将她列为"祸首"加以惩处，又怕各国借机要她归政皇帝，故而成日价愁眉苦脸，暗中猜测。及至读到奕劻、李鸿章送来的议和大纲，并无一字危及她本人的生命和权力，慈禧心中不由地感激万分，顿时眼中生辉，大喜过望，声称"敬念宗庙社稷，关系至重，不得不委曲求全"。12月27日，慈禧迫不及待地致电奕、李二人，宣布："所有十二条大纲，应即照允。唯其中利害轻重，详细节目，著照昨日荣禄等电信各节，设法婉商磋磨，尚冀稍资补救。"（《义和团档案史料》下册，第853—854页。）

负责详阅议和大纲提出谈判参考意见的军机大臣荣禄，对于这份议和大纲却有着比较清醒的认识。他在读后感叹道："将来中国财力兵力，恐为彼族占尽，中国成一不能行动之大癞病鬼而后已。可怜奕、李名为全权，与各国开议，其实彼族均自行商定，交给条款照会而已，无所谓会议也。"（《荣禄存札》第409页。）

为了感激洋人不杀之恩，慈禧以光绪名义于1901年1月29日下诏变法，以图挽回人心，重新振作精神。诏书强调康有为等人的新法是乱法，不是真正的变法。现今当整顿政事，取外国之长，补中国之短，择善而从，母子一心。勉励中外臣工公而忘私，实事求是。在诏书中，慈禧对洋人表露痛悔之情，说："今兹议约，不侵我主权，不割我土地，念列邦之见谅，疾愚暴之无知，事后追思，惭愤交集。"（《清德宗实录》卷476，第8—10页。）

2月14日，清廷为讨好侵略各国，再次下诏表示："量中华之物力，结与国之欢心。"

至此，清王朝已完全滚入了帝国主义的怀抱，准备以中国的主权财富来满足侵略者的贪得无厌，其言论举止简直到了厚颜无耻的地步。

四、侵略者的分赃

议和大纲仅仅是各国对清政府议和提出的原则性要求，真正达成和平协议，还有待于进一步谈判以实现大纲所提各款的细节。

各国谈判期间，对华贸易陷于停滞，各国的制造商和出口商生意锐减，清朝政府财政收入也减少，负债增加，中国陷于很深的政治经济危机之中，这是英、美等在中国商业利益较大的国家所不愿看到的情况。因此，不仅清政府希望迅速结束谈判，盼望八国联军早日退出北京城，各国也充分意识到尽快结束谈判的重要性。

然而，议和大纲的细节直接关系到各国的实际利益，各国在分赃问题上的矛盾、冲突也更加尖锐、激烈。因此，美国公使曾对谈判的前景深表担忧地说："各国矛盾重重，各国在一起聚会能否达成协议，也很令人怀疑。"

《辛丑条约》的谈判，是各侵略国之间的大分赃，从 1901 年 1 月奕劻、李鸿章在议和大纲上签字，到最后达成具体协议，谈判长达 9 个月之久。

为了逐条落实议和大纲的内容，各国将各项具体要求分别交付公使团、八国联军各国司令会议，以及专门组成的各种委员会，如赔款委员会、财源调查委员会、禁止输入武器委员会、改革总理衙门及修改中国礼仪委员会等等。由他们进一步拟定各项条款的具体原则与内容。

在这次长时间的谈判中，议题主要集中在"惩凶"与赔款两个问题上。

1901 年 2 月 5 日，中外举行第一次正式会晤。

奕劻、李鸿章如约至西班牙使馆，与各国公使进行谈判。这一次的主要议题即为惩凶问题。

首先由外交使团以口头形式，逐一宣布了对中国参与义和团事件的各王公大臣们的控诉书，要求中国政府对这些人处以死刑。

奕、李表示：端王、辅国公应按照各国通行的惯例，懿亲不加重刑，不可能处以死刑。同意令庄王自尽。毓贤、董福祥等重处，但其余的似应稍微从轻。

公使团坚持：这些人即使从轻也应该是死刑，应该全部处决。

奕、李表示：朝廷断难接受这样的要求，结果将会使两位全权代表陷于两难境地。

经过 3 小时的辩论，各国公使允许将载澜免死，载漪斩监候，其余的仍要处以死刑。第一次谈判就此结束。

第一次谈判结束以后，各国公使认为让奕劻、李鸿章在谈判中讨价还价，太忍让了，决定："将不再对中国让步。"为了迅速达成协议，各国同意对端王等皇亲国戚宣布处以死刑，但可以赦免。这样既满足了各国提出的要求，又使清政府能够接受。

会晤以后，奕、李二人即将各国公使提出的惩凶方案电奏清政府。

慈禧接到惩凶方案以后，起初颇为踌躇，觉得若是重办这些大臣，将令人寒心，将来就不会再有人肯替朝廷出力了，故而犹豫再三，不愿全部处决。光绪皇帝乃当面争道："强庇之祸，且及吾母子，不如早断，吾母子犹可安也！"八国联军统帅瓦德西为配合公使团的谈判，以军事行动向清政府施加压力，扬言要带兵西进，大有捉拿光绪、慈禧之意。

奕劻、李鸿章上奏称："姑息数人，坐令宗社危亡，殊为不值。"

袁世凯也上奏说："时局危迫，但知保宗社，安两宫，诸人即有冤抑，亦不暇顾。"

在内外交迫的形势下，清政府于2月21日重新颁布惩处祸首的诏谕：令载勋白尽、毓贤正法；载漪、载澜定为斩监候，加恩发往极边新疆，永远监禁；英年、赵舒翘赐令自尽；启秀、徐承煜即行正法；刚毅定为斩立决，徐桐、李秉衡定为斩监候，唯均已故，业经革职，撤销恤典。（《光绪朝东华录》第4602—4603页。）

清王朝的柔顺服从，令瓦德西之流十分满意。瓦德西在日记中说："从下令预备攻击之恫吓，至西安方面中国皇室之屈服，其间不到四日。又足以重新证明，凡与华人谈判，若欲得到胜利，必须具有威力，而示以行使该项威力毫无顾忌之决心，方可。余曾设法使人将此预备攻击之令，犹在发出之同日，故意传入总督李鸿章耳中。余并探知，此项命令，曾使李氏陷于十分惊恐之状。李氏立即危词上奏西安，使其注意。同时并应用各种方法，使余对于军队发动，暂缓实行，于此发生了一件从古未闻之奇事，即中国新年向来只作娱乐之举者，今竟为严重之会议所滥用所虚度。"（《瓦德西拳乱笔记》第 155 页。）

4 月 1 日，各国公使团又向清政府提交了一大批惩办地方官的名单，一共开列了地方官员 140 余名，同时，再次威胁清政府说："必须先办，方可续商他款，筹议撤兵。"事实上，名单上所列官员，连洋人自己也承认，其罪行证据大多来自于中国方面的传闻。

清政府没有二话，于 4 月 29 日以"保护不力，致酿事端"为由，相继公布了惩处这些地方官的上谕。各地文武官员有的斩立决，有的革职、戍边等等。

中国被惩处的地方官员，上自王公，下至官绅，共计 130 余名。如此大规模地惩办地方官员，这在历史上也是罕见的。英国公使说出了公使团要求惩凶的目的："惩凶部分是报复性的，部分是作为今后的一种保证，因为它警告其他人，避免类似的错误。"

谈判的第二个问题是赔款，这是各国争夺最激烈的一项。

各国围绕着赔款数额、方法、利息率和担保等问题，长时期争论不休，议而不决，连美国公使也叹道："有多少位公使，差不多就有多少种意见。"

总体说来，俄、德等国主张最大限度地向中国勒索赔款，沙俄企图将赔款用来弥补国库空虚及加速西伯利亚铁路的修筑工程；德国则准备用赔款来扩建海军作为重新分割世界的工具。英、美、日等国则主张向中国索取的赔款应保持在一定限度之内，避免过度损害中国市场的购买力，以保护它们在华的贸易和其他经济利益。无论哪一个集团的主张都以本国在华利益为前提，不同的只是在中国吸血的方法有所区别。

美国本着"充分的赔款远不及逐步推行对华贸易为重要"的原则，提出赔款以 4000 万英镑（折合中国银约 3 亿两）为最高限额。这个方案遭到了德、俄、法等国的反对。英国由长期担任中国总税务司的赫德做参谋，提出赔款总额为 5000 万英镑。德国要求的赔款数目高达 20 亿马克（折合中国银 7 亿两）。

随后由各国分别提出本国要求赔偿的数额，总数最初为中国银 7 亿两，经过争论，最后将这个数字妥协为 6750 万英镑（折合中国银 4.5 亿两）。

赔款的数额确定以后，各侵略国又在赔款的偿付方法和担保问题上展开了激烈争论。俄、法主张各国联合为清政府借债以达到一次取得全部赔款；英、美由于在赔款分摊上所占比例较少，不同意一次赔款的方法，最后妥协为发行债券分年摊还的办法。至于担保问题，有的主张提高关税，英国因其在华贸易额大坚决表示反对。当时，中国关税为值百抽五，但实际由于银价跌、物价涨，关税只有百分之三，各国同意修订关税到实值百分之五。

在赔款问题的争论中，以赫德为首组成的财源调查委员会起到了一定的作用。赫德掌握和控制中国的海关 40 余年，谙悉中国政府的财政情报，同时，赫德及英国政府都很注意防止因赔款而导致列强共管中国海关和中国财政的局面。

赫德在一份详细的财源调查报告中，明确回答了各国所关注的四个关键性问题：1. 中国支付赔款的能力：每年赔款支付应当低于 2000 海关两；2. 支付赔款的方式：按年摊付，比较便宜；3. 最容易取得的税收：海关、田赋、厘金、盐课、盐厘等；4. 怎样监督才适当：指定盐课、盐厘、常关等作为庚子赔款的担保。

赫德的报告成为后来公使团确定庚子赔款数额、方法和担保的主要依据。

1901 年 5 月 7 日，各国公使团将赔款问题照会奕劻、李鸿章，其中包括赔款总数、偿付财源和分年摊还方法等。奕、李照会各国列强乞求开恩减少赔款数额，不成；又乞求降低利息率，又遭拒绝。

5 月 16 日，清政府下谕全部照准各国的赔款要求，说："各国赔款共四百五十兆，四厘息，着即照准，以便迅速撤兵。唯中国财力仅有此数，务须将本利核定总数，宽展年限，力与磋磨。"（《西巡大事记》卷 8，第 9 页。）

6 月 3 日，中外举行第二次正式会晤。

公使团赔款委员会代表德国公使穆默首先宣称："这一次会晤是为了弄清不明白的细节，希望了解中国方面是怎样理解分期付款方案的。"

李鸿章说："我们提议首先将赔款本金在 20 年付清，然后再将利息于

20 年付讫。"

穆默否定了李鸿章的提议，说："这个方案会使各国受到损失，因为它没有将利息的复利计算在内。"这就是说，利息的偿付如被推迟，也要再计算利息。

李鸿章表示："这样我们的建议就不可行了，必须采取其他能使各国满意的方案了。"

穆提出："只要能付出比利息稍多的款项，分期付款就能实行。"

李乞求道："请各国能够理解清政府所面临的财政困难。"

随后，双方又就利息率、金币折算方式、交付方法等问题进行了讨论。最终奕、李实质上完全接受了各国提出的赔款细节内容。

1901 年 9 月 7 日，中外举行第三次正式会晤。

清朝的议和代表奕劻、李鸿章等着官服顶戴前往西班牙使馆，与德、奥、比、西、法、英、美、日、荷、意、俄 11 国公使举行最后的条约签字仪式。

这个最后签字的议定书，就是以后通称的《辛丑条约》。

《辛丑条约》除正约外，还有 19 个附件，其主要内容有：

第一，惩罚。

将各祸首按照各国提出的处理办法，分别执行，所有承认获咎的外省官员也分别惩办。为因反对同各国开衅被杀的 5 大臣昭雪；派醇亲王载沣为专使大臣赴德国，代表大清国大皇帝及国家向德皇表示惋惜；派户部侍郎那桐为专使大臣赴日本，代表大清国大皇帝及国家向日本天皇表示惋惜。为遇害的克林德公使立碑，为各国在各地被挖之坟茔立碑。在各国人遇害的城镇，停止文武各等考试 5 年。

第二，撤除国防。

1. 禁止运进武器材料，已降旨禁止进口二年，以后如各国认为应继续，再禁二年；

2. 将大沽炮台及有碍京师至海通道之炮台，一律削平；

3. 在国内由各国驻兵，以保京师至海通道无断绝之虞，计由黄村经天津至山海关共 12 处。

第三，镇压。

凡与各国为仇的会社不许设立，违者皆斩。各省如有伤害各国人民违约的事，立时惩办，否则该地方官员即行革职，永不叙用。

第四，赔款。

清政府向各国赔款白银 4.5 亿两，以关税、盐税和常关税为担保，分 39 年还清，本利共达 9.8 亿余两，另有各省地方赔款 2000 多万两，实际赔款总数达 10 亿两以上。条约还具体规定了中国银一两与各国货币的比价。

第五，扩充使界区。

中国人不许在使馆区居住，使馆区自行管理，并常驻部队自行防守。

第六，通商。

改善北河、黄浦水路、内河通航等。

第七，改革。

总理衙门改为外务部，班列六部之首，变更各国公使觐见礼节。

李鸿章在签订了《辛丑条约》以后，于 9 月 22 日在给朝廷的《和议会同画押折》中表达了向列强彻底屈服的颓丧心理，他说："臣等伏查近数十年内，每有一次构衅，必多一次吃亏。上年事变之来尤为仓猝，创深痛巨，薄海惊心。今议和已成，大局少定，仍望朝廷坚持定见，外修和好，内图富强，或可渐有转机，譬诸多病之人，善自医调，犹恐或伤元气，若再好勇斗狠，必有性命之忧矣。"（《李文忠公全书》奏稿，卷 80，第 69 页。）

各国侵略者通过《辛丑条约》主要达到了两个目的：其一，向中国人民最大限度地勒索到巨额赔款。沙俄抢得了头份赔款，约 1.337 亿两，占整个赔款总数的 29%。因此，条约签订后，沙俄的外交大臣拉姆斯道夫得意地说："1900 年的对华作战，是历史上少有的最够本的战争。"

其二，各帝国主义列强进一步巩固了在中国的侵略势力。《辛丑条约》中赔款以外的多种形式，企图在中国人民的心目中，造成一个深刻而强烈的印象，使中国人觉得外国列强是凌驾于清政府之上的强大而不可抗拒的力量，从而迫使中国人永远慑服于列强的权势之下，安于被奴役的地位。

中国的清朝政府则在这个条约以后，完全沦为帝国主义的忠实走狗。中国只是个形式是"独立完整"的国家了。

清政府为了偿付每年到期必须偿还的赔款，强迫各省每年分摊 2300 万两赔款。它在给各省的上谕中声色俱厉地说："此次赔款载在条约，必须如期筹偿，万不可稍涉迁延致失大信。着各直省将军督抚务须遵照全权户部会议办法，竭力筹措，源源拨解，按期应付，不准丝毫短欠致生枝节。倘或因循贻误，定惟该将军督抚是问，懔之慎之。"（《清季外交史料》卷 150，第 11 页。）

灾难最终还是落在了中国人民的头上。

第八章　鹬蚌相争，渔翁得利

——袁世凯与南北议和（1911）

一、武昌起义与南北战争

清朝末年，山雨欲来风满楼。

南方，孙中山领导的革命党人立志与清朝统治者为敌，一次又一次地发动武装起义，屡仆屡起，积蓄起一股推翻清王朝的军事力量。

北方，袁世凯招兵买马，小站练兵，编制起北洋六镇兵力，共 7 万余精兵，羽翼渐丰，成为清王朝内部的心腹之忧。这支部队正是后来称霸一时的北洋军阀最初的"资本"。

在武昌起义前的五六年内，由孙中山领导的同盟会发起的武装起义多达10 余次。其中影响较大的有：1906 年萍浏醴起义，1907 年镇南关起义，徐锡麟、秋瑾起义和 1911 年广州黄花岗起义。

1911 年的广州黄花岗起义，由孙中山得力的军事助手黄兴主持。黄兴早年留学日本，参加革命组织华兴会。孙中山的同盟会在日本成立时，黄兴被选为执行部庶务，在会内地位仅次于孙中山，负责具体组织国内的武装起义。

黄兴在广州城布下 30 多处秘密机关，另以 800 敢死队为先锋，分 10 路进攻两广总督衙门。

4 月 27 日，起义打响了。起义部队顺利攻入总督衙门，两广总督张鸣岐穴墙而逃。黄兴下令放火烧了总督衙门，部队继续向督练公所挺进。途中遇上了清军前来增援的大队人马，双方展开激烈巷战。当时，这些革命军战士大多没有经过正规军事训练，与清军比较起来，战斗力稍逊。但是，这些革命军战士都置生死于度外，英勇战斗，杀伤大量清军，自己的损失也极惨重。

在作战中，黄兴的右手断去两指，脚、腿均受轻伤，但他仍然领着敢死队员奋勇杀敌，且战且走，一直打到还剩下他一个人，这才避入一家小店，换了衣服，逃入同盟会一位女同志的家里，后转到香港治伤。

起义部队一直打到第二天，革命军损失惨重，牺牲者很多。事后，有人收敛死难的革命者尸体，得 72 具，把他们合葬于广州黄花岗。从此，“黄花岗七十二烈士”之名传遍天下。

孙中山高度评价了这一仗。他说：“是役也，碧血横飞，浩气四塞，草木为之含悲，风云为之变色，全国久蛰之人心，乃大兴奋，怨愤所积，如怒涛排壑，不可遏止，不半载而武昌之大革命以成，则斯役之价值，直可惊天地，泣鬼神，与武昌革命之役并寿。”“是役也，集各省革命党之精华，与彼虏为最后之一搏。事虽不成，而黄花岗七十二烈士轰轰烈烈之概，已震动全球，而国内革命之时势，实以之造成矣。”

武昌起义的成功，实在是孙中山麾下的革命党人艰苦努力的结果。当时，由于革命屡屡失败，革命党人感到策动新军暴动是一条革命的捷径，比革命党人自己充当敢死队战斗力更强，因为新军士兵毕竟是受过军事训练的战士。所以，许多革命党人不辞艰险，纷纷打入新军，去做军队的宣传和策反工作。

到了 1911 年 7 月，湖北革命党人在新军中已经吸收了 5000 余成员，形成了一股比较有力的军事力量。4 月广州黄花岗起义时，湖北革命党人曾想率新军暴动以为响应，但黄花岗起义很快失败，武昌起义也就作罢了。

9 月，四川保路风潮鼎盛，武昌革命党人遂决定发动武装起义。他们成立了起义指挥机关，由蒋翊武任总指挥，孙武为参谋长。起义原定在 10 月 6 日（中秋节）举行。结果，消息竟被新闻记者探去，把起义的日期登上报纸，因而使“中秋杀鞑子”成了武汉城内街谈巷议的话题。革命党人不得不决定将起义延期至 10 月 16 日。

然而，就在起义时机一天天逼近之时，又出了一件意外。10 月 9 日，孙武等人在汉口俄租界宝善里机关装配炸弹的时候，不小心引起了爆炸，孙武的头部被炸伤，机关人员不得已立即撤出。但爆炸声还是引来了租界里的巡捕，搜走了机关里收藏着的起义军的旗帜、符号、文告、印信等重要物件。

眼看起义计划已经暴露，拖延时间只会造成更大的损失，蒋翊武便以总司令的名义于 9 日下午 5 时发出紧急命令：起义于 9 日午夜发动，以南湖炮队的炮声为信号。

蒋翊武的命令发出后，起义军总部和一些重要机关相继被破获，革命党首脑人物彭楚藩、刘复基、杨宏胜等 10 余人遭逮捕。蒋翊武本人也在总部机关被破坏后逃离武昌。接着，各军营、学校都奉命禁止出入。这样一来，蒋翊武的命令只传达到一部分起义士兵，多数人不知道，连负有发出起义信号任务的南湖炮队起义人员也没有得到消息。

10 月 9 日晚间终于在恐怖气氛中寂然度过了。

10 月 10 日清晨，湖广总督瑞澂下令把前一天逮捕的革命领袖彭楚藩、刘复基、杨宏胜 3 人押往督署门前处以极刑斩决，想以此震慑其他革命党人。临刑之际，3 位革命领袖高呼"民国万岁！""孙中山和未死同志万岁！"的口号，充分表现了革命党人坚贞不屈的英雄气概。

与此同时，瑞澂下令紧闭城门，禁止出入，拿着从革命党起义机关搜出的花名册逐个搜捕起义士兵。一时人心惶惶，谣言大起。不说革命分子人人自危，就是平时与革命党人有杯酒之交、一面之缘的人也栗栗不安起来。

所有士兵被禁闭在兵营里，不断听说各营长官已奉到上头的命令，马上就要下营搜捕革命士兵了。这时候，那些参加革命党的士兵除了铤而走险、死里求生外，已没有其他退路了。

当晚 7 时，驻扎武昌城内的新军第八镇工程第八营后队革命士兵熊秉坤、金兆龙正在商议行动计划，被排长陶启胜发觉，熊、金当即开枪打死陶启胜，大声疾呼："集合！革命！"一时间，全队士兵齐声响应。反动军官或被击毙，或闻风逃逸。

10月11日上午，武昌已为起义军完全占领。此时之革命军斗志极为旺盛，当天下午又一举拿下了汉阳，12日拿下了汉口。起义发动后仅两日，武汉三镇均已在革命党人手中了。

武昌起义的成功，像一声平地而起的春雷，震醒了大地。不到两个月，内地18个省中便有14个省举起义旗，宣告独立。清王朝顿时陷入土崩瓦解的局面。

武昌起义的消息传到北京，清政府极为惶恐，于10月12日下令将湖广总督瑞澂革职留任，要其"克期克复省城"；另派河南巡抚就近派兵一协，星夜急援武汉；调北洋陆军两镇"赴鄂剿办"；任命陆军大臣荫昌为钦差大臣，"所有湖北各军及赴援军队，均归节制调遣"。

10月17日，荫昌到达信阳，开始指挥清军向武汉三镇发起攻击。

武昌起义后的革命军因革命党的领袖人物均不在起义现场，不得已将原清军协统黎元洪抬出来当上了武汉军政府的都督，成立了军政府。

武汉军政府成立后宣布改国号为中华民国，发布檄文，声讨清廷残暴统治和卖国罪行，号召各省起义，致电黄兴、宋教仁、孙中山等革命党领袖，要他们速来武汉主持大计。在得到清兵即将来攻的消息后，军政府在原有起义军3000人的基础上，迅速扩充队伍至2万人，准备迎击北方清军的进攻。

10月18日，革命军在汉口刘家庙车站附近与清军展开激战，战至19日中午，击溃清军，占领刘家庙，取得了保卫汉口的第一个胜利。清军遭此失败后，瑞澂一面急电催援，一面借故逃往上海。

当时，在北京的外国公使纷纷建议清王朝重新起用被朝廷罢官回家的袁世凯，出面领导对南方的战争。他们危言耸听，说再不起用袁世凯，局面将无法收拾。

以摄政王载沣为首的清朝统治者，早已被武昌起义和各省响应的声势，吓慌了手脚，又知北洋军内充满袁世凯的爪牙，荫昌难以统一指挥军事，故而不得已赶紧任命袁世凯为湖广总督，要求他立即赶赴前线指挥"剿匪"事宜。

其时，袁世凯正在彰德老家"养病"。他虽因权势过重被摄政王载沣罢了官，但仍是有威望的实力派人物。在清政府中，总理大臣奕劻素来器重他，协理大臣徐世昌是他的老朋友，北洋军中的一班首领更是他一手提拔起来的干部，对他恭敬有加，甚至唯命是从。袁世凯的儿子袁克定在北京，亲信赵秉钧在天津均为其耳目，南北大事没有一件瞒得过他。

得到清政府任命他为湖广总督的消息后，袁世凯凭着他多年的政治经验，感觉到清王朝气数将尽，已经到了不得不求助于他的地步了，因而他也到了一个可供选择的重要时期了。对于清王朝的新任命，袁世凯回说"足疾"未痊，去冬以来又牵及左臂，需医好以后才能应命。

皇帝的权威随着袁世凯的推延和革命一天天的高涨而逐渐下降。10月20日，清廷命徐世昌到彰德劝说袁世凯出山。当徐世昌回到北京的时候，带回了袁世凯提出的六项条件，并传话说，清廷如不答应这些条件，袁世凯决不出山。这六项条件是：1. 明年即开国会；2. 组织责任内阁；3. 宽容参与此次事件诸人；4. 解除党禁；5. 须委以指挥水陆各军及关于军队编制之全权；6. 须与以十分充足之军费。

这六项条件表明袁世凯已在酝酿自己的夺权计划。对于清政府，他要求全部权力归于己以首先建立他的军事独裁；对于革命党，他准备以妥协换妥协。在这里，他已经看准了两个事实：一个是清王朝的摇摇欲坠；一个是革命党的软弱与妥协的可能性。因此，他决心利用这两点逼迫双方就范。

清政府起初不愿交出大权，袁世凯也坚不出山，双方相持至10月27日。其时，湖南、陕西、江西等地相继独立，革命党的声势日益浩大。清王朝终于顶不住了。清政府明白，与其亡于革命党，不如屈从于袁世凯，于是下令召回荫昌，另派袁世凯为钦差大臣，节制水陆各军，以冯国璋为第一军军统，段祺瑞为第二军军统。其二人均为袁世凯的老部下。随后，11月1日，清王朝又宣布解散皇族内阁，任命袁世凯为内阁总理大臣，全权筹组新内阁。

如此，袁世凯集政权军权于一身，"足疾"不治而愈，拔腿赶往湖北孝感前线指挥战争。

二、袁世凯的"和谈"阴谋

就这样，袁世凯在一片"非袁莫属""非袁则亡"的声浪中，又回到朝廷重掌大权。这一次，他不准备效忠朝廷了，他想利用这次机会一举夺得最高权力。他的夺权方式就是：对革命党打朝廷的牌；对朝廷打革命党的牌。

袁世凯出山后，立即命令他的北洋嫡系冯国璋军猛攻武汉。由于武昌起义部队刚刚从起义中集合起来，难免仓促应战，又缺乏作战经验。1911年11月12日，汉口被北洋军攻陷，27日，汉阳也被攻陷。当时，武昌全城都在北洋军的炮火控制之下，几乎唾手可得。朝廷也自大喜，一再嘉勉袁世凯和北洋军，希望他们能一鼓作气迅速拿下武昌，把革命党人的起义镇压下去。

可就在这个节骨眼上，袁世凯命令他的部下停止进攻，并遣人向黎元洪表示可以进行议和谈判，还放出了袁世凯本人"并不反对共和"的风声。于是，革命党人立即对袁世凯大有好感，在讨论临时政府的"组织大纲"时，决定"虚临时总统之席以待袁君反正来归"。11月底，袁世凯又放手让革命党人攻下了南京。

他在给冯国璋的电报中解释说："不得汉阳，不足以夺革命之气；不失南京，不足以寒清廷之胆。"（参见《黎黄陂轶事》）

12月18日，袁世凯的谈判代表唐绍仪和革命党的代表伍廷芳在上海开始南北议和谈判。

唐绍仪早年是美国哥伦比亚大学毕业的留学生，1885年随袁世凯在朝鲜任袁的书记官。甲午战争以后，袁世凯调任山东巡抚，唐以道员随往，襄办外交和商务。1904年清廷曾派他为全权大臣赴印度和英国谈判。1907年任奉天巡抚，1910年升任邮传部尚书。因此，唐是当时比较有名的外交人才。

伍廷芳也是清末有名的外交人才。他早年毕业于香港圣保罗书院，后任翻译、律师、法官等职。1882年追随李鸿章办理北洋"新政"，多次参与外交谈判等活动。1896年始先后任清政府驻美国、西班牙、秘鲁等国公使。武昌起义后，表示赞成共和政体，被南方各省推为临时外交代表。

唐绍仪与伍廷芳的谈判从 12 月 18 日至 30 日，共进行了五次正式会议。主要议题为停战问题、国体问题和对待清室条件等。

第一次会议时，唐绍仪和伍廷芳关于停战问题有下列对话：

伍廷芳首先发言："今日开议之前，应该先解决一事。我们两方已经约定于 19 日起一律停战，但连日来山西、陕西、安徽、山东等处仍有清兵入境攻战之事。如果贵方如此违约，如何能够议和呢？所以，现在首先要解决的是，请贵代表电致袁内阁，饬令各处一律停战，且清兵于停战期间所攻取之地方，均须悉行退出。我们必须在得到确实承诺以后，才能开始议和。"

唐绍仪说："致袁内阁的电报，今天即可以发。只是贵代表也应该致电各处，实行停战。我到汉口后，曾会晤武昌外交长胡瑛君，胡诘问山西清军于停战期内攻取娘子关事，我曾致电询问袁内阁，回电声明，是山西革命军先行开仗。"

伍廷芳说："据这里的消息，是清军先行开仗。"

唐绍仪说："我等均非军人，且战地甚远，若调查双方谁先开仗，恐耽误时日。不如今日即发电致袁内阁，请其饬令各军一律实行停战，贵处亦发电致山西、陕西等处，知会停战。"

伍廷芳说："谁先开仗，虽费调查，但凡是停战期内进占的地点，应饬令清军先行退还，如娘子关、潼关等处是最显著者，其余地点尚多，都应一一退出，才能符合谈判诚意。"

唐绍仪说："如此则贵处违约所占之地，也应一律退出。据我所知，民军于停战期内所占的地方也不少，如江西黄皮等处即是。清军退出所占各地点，民军亦应照办，方才公道。"

伍廷芳说："民军于停战期内所占之地共有几处，请即开示。"

唐绍仪说："尚须调查。清军于停战期内违约进占之地点，也请开示。"

伍廷芳说："亦须调查。但战地远近参差不齐，调查甚费时日。今日先请贵代表致电袁内阁，须先实行停战，方可再行议和。"

唐绍仪说："照办。唯陕西民军，贵处亦请知会停战。"

随后双方拟定电报，各自发出停战要求。

在第二次谈判中，双方议及国体问题。

伍廷芳说："我初亦以为中国应该实行君主立宪，共和立宪还不是时候。但现在看中国的情形，已大不同于以前。今日中国人民的程度，已经可以实行共和民主了。人心如此，不仅学生要求民主，即是老师宿儒，素以顽固著称之人，今日也赞成共和了。所缺少的就是选举大总统了。现在各省咨议局、北京资政院都已实行民选，那么选举大总统又有何难呢？今日时局变迁，清廷君主专制 200 余年，今日为什么还要保存君位呢？"

唐绍仪说："共和立宪，我等由北京来者无反对之意向。"

伍廷芳说："太好了。"

唐绍仪说："但是，这事是同胞之事，今日若无清廷，即可实行，既有清廷，则我等欲为共和立宪，必须完全无缺之共和立宪，方为妥善。黄兴有电致袁内阁云：若能赞成共和，必可举为总统。袁氏说：此事我不能为，应让黄兴为之。由此可见，袁氏亦赞成共和。共和立宪，万众一心，我等汉人，无不赞成。不过宜筹一善法，使和平解决，免致清廷横生阻力。至于我自己的共和思想，恐怕比您还要早，我在美国留学时即受共和思想影响了。今日所要商议的，不是是否赞成共和的问题，而是寻找和平达到共和的办法而已。"

伍廷芳说："说到这里就好办了。我们最宜注意的是，保持中国完全无缺，不为外人瓜分。其余皇室之待遇，旗兵之安置，自会想出办法。"

经过几次磋商之后，唐伍二人达成初步协议。

第一，关于清皇帝之待遇。

1. 以待外国君主之礼待之；

2. 退居颐和园；

3. 优给岁俸数目，由国会定之；

4. 陵寝及宗庙，听其奉祀；

5. 保护其原有私产。

第二，关于满蒙回藏之待遇。

1. 一律与汉人平等；

2. 保护其原有之私产；

3. 未筹定八旗生计以前，原有口粮，暂仍其旧；

4. 从前营业之限制，居住之限制，一律蠲除；

5. 所有王公等爵，概仍其旧。

第三，关于国体问题。

1. 开国民会议，解决国体问题，从多数取决，决定之后，两方均须依从；

2. 国民会议未解决国体以前，清政府不得提取已经借定之洋款，亦不得再借新洋款；

3. 国民会议选举办法，每省及蒙古、西藏各为一处，每处选派代表3人，到齐四分之三以上代表即行开议，独立各省代表由南京临时政府召集，直隶、山东、河南、东三省、甘肃、新疆由清朝政府召集。

（以上参见《辛亥革命》（八）第71—78页，第83—84页）

就在南北议和期间，12月25日，孙中山自美归国，到达上海，使革命党人声势大振。孙中山为革命奋斗多年，在全国人民中有很高的威望，受到各界群众的热烈欢迎。29日，已宣布独立的17省代表选举临时政府的大总统，孙中山得16票当选。但为了不得罪袁世凯，各省代表又决定，请孙中山致电袁世凯，表示如果袁世凯"拥护"共和，孙中山仍将让出大总统的位置。1912年元旦，孙中山宣誓就任临时政府大总统。

对于南京选举孙中山为临时大总统，袁世凯深感失望，觉得孙中山成了他篡权活动的巨大障碍，遂致电唐绍仪，斥责他行为越权，不予承认。唐绍仪无奈，于1912年1月1日电请辞职，并宣布他本人同情共和，正式加入同盟会。

袁世凯复电同意唐绍仪辞职，同时致电伍廷芳否认唐在上海签订的各项条款，声称："南北协约，以君主立宪为前提，而唐伍两全权擅用共和政体，逾其职权。且协约未决，南人先组政府，公选大总统，有悖协约本旨。"不过，由于南京方面毕竟表示对袁世凯"虚位以待"，故而袁世凯仍然不想轻易放弃以"和谈"换取权力的交易。他表示："唐代表一再来电请辞代表之任,未可强留。现经请旨准其辞任。至另委代表接议,一时尚难其人,且南行需时,嗣后应商事件,先由本大臣与贵代表直接往返电商,以期简捷,冀可早日和平解决。"(《辛亥革命》(八)第 102 页。)

在以召回议和代表相威胁的同时,袁世凯还进一步对南京政府施加武力压迫。在孙中山就任临时大总统的当天,袁世凯唆使他的爪牙冯国璋、段祺瑞等以北洋 40 余高级将领联名通电的形式宣布:"若以少数人意见采用共和政体,必誓死抵抗。"

面对袁世凯的军事讹诈,孙中山曾经针锋相对地表示:"革命之目的不达,无议和之可言也。"遂组织六路大军预备北伐,并于 1 月 11 日宣布自任北伐军总指挥,黄兴为北伐陆军参谋长,挥师北上。1 月 13 日,北伐军在津浦铁路上首战告捷,击败清军于宿州等地,战略重镇徐州不战而下。

其时,袁世凯手中的军队,总数不超过 10 万,而革命军集结于湖北、江苏两省的军队即有 10 万余人,加上其他独立各省的军队,总数不下 30 万—40 万。如果革命军坚持北伐,袁世凯的北洋军有可能被击败,革命形势就将起重大变化。然而,这时帝国主义势力看好袁世凯,公开为其撑腰。英、美、日、德等国纷纷公开表示:只有袁世凯出来统一中国,他们才承认中华民国,不承认孙中山的南京临时政府是中华民国的中央政府。这些外国侵略者从财政上、军事上、舆论上对南京政府施加巨大压力,制造种种困难,胁迫孙中山妥协。

与此同时,革命派内部的一些保守势力和旧官僚也纷纷出来说项,要求孙中山慷慨让出大总统,以换取袁世凯的"革命"。有人甚至攻击孙中山说:"你不赞成议和,难道是舍不得总统吗?"

孙中山终于经不住这种内外夹击,被迫于 1 月 15 日打电报给袁世凯,表示:"文不忍南北战争,生灵涂炭。故于议和之举,并不反对。"

至此,南北议和进入一个新的阶段。

三、关于清帝退位的秘密谈判

公开谈判结束以后，袁世凯与伍廷芳相互电争谈判地点，一个要袁世凯亲自南下来谈判；一个要伍北上当面解决。最后，袁世凯当然不会南下，伍廷芳也没有北上，于是，双方转入文电往来的交涉和幕后的秘密谈判。袁世凯的亲信杨度和革命党的汪精卫则从中竭力周旋。此时的谈判，集中于清帝退位后的条件和孙中山辞职让位给袁世凯的政治买卖上来了。

起初，南方革命党提议退位后的清朝皇帝改称为"让皇帝"，袁世凯不同意，密电称："前途对于宫廷及皇族力以保全皇号自任，今忽改为让皇帝，此字类于谥法，又近于诙谐，皇族必大起反对。且此等称谓，直是闭门自尊，盖我辈既是民国，本无君臣，其所谓皇帝，断不至牵连到民国。"又说："谋大事者，宜争实际，不得惜此虚号，而贻国家分裂之祸。并非拘守尊君之义，专为皇帝计也。务乞切商办到以全大局。"（《伍廷芳集》下册，第445—446页。）

关于清帝退位以后成立政府之事，袁世凯要求，"全国统一之政府，必不可不迅为成立。否则，北方陷于无政府之状态，而统一政府虽举袁为总统，决不能由袁一方组织。故孙公辞职，袁公被举之后，两大总统为交替起见，对于组织统一政府，必须直接筹商。"（《伍廷芳集》下册，第446页。）这里，袁世凯不仅要求在名义上立即当上执掌全国政权的大总统，而且要求南方临时政府立即交出手中的权力。

1月20日，双方达成清帝退位条件：

1. 清帝退位之后，其名号仍存不废，以待外国君主之礼待之；

2. 暂居宫禁，日后退居颐和园；

3. 优定清帝岁俸年支若干，由新政府提交国会议决，唯不少于300万之数；

4. 所有陵寝宗庙得永远奉祀，并由民国妥为保护；

5. 德宗崇陵未完工程及奉安经费，仍照实用数目支出；

6. 保护其原有之私产。

为了防止袁世凯独揽大权，伍廷芳代表南京政府向袁世凯提出4点要求：清帝退位，放弃一切主权；清帝不得干预临时政府组织之事；临时政府地点须在南京；袁世凯在孙总统解职以前，不得干预临时政府一切之事。

在秘密谈判就绪之后，孙中山于1月22日电告北京，发表声明说："文前此所云于清帝退位时，即辞临时大总统之职者，以袁世凯断绝清政府一切关系，而为中华民国之国民，斯时乃可举袁为总统也。然其后得由上海来电，袁之意非徒欲去清政府，且欲取消民国政府，于北方另组政府。彼所谓临时政府，果为君主抑为民主，谁则知之？若彼自谓民主，谁则保证？故文须各国承认民国之后，始行解职。盖欲使民国之基础巩固，决非前后矛盾。袁若能与清政府断绝关系，为民国之国民，文当履行前言，今确定办法如下：

1. 清帝退位，由袁同时知照驻京公使，请转知民国政府，或转饬驻沪各国领事转达亦可；

2. 同时袁须宣布政见，绝对赞成共和主义；

3. 文接到外交团或领事团通知清帝退位布告后，即行辞职；

4. 由参议院举袁为临时总统；

5. 袁被举为临时总统后，誓守参议院所定之宪法，始能接受事权。"（转引自《袁世凯与辛亥革命》第71页。）

孙中山的声明虽有怀疑袁世凯的野心之意，但终究明确提出了清帝退位即行辞职的问题，这一点就令袁世凯吃了一颗定心丸，决心转而对付清政府了。

袁世凯马上指使冯国璋、段祺瑞等扬言"率全军将士入京"，要求清帝退位。又用革命军如何如何厉害来吓唬朝廷，到处散布革命党人已遍布京城、无孔不入的谣言。碰巧，1月26日，革命党人彭家珍刺杀了清朝贵族良弼。当时，良弼是皇族内部反对妥协的顽固分子。于是，皇亲国戚们谁也不敢再坚持帝制了。

袁世凯又拿出了与南方临时政府议定的清帝退位的优待条件：如皇帝尊号不变，以对外国君主之礼相待；岁用400万元，由民国政府付给；暂住皇宫等等。这时的清朝皇帝手中早已没有了讨价还价的价码，只得全盘接受了袁世凯的安排。

1912 年 2 月 12 日，清朝末代皇帝溥仪正式宣告退位。在清帝的退位诏书中，袁世凯也没忘记做一番手脚。诏书最后说："袁世凯曾经资政院选举为总理大臣，当兹新旧代谢之际，宜有统一南北之方，即由袁世凯以全权组织临时共和政府，与民军协商统一办法。"这样一来，袁世凯的地位无异于得之清帝的"禅让"，而不必受到革命党人的约束了。

四、袁世凯窃夺革命果实

清帝宣布退位的第二天，袁世凯就迫不及待地拍电报给南京临时政府，伸手索取大总统职位了。电报十分"中肯"地说："共和为最良国体，世界所公认。今由帝政一跃而跻及之，实诸公累年之心血所造成，亦民国无穷之光荣与幸福。"他表示，今后将"永不使君主政体再见于中国"。谁还会想到，几年以后正是这位"拥护"共和的"正人君子"想要自己当皇帝，使"君主政体再见于中国"呢？看了袁世凯的电报，南京政府上下一片欢腾，他们都被袁世凯这些冠冕堂皇的话蒙得晕头转向。他们一致把袁看作是创造共和政体的"功臣"。

2 月 14 日，孙中山即向参议院提出辞呈，辞去临时大总统职。15 日，南京临时政府立即召开总统选举会，到会 17 省代表，以 17 票全票选举袁世凯担任中华民国政府的大总统。代表们还于当天打电报把消息告诉袁世凯，并在电报中肉麻地吹嘘他为"中华民国第一华盛顿"。

就这样，袁世凯以他丰富的"政治斗争经验"，骗取了革命党人的信任，摘走了辛亥革命起义战士们用鲜血换来的胜利果实。孙中山等南京临时政府官员虽被袁世凯一时蒙蔽，交出了大总统的职权，但对于袁世凯并不十分放心，因为袁世凯毕竟是旧政权里出来的人物。遂布置了一道虚弱的防线，准备制约袁世凯。南京临时政府向已经当选大总统的袁世凯发去电报，要求袁必须履行三项条件：

1. 临时政府设于南京；

2. 袁世凯亲到南京受任之时，临时大总统及国务员始行解职；

3.《中华民国临时约法》为参议院所制定，新总统必须遵守。

这三项条件，前两项为"调虎离山"计。北京为袁世凯长期经营之势力范围，革命党人的势力则主要在长江以南，因此，只有让袁世凯到南京来就职，革命党人方能从周围监督和制约袁世凯。《中华民国临时约法》则是孙中山主持下的南京临时政府制定的一个重要法令，其中吸收了西方国家三权分立的原则，对于大总统的个人权力作了种种限制。革命党人重申临时约法，意在防止袁世凯走向个人独裁。

袁世凯哪能看不出孙中山的心思？他立即回电孙中山虚与委蛇，说他本人极想赴南京就职，无奈北京政局不稳，北方军民意见分歧，隐患颇多，怕自己离开北京以后引起变故，事情反而不美等等。

孙中山对于袁世凯申述不以为然，一边再电袁世凯促其早日南下就职；另一边派出南京临时政府迎袁专使立即北上敦请袁世凯南下。

孙中山派出的迎袁专使为蔡元培、宋教仁、汪精卫、钮永建等人。他们于 1912 年 2 月 27 日到达北京后，受到了袁世凯的盛情接待。北京正阳门外国旗招展、军乐齐喧、礼炮轰鸣。当晚，袁世凯设盛宴为专使们洗尘。

蔡元培老成持重，宴会之上，即向袁世凯婉转进言道："现在江南军民，极思一睹袁总统风采，快聆元首高论。如果袁公迟迟不欲南下，恐南方人士还以为袁公别存意见，反会生出许多烦言呢？"

袁世凯听着满脸堆笑，连连点头答道："蔡专使请放心，我并非不欲南下，只是北方有些事情需要妥为布置，一旦稍有头绪，我即刻南下，请专使尽可放心。"

迎袁专使们见袁世凯态度极为诚恳，迎袁重任转眼之间即可告成，心中大为快慰，一个个不由得多喝了几杯。

就在专使们静候袁世凯一同南下的几天中，一天夜里，专使们被门外的枪炮声、爆炸声惊醒。

蔡元培披上衣服，推窗一看，只见前方熊熊火起，照得院中如白昼一般。忽听得不远处有人喊道："这里是南方专使住处，弟兄们不要骚扰。""什么专使不专使，越是专使越是要击他……""啪"的一声，一颗流弹竟自窗口飞入屋内，惊得蔡元培一身冷汗。这时，宋教仁、汪精卫也从隔壁房间跑入，人人惊慌无措，不知发生了什么事。最后，三人竟翻过院墙，直接到袁世凯的家中询问情况。

夜里的兵变，正是袁世凯指使北洋第三镇曹锟导演出来的一场"闹剧"，意在吓唬迎袁专使们，北方离不开袁世凯，袁世凯一走，北方必会大乱。

看到眼前三位迎袁专使惊慌失措的样子，袁世凯心中暗自得意，脸上却露出一片关切，说："不料今夜有此变乱，累得诸公受惊，实在抱歉。"

蔡元培不解地问："目下北方军队均在袁公控制之下，怎么会有如此兵变呢？"

正在这时，一位军官向袁世凯报称："东安门外及前门一带，兵士哗扰不堪，到处纵火，倘未罢手呢。"

袁世凯怒道："这班混账东西，清帝退位，还有我在呢，难道就好无法无天了么？……"

言犹未止，又有人进来报道："禁兵听说大人即将南下，故而闹起来……"

袁世凯故意大声喝道："不必说了！立即派第三镇前去弹压。"

三位迎袁专使在这出"闹剧"中尚未转过神来，已被袁世凯派人护送回府，并为他们派出重兵保护"住地"。

第二天，迎袁专使们又得到来自袁世凯处的密报：天津、保定也发生兵变，日本拟派兵入京保护公使馆，其他各国公使，也有增兵迹象。

三位迎袁专使被袁世凯布置的一片恐怖气氛吓坏了，对于袁世凯宣称的"北方局势不稳"深信不疑。当即打电报给孙中山说："北京兵变，外人极为激昂，日本已派兵入京。设想再有此等事发生，外人自由行动恐不可免。培等睹此情形，集议以为速建统一政府，为今日最要问题，余尽可迁就，以定大局。"

这时，其他方面也纷纷向南京临时政府施加压力。副总统黎元洪带头发电南京说："舍南京不致乱，舍北京必至亡。"恫吓革命党人放弃要求袁世凯南下的主张。冯国璋等北洋军阀将领则更为嚣张地通电全国说："临时政府必应设于北京，大总统受任必暂难离京一步。"

在一片威胁声中，孙中山不得不再次妥协。

1912年3月10日，袁世凯在北京宣誓就职。他在与新政权的较量中，首先赢得了一个回合。

袁世凯就职总统后，南方革命党人还拥有约40万军队和七八省的地盘。这就成了袁世凯的"心病"，亟欲排除这个实行独裁的最大障碍。当时，他下达了一系列命令，要求"统一军令""统一政权""统一行动""统一制度""统一秩序"等等。袁世凯针对孙中山为首的革命党人拥有的军队，提出了裁军问题，以"近日军队复杂，数逾常额数倍，耗资过巨，阎闾何以堪此"为理由，下令裁撤南方革命军。

对于袁世凯的裁军要求，孙中山等革命党人并无戒心，为了给中国的民主政治扫清道路，同时也是对袁世凯的"民主思想"抱有幻想，所以，袁世凯的号令一出，孙中山等人立即行动起来，实行了南方军队的单方面裁军。黄兴把他统辖之下的赣军、浙军、粤军等30余万军队几乎裁撤殆尽。湖北武昌首义建立起来的军队也由原来的8个师2个混成旅，裁减为1个师1个旅，而且连师旅长都请袁世凯直接任命。其余四川、湖南、广东、安徽、江西等省也都实行了大量裁军。

在南方裁军的同时，袁世凯的北洋军阀却得到了空前规模的壮大。袁世凯提出练兵百万的口号，大大加强了北洋军的武装实力。

就在南北力量对比产生如此重大变化的时候，孙中山、黄兴等人仍对袁世凯政权信任有加。他们希望《临时约法》能够起到制约独裁的作用，即使袁世凯发生不轨行为，也可在法律范围内加以解决。并且，许多革命党人都产生了功成身退的想法，希望以一种政治上的高姿态，来换取国家的统一与安定。

袁世凯眼见着南京政府的头脑们纷纷败于阵下，心头暗喜，但孙中山让给他的这个大总统还是个由 17 省代表推选出来的临时大总统，根据《临时约法》的规定，不久仍要由国会议员推举出正式大总统。袁世凯当然想继续做大总统，不过，一旦孙中山、黄兴、黎元洪等人与他竞争起来，事情就会复杂起来。因此，袁世凯还是想探探"南方领袖们"的口风。

1912 年 8 月，袁世凯电邀南方"三巨头"来京共商国是。孙中山欣然进京，黄兴随后也来了。

在袁孙会谈中，袁世凯装出十分恭顺、谦虚的样子，孙中山说什么，他无不表示赞同。孙中山提出将来仍应迁都南京，实行币制改革，袁世凯表示赞同。孙中山说农业改革，应实现"耕者有其田"，原想这个主意袁世凯必定要反对的，不料，他却一边点头，一边说"事所当然"。孙中山说民国要务，在于赶修铁路，改善交通状况，并表示自己对于修建铁路很有兴趣。袁世凯立刻毫不迟疑地授予孙中山"筹划全国铁路全权"，并且因为看出孙中山的兴趣已不再放在政治竞争上，而兴奋地立起身来高呼："孙中山先生万岁！"

三巨头在北京推杯换盏，漫谈甚欢。孙中山、黄兴都在酒宴中明确表示，他们不再参加总统竞选，只求"在社会上作成一种事业"。听得袁世凯眉开眼笑，简直合不拢嘴来。

就这样，袁世凯通过一次次唇舌之战，终于从革命党人手中夺走了辛亥革命的胜利果实。

第九章　人为刀俎，我为鱼肉

——顾维钧与巴黎和会（1919）

一、中国参加巴黎和会之背景

1914 年 8 月，第二次世界大战爆发。欧洲主要列强国家都卷入了战争的旋涡，以德、奥为首的同盟国集团和英、法、俄为首的协约国集团在欧洲厮杀，暂时无暇顾及远东，使得列强侵华形势发生了重大变化。

战争初期，中国北洋政府决定奉行中立政策。8 月 6 日，袁世凯颁布大总统令，对于欧洲各国"多以兵戎相见，深为惋惜"声明"欲维持远东之和平与我国所享受之安宁幸福，对于此次欧洲各国战事，决意严守中立"；严令所有各省及沿边地方军政民政长官遵照中立条规，严密防范，加意保卫各国使馆和通商口岸等处各国人民财产教堂等。（《东方杂志》第 11 卷，第 3 号。）

中国政府刚刚宣布中立，两天以后，日本海军已经出现在中国青岛附近，做出了进攻山东的架势。

其时，山东是德国人的势力范围。1897 年 11 月，德国借口曹州教案（两名德籍教士被杀）派舰队攻占了胶州湾。次年 3 月，迫使清朝政府签订了中德《胶澳租界条约》。条约规定：中国准将山东省胶州湾地方借与德国；准德国在山东建造胶济铁路；铁道附近左右各 30 华里的矿产，德人有开采权。这样，整个山东省便成了德国的势力范围。

　　日本于 1914 年 8 月 23 日正式对德宣战。日本参战的目的十分明确，就是想趁西方列强忙于欧战的机会，加紧扩大在中国的侵略。日本对于北京政府发布的中立政策以及要求各国不得在中国领地交战的声明毫不理会，在得到英、俄等国的秘密支持后，派兵 2 万余人在龙口登陆。从 9 月 26 日起，日军向山东内地突进，在中国境内一路横行。11 月 7 日，占领青岛，青岛德军向日本投降。至此，德国在胶州湾和山东的各项权益，全部为日本所取代。

　　日本占领了德国在山东的所有权益之后，并没有就此罢手，它还想独占中国。日本窥知当时中国的大总统袁世凯想当皇帝的心思，于 1915 年 1 月 18 日，由日本驻华公使日置益向袁世凯提出了灭亡中国的"二十一条"。在递交条文时，日置益向袁世凯表示："若开诚交涉，则日本希望大总统再高升一步。"

　　"二十一条"共分五号：

　　第 1 号，承认日本享有原德国在山东侵占的一切权利，并且允诺凡山东省内及其沿海一带土地及各岛屿，无论何项名目，概不让与或租与他国；从速将山东省内各主要城市开为商埠。

　　第 2 号，延长日本租借旅顺、大连两港和南满、安奉（丹东至沈阳）两铁路期限为 99 年；承认日本在东三省南部及内蒙古东部的特权。

　　第 3 号，汉冶萍公司及其附近矿产改为中日合办，不准公司以外的开采。

　　第 4 号，中国沿海港湾岛屿只能租借给日本，概不让予第三国。

　　第 5 号，中国政府必须聘请日本人做政治、军事、财政顾问；中国警政和兵工厂由中日合办；日本有在武昌和九江、南昌间，南昌和杭州，南昌和潮州间的筑路权；有在福建省内进行铁路、矿山等投资的优先权。（参见《六十年来中国与日本》（六）第 74—75 页。）

　　显然，这是一个意在吞食中国，排斥第三国在中国的势力范围，将中国变为日本殖民地的最可耻的侵略性条约。

　　为了避免引起其他国家的干涉，日置益向袁世凯递交条约时要求"迅速商议解决，并守秘密"。袁世凯对于这样的一个要求卖国的条约，也不敢贸然签字同意，他担心遭到列强反对，更担心受到中国人民的反抗。因此，袁世凯在谈判中迟疑不决，一再要求日本让步。日本对此十分不满，于 1915 年 5 月 7 日，向袁世凯发出最后通牒："期望中国政府至 5 月 9 日午后 6 时为止，为满足之答复"；否则"帝国政府将执认为必要之手段"。（《六十年来中国与日本》（六）第 241 页。）

其时，袁世凯正急于复辟帝制。为了换取日本人的支持，他不惜出卖国家的根本利益。5 月 9 日，袁世凯除第 5 号"容日后协商"外，承认了日本"二十一条"的其余内容，并命令外交总长陆徵祥在条约上签了字。此后，负责交涉"二十一条"谈判的外交次长曹汝霖和驻日公使陆宗舆，以及签署"二十一条"的陆徵祥，全都成了中国人民最痛恨的卖国贼，5 月 9 日则成为中国人民的"国耻日"。

以后，袁世凯复辟帝制，在全国人民的唾骂声中名裂身亡。

1917 年，继袁世凯担任大总统的黎元洪下台，由冯国璋接任，北京政府的实权却掌握在国务总理段祺瑞的手中。

段祺瑞政权决定继日、美之后参加第一次世界大战协约国一方，目的是借"参战"之名，扩充军事实力，消灭异己势力。起初，日本竭力阻挠中国参战，生怕因中国参战而影响日本独霸德国在山东的权益。及至 1917 年初，日本同英、法、俄、意四国达成了一个秘密谅解协议，即：四国承认日本继承德国在山东的权益；日本负责使中国对德宣战。这个秘密协议，成了日本在巴黎和会上拒不交还山东权益的一个重要借口。

在日本的积极怂恿下，段祺瑞政府于 1917 年 8 月 14 日对德、奥宣战。

中国对德宣战以后，宣布废除一切与德国签订的不平等条约。然而，中国不仅没有收回原德国在山东的一切权益，相反，又将山东权益向日本人作了进一步的出卖。

1917 年 9 月 24 日，日本外务大臣后藤照会中国驻日公使章宗祥，要求中国同意日本驻兵济南、青岛，以及在经营和管理胶济路方面日本享有种种特权。以此为条件，日本则借款 2000 万日元给中国建造济顺、高徐铁路。

章宗祥立即于同日复照，不仅逐条、逐句，一字不漏地把后藤的照会照抄下来，而且极为愚蠢地表示"欣然同意"。（《六十年来中国与日本》（七）第167页。）这份"欣然同意"的换文，也成了日后巴黎和会上日本拒绝归还山东权益的一个重要借口。

中国参战以后，在粮食与劳工方面给了协约国以重要帮助，并派遣了一支军事代表团去法国，训练了一支远征军预备参加西线战争。最后远征军未能成行，战事已经结束。

1918年1月，美国总统威尔逊为确立战后国际关系准则，发表了著名的14条宣言，内容包括：外交公开，民族自决，各国相互保障政治自由及土地统辖权，国无大小强弱，一律享有同等权利，战胜国不要求割地赔款，倡议设立国联，维护世界永久和平等等。

威尔逊的宣言发表以后曾轰动一时。战败的德国表示拥护，同"协约国"签订了停战协定；其他各国也表示同意，承认将14条宣言作为实现战后和平的基本条件。

中国各阶层人士对于威尔逊宣言更是报以热烈的响应，中文出版的《威尔逊总统战时演讲录》一时充塞了北京、上海等地的大小书店。北京大学校长蔡元培在天安门发表演说："协约国占了胜利，定要把国际间一切不平等的黑暗主义都消灭了，别用光明主义来代他。"（《北京大学日刊》1918年11月27日）陈独秀在《每周评论》的发刊词中也说："美国大总统威尔逊屡次的演说，都是光明正大，可算得现在世界上第一个好人。"一时间，"公理战胜强权"成了中国人的口头禅。

1919年1月18日，举世瞩目的巴黎和会在凡尔赛宫正式开幕。参加会议的有27个国家，1000余人。和会组织分为两级，一为有通盘利益的交战国，指美、英、法、意、日五大国；另一级为有特殊利益的其他交战国，包括中国。会议操纵在五大国，特别是美、英、法三国手中，一切重大问题都由他们决定，其他弱小国家只有在讨论到相关问题时，才得派员列席。

巴黎和会尚未正式开始，在参加和会的代表席位问题上，中国人所理想的"公理战胜强权"就发生了动摇。当时，中国准备派出参加和会的代表，并希望自己能被视为大国，可以派出和主要协约国同等数目的代表。这也是协约国当初拉中国参战时曾作出的许诺。他们答应中国如果参战，战事结束以后将在和会上以大国相待。但是，主要协约国这时却作出决定，将参战各国参加和会的代表席位分为三类：第一类为五个主要协约国，每国五个席位；第二类为战争中提供过某些有效援助的国家，每国三个席位；第三类为协约国阵营中的其他成员，每国两个席位。中国被归入了第三类国家，只有两个代表席位。

中国派赴和会的代表团成员有，原外交总长陆徵祥、驻美公使顾维钧、南方军政府代表王正廷、驻英公使施肇基和驻比公使魏宸组。陆徵祥虽为首席代表，但因病极少参加会议，出席会议发言的主要是顾维钧、王正廷。其中，顾维钧又是整个谈判政策的主要策划者。

顾维钧早年留学美国，1912 年始任国务总理唐绍仪的秘书，后在民国政府外交部工作，1915 年底赴华盛顿任中国驻美大使。顾维钧在美期间密切注视第一次世界大战，特别是美国政府在大战中的动向。为了研究战后中国政府应取的方针，他在战时就在中国驻美使馆内建立了研究小组，专门收集、研究美、英、法等国不时出版的各种计划草案，并对中国收回山东主权、废除不平等条约等问题进行研究。从 1918 年夏天开始，顾维钧曾连续向北京政府发回报告，提议"中国应该在和会上理直气壮地提出山东问题，不必顾虑被迫签订的中日条约"。（《顾维钧回忆录》第 1 卷，第 164 页。）

1918 年 12 月中旬，顾维钧与美国总统威尔逊同船赴欧，为中国代表团中最早到达巴黎的代表。他根据驻美公使馆小组研究的结果，为中国代表团草拟了一项谈判计划。其中包括：1."二十一条"和山东问题；2.归还租借地；3.取消在华领事裁判权；4.归还在华各地租界；5.撤走外国军队；6.取消外国在华设立的邮电机构；7.恢复中国关税自主。他建议这些问题由代表团成员分头准备，他自己则重点准备第 1、2、3、7 项。（《顾维钧回忆录》第 1 卷，第 170—171 页。）

尽管中国代表团在席位问题上受到和会的不公正待遇，但是，代表们仍然对和会抱有很大希望。他们希望通过和会，一举推翻中国近代以来所受列强侵略的种种压迫，使国家跻身于独立自主的世界之林。他们的想法毕竟是过于天真了。

在巴黎和会上与中国针锋相对的是日本。日本是和会五大国、"十人会"（即由五大国各派两名代表参加的会议）的成员，占有远比中国有利的地位。日本参加和会的纲领则是：1.继承德国在山东的特权；2.攫取德国在太平洋的属地加罗林群岛、马绍尔群岛和马利亚纳群岛；3.提出人种平等法案，不仅解决美国加州日裔受排挤的问题，还要求将"门户开放"原则应用到澳洲、加拿大、中南美洲及印度各地，并利用"人种平等法案"，压迫美国在山东问题和太平洋岛屿问题上让步。

英、法、意等国的主要精力放在欧洲，它们因与日本有秘密协议，在中国问题上不会对中国有任何帮助。美国对于日本在远东的横行颇为不满，但威尔逊在和会的外交政策却以建立以美国为盟主的国际联盟为核心，一旦日本提出退出和会、不参加国联的威胁，美国就立即放弃了支持中国的立场。

对于参加巴黎和会的中国代表来说，和会就是在这种充满希望又深伏危机的背景下召开了。

二、关于山东问题的谈判

巴黎和会召开的第三天，即1919年1月27日上午，日本代表牧野在"十人会"上要求讨论山东德国权益和租借地的处理问题。牧野提出这个问题只牵涉日、德两国，与中国无关，企图阻止中国代表参加讨论。但山东毕竟是中国的领土，会议最后决定邀请中国代表参加讨论。

中国代表于下午开会前一小时被通知出席会议。顾维钧、王正廷于下午2时准时到会。

日本代表牧野首先发言。他大肆吹嘘日本在大战中有"不小的牺牲"，声称德国在山东的各项权益应无条件让与日本，并发表了1917年初日本与英、法、俄、意四国达成的承认日本上述要求的秘密谅解。他的理由是：日军已摧毁德国的基地，并且一直占领至今，日本在战争期间为协约国事业作出相当贡献；中国在1915年《中日关于山东省之条约》中已允诺承认日本日后与德国议定关于山东一切权益的处分，1918年中日关于山东问题换文亦肯定日本在山东之权益；胶州租借地自被日军占领后，事实上已归日本所有；山东问题应在日中两国间以双方商定之条约、协议为基础来解决等。

中国代表对于日本代表所提山东问题"换文"一事并不清楚，对于1917年日本与英、法、俄、意四国签订了出卖中国领土主权的秘密协议，更是惊愕不已。顾维钧在会上表示，需要时间准备中国方面的声明。

1月28日继续召开五国会议，中国代表顾维钧、王正廷被邀参加。这次会议主要讨论处理德国在太平洋上的殖民地问题，比利时、塞尔维亚及英国自治领代表等均被邀请参加。会议开始后不久，中国代表顾维钧要求发言。他的发言只有半小时，然却全面表达了中国代表对于和会的全部纲领，影响甚大。这里对这一著名发言介绍如下：

顾维钧说："仅关数百万人之太平洋属岛问题，诸氏如斯尽力，至于青岛问题，关系四万万国民之重大问题，本全权之责任亦极重，今于兹试述其大纲原则。胶州租借地胶州铁路及其他一切权利，应直接交还中国。青岛完全为中国领土，当不容有丝毫损失。三千六百万之山东人民，有史以来，为中国民族，用中国语言，信奉中国宗教。胶州租借与德国，直因于教案问题，德国以武力要挟强请，迫不得已而为，已属世界周知之事。如就地势论之，胶州为中国北部之门户，亦为沿岸直达国都之最捷径路也，胶济铁路与津浦铁路相接可直达首都，于国防上中国亦断然不容他国之争执也。以文化言之，山东为孔孟降生中国文化发祥之圣地。以经济言之，山东以二万五千英方里之狭地，容三千六百万之居民，人口既已稠密，竞存已属不易，其不容他国之侵入殖民，固无讨论之余地。是以如就本会承认之民族领土完整原则言之，胶州交还中国，为中国当有之要求权利。本全权认为交还青岛为公正圆满之一条件，若本会舍此采用他法，则本全权不得不认为谬误。日本为中国逐出德国势力于山东，英国不顾欧战之危急，竭力援助，以及其他与德对峙使德无力派兵东援之各联合国，共为中国所当竭诚申谢；然割让中国人民天赋之权利为报酬，而播将来纷争之种子，为本全权所不得不力争者也。此不独为对吾国之诚意，亦对世界各国之诚意也。本全权绝对主张，大会应斟酌胶州租借地及其他权利之处置，尊重中国政治独立，领土完整之根本权利，且相信中国可谓有和平之诚意也。"（《六十年来中国与日本》（七）第265页。）

顾维钧的发言从种族、语言、宗教、文化、国防利益等数方面，有力论证了山东为中国不可分割之神圣领土，要求归还山东是中国的神圣权利。日本代表牧野坐不住了，站起来辩驳说："日本之提案理由，昨日业已详述，日本占领胶州湾后，迄至今日，事实上已为领属；然而中日两国间，已有交换胶州湾交还之约，并关于铁路亦有成约。"

美国总统威尔逊要求日本提供中日之间的公文。

牧野说："如本国政府许可后，必将公文提出，惟与此案有关之土地，事实上在日本手中，日本于交还前，从德国方面愿得自由处分权。至于获得胶州湾后之办法，于中日两国间业已商定完毕。"

顾维钧就牧野的发言反驳说："日本代表所提出之约定办法，想系指1915年二十一款要求所发生之条约及换文而言。当时情形，谅诸君尚能记忆，中国所处地位极为困难，此项条约换文，经日本送达最后通牒，中国始不得已允之。即舍当时成立之情形而言，此项约章既为战事所发生之问题，在中国视之至多亦不过为临时暂行之办法，仍须由和平会议为最后之审查解决。纵令此项条约换文全属有效，而中国既向德国宣战，则情形即大不同。根据Rebus Sic Stautibus之法理言之，亦为今日所不能执行。当时中国虽被迫而允将来日本与德所定处置德国在山东各项权利之办法，一概加以承认。然此项条件并不能使中国不得加入战局，亦不能使中国不以交战资格加入和平会议，故亦不能阻中国向德国要求将中国固有之权利直接交还中国也。且中国对德宣战之文，业已显然声明中德间一切约章，全数因宣战地位而消灭。

约章既如是而消灭，则中国本为领土之主，德国在山东所享胶州租借地暨他项权利，于法律上已经早归中国矣。借曰租借之约，不因中国对德宣战而废止，然该约内既有不准转交他国之明文，则德国本无转交他国之权也。"（《六十年来中国与日本》（七）第266—267页。）

顾维钧的发言无论是析理，还是论势均大大压倒了日本代表的诡辩，博得了与会代表满堂喝彩。

据顾维钧自己的回忆说："我没用讲稿，谈了半个多小时。虽说这不过是一次即席发言，但因我一直在研究这一问题并一直在制定处理这一问题的方法，我思想上是早有准备的。我刚一讲完，中国代表团就鼓起掌来。威尔逊总统走过来向我表示祝贺。随后，劳合·乔治、贝尔福、蓝辛也都跑来向我祝贺。威尔逊总统和劳合·乔治都说，这一发言是对中国观点的卓越论述。坐在前排主席对面的代表中，也有很多人跑来跟我和王正廷博士握手。整个气氛与前一天日本代表讲话之后出现的冷场对比鲜明。"（《顾维钧回忆录》第1卷，第185—186页。）

中国代表在巴黎和会上的有力雄辩，在和会内外产生了极大反响，尤其是对和会抱有很大希望的中国人民更是欢欣鼓舞。据顾维钧回忆说："白天的会议新闻到晚上就在当地报纸上刊印出来了，一当然，是一般的报道，但是它特别强调中国声明受到除日本以外各大国代表的一致赞扬。显然，这一消息也传到了中国、日本和其他国家，因为在以后的若干天内，我们收到许多致代表团的贺电。在贺电中，人们称中国的论辩是杰作。这些贺电中，有中国大总统、总理、外交部和其他政府首脑发来的，还有各省当局和山东省公职人员、学生联合会等发来的。有关那天会议的所有报道，在国内，也在巴黎的友好人士中间唤起巨大的希望。人们认为中国的论辩将会获胜。中国代表团内的许多人也同样乐观。我本人自然颇受鼓舞，对于辩论受到欢迎亦觉快慰。但是，声明受到称赞是一回事，最终得到有利的解决又完全是另一回事。"（《顾维钧回忆录》第1卷，第186—187页。）

的确，正如顾维钧所说的那样，巴黎和会并未因为中国代表的成功论辩而作出有利于中国的裁决。日本政府立即转向会外向中国政府施加压力，要求中国政府不得公布中日间有关山东问题的密约，并以追回日本巨额贷款相威胁。

2月3日，美国总统威尔逊鉴于日本方面对和会施加的压力和英、法、意等国对于日本的支持，建议将德国殖民地交国际托管，而不直接转交各主权国。日本代表在和会上提出"种族平等"原则，向美国提出公开挑战，并一再否决和会就中国山东问题提出的解决方案。和会对日本表示让步，决定由日本提出一个处理山东问题的"特殊条款"，供和会委员会讨论。

对于巴黎和会对日本的妥协政策，中国人民极为不满。陈独秀在《每周评论》的随感录中这样写道："难道公理战胜强权的解说，就是按国力强弱分配权利吗？"又说："威尔逊总统的和平意见十四条，现在也多半是不可实现的理想，我们也可以叫他做威大炮。"（《每周评论》第七号，1919年2月2日；第八号，1919年2月9日。）

巴黎和会上的中国代表仍为收回山东权利而奋争。2月15日，中国代表团向大会递交了有关山东问题的说帖，详细说明了山东问题的由来及日本占领山东权利之本末。说帖指出：日本曾保证在将山东权利由德国手中取得自由支配权以后，还将归还中国，我们对此"深信不疑"。但是，中国对于归还方法，"即直接归还中国与间接由日本归还是也。于此二途，中国愿择其直接者。其理由之一，即取其程序简单，不致滋生枝节。盖一步所可达者，自较分作两步为易也。且中国从诸联盟国与共战国之后，得与于克捷之光荣，若向德国径直收回青岛及山东权利，则足以增我国家之威信，而联盟国与共战国敌忾同仇，以维持之正义与公道之原则，亦从此而益彰矣"。（《六十年来中国与日本》（七）第281—282页。）

其实，中国代表们心里都很明白，日本所谓最后仍然归还中国的说法，是掩人耳目的骗局。这一点，顾维钧在与美国总统威尔逊的密谈中说得更为清楚。

3月25日，顾维钧就山东问题拜谒美国总统威尔逊。

威尔逊问："日本全权代表将来，还没有定下时间。日本外务省无非为胶州问题运动仍由日本交还。日本的意思是否这样，一旦将山东权利交给日本，它将与中国直接交涉，将租借地交还中国，而铁路据为己有？"

顾维钧答："恐日本之意，尚不止此。即租地之内，亦欲照二十一条之条件，将紧要地段划为日本专管租界，所谓交还者，有名无实。"

威尔逊说："你的意思是说，由日本交还，实质上日本将把那些无关紧要的地方交还一部分给中国，对吗？"

顾维钧说："以租地与铁路比较，铁路尤关重要，因该数铁路皆于地理上占极重要之形势，若铁路归日本掌握，不啻以日本人之手，扼中国之喉，此于中国生存上及东亚和平问题，危险实甚。"

顾维钧又问："这个问题和会准备于何时解决？"

威尔逊说："租借地问题与德国属地尚有不同，当先行解决。解决方法将于和约内规定，但可能不再邀请中国代表参加会议。"（《六十年来中国与日本》（七）第 288 页。）

4 月 16 日，美、英、法、意、日五国会议讨论山东问题，中国代表未能参加。

在这次会议上，美国提出：德国在中国所有已得租借地路矿及优先等各项权益，应归还中国，唯先由本会暂收，等中国将青岛及山东省内要点，按照协约国另议之办法，开作商埠后，再归还给中国。

日本代表立即起而抗议，说青岛问题中日之间已有成约，应交日本转交。

美国代表质问：现在与德国订立和约，该问题应在约内规定。如果日本以为应该立即交还中国，可由本会交还之；若日本以为应暂缓交还者，也应该由本会共同保留，不应由一国独占。

日本代表宣称：日本在中国有特殊利益，对于中国问题由五国处置一层，不能同意。

会上，英、法、意三国代表都表示沉默，美国代表遂无法继续与日本争议下去。次日，和约起草会开会，美国代表再次建议，德国在华各项权益"交由五国处置"，又遭日本严辞拒绝。

4月下旬，和会局势出现剧变。意大利因故一度退出和会，日本也立即以退出和会相要挟，胁迫美、英、法答应它对于山东的要求。在这种情况下，英、法由于和日本早有默契，故而继续支持日本；美国在各种压力下，也转而倒向日本，以牺牲中国利益来避免和会的破裂。

4月22日下午，美、英、法三国首脑约见中国代表，向中国代表施加压力，企图迫使中国投降。陆徵祥、顾维钧应约前往。一见面，威尔逊就对中国代表说："中国日本既有1915年5月之条约换文于前，又有1918年9月之续约于后，而英、法等国又与日本协定条件，有维持其继续德国在山东权利之义务，因此，使胶州问题复杂化了。"

顾维钧答："中日间的协议和条约是在日本威胁下签订的，不是正常的国际协定。1918年的续约也是根据前约而来。"

威尔逊质问道："1918年9月正是协约国军势大盛之时，停战在即，日本决不能再强迫中国，为什么中国又'欣然同意'签约呢？"

顾维钧争辩道："当时日本在山东之军队既不撤退，又设民政署，置警察课税，则地方不胜其扰，非常愤懑。政府深恐激生事端，故又致有此约。该约亦只有临时之性质。"

英国首相劳合·乔治威胁道："现在中国有两种选择，或者按照英法与日本的密约，同意日本继承德国在山东的权利；或者承认并执行战时中国与日本签订的条约与协定。"

顾维钧说："这两种方案都不公平，既不利于中国，也无助于世界和平事业。日本的目标在于亚洲。山东是具有重要战略位置的沿海省份。日本获得在山东的经济权益，只能为其实现建立东亚帝国、排斥西方国家利益的计划大开方便之门。"

顾维钧又说："中国多数人民，以为应与欧美日本共相提携，但也有一部分人的意见以为，此项问题当由亚洲自理，应单独与日本提携。若此次在会未见有公道之主张，实为失望。"

威尔逊说："欧美并非不愿意主持公道，实因种种条件所束缚。好在现在国际联盟成立，该会宗旨专为维持各国独立及领土完全，中国已为会员之一，将来如再有强力欺凌中国者，在会各国自有援助之义务。"

顾维钧说："与其医治于发病之后，何如防范于未病之先。"

威尔逊一再表示踌躇，苦无善法周旋。会议遂不欢而散。

4月24日，中国代表向和会提出折中方案，就山东问题提出4项解决办法：1.胶州先交五国暂收；2.和约签字之日起一年内交还中国；3.中国愿付一笔款项给日本作为报酬；4.胶州全部开作商埠，也可以设立租界。（《六十年来中国与日本》（七）第308页。）

日本代表对于中国的折中方案表示坚决反对，并继续以退出和会相威胁。美、英、法等国于25日拒绝了中国的方案。

4月29日，各大国收下了日本草拟的山东问题草案，并一字不改地列入了凡尔赛条约第156条、第157条和第158条。其主要内容如下：

第156条：德国将按照1898年3月6日与中国所订条约及关于山东省之其他文件，所获得之一切权利所有权及特权，其中以关于胶州领土铁路矿产及海底电线为尤要，放弃以与日本。

所有在青岛至济南铁路之德国权利，其所包含支路，连同无论何种附属财产、车站工场、固定及行动机件、矿产、开矿所用之设备及材料，并一切附随之权利及特权均为日本获得，并继续为其所有。

自青岛至上海及自青岛至烟台之德国国有海底电线，连同一切附随之权利特权及所有权，亦为日本获得，并继续为其所有，各项负担概行免除。

第157条：在胶州领土内之德国国有动产及不动产，并关于该领土德国因直接或间接负担费用实施工程或改良而得以要求之一切权利，均为日本获得，并继续为其所有，各项负担概行免除。

第158条：德国应将关于胶州领土内之民政军政财政司法或其他各项档案、登记册、地图、证券及各种文件，无论存放何处，自本约实行起3个月内移交日本。

在同样期内，德国应将关于以上两条内所指各项权利所有权或特权之一切条约办法或合同，通告日本。（《六十年来中国与日本》（七）第310页。）

5月1日，英国外交大臣巴尔福将上述各大国背着中国代表团而擅自作出的关于山东问题的决定，通知了中国代表团。巴黎和会上的各大国不但不让中国代表参加最后的决定，甚至连有关山东问题的讨论记录和山东条款的约文草案，都不准中国代表团调看。他们拒绝了中国代表团提出的所有建议和要求，将中国完全置于一个任人宰割的境地。

至此，中国在巴黎和会上的外交宣告彻底失败。

三、废除"二十一条"的努力与"希望条件"说帖

尽管巴黎和会上的中国代表受到极大的歧视与排挤，他们仍然对于"公理"抱着一线希望，作出种种努力，希求和会作出有利于中国方面的裁决。

1919年4月15日，中国代表在向和会交涉山东问题的同时，向和会提交了《废除民四条约说帖》。说帖要求和会主持公道，废止中日之间签订的"二十一条"。这也是中国代表为解决山东问题从侧面向日本发起的一种攻势。

《废除民四条约说帖》分列三章，详尽剖析了"二十一条"的提出及交涉过程，揭露了日本侵华实质和强权手段，全面论述了废除这一不平等条约的理由。说帖指出："二十一条"是日本乘务协约国正与德国苦战之时，"向中国行劫夺"，"此案之中日谈判尽由日本独断，为状之奇，古今仅有"，"中国所派代表人数及人员，均出于日使之指定，中国代表请备正式记录，以记会议之结果，而日本不允"等。因此，《民四协约》"系先以恐吓使中国不得不与之磋商，继以最后通牒逼中国不得不签字而订结者"，"论其性质，应视为一种单方面之条约"。

为了使和会有充分根据讨论这一问题，说帖强调：该项条约"全因欧战所发生，而条约中所拟定之事件，其解决之权利，又完全属诸和会"。1917年，日本和英、法、意、俄签订密约，承认日本继承德国的权利，这些

都发生在中国参战之前，而参战之后的情况"绝对改变"，密约应随着中国对德宣战而废弃。说帖还进一步找出依据说明中国请求和会废除《民四条约》是有先例可援的：1878 年的柏林会议，"曾经联合列强修正俄土两国所订之条约"，其主要理由为"该约全出于俄国之所指挥，其结果将不利于欧洲和平"；今 1915 年的中日条约"亦全出于日本之指挥，实不利于远东之和平，其结果且不利于世界之和平也"，因此也应由和会宣布予以废弃。

日本方面就这份说帖强词答辩称，即使因中国对德宣战，可以消除 1915 年的条约，但 1918 年就山东问题的换文，却是北京政府"欣然同意"的产物。这个宣战以后的协定是"完全合法，且具永久之意"的。

由于日本的坚决反对，1919 年 5 月 14 日，巴黎和会主席法国总理克雷孟梭复函中国代表团，说："充量承认此项问题之重要，但不能认为在和平会议权限之内"，拒绝将中国方面的说帖提交和会讨论。

中国代表在巴黎和会首次向国际社会表达了中国政府对"二十一条"的态度和立场，全面揭露了日本侵略者肆意侵犯中国主权的罪行，尽管没有达到废除这一条约的目的，但仍然有着积极的意义。

4 月，中国代表团又向和会提出了一份名叫《中国希望条件说帖》的长篇方案，提出了废除外国人在华一切特殊权利的问题。这也是中国政府首次在重要国际会议上公开要求修改不平等条约。这个说帖包括七个问题，大致内容如下：

1. 要求各国同意与中国重新修订足以造成势力或利益范围、妨碍中国主权的一切条约、协约、换文、合同等。

2. 要求立即撤去在法律上没有根据而在华的外国军队及巡警机关，由和平会议宣告废止《辛丑条约》第 7、9 款，撤退所有外国使馆卫队和驻扎中国的军队。

3. 要求自 1921 年 1 月 1 日起撤去所有外国邮局；此后未经中国政府允许，不得在中国领土上设立有线电报机关。

4. 中国在 1924 年底以前颁布 5 种法典，在所有府城设立审判厅，要求各国届时一并放弃领事裁判权及在华设立之特别法庭。

5. 要求将各国租借地归还中国，由中国担任归还后应尽之义务，如保护产业权及治理归还地面等。

6. 要求相关各国于 1924 年底将租界归还中国，中国担任保护界内产业权等义务。

7. 要求和会宣言由中国与各国商定时期，由中国自行改订关税。

（《北京政府司法部档案》，藏中国第二历史档案馆。）

显然，这份希望条件还没有要求立即废除帝国主义在华的一切特权，只是要求和会规定若干原则和时间以逐步废除这些特权。中国代表在说帖中指出：此类问题并不因此次世界大战而发生，"然和平会议之目的，固不仅与敌国订立和约而已，亦将建设新世界，而以公道平等尊重主权为基础"，因此，若不及时纠正上述不平等条约，"必致种他日争持之困，而扰乱世界之和局"。《中国希望条件说帖》根据威尔逊提出而作为和会基本原则的十四条原则，向国际社会公开表达了中国人民要求摆脱帝国主义的干涉与束缚，改变中国半殖民地、半封建社会的国际地位，要求独立、自由的强烈愿望。这却是各帝国主义列强所不愿接受的。

5 月 14 日，克雷孟梭再次通知中国代表团：中国提出的这些事宜不在和会权限以内，"一俟国际联盟能行使其职权时，即应促其行政院注意"。由此再次暴露出，巴黎和会并非是一个"公理战胜强权"的会议，在那里，强权仍然起着绝对的主导作用，弱小国家仍然是大国分赃的牺牲品。

四、五四运动和拒签和约

巴黎和会上中国代表反复申述，均告无效；山东问题的解决，完全满足了日本方面的要求，中国外交遭受惨重失败。消息传来，给为"公理"热情欢呼的中国人当头浇了一大盆冷水。人们由震惊而愤怒了。陈独秀在《每周评论》上说："什么公理，什么永久和平，什么威尔逊总统十四条宣言，都成了一文不值的空话。"（《每周评论》第 20 号，1919 年 5 月 4 日。）北京大学的学生更以讽刺的口吻说："威尔逊发明了一个教学公式，十四等于零。"（《五四运动回忆录》上，第 222 页。）

轰轰烈烈的五四运动爆发了。1919 年 5 月 4 日下午 2 时，北京大学等高校 3000 多名学生集会天安门，高呼"还我山东！""拒签和约！""外争国权，内惩国贼！"等口号。学生队伍开往东交民巷使馆区提抗议，受阻后直奔东单曹汝霖住宅赵家楼（曹为当年交涉中日"二十一条"的外交次长）。在曹家，学生们碰上了当年"欣然同意"中日山东问题换文的驻日公使章宗祥。于是，游行抗议者怒不可遏，痛打章宗祥，火烧赵家楼，做出了震惊中华历史的爱国壮举。北京政府出动警察镇压学生运动，全国各地学生纷起响应北京，6 月 3 日以后，更有上海工人罢工斗争，有力支援学生运动。

中国的历史由此翻开崭新的一页。

五四期间，中国有 7000 多封要求中国代表团拒签和约的信件飞往巴黎，中国人民对于国际社会的强权政治，发出了最强烈的抗议。在国内人民爱国情绪的感召下，巴黎中国代表团为维护中国主权继续抗争。

在得知巴黎和会条约完全无视中国代表团的要求，全部满足了日本人的侵略要求以后，中国代表团于 5 月 4 日向和会的三国会议提出了正式抗议。抗议说：

"得知山东问题之解决方法，已将前德人所有权利移让日本，而日本自愿将山东领土之主权归还中国，惟得享受德人所有之经济权利。……按此种解决方法，中国代表团不独大不满意，且十分失望。……中国于 1917 年向德奥宣战，加入协约，所有中国与德奥前订各约一律取消；然则德国权利当然归还中国。且中国之宣战，曾经协约及共同作战各国政府正式承认，及今三国会议解决胶州与山东问题，反将前属于德人之权利让给日本，由此可见会议所让给与日本之权利，在今已非德人所有，乃纯粹之中国权利。

"中国于加入协约之后，直至今日战争了结，和约告成，中国反为各大国之商议品与抵偿品。……大会议之认可日本要求，乃所以保全国际同盟也。

中国岂不知为此而有所牺牲，但中国有不能已于言者，大会议何以不令一强固之日本放弃其要求（其要求之起点乃为侵犯地土），而反令一软弱之中国牺牲其主权？代表等敢言曰：此种解决方法，不论何方面提出，中国人民闻之，必大失望，大愤怒。当意大利为阜姆事决裂，大会议已为之坚持到底；然则中国人所提出之山东问题，各大国反不表同情乎？要知山东问题，关于四万万人民未来之幸福，而远东之和平与利益皆系于是也。中国代表以为，对于三国会议对山东问题之解决办法，提出正式抗议，乃其职责也。"（《六十年来中国与日本》（七）第319—321页。）

5月6日，和会召开协商国大会，宣读对德媾和条约草案，中国首席全权代表陆徵祥针对条约内的山东条款，作了如下声明：

"中国全权对于三国会议决定之山东问题之解决办法，不得不表示深切之失望。吾人深以为遗憾，此种失望，全中国人民亦所同感。窃思此种办法似未考虑法理及中国之安宁。中国全权坚持至今，其理由已向三国会议正式提出抗议，希其修正。倘不副吾人之切望，中国全权对于该项条款不得不声明有保留之义务，并请将本全权之上述声明记入议事录中。"（《六十年来中国与日本》（七）第324页。）

在是否签署和约的问题上，中国的北京政府陷入了两难境地：一方面是国内各界坚决主张拒签和约的怒潮；一方面又担心拒签和约将使中国不能加入国际联盟。5月20日，北京政府决定接受巴黎和会上中国代表团提出的"保留签字"的方法，指示代表团："现由专使等在会提出抗议，如果无可转圜，政府熟权利害，决定对于此项草约，大体应行签字，唯山东问题应声明另行保留，以为挽救地步。"（《晨报》1919年5月21日。）

据此，中国代表团继续与美、英、法三国代表磋商，希望在"保留签字"问题上得到他们的支持。法国外交部长毕勋表示坚决反对，他说："中国如开保留之例"，"各国不满意者甚多，倘使纷纷援例办理，岂非和约将不完全乎"？英国代表也断然宣称："和约为协约及共事各国对于敌国之约，不但无不签字之理，抑亦无保留办法。"（《秘笈录存》第212—213页。）

美国总统威尔逊也拒绝支持中国代表的要求。据与威尔逊直接交涉的顾维钧回忆，威尔逊反对的理由有三条：第一，中国代表团的任何保留都将开辟先例，而那些对于和会有关决定不满的代表团就会起而效法。第二，美国更多地考虑国际联盟的问题，而国际联盟盟约的某些方面已为美国参议院所反对，其他国家的代表团可能也会对盟约提出保留，特别是日本。因此，中国代表的举动可能妨碍国际联盟的建立。第三，即使和会不允许中国代表团保留，中国也不应拒绝签字，因为拒签将使中国被摒于国联之外，而中国成为国联成员之后，在对外关系中以前受到的不平等待遇是可以改变的。（《顾维钧回忆录》第 1 卷，第 204 页。）

5 月底，陆徵祥因病住进医院，巴黎代表团的后期工作由顾维钧实际主持。

国内五四爱国运动持续发展，6 月 11 日，总统徐世昌通电全国"咨请辞职"，同时主张签字"以维持我国际之地位"。（《六十年来中国与日本》（七），第 346 页。）中国驻外使节也纷纷来电主张签字，担心"如不签字，徒伤三国感情"，参加不了国联。

总统徐世昌通电辞职以后，北京政府陷入混乱状态。6 月 24 日以后，北京外交部接连电告巴黎代表团：国内局势紧张，人民要求拒签，政府压力极大，签字一事请陆总长自行决定。（《顾维钧回忆录》第 1 卷，第 206 页。）

至此，全部责任落在了巴黎代表们的肩上。巴黎和会定于 6 月 28 日召开最后会议并对和约签字，中国代表为争取"保留签字"继续努力。中国代表首先要求和会重新审议山东问题条款，遭和会拒绝；退而要求在条约里附加中国方面的保留意见，又遭拒绝；再次，要求不用"保留"字样，只在大会上发表声明，也不被允许。6 月 28 日上午，中国代表分函美、英、法三国首脑，表示如签字不影响将来提出重议即可签字，但三国又将原函退回，只准在签字后致函大会表态。（张忠绂《中华民国外交史》（一）第 275 页。）

6 月 28 日下午，愤怒的中国代表团向巴黎和会递交了拒签和约的宣言，其内容是：

"因感觉大会对山东问题解决办法之不公道，中国代表团曾于 1919 年

5 月 4 日对最高会议提出正式抗议，并于 5 月 6 日声请保留。中国全权既尽调和之全力，卒未得达，中国全权为维持国家体面计，百方勉力，终被拒绝，此对于国家及国民之义务不得不遵循也。与其承认违悖正义公道之第一百五十六、第一百五十七、第一百五十八三条款，莫如不签字。中国全权之此举实出于不得已，惟于联合国团结上有所损失，殊觉遗憾。然舍此而外，实无能保持中国体面之途，故责任不在中国，而在于媾和条款之不公也。媾和会议，对于解决山东问题，已不予中国以公道，中国非牺牲其正义公道爱国之义务，不能签字，中国全权愿竭诚布陈，静待世界公论之裁判。"（《六十年来中国与日本》（七）第 352—353 页。）

巴黎中国代表团在发表拒签宣言的同时，向国内发回了集体"引咎辞职"的通电。通电历数代表团在和会的努力及外交失败之过程，表达了对和会最后裁决强烈的不满与愤恨。通电说：

"此事我国节节退让：最初主张注入约内，不允；改附约，又不允；改在约外，又不允；改为仅用声明不用保留字样，又不允；不得已改为临时分函声明，不能因签字而有妨将来之提请重议云云，岂知直至今午时，完全被拒。此事于我国领土完全及前途安固关系至巨，祥等所以始终不敢放松者，固欲使此问题留一线生机，亦免使所提他项希望条件生不祥影响。不料大会专横至此，竟不稍顾我国家纤微体面，曷胜愤慨。弱国交涉，始争终让，几成惯例，此次若再隐忍签字，我国前途，将更无外交之可言。"（《六十年来中国与日本》（七）第 353 页。）

中国拒绝在巴黎和约上签字，在国际范围内造成了巨大影响。

首先使日本处于一个微妙的境地。日本在和会上不断向各大国施加压力，最终达到了各大国共同对付中国的目的。虽然日本已经通过军事占领攫得了在山东的一切特权，但它还是希望通过巴黎和会，特别是中国的签字，使它的特权合法化。中国拒绝签字，就使日本在对德和约中所获享的权利不能合法化，并使日本处于世界舆论的谴责当中。

中国的抗议和拒签，受到美国国内舆论的普遍支持。尽管威尔逊回国以后口干舌燥地劝说美参议院同意批准和约，最终仍遭失败，其中山东问题的解决成为重大的障碍。美国参议院最后以压倒多数拒绝通过和约。驻北京的美、英、法公使纷纷请求中国政府采取措施，改变中国拒签和约后的窘境。中国政府的答复是：请这些国家与日本交涉，说服日本确定归还德国租借地的确切期限。

各帝国主义列强开始认识到中国人民中所蕴藏的巨大力量。1919 年 6 月 24 日，美国驻华公使芮恩施向国内发回的报告中说：“现在人们都认识到，过去三个星期以来的运动，已经在中国产生了一种有组织的公众舆论，能对中国政府施加具体的压力，并实现具体的行动。这里人人都承认，这是一个极其重要的发展。”（《美国对外关系文件 1919 年》第 1 卷，第 710—711 页。）8 月 26 日，英国公使朱尔典也向其外交部报告说：“在中国，人民一年比一年更得势，将来终将取得胜利，这是不容置疑的。”（《英国外交文件（1919—1939 年）》第 1 编，第 6 卷，第 688 页。）五四运动是推动中国巴黎代表拒签和约的一个最直接的动力，它使各帝国主义列强在和会上袒日压华、以强凌弱的阴谋破产了，它是中国人民争取国家独立自由的一次重大胜利。

中国拒绝签署巴黎和约，并未如当时北京政府一部分人的想法那样，被摒弃于国际社会之外，相反，战后的国际形势却朝着有利于中国的方向发展。中国因签署了《对奥和约》而得以加入国际联盟，因为对奥和约的第一部分就是国联盟约。随即，中国代表团又先后签署了《对匈和约》和《对土和约》。1920 年 12 月，中国首任驻国联代表顾维钧当选为国联理事会非常任理事；1921 年 8 月，顾维钧又当选为国联理事会主席。中国在国际社会的地位有所提高。

第十章　安内攘外，引狼入室

——何应钦、秦德纯与中日华北谈判（1935）

一、蒋介石"攘外必先安内"的政策

1927 年 6 月 27 日，日本在东京召开东方会议，讨论中国局势，制定进一步的侵华政策。参加会议的有日本外务省、关东军、陆军省、参谋部、海军省、军令省等各方面的官员，由内阁首相田中义一主持。会议认为：中国政情不稳，有惹起国际不幸事件之虞，日本除采取断然自卫措施予以维护外，别无他法；对于满蒙，尤其东三省地方，因与我国防及国民生存具有重大利害关系，我国必须予以特殊考虑，等等。会议决议为公开文件，日本当局者刻意将之蒙上了一层温和色彩。

会后，田中义一根据会议内容起草的臭名昭著的《田中奏折》，则将日本对于中国的侵略野心淋漓尽致地暴露出来。奏折中说："所谓满蒙者，乃奉天，吉林，黑龙江及内外蒙古是也，广袤七万四千方里，人口二千八百万人。较我日本帝国国土（朝鲜及台湾除外）大逾三倍。其人口只有我国三分之一。不惟地广人稀，令人羡慕，农矿森林等物之丰，举世无其匹敌。我国因欲开拓其富源，以培养帝国恒久之荣华，特设南满洲铁道会社，借日、支共存共荣之美名，而投资于其地之铁道、海运、矿山、森林、钢铁、农业、畜产等业，达四亿四千余万元。此诚我国企业中最雄大之组织也。……故历

代内阁之施政于满蒙者，无不依明治大帝之遗训，扩展其规模，完成新大陆政策，以保皇祚无穷，国家昌盛。……唯欲征服支那，必先征服满蒙；如欲征服世界，必先征服支那。倘支那完全可被我国征服，其他如小中亚细亚及印度南洋等异服之民族，必畏我敬我而降于我。使世界知东亚为我国之东亚，永不敢向我侵犯，此乃明治大帝之遗策，是亦我日本帝国之存立上必要之事也。……考我国之现势及将来，如欲造成昭和新政，必须以积极的对满、蒙强取权利为主义，以权利而培养贸易，此不但可制支那工业之发达，亦可避欧势东渐之危险。策之优，计之善，莫过于此。我对满、蒙之权利如可真实的到手，则以满、蒙为根据，以贸易之假面具而风靡支那四百余州；再以满、蒙之权力为司令塔，而攫取全支那之利源。以支那之富源而作征服印度及南洋各岛以及中、小亚细亚及欧罗巴之用。我大和民族之欲步武亚细亚大陆者，握执满蒙利权，乃其第一大关键也。"（《时事月报》第 1 卷第 2 期，南京版，1929 年 12 月。）

在此一赤裸裸的野蛮侵略政策的指导下，日本积极实施对华战争挑衅。

1928 年 4 月，国民党政府宣布再次"北伐"。当国民革命军向山东境内进兵时，日本调遣天津驻军 2000 余人抢先侵入济南。5 月 3 日，日军对驻济南的少量中国守军与和平居民实行残暴屠杀。尤其令人发指的是，日军公然破坏国际外交惯例，冲进国民党战地政务委员会外交公署，抓捕并捆绑南京政府新任驻山东特派交涉员蔡公时等人。蔡向日军说明身份，并用日语提出抗议，竟被日军惨无人道地割去耳鼻。蔡大义凛然，继续怒斥日军暴行，日军又将其舌头、眼睛挖去，然后用机枪扫射，外交公署 17 人全部遭难。最后，日军还烧毁了外交公署的办公楼。

5 月 11 日，日军攻占济南，继续其屠杀暴行，中国军民死 6123 人，伤 1700 人，千余居民房屋被烧。日本内阁于 17 日向中国方面发出照会，称："当战乱发展至京、津地区，其祸乱将及于满洲之际，帝国政府为维持满洲治安起见，不得不采取适当而且有效之措施。"（《日本外交年表及主要文书》（下）第 116 页。）

面对日本侵略者的严重挑衅，蒋介石却下令国民革命军"忍辱负重"，撤出济南，绕道北上。蒋介石这种对外妥协政策，来源于他的"攘外必先安内"的反动思想。这一思想不断发展，极大地助长了日本对于中国的侵略野心。

蒋介石正式提出"攘外必先安内"的口号，是在1931年。其时，日本正在积极策划进军中国东北，蒋正在南昌指挥对中央苏区的第三次"围剿"。他在这一年7月23日发布的《告全国同胞书》中说："当此赤匪军阀叛徒与帝国主义者联合进攻，生死存亡，间不容发之秋。自应以卧薪尝胆之精神，作安内攘外奋斗，以忍辱负重之毅力，雪党国百年之奇耻，惟攘外应先安内，去腐乃能防蠹。……故不先剿灭赤匪，恢复民族之元气，即不能御侮，不先剿平叛逆，完成国家统一，即不能攘外。"（《蒋"总统"秘录》，"中央日报"译印，第7册，第185页，1976年版。）

以后，蒋介石又多次对他推行的"攘外安内"政策作说明，说："'攘外必先安内'，是古来立国的一个信条。如果内部不能安定，不但不能抵御外侮，而且是诱致外侮之媒。""古人所谓攘外必先安内，意思就是先要戡定内乱，然后可以抵御外侮，这话有至当不移颠扑不破的真理。……我们不怕现在不能攘外，只怕为我们心腹之患的土匪，不能消灭。我们应当坚确认定革命军当前的责任，第一个乃是剿匪来安内，第二个才是抗日来攘外。"（《蒋"总统"集》（一）第606页，第622页。）

蒋介石"攘外必先安内"的政策为日本的侵华战争开了绿灯。1931年9月18日，日本军队预先炸毁了南满铁路柳条湖一段，却诬称是中国军队破坏的，随即向东北军驻地北大营及沈阳城进攻。其时，进攻的日本军队人数约2.3万人，而驻东北的国民党东北军却有20余万之众。事变发生当晚，东北军首领张学良十几次电南京蒋介石请示，南京方面若无其事地十几次复电，让东北军"不准抵抗，把枪架起来，把仓库锁起来，一律点交日军"。（《东北日报》，1946年3月24日。）就这样，20余万东北军一枪不发，撤到了山海关以内。此即震惊中外的"九一八事变"。

随后，日本侵略者仅用了3个月时间，就迅速侵占了中国东北全境。东北 3000 万同胞，100 多万平方公里的土地，便沦于日本帝国主义的奴役蹂躏之下。这样顺利的"战争"，就连日本人也没有想到。驻北平的日本特务机关长松室孝良在给东北军的秘密报告中说："倘彼时中国官民能一致合心而抵抗，则帝国之在满势力，行将陷于重围，一切原料能否供给帝国，一切市场能否消费日货，所有交通要塞、资源工厂能否由帝国保持，偌大地区，偌多人口，能否为帝国所统制，均无确实之把握，同时反满抗日力量之集结，实行大规模之游击扰乱，则皇军势必苦于应付矣。"（国民党行政院档案〔2〕3374）可见，蒋介石之对外妥协政策实际上与日本的侵略起到了里应外合的作用。

日本人并不因蒋介石的退让与妥协而放手。日军在占领东北以后，又在上海点燃战火，继续将侵略战争推向中国内地。当时，日本的目的是企图变上海为进攻中国内地的基地，并借此转移国际上对它侵占中国东北的注视和迫使国民党政府承认它占领东北的既成事实。1932 年 1 月 28 日夜，日军分数路由租界向闸北进攻，挑起"一·二八事变"。驻上海的国民党十九路军，在全国人民抗日热潮的推动和影响下，奋起抵抗，以不足 4 万的兵力，抗击了 10 余万日军的猛烈进攻，坚持战争 1 个多月。蒋介石政府仍然坚持"攘外必先安内"的反动政策，于 5 月 5 日与日军签订了《淞沪停战协定》，规定苏州河以北，望仙桥、浒浦口一线以东，中国军队不得驻扎，而日本军队却可以"暂时驻扎"。其丧权辱国的倒行，令国人愤慨之极。

日本侵略者以武力逼使国民党政府一步步退让卖国，其侵略气焰日益嚣张。他们继续策划在东北建立"满洲国"，以分裂中国领土，巩固其在东北的侵略势力。1932 年 3 月 9 日，日本侵略者将清朝末代皇帝溥仪挟持至东北，让他粉墨登场，出任"执政"，后又改称"皇帝"。9 月，签订了所谓《日满议定书》，演出了一场日本宣布承认"满洲国"的丑剧。

"满洲国"由一批汉奸头目当伪总理和各部大臣，但各部大臣下面都有日本人担任次长，由日本人实际掌握各方面的大权。在伪政府中还设立了一个总务厅，由日本人任总务厅长官，总揽伪政府的一切大权。因此，日本关东军完全支配着"满洲国"，而关东军司令官则是"满洲国"的太上皇。

在确实把握了中国东北的政权以后，日本继续将它的侵略魔爪伸向关内。1933年1月，日军占领了东北通向华北的门户山海关，并兵分3路进攻热河，国民党20万军队望风而逃。5月31日，华北中国军代表熊斌与日本关东军代表冈村宁次签订了《塘沽协定》，规定：1.中国军一律迅速撤退至延庆、昌平、高丽营、顺义、通州、香河、宝坻、林亭口、宁河、芦台所连线以西、以南地区。尔后，不得越过该线。又不做一切挑战扰乱之行为。2.日本军为证实第一项的实行情况，随时用飞机及其他方法进行监察。中国方面对此应加以保护，并给予各种便利。3.日本军如证实中国军业已遵守第一项规定时，不再越过上述中国军的撤退线继续进行追击，并自动回到大致长城一线。4.长城线以南，及第一项所示之线以北、以东地区内的治安维持，由中国方面警察机关担任之。上述警察机关，不可利用刺激日军感情的武力团体。（《华北事变资料选集》第54—55页，河南人民出版社。）

《塘沽协定》实际上承认了日本侵占东三省和热河的"合法性"，承认冀东为"非武装区"，中国不能在那里驻扎军队，而日本可以在那里自由行动。这样，整个华北门户洞开，日军随时可以进占冀察，直取平津。

《塘沽协定》的签订，遭到举国一致的反对。中国共产党领导下的中华苏维埃临时政府两次发表谴责声明，宣布绝不承认《塘沽协定》，号召全国民众起来，以罢工、罢课、罢市、示威等活动，来反对与阻止《协定》任何一条的执行。国民党内的爱国将领蒋光鼐、蔡廷锴、冯玉祥等也通电反对蒋介石的对日妥协态度，指出："我与暴日不共戴天，妥协苟成，无异圈牢待牢，等一死耳。""目下平津被围，察绥危殆，此时言和，等于投降。"（《近五十年中国与日本》第1卷，第147页，四川人民出版社。）

蒋介石"攘外必先安内"的反动政策，一手断送了中国东北三省的主权与领土，助长了日本侵略者的嚣张气焰，直接起到了开门揖盗、引狼入室的作用。

二、河北事件与何梅秘密谈判

就在蒋介石政府倾其国民政府之全力，进行"围剿"红军的战争期间，日本侵略者不断加强对中国内地的大规模渗透与蚕食，并且摆出一副独霸中国的架势，不许其他国家染指中国。1934 年 4 月 17 日，日本外务省情报部长天羽英二发表关于对中国的国际援助问题的声明谈话，蛮横宣称："关于东亚问题，日本的立场与使命，也许和其他各国的立场与使命有所不同"，"日本有决心完成维持东亚和平与秩序的使命"；"如果中国采取利用其他国家排斥日本、违反东亚和平的措施，或者采取以夷制夷的排外政策，日本就不得不加以反对"，如果各国"对于中国想采取共同行动，即使在名义上是财政的或技术的援助，必然带有政治意义"，"将在中国划定势力范围，开国际管理或者瓜分之端"，"不仅给中国带来莫大的不幸，并且对东亚的安全，甚至对日本也会带来严重的后果"，"日本在原则上不得不对此表示反对"；最近各国对华"提供武器、军用飞机，派遣军事教官，提供政治借款等等，最后显然要导致离间中国和日本以及其他各国的关系，产生违反维持远东和平与秩序的结果"；"日本不能对此置之不理"等。（〔日〕《日本外交年表及主要文书》（下）第 284—286 页。）

日本的《天羽声明》发表后，国际舆论哗然。日本的态度完全将中国置于日本保护国的地位，无视任何国际法规，英、美等国政府对此却不敢正面提出抗议。英国一位外交官发表谈话说：《天羽声明》是日本"警告其他国家离开中国"，英国的方针是"保持现状"，"同日本保持过得去的关系"，"但不能指望最终做比这更多的事"。（路易斯《英国在远东的战略》第 220 页。）美国政府在一段时间内以未见正式声明文本为由，保持沉默态度，对于英国政府的探询也未做出迅速反应。所有这些国际势力的怂恿，都促使日本积极着手进一步的侵华行动。

1935 年 1 月 4 日，日本关东军在大连召开会议，会议议题以《塘沽协定》为中心，重新考虑对华政策，决定今后对伪满和对华北的方针。会议决定对伪满的方针是，"由治安第一主义，变为经济第一主义"；对华北的外交方针是，"始终企图整个问题之解决，在未达到最后目的之前，则用侧击旁敲办法，逐步前进"，以达到最后吞并华北的目的。（《申报月刊》第4卷，第2号，第123页。）

随后，日本侵略者就开始了对华北"旁敲侧击""逐步前进"的活动了。

1935年1月19日，日本驻华公使馆武官高桥坦向第29军军长兼察哈尔省主席宋哲元提出警告，胡说独石口到沽源一带中国军队所驻守地方，属热河省丰宁县境，要求中国军队迅速撤出，否则将采取"断然态度"。宋哲元立即向当时的国民党北平军分会代委员长何应钦报告，何应钦十分担忧关东军以此为借口进占沽源和独石口两处要隘，威胁张家口和平绥铁路的安全，遂一面电告南京政府请示，一面令宋哲元作出让步，"在长城以外竭力避免冲突，以免日军借口"。然而，日军并不因中国方面提出让步和解而善罢甘休，22日以步炮兵1000余人，伪军2000余人，向长梁、乌泥河、独石口一带发起进攻。此为"察东事件"。

1月30日，关东军代表和北平军分会代表在北平谈判。日方代表高桥坦态度骄横，要求中方承诺：1.中国军队不法越境，表示陈谢之意；2.中国军队全部缴还此次所收"满洲国"民团的武器；3.中国军队将来绝对不得有越境的不法行为及威胁"满洲国"领土的行动，否则，日本军队就断然占领沽源和独石口，张家口亦将被占领。中方代表在谈判中反对用"不法越境"的提法，要求改"陈谢"为"遗憾"，删去"满洲国"字样等等。2月2日，中日双方在日军驻地大滩正式商定协约，又称"大滩口约"。

通过这个口头协定，日本进一步削弱了中国政府对沽源县长城以东地区的控制。5月日军更把察东沽源县的小厂、石头城子、乌泥河、北石柱子、长梁、断水梁等地，划归"热河丰宁县第六区"，在那些地方设立了"国境警察队"，并且将这些地方任意以日本军官的名字重新命名。

察东事件刚过，日本很快又制造了河北事件。

河北事件包括两件事：一是天津日本租界内两个汉奸报社长被杀引起的

风波；一是日军"围剿"抗日武装孙永勤部引起的磨擦。

1935年5月2日深夜11时，天津日本租界汉奸报《国权报》社长胡恩溥，在租界内的北洋饭店遭到枪击，身中四枪，虽被送往医院抢救，但终因伤势过重，于次日凌晨毙命。胡遭枪杀后五小时，即3日凌晨4时左右，另一个汉奸《振报》社长白逾桓也在日租界义德里22号私宅里被杀。白身中三枪，当场死亡。

胡、白二人都是接受日本津贴的无耻汉奸。他们受日本军方指使，发行中文报纸，传播所谓"泛亚细亚思想"；为日本帝国主义侵略中国制造舆论。胡、白死后，日本方面曾召中国地方法院前来检视现场。法警从白逾桓的上衣口袋内发现"中华民主同盟会"致"大日本帝国关东军司令官大将南（次郎）"的信函，长达数千言。另有一信封，里面装着白的日本护照与名片等物。足见这些人与日本军方有着极为密切的联系。

枪杀胡、白的人究竟是谁，迄今仍为悬案。日本驻天津总领事川越茂给国内的报告说："犯罪指挥者是上海保安处长兼蓝衣社中央总部执行部长杨虎。"台湾1977年翻译出版的日本人古屋奎二所著《蒋"总统"秘录》中说："这两个人被暗杀事件，在第二次大战以后揭穿真相，又是日军所设计的谋略。据说其幕后人就是日本的'支那驻屯军'参谋长酒井隆。"

无论幕后指挥者是谁，日本迅速就此事掀起了风波。5月11日，日本驻华使馆武官高桥坦会见何应钦，诬称："此次日租界暗杀白、胡事件，日方认为扰乱日租界治安，情形严重，万难漠视。在一日之内，暗杀两人，计划周密，必有多数经费及人员，决非少数人所为，想系国家机关或有力团体所为，省市政府或知情不敢取缔，日方现正搜索证据中，俟有线索，当彻底纠明其责任者。"何应钦回答："白、胡被刺事件，因系发生在日租界，我政府无从明了其真相。"（《宋哲元与七七抗战》第68页。）

正当天津租界暗杀案正在交涉之际，日本方面又提出了所谓国民党遵化当局庇护抗日义勇军孙永勤部的责问。

孙永勤的义勇军是活跃在热河省南部长城一带的一支抗日武装。 1933

年3月日军占领热河以后，孙在家乡揭竿而起组织了一支抗日军队。中共冀东特委曾派人到孙部帮助其军队建设，从此，孙部实际上成为中国共产党领导下的一支武装力量。1934年2月，孙永勤部改称"抗日救国军"，孙任军长，下辖两个纵队，队伍发展5000多人。在一年多的时间内，这支部先后攻克日伪军据点100多个，消灭日伪军15000余人，沉重打击了日本侵略军的嚣张气焰。因此，日军对孙部恨之入骨，多次对其进行"兜剿"，均遭失败。

根据1933年5月日军与国民党签订的《塘沽协定》。遵化县属于"非武装区"，日军和国民党军均不能随便入内。1935年初，日军再次集结兵力，对孙永勤部"进剿"，孙部经过与日军激战，乘隙越过长城到遵化县东北一带与日军周旋。日军通知国民党遵化县保安大队，要其从长城后撤，决定进入"非武装区""追剿"孙部。孙部撤至大屯、侯家寨一带活动，曾要求遵化县长何孝怡接济弹药。5月20日，当孙部再度进入长城内时，日军尾随而至，双方发生激战，孙部不支，退向茅山。24日，日军和国民党军合围孙永勤军于茅山一带。孙永勤虽几次组织突围，都因敌众我寡未能成功，经浴血苦战，孙永勤及大部官兵壮烈牺牲，余部退往迁安。

尽管国民党河北省政府曾派兵协助日军夹击孙永勤部队，充当了杀害自己抗日同胞的可耻帮凶，但日军仍就此事件向何应钦递交了一份措辞强硬的书面通知：1.这次，遵化县长等确有庇护孙永勤股匪的事实。过去，国境附近的中国官吏也庇护过扰乱热河秩序的股匪，这是不能允许的。因此，关东军追问其责任。2.关东军数月来虽然在扫除扰乱热河的孙永勤股匪，然而因为得到中国官方的庇护，动辄向中国领土内逃遁，因此，日军不得已自动进入遵化一带，以期彻底消灭之。（《宋哲元与七七抗战》第70页。）

发生了上述两起事件以后，日军认定国民党政府步步退让的基本政策，决定以河北事件为要挟，进而窥视华北主权。

1935年5月29日，日本华北驻屯军参谋长酒井隆和驻华使馆武官高桥坦以关东军和华北驻屯军代表身份，分别晤见国民党行政院北平政整会秘书长俞家骥和北平军分会代委员长何应钦。此为中日双方就河北事件进行的第一次会谈。

日方代表首先向中国方面提出两点警告：

1. 中国方面官宪主动地对满实行阴谋，援助长城附近的中国义勇军，对日实行恐怖主义等，是破坏停战协定的行为，而且其发动的根据地在北平、天津。如此，日军遂不但有必要再次越过长城而进入战区，且实有将北平、天津两地划为停战地区的必要。

2. 胡、白之被杀案，鉴于白等是日本军使用之人，所以践踏了庚子事件关于归还天津的交换公文，不仅是明显的排外行动，而且实为对我日本的挑衅。实行排外行动其后果的严重性，看一看庚子事件及满洲事变即可明白。

今后在发生此类行为或预知要发生时，日本军根据条约的权限，如果认为有自卫的必要，将采取行动，而且，对由此而发生的事态，日军不负责任。

这两点警告竭尽恐吓威胁之能事，竟以八国联军侵入北京和满洲事变这种可耻的侵略勾当相威逼，其骄横和不可一世的态度已达到顶点。而俞家骥、何应钦却只能唯唯诺诺，对于日方的嚣张气焰不敢有所顶撞。

接着，日方又对解决事件提出 5 项要求：

1. 蒋介石放弃对日二重政策；

2. 将宪兵第三团及类似团体、军事委员会政治训练处、国民党党部及蓝衣社等，撤出华北；

3. 撤走上述各机关的后盾第二师、第二十五师；

4. 罢免事件的直接间接当事者蒋孝先（宪兵第三团长）、丁正（该团副团长）、曾扩情（政治训练处长）、何一飞（蓝衣社平津办事处长）；

5. 罢免于学忠（河北省政府主席）。

（参见〔日〕《日中战争》1《现代史资料》8，第 61 页。）

面对日军如此蛮横无理的要求，俞家骥表示要向南京方面请示；何应钦则表示，关于罢免当事者的问题，要在自己的权限的范围内尽量加以处理，其他问题在经过调查后务必求得中日关系的改善。

对于中方的答复，酒井、高桥很不满意。高桥临行之际气势汹汹地扔下话来："今天不是来商谈的，而是通告我军的决心！"

事后，何应钦赶紧向南京政府报告了日方的警告与要求，急切地要求"迅赐示道"。与此同时，日军却从各方面以武力向国民党政府施加压力，企图逼使中方屈服。5月30日，驻天津日军一个连配备装甲车、机关枪、轻炮等，列队在河北省政府门前示威，日本飞机也飞临平津上空低飞盘旋。

在日方压力下，何应钦吓破了胆，立即向南京政府建议："日方提出各点势在必行，我若不于可能范围内决然自动办理数件，则时日迁延，必至引起意外严重之事态。经再三考虑，目前可否自行办理以下三事：1.于学忠（河北省政府主席）他调，张廷谔（天津市长）免职；2.曾扩情、蒋孝先、丁正即行他调；3.河北省党部今后专做内部工作，停止其外部活动。（《宋哲元与七七抗战》第72—73页。）

接到何的电报后，国民党中央曾向日本外务部商谈，遭到拒绝后，决定接受日方的要挟。其时，国民党军正以全力"围剿"长征途中的红军，对日本继续实行其妥协投降政策。5月31日，国民党政府决定河北省政府提前由天津迁往保定；6月1日下令将蒋孝先、曾扩情免职；6月3日，蒋介石召见张学良，商量改组河北省政府和于学忠他调的问题。于是，短短几天，国民党政府就如此"高效率"地一一落实了日本方面的基本要求。

然后，日本并不想就此罢手。6月4日，酒井、高桥第二次拜访何应钦。

何应钦首先向日方通报了对于事件的处理情况：已命令河北省政府及天津市政府共同逮捕犯人；命令河北省政府调查县长、民团等援助匪贼问题；蒋孝先、曾扩情、丁正三人已于6月1日免职；解散宪兵第三团特务处；请示罢免于学忠、张廷谔；建议解散天津市党部、停止省党部的对外活动，罢免特务人员；解散第二十五师学生训练班。

最后，何应钦讨好地表示："中日亲善提携，为我中央既定之根本方针，个人自当遵照此方针努力进行。过去如有注意不周之处，亦当加以改善，务使中日国交日益亲密接近。"（天津《大公报》1935年6月5日。）

但是，日本代表并不以何应钦的阿腴态度为意，却又提出了新的要求：

1. 于学忠、张廷谔必须免职；

2. 从天津撤走国民党河北省党部，结束天津市党部；

3. 调走驻北平的宪兵第三团，撤销北平军分会政训处；

4. 解散抗日团体；

5. 调走驻平津的五十一军。

何应钦再次表示："一、四两项业已决定办理，其二、三、五3项可向中央报告，加以考虑。"（《中日外交史资料丛编》（三）第270页。）

这样，日本方面为河北事件的解决又成功地设置于一些障碍。

6月9日，酒井、高桥第三次会见何应钦，询问中国方面的处置情况。

何应钦立即答复日方代表说："对日方希望之点，截止昨日止，已完全办到：于学忠、张廷谔免职；军分会政训处已结束，宪三团已他调；河北省党部已移保，天津市党部已结束；已严令平津地方当局负责取缔一切有害国交之秘密组织；五十一军已决调防。"

然而，对于中国方面的全盘退让，日本代表仍然不满意。酒井甚至以愤然之态度表示："国民党政府调于学忠为川陕甘边区剿匪总司令，是升级而非处分，与日本要求的罢免相差很远。中央军也未能撤出，说明中国政府并无诚意。"

随后，日方又一次提出新的要求：

1. 河北省内一切党部完全取消（包括铁路党部在内）；

2. 五十一军撤退，并将全部离开河北日期告知日方；

3. 中央军必须离开河北省境；

4. 禁止全国排外、排日行为。

最后，酒井威胁地说："如果不立即执行，则日军将采取自由行动；一、二、三项绝无让步的余地，限十二日上午答复。"（《蒋"总统"秘录》第10册，第40页。）说罢，日人即扬长而去，其骄横傲慢之气焰达于极点。

何应钦于当天将日方新要求电达南京。次日，国民党中央在亲日派汪精卫的主持下召开了紧急会议，决定答应日方的新要求，汪精卫在给何应钦的电报中说："今晨中央紧急会议，对于河北省内党部已有决议，由秘书处电达；对于全国排外排日之禁止，已由国府重申明令；对于五十一军及中央军之撤退，无异议。"（《中日外交史资料丛编》（三）第273页。）

6月10日下午，何应钦第四次会晤高桥，告诉对方，中国政府已全部承诺日方要求。

日本方面预期的所有目标均已实现，但他们还想以文件协议的形式，将已经到手的利益进一步确定下来。

6月11日，高桥突然携带一份由日本华北驻屯军司令官梅津美治郎签署的"备忘录"到北平军分会，要求中方照抄一份，并由何应钦签章后送交梅津美治郎。这份"备忘录"的内容是：

梅津致何应钦备忘录

一、中国方面对于日本军曾经承认实行之事项如下：

1.于学忠及张廷谔一派之罢免；

2.蒋孝先、丁正、曾扩情、何一飞之罢免；

3.宪兵第三团之撤去；

4.军分会政治训练处及北平军事杂志社之解散；

5.日本方面所谓蓝衣社、复兴社等有害于中日两国国交之秘密机关之取缔，并不容许其存在；

6.河北省内一切党部之撤退，励志社北平支部之撤废；

7.第五十一军撤退河北省外；

8.第二十五师撤退河北省外，第二十五师学生训练班之解散；

9.中国内一般排外排日之禁止。

二、关于以上诸项之实行，并承认下记附带事项：

1.与日本方面约定之事项，完全须在约定之期限内实行，更有使中、日关系不良之人员及机关，勿使重新进入；

2.任命省、市等职员时，希望容纳日本方面之希望选用，不使〔用〕

中、日关系或〔成〕为不良之人物；

3.关于约定事项之实施，日本方面采取监视及纠察手段。

以上为备忘起见，特以笔记送达。

此致

何应钦阁下

昭和十年六月九日

华北驻屯军司令官梅津美治郎

（《中国近代对外关系史资料选辑》下卷，第 1 分册，第 272—273 页。上海人民出版社 1977 年版。）

日本方面的这份"备忘录"，将何应钦三次与日本代表会见时日方提出的各项无理要求统统集中在一起，企图以此方式与国民党政府签署一项正式协定，将日本人一次次讹诈出的各种利益固定下来。

何应钦收到这份"备忘录"以后，当然也不敢贸然签字，于 11 日夜 4 次致电南京请示对策。这时，国民党政府已处于骑虎难下之势，既不敢与日本人对抗，又不愿签下卖国协议，完全听从日本人的摆布。于是，经 12 日国民党中央政治会议决定，令何应钦立即离开北平返回南京，以避开日本方面的纠缠。

何应钦唯恐消息走漏不能脱身，于 13 日凌晨 3 时匆忙乘平汉路车悄然南下。可怜中国政府的官方大员，在自己的国土上竟如此地仓皇出走。自然，他也不敢得罪日本人，临行之际命军分会办公厅主任鲍文樾代行其职。14 日，鲍文樾即访问高桥，通报何应钦应召南下，表示："何虽南下，但面诺之事，同人仍均一一使其实现。"

何应钦到达南京以后，向国民党国防会议报告了河北事件交涉的经过。随后将会议决定转达日方，称："此事始终口头交涉，且酒井参谋长、高桥武官一再声明，由中国自动办理。现中国均已自动办理，且必能如期办妥，是日方意见已完全达到，实无文字规定之必要，我方难以照办，应请日方原谅。”（《中华民国史资料丛稿·大事记》第 21 辑，第 88 页。）

日本方面当然明白中国政府的心理，遂也采取了“灵活”的处置方法，要求国民党方面给一个表示承诺的书面通知。6 月 21 日，高桥为何应钦拟定了这样的一份书面通知：北平军分会何委员长送致梅津司令官之通告：6 月 9 日由酒井隆参谋长所提出之约定事项，并关于实施此等事项之附带事项，均承诺之；并拟自动的使其实现，特此通告。（《中华民国史资料丛稿·大事记》第 21 辑，第 91 页。）

何应钦接到日方草拟的“通告”以后，认为所谓“附带事项”他并没有承诺过，所以不能作答复。于是，日方又一次紧追不舍，高桥将“通告”三易其稿，最后仍交何应钦让其签字。何迫不得已，将通告内容上报汪精卫，汪于 7 月 5 日批示：“同意发出。”7 月 6 日，何应钦终于在高桥代拟的“通告”上签了字，内容为：

> 敬启者，六月九日酒井参谋长所提各事项均承诺之，并自主的期其遂行。特此通知。
>
> 　　此致
>
> 　　　梅津司令官阁下
>
> 　　　　　　　　　　　　　　　　　　　何应钦
> 　　　　　　　　　　　　　　　　中华民国二十四年七月六日

（参见《中国近代对外关系史资料选辑》下卷，第 1 分册，第 273 页。）

至此，由日方梅津美治郎提出的“备忘录”和何应钦回复的“通告”，实际上已形成了一项正式协定，史称“何梅协定”。尽管国民党不愿以书面形式签订正式协定，但最后仍不免入了日本人的“圈套”。因为何应钦的复函已经实际承认了日本提出的种种侵略要求，从而使两份签字文件成了一种特殊形式的具有外交契约作用的双边协定。

《何梅协定》形成以后，使日本驱逐国民党中央政府及其中央军势力出河北的战略意图顺利实现了，河北全省遂沦为日本侵略者的势力范围。

三、张北事件与秦土交涉

日本势力不断向中国华北渗透，他们在制造"河北事件"达成"何梅协定"的同时，以同样手法向察哈尔方向侵扰。

察哈尔省为宋哲元第 29 军驻防地区。察哈尔的张家口、张北两城，乃华北重镇，具有极为重要的战略地位。日本侵略者则将矛头直指此两城，企图通过制造事端，将中国军队从这里驱逐出去。

1935 年 5 月 31 日，日本关东军驻阿巴嘎特务机关属员大规桂、山本信亲、大井久等 4 人，奉其特务机关长盛岛南芳的命令，以旅行为名，乘载重汽车由多伦出发前往张家口，潜入察哈尔境内偷绘地图。6 月 5 日下午 4 时，四人行至察哈尔省张北县城北门时，该地国民党驻军宋哲元第 29 军第 132 师赵登禹部哨兵令其停车，检查护照。这 4 个日本人没有带护照，仅出示由多伦特务机关签发的身份证就要通过。驻军哨兵遂将 4 个日本特务扣留，送该军军法处询问。察哈尔省政府过去曾与日本领事有过协议，日本人出入察哈尔省，须由日本领事致函察哈尔省政府，准发护照，方可通行。因此，张北城守军要求检查日本人的护照，不得护照而将其扣留，都是正当的行动。

132 师军法处对于日本人的扣留十分慎重。一面待以酒饭，询其来历；一面往张家口打电话请示察哈尔省政府。省政府又向在北平出席北平军分会例会的察哈尔省政府主席宋哲元报告。宋哲元怕触怒日方，立即下令放行。省政府根据宋的指示，马上通知张北守军"着即放行"。张北守军得令后，于 6 日上午 11 时将四个日本人"礼送出境"。

然而，这 4 个日本人到达张家口后，就打电报向关东军报告，诡称在张北受到了国民党军的虐待。于是，日军立刻以此为借口，声称中国军队检查日本特务行旅是对日本军人的一种侮辱。

6 月 11 日，张家口日本特务机关长松井源太郎向察哈尔民政厅长、第

29 军副军长秦德纯提出三项要求：

　　1. 惩办直接负责人；

　　2. 第 29 军军长亲自道歉；

　　3. 保证将来不再发生同类事件，限五日内答复，否则日军自由行动。

　　（〔日〕《土肥原秘录》第 124 页。）

日军驻沈阳的特务机关长土肥原贤二则在北平扬言，第 29 军军长兼察哈尔省主席宋哲元必须去职，29 军应调至黄河以南。

在日军提出口头交涉的时候，他们又故伎重演，着手进行军事威胁。热河日伪军开始在察东采取军事行动。9 日，永安堡等地被日军占领；11 日，热河伪军进犯东栅子；12 日，伪满国境警察队进攻小厂，均与 29 军发生冲突。

何应钦唯恐事态扩大，指示察哈尔当局，对日方要求"斟酌情势办理"。

6 月 13 日，秦德纯赴天津与日方代表土肥原、松井等谈判张北事件的处理方法。日方提出四项要求：1. 道歉；2. 第 132 师参谋长撤职；3. 惩办第 132 师军法处长；4. 今后日本人赴内蒙（古）旅行予以便利。（参见《中华民国史资料丛稿·大事记》第 21 辑，第 89 页。）日本关东军原想在张北事件发生后，像河北事件赶走于学忠的第 51 军那样，如法炮制，把宋哲元的第 29 军也赶出华北。但日华北驻屯军参谋长酒井隆认为，宋哲元与南京国民党中央有矛盾，尚有可利用之处，故建议暂留宋部于平津一带。

对于日本方面提出的四点要求，秦德纯未提出任何异议，表示都可以考虑。

6 月 17 日，日本关东军司令官南次郎召集华北各路首领开会，讨论张北事件解决方法，会议历时 5 小时，至凌晨 2 时，制定出一个《对宋哲元交涉要领》，交给土肥原代表日方交涉，并限两星期内完成。

这个交涉要领的内容如下：

方针：决心使宋哲元从今绝对不能妨碍我在察哈尔省内的行动。

要求事项：

1. 在停战协定延长线以东地区及北长城线以北地区的宋军部队，使之移驻其西南地区。其撤退地域，中国军队不得再侵入；

2. 要把一切排日机关（东北宪兵、蓝衣社、国民党党部）全部解散；

3. 宋哲元道歉及处罚负责者，须立即实行；

4. 上记第一、二项，从提出要求之日起，须在两周内完成。

交涉：1. 由土肥原少将与中国驻屯军等密切联络后，直接向宋哲元交涉；

2. 以求得交涉迅速且确认中国方面实行为目的，让军之一部向热河方面行动；

3. 非直接排日行为的山东移民等，也应努力使之实际中止。

（〔日〕《中日战争》1《现代史资料》8，第96—97页。）

就在日本人紧锣密鼓地算计中国的时候，国民党政府却于6月18日首先免去宋哲元察哈尔省主席的职务，改派秦德纯代理察哈尔省主席职务，以此向日本侵略者作出一个献媚讨好的姿态。汪精卫在解释这么做的理由时说："我们认为如果受人压迫而做，不如先就自动的做，使他没有要求的对象。"（《宋哲元与七七抗战》第86页。）

6月23日，中日双方就张北事件的正式谈判，在北平府右街秦德纯的私宅内举行。中方代表有秦德纯、萧振瀛、程克、张允荣、陈觉生；日方参加者有土肥原、松井、高桥。

日本方面根据其密谋策划的《对宋哲元交涉要领》的内容，向中方提出了五点要求。在对这些要求进行解释时，土肥原进一步提出新的要求，如"承认日满在内蒙古的工作"；"协力日本在华北发展经济与开发交通"；"便利日本人在内蒙古旅行"；"招聘日本人为军事和政治顾问"；"协助日本建立军事设备"；"准用停战区办法来维持撤退区域的治安"等。

秦德纯等不敢与日本人顶撞，当晚联名致电南京政府，报告谈判经过，请求处理方法。24日，南京回电："张北事件仍由察省当局负责交涉，并与军分会密切合作。""凡在不妨碍我国领土主权范围内，皆可酌情处理。"（《中华民国史资料丛稿·大事记》第21辑，第93页。）

随后几日，军分会各委先后开会三次。在中国方面开会的几日中，日本飞机每天在北平上空盘旋；24日，日本便衣队100余人在独石口制造事端；26日，4000名日军又在古北口南天门一带进行实弹演习。造成北平城内谣言四起，人心惶惶。

其间，25日夜里，秦德纯与萧振瀛二人曾赴扶桑馆，与土肥原再度磋商，就一些枝节问题有所辩论。土肥原态度强硬，后又派人向秦德纯要挟，说他要于26日晚离开北平去长春，事件必须在当日内解决。弄得秦德纯一面慌忙向南京汇报情况，一面派人挽留土肥原。

26日深夜11时，南京政府发来电训，指示秦德纯对以前所商谈者，除一两点稍加修改外，其余均按日方要求办理。至此，秦德纯才松了一口气。当夜又约日本人于次日晨10点，到日使馆完成察事交涉之最后手续。

6月27日，中日双方办理结案手续，秦德纯向土肥原提交了答复文件，内容是：

1. 关于张北事件，表示遗憾之意，将负责人免职；

2. 将被认为对于日、中国交发生不良影响的机关，从察哈尔省撤退；

3. 尊重日本方面在察哈尔省内的正当行为；

4. 将宋哲元军从昌平、延庆、大林堡至长城一线以东地区，及从独石口北面沿长城经张家口北面至张北县南面一线以北地区撤退，撤退区的治安由保安队负责；

5. 自6月23日起在两周内撤退交接完毕等。

以上答文内容，希以极密处理，此为军方的希望，希予了解。

在上述正式答文以外，秦德纯又与土肥原达成五项口头协议：

1. 允许在察哈尔省设置机场和无线电通信设备；

2. 阻止山东、山西移民进入察哈尔境内（为了解除这种移民对蒙古人产业的压迫）；

3. 设法逐渐使张家口的德华洋行维持不下去（为了扫除苏俄通过该洋行进入这一地区）；

4. 在察哈尔省聘请日本人为军事顾问或政治顾问（商定暂时以松井中佐

为无报酬的名誉军事顾问）；

5. 不阻止日方在内蒙古对德王进行工作等。

（参见〔日〕《日本外交年表及主要文书》下卷《文书》第 294—295 页。）

这就是《秦土协定》的全部内容。国民党政府为了掩盖其卖国罪行，对于此协定一直秘而不宣。

秦德纯在 27 日签订协定以后，发表书面谈话说："关于张北事件，关东军坚持就地解决之旨。余奉中央电令，秉承军分会进行交涉。经在平与土肥原少将直接间接数度磋商，彼此开诚相见，最后决定 1. 处罚事件责任者，撤换一三二师参谋长、军法处长；2. 互相谅解，以后不发生此项误会。交涉至此，圆满解决。其中经过，随时请示中央，完全依照中央回训办理，余唯尽地方当局本分内所应尽之责任而已。又余今晨往访土肥原少将，系为答拜 23 日之来访，高桥武官亦在座，彼此甚为融洽。"（天津《大公报》1935 年 6 月 28 日。）

秦德纯就这样想把这个卖国协定轻轻遮掩而过。其实，这个协定的严重性，秦德纯内心是很明白的。后来，当国民党政府与日本人签订的这个协定被揭露以后，人们将其称之为《秦土协定》，秦德纯才又委屈地说："协定是中央批准的，是何应钦同意的，应该说是'何土协定'，不应该把签订协定的责任，放在我的头上。"（全国政协《文史资料选辑》第 52 辑，第 236 页。）

6 月 28 日，日本方面由梅津美治郎发表声明说："关于在华北和察哈尔连续发生的一部分中国军民不法行为的交涉，幸经中国军宪承诺我方公正的要求，行将见诸履行，此乃同庆之至。我方承认其诚意，暂注视缔约实行的推移，以期局面的好转"。"日中真正亲善提携"，"决非仅以表面形式的言辞即可实现"。"此前国府发表的在全中国禁绝排外排日的布告，足使上述铲除祸根的工作能进一步，殊可庆贺。希望勿使其成为敷衍一时的办法"。（天津《益世报》1935 年 6 月 29 日。）

由河北事件、张北事件而引发的中日谈判，实际上以日本方面的全盘胜利而告终结。蒋介石在这一时期所实行的"攘外必先安内"反动国策，使得中国方面在谈判过程中完全处于"被告"地位，毫无地位、尊严可谈。日本侵略者却通过这一系列有预谋的谈判，加上军事威胁，将国民党势力从华北向外排挤，为其进一步攫取我国华北的领土主权开辟了道路。

四、步步退让，引狼入室

《秦土协定》达成后，国民党第 29 军移调河北，所有口外撤退地区自 1935 年 8 月 1 日起，中国方面由张北警备司令张允荣、日本方面由伪蒙军的两支保安队 4000 余人驻守。8 月 5 日，日军特务机关即逼迫张允荣同意，汉人居民区治安也由伪蒙保安队维持。

是年 12 月 8 日，日军唆使伪蒙古军李守信部在日本飞机援助和日本军官指挥下发动攻击，占领了沽源、宝昌等六县，使察哈尔省的绝大部分领土沦入日伪之手，几乎完全隔断了中国内地和内蒙古间的联系。日军遂又进一步加快策动"内蒙古自治运动"。

1935 年 7 月 25 日，关东军参谋部制定了《对内蒙古措施要领》的绝密文件，确定以"首先设法扩大和加强内蒙古的亲日满区域，随着华北工作的进展，而使内蒙古脱离中央而独立"为对蒙古工作的总方针。12 月，关东军致电德王（德王，名德穆楚克栋普鲁，为内蒙古王公首领），邀请他访问"满洲国"首都"新京"，商议"日蒙合作"。

双方商定：日本帮助德王在蒙古西部地区先搞一个"独立"局面，然后再建立独立的"蒙古国"，并答应给德王以财政上的援助。关东军将 50 万日元和 5000 支枪送给德王，作为扩编蒙古军队之用。（《蒙古"自治运动"始末》第 99 页。）

1936 年 2 月 12 日，在关东军的策划下，伪蒙古军总司令部在德王府成立。德王任总司令兼政务部长，李守信任副总司令兼军务部长，由日本人任顾问部主任顾问，以及军事、财政、文教等顾问。伪蒙古军司令部，实质上为一政权性质的组织。在日本人的策动下，他们宣布改元易帜，改用成吉思汗年号为纪年，打出了"独立"的旗号。

伪蒙古军政府是日军扶植的又一傀儡偏政权。日本侵略者依靠一些中国的民族败类的分裂活动，进一步施行其侵略方针。蒙古"自治"活动的兴起，使内蒙古西部地区与华北其他地区的联系被切断，使得日本人进一步侵吞华北的阴谋得以实施。国民党政府对于日本人在蒙古一带的分裂活动鞭长莫及，无可奈何。

《何梅协定》与《秦土协定》签订以后，日本人将国民党的中央军、中央机关顺利地赶出了华北，并在实际上控制了冀察两省，遂进而加紧策动"华北自治运动"，企图吞并冀、察、晋、鲁、豫 5 省地盘。

日本人暗中积极收买汉奸白坚武、齐燮元、王克敏、王揖唐等，阴谋制造所谓"华北国"。于是，一伙日本人的走狗汉奸在华北公然策划起"五省自治运动"。

1935 年 10 月，日本策动汉奸地主武装和流氓暴动，攻陷香河县城，成立伪"县政临时维持会"，发表"自治宣言"。11 月，日本又唆使国民党汉奸殷汝耕在河北通县成立"冀东防共自治政府"，统辖 22 个县。随后，什么"晋北自治政府""察南自治政府"等一系列伪政权，均在日本人的导演下出笼，把个华北闹得乌烟瘴气。

国民党政府为了迎合日本人"华北政府特殊化"的要求，决定于同年 12 月初，指派宋哲元及汉奸王揖唐、王克敏等组成"冀察政务委员会"。这个政权组织，实际上将冀、察两省置于南京政府的管辖之外，同意了日本人策动的"华北自治"阴谋，等于将华北拱手让给了日本人。此时，华北各大小汉奸组织公开在平津结队游行，叫嚷"华北五省独立"，华北殖民地化的危机空前高涨。

在此背景之下，中国共产党领导下的"一二·九"抗日爱国运动在北平爆发，掀起了全国性抗日运动的新高潮。

由《何梅协定》《秦土协定》、"华北自治运动"等一系列事件所构成的危机，使得日本侵略势力逐渐侵入中国北方各省。蒋介石政府所奉行的"攘外必先安内"的反动国策，最终起到了引狼入室、开门揖盗的作用。日本在其无耻野蛮的侵华方针的指导下，终于在1935年对中国发动了全面侵略战争。中国人民奋起抵抗日本侵略，开始了艰苦卓绝的八年抗日战争。

第十一章　巨头政治，钩心斗角

——蒋介石与中美英开罗会议（1943）

一、开罗会议之背景

1941 年 12 月 7 日清晨，日本海空军对美国在太平洋的海军基地珍珠港进行偷袭，击沉了美国军舰 8 艘，炸伤 12 艘，击毁美机 250 多架，使美国太平洋舰队受到重创。12 月 8 日，美英对日宣战，接着澳大利亚等 20 多个国家也对日宣战。12 月 11 日，德国、意大利、日本三国缔结新的军事协定，规定三国对英美联合作战到底，保证不单独缔结停战协定或和约。国际法西斯力量轴心国的联合，一方面使战争进一步扩大起来，另一方面也促使国际反法西斯力量不断联合起来。

1943 年，第二次世界大战的格局发生了根本性的转折。1942 年 6 月，美军在中途岛海战获得大胜，开始由战略防御转入战略进攻。同年 8 月，美军乘胜进军，进攻日本威胁美澳交通线的最前沿—瓜达尔卡纳尔岛，到 1943 年 2 月完全占领瓜岛，为发展全面反攻打开了通道。1942 年 7 月至 1943 年 2 月，苏德战场上进行了斯大林格勒会战，苏军取得决定性胜利。这一会战不仅成为苏德战场的转折，也成为整个第二次世界大战的转折点。1942 年 10 月至 11 月，英国在北非实施阿拉曼战役，完成了北非战场的战略转折。

战事向着有利于反法西斯力量的方向发展着。明眼人已经看出，轴心国侵略集团的失败已经指日可待。

这时，同盟国的领导者们都明智地意识到，进一步联合作战加速战争进程不让侵略者有任何喘息时机，以及着手安排战后世界事务的重要性和紧迫性。于是，政治巨头们的会晤与谈判增加了。

美英两国首脑于1943年8月举行的魁北克会议上通过了"霸王"作战计划，决定美英军队大约在1944年5月1日在法国登陆，进攻德国心脏地区；并且准备在德国崩溃以后的12个月内击败日本。

为了消除苏联的疑虑和不满，要求苏联在打败希特勒之后出兵对日作战，同时也为了筹建战后世界和平和安全的国际机构，美国总统罗斯福和英国首相丘吉尔渴望与斯大林会晤，同时也希望与中国政府首脑会谈，以共同商讨和解决那些影响整个大战进程和战后安排的重要问题。

在整个太平洋战争中，中国作为抗日主战场，牵制着日本侵略军绝大部分的主力部队，避免了德日军团联手突击欧亚的可能性。出于拉住中国政府抗日的目的，美国首脑人物竭力主张在他们着手进行的巨头谈判中，将中国列入强国。

在美英苏三国首脑会晤之前，首脑们决定先进行一次三国外长谈判以作准备。1943年10月28日，美国国务卿赫尔、英国外交大臣艾登和苏联外交人民委员莫洛托夫在莫斯科举行三国外长会议，通过了《关于普遍安全的原则》。根据罗斯福的指示，赫尔在会议上提出让中国成为宣言共同发起国。这一建议遭到莫洛托夫的强烈反对，艾登也持冷淡态度。罗斯福和赫尔一致认为，"两个三国协定远远抵不上一个四国协定"。

根据罗斯福的指示，赫尔在中国成为宣言签字国的问题上持强硬立场。赫尔指出："美国政府就中国局势做了并正在做一切可做的事情。在我看来，不能把中国从四国宣言中删去。我的政府认为，中国已经在世界范围内作为四大国之一进行战争。对中国来说，现在如果俄国、大不列颠和美国在宣言中把它抛到一边，那在太平洋地区很可能要造成可怕的政治和军事反响。"（《赫尔回忆录》第2卷，第1282页。纽约1948年英文版。）他告诉莫洛托夫和艾登："排除中国是错误的，美国的决心是，如果不以四强名义发表，宁愿此次会议不发表宣言。"这样，莫洛托夫才同意让步。10月26日，三国外长会议同意中国为宣言发起国。

通过外交途径商定，中国驻莫斯科大使傅秉常受权与三国外长一起在"四国宣言"上签字。宣言全文如下：

美利坚合众国政府、联合王国政府、苏联政府和中国政府：

共同遵照1942年1月1日联合国家宣言以及以后历次宣言，一致决心对它们现正与之分别作战的轴心国继续采取敌对军事行动，直至各轴心国在无条件投降的基础上放下武器为止；负有使它们自己和同它们结成同盟的各国人民从侵略威胁下获得解放的责任；

认为必须保证迅速而有秩序地从战争过渡到和平，并建立和维持国际和平与安全，使全世界用于军备的人力与资源缩减到最低限度；

特联合宣言：

（一）它们用以对其各自敌人进行战争的联合行动将为建立和维护和平与安全而继续下去；

（二）它们中与共同敌人作战的那些国家，对于有关该敌人的投降和解除武装等一切事项将采取共同行动；

（三）它们将采取它们认为必要的一切措施，以防止对敌人提出的条件遭到任何破坏；

（四）它们认为必须在最短期间，根据一切爱好和平国家主权平等的原则，建立一个普遍性的国际组织，所有这些国家不论其大小，均可加入为成员国，以维持国际和平与安全；

（五）为了维持国际和平与安全，在重建法律与秩序和创立普遍安全制度以前，它们将彼此协商，必要时并将与联合国家的其他成员国进行协商，以便代表一个国际共同体采取共同行动；

（六）战争结束后，除了经过共同协商和为实现本宣言所预期的目标外，它们将不在别国领土上使用其军队；

（七）它们将彼此，并与联合国家的其他成员国协商和合作，以便对战后时期控制军备达成一个实际可行的全面协议。

（参见《国际条约集》（1934—1944），第 403 页。世界知识出版社 1961 年版。）

显然，四强宣言具有重大的国际意义，同时它也标志着中国开始作为"强国"介入国际事务的商讨之中。继"四强宣言"之后，罗斯福又进一步尝试举行四强首脑会晤。

在第二次世界大战的后期作战问题上，美英两国有着尖锐的战略分歧：

在大西洋战区，英方主张充分利用北非战役胜利后的有利形势，在地中海地区对西西里等地发动一系列攻击，迫使意大利退出战争，促使德国援救这些被攻击的地区；而美方认为，在地中海地区展开全面的攻击，势必要占用计划中在英国集结的兵力和物资，使 1943 年进攻西欧的"围歼"计划落空。任何在德国外围地区的进攻，都不能对德国真正造成伤害，只有进攻法国北部，直接打击德国本土，才能击败德国，减少伤亡。

在太平洋战场，美方主张必须继续进行对日本人业已开始的攻势作战，给日军不间断的打击，才能防止日军巩固阵地，给美军以后的进攻造成更大的障碍和牺牲；而英方主张必须集中一切力量首先击败德国，在太平洋战场上只要阻止日军进攻就可以了。

英美两国的参谋长们在联席会议上为此争论不休。罗斯福不愧为一位有手段的战略家。为了协调英美之间的战略分歧，同时加强各大国之间的战略联系，遂下决心促成四大国首脑会晤，以便在太平洋战场问题上得到中国首脑的支持，而在大西洋战场上，他相信斯大林也一定站在美国一边。

二、蒋介石赴开罗会谈

罗斯福对于美国在四大国之间的作用，显得颇为自信。他曾在开罗会议前对儿子小罗斯福说道："我们与英国的联盟也有一种容易使中国与苏联误会我们是在国际政治上完全支持英国方针的危险性。美国将必须领导，并且以我们中间人的立场去调解和帮助解决其他国家之间的不和与争论；帮助解决中英、中苏在远东方面的争端。我们有力量可以办到这一点，因为我们现在是个强大而自足的国家。英国是在走向衰落的道路，中国则依然停留在 18 世纪之中。苏联怀疑我们，并且也使我们怀疑它。美国是在世界乱局中足以建立和平的惟一的强国。""这是一个巨大而艰辛的责任。而使我们能够圆满地达成这一个责任的惟一的办法就是先和这些巨头们面对面地谈一下。"（《罗斯福见闻秘录》第 105—106 页。中国人民解放军总参谋部 1959 年版。）

关于巨头们会晤的地点，各国首脑各有各的看法。斯大林建议在伊朗的首府德黑兰，理由是苏、美、英三国在那里都有自己的大使馆；丘吉尔建议在塞浦路斯或者苏丹的首府喀土穆举行；罗斯福则建议在北非某地或中东某地举行。他在给斯大林的信中具体提到了开罗，说："开罗在许多方面是吸引人的。据我所知，在那里的城郊，金字塔附近，有一家旅馆和几所别墅，这些场所都完全可以和外界隔绝开来。在前意属厄立特里亚的首府阿斯马拉，据说有一个非常好的建筑物和一个任何时候都可以使用的飞机降落场。其次，也可以在东地中海的某一港口会晤，只要我们每人都备一条船。"

最后，美英两国让了步，巨头会议定于德黑兰召开。并且，斯大林表示鉴于苏联与日本的微妙关系，他拒绝参加有蒋介石在场的任何会议。接着，罗斯福又希望苏联能派出莫洛托夫参加四强会议，斯大林告诉罗斯福："仅限三国政府首脑参加的会议，理应根据以前已经取得的协议在德黑兰举行。应当绝对不准任何其他国家的代表参加这次会议。"

斯大林的电报彻底断绝了罗斯福企图召集四国巨头会议的设想，他只得放弃原计划，着手准备在德黑兰会议以前，召集一次美英中三国巨头会议。

罗斯福以极大的努力一定要将中国拉入同盟国四强之中，是因为他充分估计到中国在太平洋战场的重要性。他对他的儿子说过："假如没有中国，假如中国被打坍了，你想一想有多少师团的日本兵可以因此调到其他方面来作战？他们可以马上打下澳洲，打下印度—他们可以毫不费力地把这些地方打下来。他们并且可以一直冲向中东……""为什么不呢？日本可以和德国配合起来，举行一个大规模的夹攻，在近东会师，把俄国完全隔离起来，割吞埃及，斩断通过地中海的一切交通线。"（《罗斯福见闻录》第 49 页。）

显然，罗斯福对中国战场重要性的估计是完全正确的。

1941 年 4 月，苏联与日本曾签订《苏日中立条约》，双方保证在战争中保持中立。之前，日本又与德国签有军事同盟协定。因此，早在 1942 年春，德国一再催促日本履行条约义务，自东方进攻苏联，而日本置之不理。是年秋，当斯大林格勒战役期间，"德国政府再次坚决要求日本出兵进攻苏联"，但当时日本正忙于准备对华"五号作战"，急于结束侵华战争，驻在中国东北戒备苏联的部队仅有 14 个师团，又不得不分出很大兵力，用来统治和镇压当地抗日军民。因此，对德国要求它履行条约义务，夹攻苏联，日本迟至 1943 年 3 月 6 日才作出正式答复：日本政府"深切理解德国盟邦切盼日本参与反俄战争之愿望，但顾念当前战局，使日本政府无法参战"。（〔苏〕《外交史》第 4 卷，第 327 页。）

苏联既无两线作战之忧，亚洲的许多新建师遂得以源源西调。斯大林格勒保卫战，苏联集中用于西线的兵力达 91%，这是战役胜利的一个重要因素之一。

罗斯福对于开罗会议的召开倾注了极大的热情。他在 1943 年 10 月至 11 月，一连给蒋介石发出了三封电报：

第一份是 10 月 28 日电，内容是："莫斯科会议，至今进行甚速，极望其会议结果能有裨于各方，我正促成中、英、苏、美同盟之团结。我尚不知斯大林能否与我相晤，但在任何情况下，我极望与阁下及丘吉尔能及早会晤于某处，时间为 11 月 20 日至 25 日之间。我想亚历山大（埃及海港）当为一良好地点……会议日期约为 3 日……并祈极守秘密为盼。"

第二份是 11 月 1 日电，内容是："我尚未接获（斯大林）元帅之明确回答，但丘吉尔与我仍有会晤阁下的机会，我望阁下能决定 11 月 26 日，约在开罗邻近之处，与丘吉尔及我相晤。"第三份是 11 月 9 日电，内容是："我于二三日内即将前往北非，望于 21 日抵达开罗，丘吉尔将晤我于此。我与丘吉尔拟于 26 日或 27 日在波斯与斯大林相晤。故我殊愿阁下、丘吉尔与我得先此相晤。盼阁下能于 11 月 22 日抵达开罗。"（参见《战时外交》（三）总统府机要档案。）

罗斯福一封封热情的邀请电，让蒋介石既喜且忧，心情十分复杂。一方面，他希望通过与罗斯福、丘吉尔这些世界级领袖人物的会晤，提高自己在国际政治中的地位和国内民众中的威信，同时，他还可以利用这次会晤，为中国抗战争取外援；另一方面，蒋介石又深知，中国的实力地位与英美无法相提并论，这使他能在开罗会议上打出的王牌寥寥无几，无法对会议产生重要影响。

最后，蒋介石终于决定在开罗会议上采取低姿态的消极方针，以争取美、英首脑对于他本人的好感，在此基础上，力争太平洋战场上英美军队的联合作战。

11 月 13 日，蒋介石在日记中写道："余此去开罗与罗、丘会谈，本'无所求、无所予'之精神，与之开诚交换军事、政治、经济之各种意见，勿存一毫得失之见则几矣。"

四天之后，蒋介石又一次在日记中表示："余此去与罗、丘会谈，应以淡泊自得，无求于人为惟一方针，总使不辱其身也。对日处置提案与赔偿损失等事，当待英、美先提，切勿由我主动自提，英、美当敬我毫无私心于世界大战矣。"

尽管如此，蒋介石还是为出席开罗会议作了一些必要准备。他指示下属准备中国在会议上的提案，但告诫他们，提案必须仅仅限于与中美英共同相关的问题，属于中英之间敏感的香港、九龙、西藏等问题不可在这次会议上提出。

11 月 14 日，中国提案大纲整理就绪，主要内容为三大项：

（一）对日反攻战略设备及讨论关于远东各问题之机构。

（二）日本无条件投降时应接受之条款，军事方面共十条。

第 6 条中，提出旅大、南满、东北、台湾、澎湖归还中国条款；第 10 条为日本应赔偿中国损失（1918—1945）。

（三）战后重要问题，共 10 条，包括中、美、英各方之问题。

提出战时军事、政治、经济合作方案。军事上，主要是协助中国加强空军建设，增派驻华空军，以及反攻东南，派人赴美学习海军作战和造舰技术。

政治上，承认朝鲜、印度、泰国独立，保证中南半岛各国与华侨的地位，实行种族平等。

经济上，要求美国协助中国稳定货币和进行交通、外贸、工业以及军工等各项建设。（参见《战时外交》（三）第 503—506 页。）

开罗之行是蒋介石青年时代赴日本学习以后，再次踏出国门。对蒋而言，这次会议非同寻常。

蒋介石带着宋美龄一行于 11 月 18 日自重庆起飞，带着兴奋与忧虑的心情向开罗飞去。

三、关于打开缅滇通路问题的谈判

蒋介石一行于 11 月 21 日上午 7 时 5 分到达开罗培因机场，即刻乘车前往米纳馆店。下午 3 时左右，丘吉尔亦到，蒋介石首先拜会丘吉尔。22 日上午，罗斯福最后到达。

参加开罗会议的中国方面人员共 20 名，其主要成员有：蒋介石及其夫人宋美龄、国防最高委员会秘书长王宠惠、军事委员会办公厅主任商震、航空委员会主任委员周至柔、委员长侍从室第一处主任林蔚、中宣部副部长董显光、外交部情报司帮办郭斌佳、军令部第二厅厅长杨宣诚、驻美大使馆武官朱世明、军令部第一厅处长蔡文治、委员长侍从长俞济时、委员长侍从室第一处组长陈希曾、励志社总干事翻译官黄仁霖、委员长侍从副官陈平阶、委员长侍从秘书俞国华等。

出席会议的美方人员有：罗斯福、陆军后方勤务部长索姆威尔、罗斯福总统的亲信助手霍浦金斯、北非盟军总司令艾森豪威尔、中缅印美军总司令史迪威、美第十四航空队司令陈纳德、美陆军参谋总长马歇尔、陆军航空司令安诺德、全美舰队总司令金、美驻英大使威南特、美驻苏大使哈立曼、空军上将泰德，以及罗斯福总统的儿子利奥特·罗斯福。

出席会议的英方人员有：丘吉尔和他的女儿、英国外相艾登、外交部常务次官贾德干、英驻土耳其大使史丹哈特、东南亚盟军总司令蒙巴顿、陆军参谋总长布鲁克、海军参谋总长肯宁汉、英美联合参谋部英代表团团长狄尔、空军参谋总长波多尔、运输大臣李泽斯等。

（以上参见《开罗会议全貌》第7—8页。上海经纬书局1945年版。）

蒋介石夫妇作为中国的代表，首次登上了大国的政治舞台，给与会者以深刻的印象。

英国外交大臣艾登在回忆录中写道："他比我所料想的要瘦小，体格很好，手脚纤巧匀称。……总之不像一个武人。他经常微笑，但眼里没有笑意，却以锐利的目光盯着看你。……他精力充沛，有如钢刃。"丘吉尔在回忆中也提道："他的那种沉着、谨严而有作为的性格，给我以深刻的印象。"丘吉尔对于宋美龄的评价较高，说她服装"极为潇洒合身"，"是一个非常出色而又富于魅力的人物"。艾登也说：她"待人和善，或许有一点像女王似的。显然习惯于自行其是，但却是一个勤勉而认真的译员，并不如我过去所听说的那样轻浮，爱发脾气"。艾登总的感觉是"我挺喜欢他们两人，尤其是蒋介石，愿意同他们多接近"。

显然，蒋氏夫妇在开罗会议上给人们留下的第一印象是不错的。

11月23日上午11时，开罗会议的第一次全体会议在罗斯福下榻的别墅里举行。别墅客厅中央，安放了一张巨大的圆形会议桌，罗斯福、丘吉尔和蒋介石夫妇分别在桌前就座，其余军官们坐在四周。

罗斯福首先宣布开会，说："今天我们在这里举行的将是一次具有历史意义的会议，它将对今后数十年的世界形势产生深远影响。我和尊贵的丘吉尔先生曾经多次会面，我们是老朋友了。委员长阁下和我们是第一次会面，我愿借此机会，向尊贵的委员长、美丽的蒋夫人和中国代表团表示热烈的欢迎。下面我们请蒙巴顿将军谈谈东南亚作战方案。"

根据蒙巴顿介绍的计划，战役将从 1944 年开始，中国军队在缅甸北部和英国军队在缅甸西部同时发起进攻，计划于 4 月收复北缅。

丘吉尔对蒙巴顿的计划作了补充，说："我想专门谈谈英国海军的情况。由于意大利的投降，和我们在大西洋上对德国潜艇作战的胜利，不久，我们就可以在印度洋上集中一支强大的舰队，它将包括 5 艘新式战列舰，4 艘重巡洋舰和 12 艘辅助舰只。这样，我们就可以在孟加拉湾占得优势。"

蒋介石打断丘吉尔的话，说："首相阁下，我认为在海军集中之前就发动陆军进攻，并没有必胜的把握。我们必须知道，日本人绝不会轻易放弃缅甸，他们必定拼死守卫缅甸。我认为，对日本人最重要的战场有三处，这就是缅甸、华北和东北。如果他们在缅甸失败，那么将不得不放弃华南、华中。缅甸的重要性由此可见。因此我主张，陆军和海军的攻势应同时进行，陆军在缅北反攻的同时，英国应采取行动，向孟加拉湾派遣海军和两栖部队，夺取安达曼岛，取得制海权，切断缅甸日军的海上补给线，形成南北两路夹击缅甸的海陆协同作战。"

丘吉尔面露不悦之色，说："我想坦率地告诉委员长阁下，现在离明年元月只有一个多月，英国海军在那时无法在印度洋上准备就绪。不过，我认为缅甸的地面战斗与孟加拉湾的舰队并没有直接联系，我们的舰队是在贵国陆军作战地点的 2000 海里至 3000 海里以外，发挥它在制海权方面的影响。因此，它与不久前盟军在西西里的两栖登陆作战不同，在那次战役中，海军的支持是陆军作战不可少的前提条件。"

蒋介石也不满地询问："首相阁下，贵国海军究竟何时能够在印度洋上集中，并如何取得制海权，我认为这对缅甸作战至关重要，我希望有所了解。"

丘吉尔搪塞地支吾道："委员长阁下，海军作战的详细计划仍需研究，以后我们两人单独谈时我会告诉您。"

（以上参见《开罗会议日志》，载《战时外交》（三）第 537 页。）

23 日下午，美英参谋长联席会议讨论缅甸作战计划，中国的将军们列席了会议。

马歇尔将军指出："蒋委员长已经同意派地面部队参加收复缅甸北部的战斗，他所要求的只是英国的海军和两栖部队在缅甸南部发动进攻。我主张，应该发动对安达曼群岛的进攻，作为对缅北战役的支持。"

英国陆军参谋长布鲁克将军立即反对说："关于进攻安达曼群岛一事可以暂缓讨论，现在我们在地中海地区已经拥有一支强大的军队和海军，应该利用这一有利形势，首先对爱琴海上的罗得岛发动两栖攻击，从而对土耳其产生重大影响，促使土耳其参加对德作战，并向盟国开放黑海海峡。"

美国人知道，如果实施布鲁克提出的爱琴海作战计划，将无法进行对安达曼群岛的进攻，甚至还将影响在 8 月举行的魁北克会议上作出的登陆法国北部的"霸王"计划。因此这一建议立即引起轩然大波，使参谋长联席会议成了火药味甚浓的辩论会。参加会议的史迪威写道："布鲁克大发脾气，金变得通情达理，但也不时怒气冲冲。金几乎越过桌子对着布鲁克。啊，上帝，他疯了，我希望他痛揍布鲁克一顿。"

出席会议的中国人没有表示明确的意见，但美国总统参谋长李海感到："他们对情况相当了解，他们知道该做什么，他们最大的希望就是尽快收复缅甸，以便重新打开通往中国的供应线。"

事实上，中国与英国的矛盾是很尖锐的。

丘吉尔是一个殖民主义色彩极浓的政客。他无视中国人民长年的浴血奋战，为二次世界大战所作出的巨大牺牲和贡献。他认为"美国人大大夸大了蒋介石政府在反法西斯战争中发挥作用的能力"。丘吉尔最关心的是不让日本人进入他的英属殖民地印度，并且想要收复新加坡这块已经陷落的基地。总之，英国人的最终目标只是要在战后仍然保持它在整个亚洲的殖民利益。

蒋介石对外是一个坚决的民族主义者。他对亚洲战场的总体目标是使中国少受损失，在此基础上争取较大的抗战成果。同时，他希望借助抗日之名，养精蓄锐，为战后与共产党争夺天下作好准备。

因此，在打开缅滇通路问题的谈判上，中国与英国始终不能达成共识。蒋介石要求英国出动海军从南缅登陆，配合中国军队南北夹攻，收复缅甸全境，以恢复缅滇公路，确保中国的补给线；丘吉尔只要求中国单独在缅甸北部作战，牵制住日军不向英属印度进攻就可以了，他拒不接受蒋介石提出的任何一项建议。

24 日晚间，丘吉尔曾带领蒋介石夫妇进入他的地图室，他手指地图，不厌其烦地将盟军在各战区的战况向蒋介石一一介绍。尽管蒋介石对丘吉尔所说的情况早已熟悉，但还是不得不耐着性子听下去。直到最后，丘吉尔也没有向蒋介石明确讲英国海军明年在缅甸南部进攻的具体时间和地点。

蒋介石对于英国人的态度十分恼怒，他在 11 月 30 日的日记中写道："开罗会议之经验，英国决不肯牺牲丝毫之利益以济他人，……英国之自私与贻害，诚不愧为帝国主义之楷模矣！"

最后，仍然是罗斯福出面调解，他与丘吉尔在私下里就缅滇作战问题达成一项谅解，并将这次行动的代号定为"海盗"。

随后，罗斯福将"海盗"计划告诉了蒋介石。这就是：美国人答应把驼峰的空中运输能力从每月 3000 吨提高到 10000 吨，必要时派一至两个师参加缅甸作战；英国海军在孟加拉湾登陆，配合中国远征军在缅北的陆上作战，美国提供登陆支援；中国远征军从印度经野人山、从滇南经龙陵、腾冲进攻缅甸。

"海盗"计划没有正式签字，罗斯福以个人名义向蒋介石担保：一定迫使英国执行"海盗"计划。

11 月 26 日，美英两国参谋长联席会议就"海盗"计划作了最后一次的交锋。英国参谋长再次鼓吹夺取罗得岛是胜利的关键，强调爱琴海军事行动的重要性。这一次美国人表现得比较克制而更加坚定。

马歇尔说："我们希望在东地中海的军事行动不至于妨碍'海盗'行动的实施。"

布鲁克立即表示："如果我们要夺取罗得岛和罗马，又要进行'海盗'行动，那么实施'霸王'计划的日期就不得不推迟。"

马歇尔态度坚决地说："如果必要的话，'霸王'计划可以稍稍推迟，但是'海盗'计划必须如期执行，因为缅甸战役对于整个太平洋战区的军事行动至关重要，而且总统已向中国人作了保证，它还涉及我们与中国人的政治关系。"

布鲁克又说："我们认为，必须集中一切资源对付德国，只有这样才可以迅速结束战争，因此我们希望推迟'海盗'计划。"

马歇尔强调："我们已经在地中海战区作出让步，希望你们不要再提出新的要求。我们决不同意推迟'海盗'计划，这个问题只能由总统和首相作出决定。"

11月26日下午，首脑们举行最后一次会议，讨论和通过《开罗宣言》文稿。之后，三巨头继续讨论缅甸作战的时间问题，没有达成一致意见，于是决定待德黑兰会议再作决定。

会上，蒋介石要求美国帮助他装备90个师，提供10亿美元贷款。对此，罗斯福表示将予以考虑，同时他要求蒋介石在中国东北地区对苏联作出让步，把大连作为国际自由港，以此换取苏联参加对日作战。蒋介石当即表示同意。

会上还提到了香港问题。蒋介石要求收回香港；罗斯福表示支持中国政府的要求，但主张将香港变成自由港；丘吉尔拒绝讨论香港问题，不愿归还香港。

四、关于战后问题的会谈

开罗会议期间，蒋介石多次与罗斯福总统单独会谈，着重商讨了太平洋战区的战后安排问题。

11月23日晚，罗斯福与蒋介石单独会谈。罗斯福开门见山地要求蒋介石，无论在什么情况下都要坚持对日作战，要牢牢牵制住日本的军队。他向蒋介石承诺：如果蒋始终站在盟国一边，盟国取胜之后，美国将保证中国战后取得应有的利益。同时，罗斯福也希望蒋介石不要在大战结束之前发动同共产党的内战，希望蒋能够领导中共的军事力量，一同打击日本军队。

罗斯福还企图调和中国国内的矛盾，他对蒋介石说："我想坦率地告诉您，贵国国内的形势一直使我们十分担忧。我希望你们与中国共产党人的分歧能够通过谈判解决。如果您采取主动，吸收一些共产党人参加政府，组成国共联合政府，我想就可以避免内部冲突的发展。"

蒋介石沉思片刻以后说："我完全理解总统对中国的好意。不过，中共并不是一般的政党，它是一个大国支持的武装集团，对政府构成了极大的威胁。当然，我们愿意与中共和解，吸收他们的领袖参加政府，但是前提是他们必须放弃武装，拥护政府，苏联也不得插手中国事务。"

罗斯福笑着点点头，显然他是同意蒋的看法的。美国所需要的战后秩序，首先要求中国战后产生的政府必须是一个亲美的政府。

接着，他们商谈了关于日本的处置问题。

罗斯福说："这次战争结束后，联合国家必须对轴心国领导人追究战争责任，美国公众认为，天皇对日本发动战争负有不可推卸的责任，因此必须予以追究。这就涉及战后是否要废除日本天皇制度的问题，不知贵国态度如何。"

蒋介石曾留学日本，深知日本国民对天皇的崇拜，故而对罗斯福说："我认为我们的根本目标应是铲除日本军阀，使他们不能继续干涉日本政治。至于日本战后的国体如何，最好等待日本人民自己来决定。我们应当尊重他们自由选择自己政府形式的权利。"

罗斯福点头表示赞许，接着问："您认为这个问题是否有必要列入明天会议的议程？"蒋介石表示没有必要列入议程。

罗斯福又提出："还有一个问题，就是战后对日本的占领。中国近几十年来深受日本侵略之害，在地理上又与日本毗邻，是否愿意承担军事占领日本的主要任务？"

蒋介石回答："非常感谢您对中国的信任和支持，但是中国的军事力量还不够强大，特别是缺乏远洋海军，因此无法承担军事占领日本的主要责任。我认为只有贵国才有资格承担这一责任，如果需要中国协助的话，我们十分乐意。"

其实，这里蒋介石考虑更多的是战后中国的内战问题。他已预感到日本战败之时，便是国共两党决斗之日，因此，他不可能再将自己的军事力量分散到日本去实行所谓军事占领。

罗斯福接着问："美国可以承担对日本军事占领的责任，中国是否愿意承担管理日本民政的责任？"

蒋介石答道："日本民族的自尊心很强，组织性很强，我想外国人管理日本恐非易事，还是由日本人自己治理为好。"

罗斯福进一步向蒋介石询问中国在战后对于处置日本问题有什么考虑，蒋介石提出中国要求收回台湾、澎湖和东北4省、辽东半岛的中国领土，并要求将大连、旅顺二港一并归还中国。说到琉球群岛问题时，蒋介石提出了国际共管的原则，希望战后由美国和中国共同管理琉球群岛。此后，在这一问题上，蒋介石受到了中国学者的严厉指责。

他们谈到了战后东南亚各国的处置问题。

罗斯福问："委员长主张如何处置朝鲜？"

在朝鲜问题上，蒋介石特别担忧日本战败后，俄国势力重新控制朝鲜。他知道中国的力量无法阻止俄国的扩张，故而希望美国能够支持朝鲜独立。于是，他说："我主张战后应使朝鲜自由、独立，我希望总统能支持这一主张，并促使英国、俄国都接受这一原则。"

在法属印度支那殖民地的问题上，蒋介石与罗斯福达成了共识，即不赞成法国人战后恢复对印度支那的殖民统治，使印度支那各国在民族自决的原则下获得独立。

罗斯福进一步主张：英国在印度可以得到特惠的经济地位，就应该满足了，必须允许印度人民获得政治的独立；至于越南，战后不能交还法国，法国至多接受联合国的委托，暂时获得委任统治权，如果联合国认为越南已有自己管理的能力，法国就应该把独立宗主权交还给越南；马来联邦与缅甸都应该一步步地走向政治独立的方向。（参见《罗斯福见闻录》第131页。）

最后，罗斯福笑着询问蒋介石，战后对于日本赔偿问题有什么计划。蒋介石答道："我想战后的日本对中国的赔偿可仿效一次大战后德国对协约国的赔偿，应由日本以工业机器、军舰、商船、铁路；火车头等实物来抵偿。还有，战后必须剥夺日本的武装，这可以交给中美英联合参谋会议或拟议中的远东委员会制订具体措施。"

罗斯福对蒋介石的意见表示同意，并向他表示，战后美国希望同中国订立某种共同防御的协定。蒋介石对此大喜过望，立即表示完全赞同。

蒋介石与罗斯福的会谈一直持续到深夜12点。这次会谈具有十分重要的意义，随后起草的《开罗宣言》，其基本精神就是以这次会谈的内容为依据的。

在与蒋介石会谈以后，罗斯福的儿子问他对蒋介石的印象如何，罗斯福回答说："我想他与我想象的差不多。他和蒋夫人昨晚在这儿吃晚饭—到11点左右才走。他知道他需要些什么东西，而同时他也知道他不能得到他所需要的全部。可是我们多少总可以想个办法出来的。""从昨晚和蒋氏夫妇的谈话中，我倒知道了很多关于中国的事情，远胜过那4小时的参谋长联席会议。"

"你知道了些什么呢？"小罗斯福问。

"关于那陷入停滞状态的战争，以及为什么蒋介石的军队不打日本人—虽然他们还是在报纸上登载许多战事的消息。他说他的部队没有训练，没有装备—这一点我倒容易相信他。可是这却决不能解释他为什么极力阻挡史迪威将军训练中国军队。而这也不能解释他为什么把他大部最精锐的军队屯在西北—红色中国的边境上。"（《罗斯福见闻录》第115页。）

显然，罗斯福在与蒋介石热情友好会谈的背后，仍然对蒋深怀不满。罗斯福对于蒋介石的"友好拉拢"，最根本的原因还是出于对美国战略利益的考虑，要充分利用中国的抗战力量。因此，罗斯福对他的儿子坦率地说："事实上，在中国的工作只有一个要点：我们必须使中国能够继续抗战，以牵制日本的军队。"（《罗斯福见闻录》第 116 页。）

在整个开罗会谈中，宋美龄扮演了一个十分引人注目的角色。她以蒋介石夫人与翻译员的身份出席了所有会议和宴会，并单独出去访友，代表蒋介石向各方致意。宋美龄优雅的谈吐、丰富的外交常识以及大方得体的服装，给与会者留下了深刻的印象。

小罗斯福曾在开罗会议期间代表他的父亲出席蒋介石夫妇举办的一次鸡尾酒会。他在回忆录中写道："蒋夫人走到我的身旁，毫不停留地把我带到两张并排放着的椅子上坐下。我觉得她像一位颇为老练的演员。差不多有半小时之久，她生动地、有风趣地、热心地谈着——而她老是设法把我来作为我们谈话的中心。这种恭维与魅惑的功夫之熟练到家是多少年我难得碰到的。她谈到她的国家，可是所谈的范围只是限于劝我在战后移居到那儿去。她问我是否对畜牧农场发生兴趣。那么中国的西北对我简直是最理想的地方了。她为我描画出一个有能力、有决心的人从中国苦力的劳作中所能集积起的财富的金色的画面以后，她把身子靠向前来，闪耀着光彩的眼睛凝视着我，同意我所说的每一句话，她的手轻轻地放在我的膝盖上。在最初的几分钟内，我极力地对自己说：这位夫人只是对我们之间的谈话感到浓厚的兴趣，而在她的心中绝无其他任何动机。可是在她的神态之中却有一种与绝对的真挚不相融洽的生硬的欢愉的光彩。我绝对不会相信我是如此重要的一个人物，以至她认为必须将我征服，使我很快地变成她的好友，为了任何将来的其他的目的。不过我却相信蒋夫人多少年来始终是以一种征服人的魅惑与假装对她的谈话对方发生兴趣的方式来应付人们——尤其是男人——以致现在这变成了她的第二性格。"（《罗斯福见闻录》第 122—123 页。）

小罗斯福的评论中既有他深刻的观察力，也有他自身傲慢的影子。

宋美龄在这次谈判中也确实起到了一些有意义的作用。

当蒋介石与英国将军蒙巴顿谈论缅甸作战计划时，蒋介石坚持在缅甸战役发起后，喜马拉雅航线的物资运输必须保持 10000 吨，并坚持要有 535 架飞机。蒙巴顿向蒋介石解释，即使能搞到那么多飞机，翻越喜马拉雅山输送如此大量的物资也是很难办到的。同时，他特别提出，在缅甸的雨季使用空降袭击是无法办到的。蒋介石不理蒙巴顿关于雨季的话题，强调罗斯福总统已经同意了自己的请求。

当时，蒋介石的态度令蒙巴顿十分惊讶，他瞪大了眼睛，雨季是东南亚的自然现象，战争中必须考虑的重要问题，蒋介石为何置之不理呢？他们互相瞪着对方，半晌不说话，场面十分尴尬。这时，宋美龄在一旁用英文开玩笑地向蒙巴顿说道："不管你信不信，他不懂得雨季的事。"蒙巴顿听后，表示理解地笑了，谈话气氛又开始轻松起来。

11月24日下午，霍浦金斯将《开罗宣言》的草案交给了王宠惠，王立即将其译成中文送交蒋介石。当蒋介石正在阅读中文草案时，宋美龄已经读完了英文本。她指着英文本中关于"例如满洲、福摩萨和小笠原群岛，应归还中华民国"一段话，说："王秘书长，这里的小笠原群岛是不是错了？昨晚委员长和罗斯福的谈话中可没有提到它，应该是澎湖列岛吧？"

王宠惠接过文本一看，果真错了，自己翻译的时候竟没有注意到，立即用笔将"小笠原群岛"划去，在旁边写上了"澎湖列岛"字样，心中也暗自钦佩宋美龄的细致。

总体来说，开罗会议是在积极的气氛中结束的。会谈结束后，罗斯福、丘吉尔和蒋介石夫妇合影留念。当闪光灯亮起的时候，罗斯福正面对着正襟危坐的蒋介石，像是在说什么；宋美龄则面露妩媚的微笑，与丘吉尔亲密交谈。这张照片，与开罗会议一起，被永久地载入史册。

五、《开罗宣言》及其影响

开罗会议于1943年11月26日下午结束，27日上午，罗斯福、丘吉尔及其僚属乘坐各自的专机飞离开罗，前往德黑兰，参加与斯大林的另一个巨头会议。当天晚上，蒋介石与宋美龄一行登上返航的飞机，于12月1日回到重庆。

12月3日，重庆、华盛顿、伦敦分别公布了《开罗宣言》。

《开罗宣言》是由美国人霍浦金斯起草的。内容如下：

"罗斯福总统、蒋委员长、丘吉尔首相，偕同各该国军事与外交顾问人员，在北非举行会议，业已完毕，兹发表概括之声明如下：

三国军事方面人员关于今后对日作战计划，已获得一致意见，我三大盟国决心以不松弛之压力从海陆空各方面加诸残暴之敌人，此项压力已经在增长之中。

我三大盟国此次进行战争之目的，在于制止及惩罚日本之侵略，三国决不为自己图利，亦无拓展领土之意思。三国之宗旨，在剥夺日本自从1914年第一次世界大战开始后在太平洋上所夺得或占领之一切岛屿；在使日本所窃取于中国之领土，例如东北四省、台湾、澎湖列岛等，归还中华民国；其他日本以武力或贪欲所攫取之土地，亦务将日本驱逐出境；我三大盟国稔知朝鲜人民所受之奴隶待遇，决定在相当时期，使朝鲜自由与独立。根据以上所认定之各项目标，并与其他对日作战之联合国目标相一致，我三大盟国将坚忍进行其重大而长期之战争，以获得日本之无条件投降。"

12月7日，蒋介石致电罗斯福，高度赞扬了开罗会议的成就，电报说："我们最近在开罗举行的会议，是极重要的，也是历史性的。会后的官方公报，被中国军民一致赞扬，一如在其他地方所受到的赞扬。……这次会议阐明了我们在远东的战争目的，亦证明了同盟国的通力合作与坚强团结。……事实上，它已立下了轴心国无条件投降后的公正持久的和平的基石。……我确信，这次会议的成功，必然对世界的军事情势发生有利的影响。"

12月24日，圣诞节前夜，罗斯福发表了关于开罗会议和德黑兰会议的著名演讲。他说道：

"在开罗，丘吉尔首相和我同蒋介石委员长共同度过了四天。这是我们第一次有机会同他亲自详细讨论远东的复杂形势。我们不仅得以决定明确的战略，而且还就我们认为今后若干世代确保远东和平的一些长远原则进行了讨论。

"那是一些既简单又带根本性的原则。它们包括把被窃取的财产归还合法原主的问题，承认远东亿万人民不受干涉建立各自的自治政体的问题。太平洋和世界其他地区的和平与安全要求永远消灭作为潜在侵略势力的日本帝国。

"在亚洲大陆，委员长领导的中国地面部队和空军，在美国空军的辅助之下，在即将发动将侵略者赶下海去的攻势中，正在肩负着重大责任。

"在同委员长的会见中，我发现他是一个具有远见、有勇气的人，他对当前和今后的各种问题具有非常敏锐的了解。我们讨论了从各个方向对日本发起决定性打击的各项军事计划，我认为我可以说，他回到重庆时，对彻底战胜我们的共同敌人是有明确的信心的。我们同中华民国友谊深厚和目标一致，今天更比以往任何时候更加密切了。"（《罗斯福选集》第451—452页。商务印书馆1982年版。）

开罗会议的成果自然是令中国人民兴奋的。中国各界人士纷纷发表谈话，高度评价会议的成就。

中国官方人士强调：开罗会议是联合国的一大成功。三国领袖，会晤一堂，意见一致，得到重要的成就，尤其共同加强反攻日本，直到它无条件投降为止。不独给予轴心国以重大打击，而且给予被敌寇侵略的各民族以安慰与兴奋。罗斯福总统和丘吉尔首相的高明远大眼光，尤其为我国人士所钦佩。

东北籍参政会主席莫德惠说：三大领袖决定迫使日本将东北4省和台湾澎湖等地归还我国一事，我以为一方面固属国际间正义与公理伸张的表现，同时也是我国七年来坚决抗战的正确国策所应该得到的结果，因为我东北人士，乃至全国人民，在领袖英明领导之下，七年来艰苦奋斗，从无反顾者，就是寸土誓必收复。这项声明发表后，很是感奋，过去对东北问题不清楚的少数国际人士，此后也必定能够将他们的疑虑一扫而空。在敌人蹂躏下的东北三千万同胞，更将坚定其不屈不挠的抗敌精神，而前仆后继的忠勇将士与十二年来被压迫入关的东北同胞，更可以加强他们复土归乡的信念，而且也获得到莫大的安慰。希望国人尤其东北人士，继续努力，以期提早胜利的到来，恢复失地。

台湾革命同盟会执委会主席谢南光发表讲话说：今后我们的革命工作，必将达到一个崭新阶段，换句话说，就是加紧组织敌后武力以协助国军争取胜利。要知道抗战胜利之日，就是台湾投入祖国怀抱的时候。（参见《开罗会议全貌》第12—14页。）

中国人民在欢迎开罗宣言的同时，也对其中的一些问题提出了批评。

他们说："开罗会议的第一缺点，在我们看来，总觉没有把琉球归还中国这件事明白规定下来，实在是深深感到遗憾的。如果美国认为这是她在相当时期中，有用为军事根据地的必要，但至少琉球的宗主权必须交还中国。中国与琉球的历史关系是如此长久，地理关系是如此密切，美国如不能交出琉球，在一般看来，美国还是不能做到'大公无私'的地步。美国，还是不够伟大的。"

他们又说："要知道香港、九龙不交还中国，是中、英两国间的大祸根，是中、英邦交上无法磨灭的大仇恨。占世界总人数四分之一的中国人民不能与英国携手，这是英国前途的一大危机。"（《开罗会议》第27—28页。大成出版公司1948年版。）

欧美各大报刊也纷纷发表评论，讨论开罗宣言之意义。

华盛顿《新闻报》说："此宣言保证日本帝国之毁灭与新中国兴起为远东重要之国家。宣言承认过去外力左右中国政府之时期已成过去，并预期中国将与列强并驾齐驱。"

伦敦《新闻记录报》称："此次会议可认为第二次世界大战中最大事件之一。此会议实际上已宣布日本在世界上已无同情之呼声。中国久欲与日本清算此种旧账，中国此次将清算一切，对我人此为极悲惨之反省。因在1931年若有此种联合组织，则将无日本之侵略，且无此次世界大战发生。澄清满洲，必发生人种问题，故须彻底清除日本的大批移民。"

英国《每日邮报》说："此次会议将使忍耐之中国人民欢腾。中国为一反抗侵略之大国，单独作战六年以上。当中国人民在此艰苦挣扎与失望之期中，如其民族缺乏忍耐，则在此种阻碍之下早经解体。然中国继续抗战，将获得信心与忍耐之酬报，此次会议将保证日本必被击溃。"（《开罗会议》第31页。）

开罗会议讨论的决议共有18项，经过美、英、苏三国首脑召开的德黑兰会议之后，有12项决议变为空文。在德黑兰会议上，罗斯福、丘吉尔与斯大林达成了协议，同意于1944年5月在欧洲开辟第二战场。于是，英国将开罗会议上决定的中、英联合反攻缅甸的计划一笔勾销，决定将兵员、物资转移于欧洲战场。12月5日，蒋介石收到了罗斯福和丘吉尔联名发来的电报，说："经与斯大林会晤，将在明年晚春，在欧洲大陆发动一次规模较大的联合作战，此战须使用巨型登陆艇数额甚大。因此，不能调用足数登陆艇从事明年孟加拉湾之两栖作战。"

在德黑兰会议上，斯大林答应美国于击败德国后出兵中国东北，但同时又要求对中国东北铁路和港口的特权，对此罗斯福均表示同意。这些都是巨头们背着蒋介石作出的承诺。

事实上，开罗会议余音未了，蒋介石这个"巨头"就被另外三个巨头出卖了。

第十二章　得民心者，能得天下

——毛泽东与国共重庆谈判（1945）

一、抗日战争时期国共两党的严重分歧

抗日战争时期，寇深祸亟，在民族生死存亡之际，国共抗日统一战线的建立，改变了国共两党原有的斗争格局。军事武装斗争退居次要地位，全面的军事"围剿"改变为局部的武装冲突。但是，国共两党领导下的军队仍然在抗日战争的过程中发生了多次武装"磨擦"，国民党曾先后向共产党领导的抗日军队和抗日根据地发动进攻，数度掀起反共"高潮"。以蒋介石为首的国民党内的反共势力，一直把中国共产党及其人民军队的发展视为眼中钉、肉中刺，想尽一切办法企图加以抑制与削弱。

1943 年，世界反法西斯战争发生了根本性的变化，中国的抗日战争也由于全国人民的英勇斗争而处于胜利的前夜。中国共产党在抗日战争中迅速发展壮大起来，成为抗日战争的中流砥柱，赢得了广大人民群众的拥护与爱戴。战后中国命运的问题客观地摆在国共两党面前，争夺战后中国的领导权成为国共双方斗争的中心问题。

1943 年 3 月，蒋介石发表了《中国之命运》一书，全面表述了他的政治观点和对内对外政策。在这本书中，蒋介石叫嚷："中国今后的命运乃就要决之于国内政治之是否统一，与国力之能否集中的一点之上。"

蒋介石大力渲染国民党在中国历史中的作用，竭力推行其"一党专政"的独裁统治。他说："如果今日的中国，没有了中国国民党，那就没有了中国"，简单地说，中国的命运，完全寄托于中国国民党。他鼓吹只有国民党能"改造"与"整理"中国千百代祖宗留下来的遗产，来"开创"与"充实"亿万子孙立命的基业。

在鼓吹国民党的同时，他对共产党的政治主张采取了肆意贬斥的态度，他说："所谓自由主义与共产主义之争，则不外英美思想与苏俄思想的抄袭和附会。这样抄袭附会而成的学说和政论，不仅不切于中国的国计民生，违反了中国固有的文化精神，而且根本忘记了他是一个中国人，失去了要为中国而学亦要为中国而用的立场。"他还攻击这种思想，以外国的立场为立场，"为侵略主义做爪牙"，是"民族精神最大的隐患"，非"彻底改革"不可。

在书中，蒋介石明确把消灭共产党作为今后的基本国策，他说："中国从前的命运在外交"，"今后的命运则全在内政"，而"内政"的核心就在阻碍政治统治的"割据势力"。他咬牙切齿地说："如果这样武力割据和封建军阀的反革命势力存留一日，国家政治就一日不能上轨道，军政时期，亦就一日不能终结。"他还暗示，用和平的方式已不能产生效果了，但中国命运却"不出于这二年之中"。字里行间，杀机四伏。

《中国之命运》将蒋介石的封建法西斯主义的政治观比较完整鲜明地展现在人们面前。蒋介石要在中国建立的是一个继承封建专制传统，限制人民民主自由，国民党一党专政的独裁统治，要建立一个黑暗的中国。同时，它还表达了蒋介石集团坚决反共的立场，预示着抗日战争胜利后将要到来的国共之间的严重斗争。

《中国之命运》一出版，国民党便大肆吹捧为什么"思想的明灯"、"今后努力的指针"、孙中山"三民主义以后一本最重要的著作"等等。他们还把它列为全国各界的必读书，供中学教师、大学教师讲授和大学教授研究之用。

此时，又恰逢共产国际解散。于是，国民党反共分子欢呼雀跃，企图借共产国际解散事件，给中国共产党以致命的一击。他们开动所有的宣传机器，制造反共舆论，重庆的 8 家报馆，除了《新华日报》外，纷纷发表社论，要求中国共产党解散。国民党把持的各种刊物则纷纷发表反共文章，恶毒攻击共产党为"封建割据势力""变相军阀"等等。国民党特务机关"明令其所属，乘共产国际解散之机会，发动大规模的反共宣传攻势"。大大小小的特务假冒"文化团体""民意机关"，召开座谈会，发表演讲、通电，要求中国共产党尽速解散。长沙特务机关在"通电"中甚至提出："请毛泽东解散共产党及边区政府，即返湘潭原籍，做一个乡社自治员。"（《国民党当局动员特务机关继续荒谬宣传》，《解放日报》1943 年 8 月 5 日。）

这样，由《中国之命运》发起的反共宣传，骤然升级为一次大规模的反共浪潮，反共声浪甚嚣尘上。

针对《中国之命运》一书对于共产党的种种诬蔑与攻击，《解放日报》社论说："污蔑共产党为'新式封建'与'变相军阀'的无耻妄人，其所持唯一理由为'组织武力，割据地方'，但是问题却在组织什么样的武力，割据什么人的地方。共产党组织的是抗日的武力，割据的是日寇占领的地方。"（《没有共产党，就没有中国》，《解放日报》1943 年 8 月 25 日。）

1943 年 8 月 24 日，《解放日报》公布了两份统计材料：一是《国共两党抗战成绩的比较》，二是《共产党抗击的全部伪军概况》，以确凿的事实说明："共产党抗击了全部侵华敌军共 36 个师团 60 万人的 57%（35 万人），国民党仅抗击 43%（25 万人）。共产党又抗击了全部伪军 62 万人的 90% 以上（56 万人），国民党仅仅牵制伪军不足 10%。"

中国共产党人用无可辩驳的事实深刻揭露了国民党从抗战以来，逐步由积极抗战到消极抗战、积极反共的倒退过程，有力地论证了中国共产党及其领导的抗日军民始终坚持抗战、坚持团结进步的正确路线，深刻证明了只有中国共产党才是"中华民族忠实的卫士"、是抗日战争的中坚力量，同样，也只有中国共产党才代表着中国的光明前途。

1944 年下半年，国民党在豫湘桂战役中大溃败，失地丧师，国统区政治经济出现全面危机。毛泽东认为，共产党向国民党及国内外提出改组政府主张的时机已经成熟。

8月17日，毛泽东指示正在重庆的董必武，同参政会中的中间党派就建立各党派联合政府问题进行磋商。9月4日，中共中央指示林祖涵、董必武、王若飞向国民政府参政会提出联合政府的主张，其方案为：要求国民党政府立即召集各党各派各军各地方政府各民众团体代表开国事会议，改组中央政府，废除一党统治，然后由新政府召开国民大会，实施宪法，贯彻抗战国策，实行反攻。

建立联合政府的政治主张，表现了中国共产党领导中国新民主主义革命运动的一个重大发展。如果说，在此之前，共产党领导民主运动的重点是建立抗日根据地局部的地方民主政权，那么，在此之后，共产党领导民主运动的重点则转向要求建立全国性的民主政权。这个转变反映出抗战胜利前夕，国内政治形势的发展和阶级力量的变化，同时，也标志着国共两党关于战后中国命运的斗争已到了短兵相接的严重关头。

毛泽东的"联合政府"主张，让蒋介石十分恼怒。1945年2月，他接见周恩来时说："召开党派会议，等于分赃会议，组织联合政府，无异推翻政府"。3月，蒋介石在重庆宪政实施协进会发表讲演说："吾人只能还政于全国民众代表的国民大会，不能还政于各党各派的党派会议或其他联合政府。"（《周恩来选集》上卷，第205页。）

1945年4月23日，毛泽东在中共七大所致的开幕词，赫然以"两个中国之命运"为题。他说："中国之命运有两种：一种是有人已经写了书的；我们这个大会是代表另一种中国之命运，我们也要写一本书出来。"这本书就是《论联合政府》。毛泽东明确宣布："我们应当用全力去争取光明的前途和光明的命运，反对另外一种黑暗的前途和黑暗的命运。我们的任务就是这一个！"

在《论联合政府》中，毛泽东分析对比了中共解放区和国民党统治区两方面的情形：当时，中国已产生了19个大的解放区，近1亿人口，"在所有这些解放区内，实行了抗日民族统一战线的全部必要的政策，建立了或正在建立民选的共产党人和各抗日党派及无党派的代表人物合作的政府，亦即地方性的联合政府"。在这种地方性的联合政府领导下，解放区军民抗击着"侵华日军的百分之六十四和伪军的百分之九十五"；他们普遍实施民兵和自卫军制度，人力物力源源不断；他们自己动手发展农业和工业生产，全体人民有饭吃、有衣穿、有事做；他们的官吏艰苦奋斗，以身作则，禁绝贪污。事实证明，中国解放区已成为抗击日本侵略军的主要力量。

与此相对照，"国民党内的主要统治集团，坚持独裁统治，实行了消极的抗日政策和反人民的国内政策"。这样，就使得它的军队缩小了一半以上，并且大部分几乎丧失了战斗力；使得它自己和广大人民之间发生了深刻的裂痕，造成了深刻的政治与经济危机。国统区的人民生活痛苦，达于极点；国统区的官吏贪污成风，廉耻扫地。

解放区和国统区，即是两个中国命运的缩影，两个中国命运的对照。在这个分析对比的基础上，毛泽东提出了废除国民党一党专政，建立民主的联合政府的政治主张。

建立联合政府的主张，表现了共产党力量的增长。联合政府，强调联合，符合全国最广大人民的利益与愿望，这就有利于迅速争取一切可能团结的力量，在政治上孤立和揭露蒋介石。

显然，抗日战争结束前夕国共两党关于独裁与民主的斗争，即是后来重庆谈判中的政治焦点。尽管，在重庆谈判中，国共两党的分歧集中于军队和解放区问题，其实质，仍然是国民党坚持一党专政的独裁统治和共产党要求建立新的民主政府的重要斗争。

二、由赫尔利穿梭其间的谈判前奏

1944 年底，随着第二次世界大战的胜利转折，中国抗日战争也现出胜利的曙光。人们在关注战争的同时，关注着中国的未来。赶走日本人以后，中国怎么办？国共关系怎么样？后来，毛泽东曾十分明快地表达了这一时期国共两党的基本政策："蒋介石对于人民是寸权必夺，寸利必得。我们呢？我们的方针是针锋相对，寸土必争。"（《毛泽东选集》第2版，第1126页。）

中国共产党在抗日战争中发展到拥有19个解放区，120余万军队，这一直使蒋介石如鲠在喉，成为他实现国内独裁统治的最大障碍，必欲消除之以绝后患。还在1944年8月，毛泽东就已考虑到中国在战后有可能发生内战的问题，他曾对在延安的美军观察员谢伟思说："国民党是一个分裂成许多派系勾心斗角乱七八糟的组织，这些派系都是反共反民主的。能否制止内战，要看美国能否约束国民党。"（谢伟思的第15篇报道，载《美亚文件》第一卷，第1786页。）

1944年9月，赫尔利作为美国总统罗斯福的私人代表来到重庆。他的任务是将中国军队统一起来，留在战争中，共同进行对日作战。蒋介石向赫尔利表示，他可以推迟内战，但条件是中共必须交出独立的武装。10月，中共代表林伯渠、董必武在重庆会见赫尔利，要求赫尔利帮助中国建立一个真正的政治联盟作为中国的联合政府，同时成立由中共参加的"联合最高指挥部"，统一指挥全国军队。美援应该在国共之间公平分配。

11月7日，赫尔利飞往延安，想就国共合作统一问题与毛泽东磋商。其时，他并未真正了解中国这两大党各自究竟需要的是什么，而是一厢情愿地想以美国人的方式把国共双方都圈入一个总原则之中，并使他们并入一个赞成法制和秩序的委员会里。在重庆时，他一再向蒋介石强调了统一中国一切军队的必要性和好处。现在，他又尝试先让中共进入他所划定的圈子。

11月8日，赫尔利在与毛泽东的第一次正式会议上就拿出了一份由他拟定的长条款文件。毛泽东看了这份文件后立即问，这五条代表了什么人的思想。赫尔利答道，这些观点是他自己的思想，"不过是我们大家制订出来的"。言下之意似乎蒋介石也同意了。经过两天两晚的热烈讨论，赫尔利的方案得到了修正，最终形成了《中共与中国政府的基本协定》，其主要内容如下：

1. 中国政府、中国国民党与中国共产党应共同工作，统一中国一切军事力量，以便迅速击败日本与重建中国。

2. 现在的国民政府应改组为包含所有抗日党派和无党无派政治人物的代表的联合国民政府，并颁布及实行用以改革军事政治经济文化的新民主政策，同时军事委员会应改组为由所有抗日军队代表所组成的联合军事委员会。

3. 联合国民政府应拥护孙中山先生在中国建立民有民治民享之政府的原则，联合国民政府应实行用以促进进步与民主的政策，并确立正义、思想自由、出版自由、言论自由、集会结社自由、向政府请求平反冤抑的权利、人身自由与居住自由，联合国民政府亦应实行用以有效实现下列两项权利：即免除威胁的自由和免除贫困的自由之各项政策。

4. 所有抗日军队应遵守与执行联合国民政府及其联合军事委员会的命令，并应为这个政府及其军事委员会所承认，由联合国得来的物资应被公平分配。

5. 中国联合国民政府承认中国国民党、中国共产党及所有抗日党派的合法地位。〔《中国国民政府中国国民党与中国共产党协定》（此件系最后稿复印件），1944 年 11 月。〕

这一文件似乎把各党派联合起来的安排加以具体化了，通过这种安排，将引申出某种民主的多党制来。赫尔利认为，这些条款的大部分内容与美国的传统精神相符合，只要双方接受这些原则就可以共同合作了。他在写给总统的报告中说："我们以最紧张热烈、最友好的方式，争辩，一致，不一致，否定，承认，对我的五点方案来回讨论，直到最后加以修正……"11 月 10 日，赫尔利即将离开延安的时候，他向毛泽东提议在五点建议上一起签字。他说："主席，你我在这些条款上签字吧。我认为这是适宜的，它表明我们经过考虑认可了这些条款的合理性。"〔《美军观察组在延安》第 82 页。解放军出版社 1984 年版。〕于是，毛泽东和赫尔利分别在这些条款上签了名，并给蒋介石留出了签名的空白地方。

当赫尔利登上去重庆的飞机时，他心里想，现在的任务就是如何说服蒋介石接受这些条款了。周恩来随同赫尔利一起去重庆，准备与蒋介石就细节问题作进一步商谈。

赫尔利从延安带回的方案，受到了蒋介石及其国民政府的强烈反对。宋子文的评论是："共产党把你给骗了。国民政府决不会同意共产党的要求。"赫尔利原以为，协议中使用"民主"的词句，作出一些这类承诺是无关紧要的，一向喜欢独裁的蒋介石却不这样看，对于权力问题，他寸步不让。因此，他向赫尔利表示，"建议案最终会导致共产党控制政府"。赫尔利希望说服蒋介石接受这些条款，告诉蒋介石，联合政府将使国民政府巩固起来，共产党曾保证接受蒋委员长的领导等等，而蒋介石则直截了当地告诉他，接受了这种联合就意味着国民党的全面失败。

11 月 21 日，赫尔利交给周恩来一份蒋介石的 3 点反建议：

1. 国民政府允将中共军队加以改编，承认中共为合法政党；

2. 中共应将其一切军队移交国民政府军委会统辖，国民政府指派中共将领以委员资格参加军委会；

3. 国民政府之目标为实现三民主义之国家。〔国民政府代表王世杰提交的 3 点反建议（复印件），1944 年 11 月 21 日。〕

当赫尔利接到蒋介石的三点建议后，正好被美国政府任命为驻华大使，他感觉到有必要进一步站在中国政府的立场上解决问题。于是，他又鼓起精神试图说服共产党接受蒋介石的方案了。

周恩来看到这三点反建议，大失所望，他立即向赫尔利提出了关键性问题："蒋介石对联合政府的态度如何？"赫尔利回答："啊，这件事已经过去了。"他告诉周恩来，蒋介石已允许共产党参加政府，但不愿写在建议上。周恩来感到了赫尔利态度的转变，认为蒋介石没有丝毫解决问题的诚意。

12 月 2 日，周恩来将毛泽东来电中的意见转告赫尔利。毛泽东说：政府三项与延安五条距离太远，我们认为联合政府与联合军事委员会是解决目前时局问题的关键。这既不能获得蒋介石的同意，因此无法挽救危局。周恩来应回延安参加会议，不必再留重庆。

12 月 4 日，赫尔利再度约会周恩来，提出："联合政府目前尚不可能。

参加政府，参加军事委员会，蒋委员长则已答应。我希望你们参加进来，然后一步一步改组。你以为如何？"周恩来答道："联合政府本为毛主席在延安向赫尔利将军所提出者，赫尔利将军亦认为合理。至于参加政府及军事委员会之举，即令做到，也不过是做客，毫无实权，无济于事。"赫尔利说：总希望你们参加，"先插进一只脚来"。周恩来表示，他对这样做客，已经疲倦了。（《周恩来传》第 577—578 页。中央文献出版社 1991 年版。）

　　赫尔利要求美军驻延安观察组组长包瑞德上校与周恩来一同回延安，尽一切可能说服毛泽东接受蒋介石的条款。不久，赫尔利就收到了包瑞德关于同毛泽东会谈的报告，报告摘录了毛泽东谈话的要点：

　　"由委员长向我们提出的三点建议的首要之点是，共产党的军队必须服从全国军事委员会的改编。这就意味着把我们的军队完全置于委员长的控制之下，其结果将是，他们可以随心所欲地裁减我们的武装力量，那时，我们将任凭其摆布。

　　"与这种相当于完全投降的交换条件相应的是，总共才给我们一个全国军事委员会的席位，而这个名额是没有任何实际作用的。当年的重要将领冯玉祥、李济深二位将军也是全国军事委员会的成员，但是他们对军事委员会的决定毫无影响。事实上，整个全国军事委员会已经很长时间没有开会了。

　　"赫尔利将军说，如果我们接受全国军事委员会的这个席位，那么我们将得到所有的军事报告，从而我们将知道政府的行动，并且我们将处在影响政府决策的地位上。我难于接受赫尔利将军的意见。我们明确地告诉他，虽然有一位共产党人参与全国军事委员会，但是他对该会也不会比局外人有更多的发言权，我们是清楚我们所说的那种情况的。

　　"赫尔利将军还说，接受了全国军事委员会的代表席位，将使我们的'一只脚跨进大门'，并以此作为能够扩大我们地位重要性的起点，从而逐渐使我们的影响增加到这样一个程度，即最后我们将控制政府。我们相信，这是一个带根本性错误的概念，但是我们已不能使赫尔利将军确信这是一个根本性的错误。我们所能说的一切乃是，如果双手被反绑着，即使一只脚跨进了大门也是没有任何意义的。

"魏德迈将军说，如果我们同委员长达成协议，他就能给我们武器，并派出美军军官训练我们，和我们一起工作，我们衷心地欢迎这种帮助，但是不能指望我们付出这样的代价，即我们在接受这种帮助时，要由委员长批准。

"我们不像蒋介石，我们并非必须要别的国家的支持，我们能够挺立着，像自由的人们一样自由地行走。如果美国放弃我们，我们将万分的遗憾，但是这不会损害我们对你们的友好情谊。任何时候，无论是现在还是将来，我们都将怀着感谢的心情，接受你们的帮助，我们将不附带任何条件，在美国将军指挥下尽心履行自己的义务，这就是我们对你们的友好情谊。如果你们在中国海岸登陆，我们将在那里同你们会合，并且将听从你们的指挥。

"在'五点建议'中，我们已经作了我们将要作的全部让步，在同意委员长作为领导上作了让步，在同意我们的军队接受全国军事委员会的统一指挥上作了让步，在美援物资方面我们也作了让步（除去我们应该得到的公平的一份外，我们毫无所求）。我们将不再作出任何进一步的让步了。

"我们完全理解，赫尔利将军不能保证委员长接受'五点建议'。我们知道他仅仅能说，这些条款是公平的，他将尽力使委员长接受这些条款。但是，在蒋介石拒绝这些公平的条款之后，我们不希望赫尔利将军反过来强迫我们同意需要我们去牺牲自己的反建议。"（参见包瑞德《美军观察组在延安》，解放军出版社 1984 年版。）

毛泽东对蒋介石和赫尔利的答复，深刻揭露了蒋介石坚持独裁，反对民主改革，企图吞并抗战果实，和平"消灭"共产党及其抗日军队的真实面目。他的答复也巧妙地讽刺了赫尔利的不公正立场，表示了中国共产党坚持独立自主，以人民利益为重，不为蒋介石威胁利诱所动的坚定立场。

与此同时，毛泽东也不想就此关上谈判的大门。1944 年 12 月 12 日，毛泽东、周恩来在致王若飞的电报中，嘱他转告包瑞德："牺牲联合政府，牺牲民主原则，去几个人到重庆做官，这种廉价出卖人民的勾当，我们决不能干。这种原则立场，我们党历来如此。希望美国朋友不要硬拉我们如此做。

我们所拒绝者仅仅这一点，其他一切都是好商量的。"

1945年1月7日，赫尔利致函毛泽东和周恩来，提议在延安召开有他参加的国共两党会议。毛泽东复信说，这种会议不会有结果，应该在重庆召开有国民党、共产党和民主同盟三方参加的国事会议的预备会议，如果蒋介石同意，那么周恩来可去重庆磋商。于是，1月24日，周恩来又一次飞抵重庆。

2月2日，周恩来起草了一个关于党派会议的协议草案交给国民党代表王世杰。国共双方又在是否改组政府问题上争论不下。13日，周恩来会见蒋介石，蒋竟以十分傲慢的态度宣称："党派会议，等于分赃会议，联合政府，无异推翻政府"。这种态度使周恩来十分惊异，怒不可遏，遂决定中止谈判返回延安。

3月1日，蒋介石在重庆宪政实施协进会上发表演说，强调：在国民大会召开前，政府不能将政权交与各党各派组成的联合政府。第一，"政府不能违反建国大纲，结束训政"；第二，"国民政府如将一切政权或责任交给各党各派"，其结果必使"抗战崩溃，革命失败"。蒋介石以国民大会召开前，以没有一个"可以代表全国人民，使政府可以征询民意之负责团体"为由，拒绝成立联合政府。在这个演说中，蒋介石还将国家不能顺利实施宪政的责任，栽到共产党头上，说国家和军队的统一是推行宪政的先决条件，而共产党及其军队"不受中央命令"，阻碍了国家的统一，因此，"共产党不应有军队，这是很明显的道理"。

蒋介石的话等于宣布了国共谈判的破裂。

1945年5月5日，国民党在重庆召开第六次全国代表大会。大会拒绝成立联合政府，坚持走独裁和准备内战的道路。会议决定于1945年11月12日召集"国民大会"，并由"国民大会"通过宪法，实施宪法，"还政于民"。蒋介石在会上咬牙切齿地说："今天的中心工作，在消灭共产党！"

1945年4月23日至6月11日，共产党在延安召开第七次全国代表大会。毛泽东作了《论联合政府》的报告，向全国人民发出了结束国民党一党专政，成立联合政府的呼吁，指出国民党的一党专政是抗战失败的"负责者"，又是"内战的祸胎"。他号召人民起来以"愚公移山"的精神，挖山不止，去争取中国的光明前途。

三、毛泽东毅然赴渝，蒋介石先输一着

1945 年 8 月 10 日，日本政府向同盟国发出乞降照会的消息传到重庆，中国人民奔走相告，沉浸在万分喜悦之中。蒋介石却于第二天下达了三道命令，发出了内战的信号，犹如一盆冷水洒向欢欣鼓舞的人们。

这三道命令，一道给其嫡系部队，要他们"加紧作战，积极推进，勿稍松懈"；一道给第十八集团军总司令朱德，要"所有该集团军所属部队，应就原地驻防待命"，"勿擅自行动"；一道给日本驻华最高指挥官冈村宁次，要他"维持现状"，"除按指定之军事长官的命令之外，不得向任何人投降缴械"，意思很清楚，就是要日伪军只准向蒋介石的军队投降，不准向八路军、新四军投降。

毛泽东对于蒋介石这种背信弃义的"小人"行为立即给予有力反击。8月 13 日，毛泽东即以朱德的名义起草了致蒋介石的电报，愤怒地说：现在日本尚未实行投降，还在同中国，同苏、英、美军队作战，你却不要我们再打仗了；但却命令你的嫡系"加紧作战，积极推进，勿稍松懈"，必须命令日本侵略者投降，将敌伪武装缴械。我们认为这个命令你是下错了，而且错得很厉害，使我们不得不向你表示：坚决地拒绝这个命令。因为你给我们的这个命令，不但不公道，而且违背中华民族的民族利益，仅仅有利于日本侵略者和背叛祖国的汉奸们。（参见《毛泽东军事年谱》第 445 页。广西人民出版社 1994 年版。）

就在同一天，毛泽东又为新华社写了社论《蒋介石在挑动内战》，揭露蒋介石的"命令"就在于找一个借口，马上转入内战。指出：中国解放区的抗日军队，在国民政府毫无接济又不承认的条件下，独力解放了广大的国土和一万万以上的人民，抗击着侵华敌军的 56％和伪军的 95％。实在说，在

中国境内，只有解放区抗日军队才有接受敌伪投降的权利。至于坐待胜利的蒋介石，他实在没有丝毫权利接受敌伪投降。

在谴责蒋介石的同时，毛泽东向他的军队下达了"包围大城市及交通要道，设法劝令敌伪投降"的命令，并要求全党作好对付国民党发动内战的准备。

善耍手段的蒋介石看到情形于他不利，出于种种原因，他竟在毛泽东严厉指责他的第二天，8月14日，向毛泽东发出了和平谈判的邀请。电报说："倭寇投降，世界永久和平局面，可期实现，举凡国际国内各种重要问题，亟待解决，特请先生惠临陪都，共同商讨，事关国家大计，幸勿吝驾，临电不胜迫切悬盼之至。"（《重庆谈判纪实》第21页。重庆出版社1983年版。以下几份电报均出自此书，不再注。）蒋介石的这份电报从表面看来，实在是情词恳切，似乎与毛泽东毫无隔阂，然回头看他三天前的命令，却让一般人感觉上难以协调。这也正是蒋介石政治手腕的圆滑之处，他将一个"高抛球"扔给了毛泽东，看你如何接。

8月16日，毛泽东回电说："未寒电悉。朱德总司令本日午：有一电给你，陈述敝方意见，待你表示意见后，我将考虑和你会见的问题。"毛泽东的回电表明，他并未因蒋的邀请而放弃自己的立场。他要求蒋介石对他不准八路军受降的电报加以解释，然后再谈会面的事。

8月20日，蒋介石在《中央日报》上发表了他的第二封邀请信："查此次受降办法，系由盟军总部所规定，分行各战区，均予依照办理，中国战区亦然，自未便以朱总司令之一电破坏我对盟军共同之信守。朱总司令对于执行命令，往往未能贯彻，然事关对内妨碍犹小，今于盟军所已规定者亦倡异议，则对我国家与军人之人格将置于何地。""大战方告终结，内争不容再有。深望足下念国家之艰危，悯怀人民之疾苦，共同勠力，从事建设。如何以建国之功收抗战之果，甚有赖于先生之惠然一行，共定大计，则受益拜惠，岂仅个人而已哉！"

蒋介石这份电报反守为攻，把不让受降的事归之于盟军，反诬朱德不执行命令，丢了"国家与军人之人格"，并以公开电的形式发表，想置毛泽东于被动之地。蒋介石的基本战略，国民党内的人心里都很明白。《中央日报》社发表蒋介石电报的当晚就讨论起来。总编辑陈训畬说："双方距离这样远，共产党态度这样坚决，怎么会来谈判嘛！"总主笔陶希圣说："现在动大手术也不是时候，国内有厌战情绪，国际形势也不允许中国打内战，一打起来我们更被动，利用谈判拖一拖也好。共产党拒绝谈判，我们更有文章好做。"（《重庆谈判纪实》第419页。重庆出版社1983年版。）陶希圣真不愧为蒋介石的得力谋臣，蒋介石的心思在这里表达得十分清楚。

22日，毛泽东复电："从中央社新闻电中，得读先生复电，兹为团结大计，特派周恩来同志前来进谒，希予接洽，为恳。"毛泽东的第二份电报是有谋求和平解决国共问题诚意的。第二天，他在中共政治局扩大会议上说：现在情况是，抗日战争的阶段已结束，进入和平建设阶段。我们现在新的口号是：和平、民主、团结（过去是抗战、团结、进步）。和平是能取得的：苏美英需要和平，人民需要和平，我们需要和平，国民党也不能下决心打内战，因摊子未摆好、兵力分散、内部矛盾。他又指出：蒋想消灭共产党的方针没有改变，也不会改变。他所以可能采取暂时的和平，是由于上述诸条件。（毛泽东在中共中央政治局扩大会议上的发言记录，1945年8月23日。）毛泽东分析了和平和内战的可能性，确立了争取和平的基本立场。这就是毛泽东最后终于赴重庆谈判的基本出发点。

蒋介石决定"假戏真做"做到底，23日追来第三份电报："未养电诵悉，承派周恩来先生来渝洽商，至为欣慰。唯目前各种重要问题，均待与先生面商，时机迫切，仍盼先生能与恩来先生惠然偕临，则重要问题，方得迅速解决，国家前途实利赖之。"24日，毛泽东慨然回电："恩来同志立即赴渝进谒，弟亦准备随即赴渝。"26日，毛泽东向中共党内发出了《关于同国民党进行和平谈判的通知》，说："现在苏美英三国均不赞成中国内战，我党又提出和平、民主、团结三大口号，并派毛泽东、周恩来、王若飞三同志赴渝和蒋介石商量团结建国大计，中国反动派的内战阴谋，可能被挫败下去。"（《毛泽东选集》第2版，第1153页。）

8 月 28 日，毛泽东、周恩来一行在赫尔利、张治中陪同下飞抵重庆。毛泽东与蒋介石由来往电报的"策略战"，开始了面对面的舌战。

赴渝前，毛泽东就与中央政治局商定，在不损害人民利益的条件下，在重庆谈判中向蒋介石作出一定让步：第一步让出广东到河南；第二步让出江南；第三步让出江北。但从陇海路迄外蒙古我军一定要占优势。

蒋介石对于毛泽东敢赴重庆之举估计不足，因而对正式谈判的准备也不足。得知毛泽东同意赴渝谈判以后，蒋介石匆忙召集各院院长，讨论谈判对策。最后决定，政治与军事应整个解决。但对政治之要求，予以极度之宽容，而对于军事，则严格统一，不稍迁就。8 月 29 日，谈判开始后，他为国民党谈判代表确立了三项原则：1. 不得于现政府法统之外来谈改组政府问题；2. 不得分期或局部解决，必须现时整个解决一切问题；3. 为结于政令、军令之统一，一切问题，必须以此为中心。

蒋介石的谈判方案，一副强权霸道的面孔，一切以维护其独裁统治为中心，急乎乎要将一切权力拿到自己手中，显然缺乏和谈诚意。这就种下了这次谈判最终不能达到和平结果的基因，同时也充分暴露他自己要独裁、反民主的真实面目，因而也是他经过谈判最终失去民心的根本原因。

重庆谈判一开始笼罩在一片"欢愉亲热"的气氛中。当时的《新华日报》载，毛泽东抵渝后，"晚八时半即赴蒋主席在山洞官邸所举行的欢宴，当晚留宿山洞林园。""席间蒋主席和毛泽东同志曾相继致词，并几次举杯互祝健康，空气甚为愉快。"

这种"欢愉"气氛自然不会持久，第二天正式谈判一开始，毛蒋二人都毫不犹豫地露出了锋芒。蒋介石首先宣称，这次谈判政府不提具体方案，希望听取中共方面一切意见。毛泽东说："中共希望通过这次谈判，使内战真正结束，永久和平能够实现。"蒋介石截住毛的话说："中国没有内战。"毛泽东立即严正指出，要说中国没有内战，这是欺骗。遂列举十年内战及抗战以来大量事实，批评了国民党的反共内战政策。（参见《重庆谈判纪实》第 189 页。重庆出版社 1983 年版。以下谈判过程中的对话，未注明出处者，均出于此书。）

四、对一般政治问题的提案与答复案

谈判开始从一般性商谈着手，各自先谈己方主张。毛泽东与蒋介石直接会商原则问题，中共谈判代表周恩来、王若飞则与国民党谈判代表张群、张治中、王世杰、邵力子商谈具体问题。9月2日，毛泽东向国民党代表王世杰提出八项原则意见：

1. 在国共谈判有结果时，应召开有各党各派和无党无派人士代表参加的政治会议；2. 在国民大会问题上，如国民党坚持旧代表有效，中共将不能与国民党成立协议；3. 应给人民以一般民主国家人民在平时所享有之自由，现行法令当依此原则予以废止或修正；4. 应予各党派以合法地位；5. 应释放一切政治犯，并列入共同声明中；6. 应承认解放区及一切收复区内的民选政权；7. 中共军队须改编为48个师，并在北平成立行营和政治委员会，由中共将领主持，负责指挥鲁、苏、冀、察、热、绥等地方之军队；8. 中共应参加分区受降。

当晚，蒋介石与毛泽东会谈，就毛所提出的关键性问题发表意见：第一，中共军队最多保留12个师，这是中央所允许之最高限度；第二，承认解放区，绝对行不通，只要中共对于军令政令之统一能真诚做到，各县行政人员经中央考核后，可酌予留任，省级行政人员亦可延请中共人士参加；第三，拟将原国防最高委员会改组为政治会议，由各党派人士参加。中央政府之组织人事，拟暂不动，中共方面如现在即欲参加，可予以考虑；第四，原当选之国民大会代表，仍然有效。中共如欲增加代表，可酌量增加名额。（《和谈复辙在中国》第74页。1968年台北版。）

9月3日，中共代表根据毛泽东8项意见的精神，向国民党提交11项谈判提案：

1. 确定和平建国方针，以和平、团结、民主为统一的基础，实行三民主义（以民国十三年第一次代表大会之宣言为标准）；

2. 拥护蒋主席之领导地位；

3. 承认各党各派合法平等地位并长期合作和平建国；

4. 承认解放区政权及抗日部队；

5. 严惩汉奸，解散伪军；

6. 重划受降地区，参加受降工作；

7. 停止一切武装冲突，命令各部队暂留原地待命；

8. 结束党治过程中，迅速采取各项必要措施，实行政治民主化，军队国家化，党派平等合作；

9. 政治民主化之必要办法：

（1）政治会议即党派协商会议，以各党派代表及若干无党派人士组织之，由国民政府召集，其讨论事项如下：

a. 和平建国大计；

b. 民主实施纲领；

c. 各党派参加政府问题；

d. 重选国民大会；

e. 复员善后问题。

（2）确定省县自治，实行普选，其程序应由下而上。

（3）解放区解决办法：

a. 山西、山东、河北、热河、察哈尔五省主席及委员由中共推荐；

b. 绥远、河南、安徽、江苏、湖北、广东六省由中共推荐副主席；

c. 北平、天津、青岛、上海四直辖市由中共推荐副市长；

d. 参加东北行政组织。

（4）实施善后紧急救济。

10. 军队国家化之必要办法：

（1）公平合理整编全国军队，分期实施，中共部队改编为16个军48个师；

（2）重划军区，实施征补制度。中共军队集中淮河流域（苏北皖北）

及陇海路以北地区（即中共现驻地区）；

（3）保障整编后各级官佐；

（4）参加军事委员会及其所属各部工作；

（5）设北平行营及北平政治委员会，由中共推荐人员分任；

（6）安置编余官佐；

（7）解放区民兵由地方编作自卫队；

（8）实行公平合理之补给制度；

（9）确定政治教育计划。

11. 党派平等合法之必要办法：

（1）释放政治犯；

（2）保障各项自由，取消一切不合理的禁令；

（3）取消特务机关（中统、军统等）。

第二天，谈判开始以后，国民党代表首先提出，中共提案中的九、十两项使政府为难，要中共重新加以考虑。

中共代表王若飞说："昨天周恩来同志所提之11条，你们即可就此考虑，何者可以同意，何者尚须商量？便可提出讨论。"

国民党代表张群说："现在时机难得，我们必须拿出诚意，以达成此商谈之目的，然兄等此次所提条件，距离实在太远，由此可知我等商量之基础尚须加强，彼此了解之精神尚须增进。我以为现亟须确定者当是谈判之态度和精神。"

国民党代表邵力子接着说："看了各位的方案，觉得成见过重，根本矛盾尚未消除。方案中第一、二两条，态度甚好，不胜赞佩，然亦有数点根本无从讨论，故我以为彼此间的了解与互谅，尚待增进。"

周恩来指出："具体问题之解决，不免遭遇困难，自在吾人意料之中。为求问题之解决，我等已作了尽可能的让步：第一，认为联合政府现不能做到，故此次不提出，而只要求各党派参加政府；第二，召开党派会议产生联合政府之方式，国民党既认为有推翻国府之顾虑，故我们此次根本不提党派会议；

第三，国民大会代表中共主张普选，但雪艇（王世杰）先生谈话时认为不可能，中共虽不能放弃主张亦不反对参加，现在亦不在北方另行召开会议。凡此让步皆为此次谈判之政治基础，可保证此次谈判之成功。国民党是第一大党，我们因有上述之让步，政治既可安定，各党派间亦可和平合作。毛泽东同志有此决心，毅然来渝，即在求问题之解决，如果不希望解决问题，何能远来？"

随后，双方代表就中共提案中的九、十两条进行了争辩。

邵力子说："解放区为战时之状态，现在战事已结束，此事不应再提。"

周恩来说："此乃名词问题，事实仍然存在。只要按事实解决问题，名称可以变更。"

张群说："中共的政治地位，不必与解放区相提并论。中共不要以为有了解放区做政治基础，始有其政治地位。中共要保持并增高其政治地位，不在坚持所谓解放区之承认，而须就整个国家的组织来研究。"

王若飞立即指出："承认中共之政治地位，必须承认中共之解放区之事实及其军队与人民所树立之政权等，否则恐难期问题之解决。"

张治中接着就中共有关军队问题的解决方案说："中国在此次战后，已成为世界五强之一，我们必须朝现代化的方向前进，决不可再蹈军阀时代的覆辙，决不可恃其武装向中央要求地盘。且就中共立场而言，是否必争地盘、争军队始可保证其地位？余以为不然。中共此时如愿放弃其地盘，交出其军队，则其在国家的地位与国民中之声誉，必更高于今日。"

邵力子说："我想中共即令无一兵一卒，国民党亦不能消灭他，中共军队少一点，国民党也不敢进攻他；反之即使中共军队再多，亦决不能打倒国民党。"

周恩来当即反驳他们说："兄等以封建军阀割据来比拟中共，我不能承认，我以为两党已拥有武装，且有 18 年之斗争历史，此乃革命事实发展之结果。今日我等商谈，即在设法避免双方武装斗争，而以民主之和平方式为政治之竞争，我们认定：打是内外情势所不容许，只能以政治解决。本此宗旨，我党已提出解决问题的方案，不知中央对于此事之解决所准备之具体方案如何？"

国民党代表提不出具体方案，谈判遂告结束。

蒋介石看了中共代表提出的 11 条方案后，感到"脑筋深受刺激"，遂让其代表根据他与毛泽东谈话的四点意见，拟定了 11 条对中共建议的答复案：

1. 实行和平建国方针和三民主义，均为共同必遵之目的，民主与统一，必须并重；

2. 拥护蒋主席的领导地位；

3. 承认各党派在法律面前平等；

4. 解放区名词应成为过去，对收复区内原任抗战行政工作人员，政府可依其能力酌量使其继续为地方服务；

5. 惩治汉奸必须依法律行之，解散伪军亦要用妥慎办法，以免影响当地安宁；

6. 中共参加受降工作，在接受中央命令之后，自可考虑；

7. 双方停止武装冲突，中央部队不能只靠空运，必要时中共军队不应阻其通过；

8. 原则上赞成实行政治民主化、军队国家化、党派平等合作；

9. 政治会议之组织及人员选任，可由双方商定，其讨论事项，不必预为规定；国民大会之旧代表应有效，其名额可合理增加和合法解决。在做到军令政令统一之下，中共对于其抗战卓著勤劳且在政治上有能力之同志，可提请政府，经中央考核，酌予留任；

10. 中共军队编为 12 个师在中央实已为可允许之最高限度；中共军队驻地，由中共提出方案，讨论决定，并依令编组后实施；中共不宜任北平行营主任职，不同意设置北平政治委员会；解放区民兵由地方编作自卫队问题，只能视地方情势，有必要与可能，酌量编置，不宜作一般规定；

11. 释放政治犯问题，政府准备自动办理，中共可提出应放人员名单；给人民以一般民主国家之自由；特务机关只办情报，严禁逮捕、拘禁等行为。

双方的提案与答复案距离很大，不能达成协议，谈判遂先告一段落。

五、在解放区与军队问题上的争论

9月12日、17日，蒋介石又约毛泽东会谈，主题集中于解放区和军队问题。蒋介石故作诚恳地对毛泽东说："只要国家真正统一，我自己回家闲心静养，或在政府里干什么都行。"又说："你老让我承认解放区，这岂不是让我承认国中之国？"

毛泽东答道："解放区虽为战时之产物，而所实行者皆为平时之制度与建设。即以民主一点而论，解放区之民主乃以战时发其端，然吾人决不能说民主制度在战后即须取消，其他经济政治文化措施莫不如此，皆以民主政治之实施为依据。此是战时军事以外最可宝贵之产物，政府不可不维持之。国民党目前之执政地位，我们是承认的，但不彻底改革现存的一党专制政府，即便我答应你的要求，全国人民也不会赞同。"

在双方谈判代表的具体商谈中，周恩来提出：

"关于地方政府问题，采用我方建议之办法则山东省府委员、厅长可由中共人士担任，负责主持省政，此乃由上而下之办法。如此法不行，则可采用由下而上之办法，实行民选政府，呈请中央任命。我方所要求某几省由中共任主席，某几省由中共任副主席，并非一党包办，乃系与各方合作，中央固可派人参加，地方贤达亦可参与。不过由中共负主要责任而已。"

王若飞进一步指出："我等要求划定省区，乃就既成事实协商解决之办法。"

张群反对说："根据蒋主席之意见，各省地方用人，应由中央政府依照法令规章办理，即令人事上特殊情况，须予照顾，亦不能以此作为谈判条件，以此来限制政府。"

周恩来表示："中共方面之建议案为国民大会召开以前之过渡办法，在国民大会之后，宪政实施，即可实行全国普选。"

王若飞补充说："中央依据政令统一之原则，处理各项问题，尽可不必否认地方之现存事实。今我方提案，规定解放区各省中由中共推荐人员请中央加委，并未有违政令统一之旨。我们所提之办法，乃目前过渡时期之必要办法。吾人以为民主统一之理想，未可一蹴而就，须经过此必要之步骤与过程方能达到。"

在军队问题上，国民党代表邵力子提出：

"你们的军队问题，可否与善后复员问题合并研讨办法。现在即依中央之规定编为12个师，其他编余人员，可以从事农垦与建设工作。如此则中央之整军工作，必可加速进行。"

周恩来当即表示："我方120万军队，若要一旦裁减为12个师，实不可能，故必须分期实施。我等盼望本月份内，双方谈判能将问题解决；解决之后，执行时期至少必须三个月。此三个月之过渡时间，我等如能将军队裁去一半，亦可使国内人心大安矣。果真此点能做到，则明年即可还都，召开国民大会，施行宪政，编整国军，岂不甚好。"

张群说："日本投降之后，蒋主席邀毛先生来渝，其意在共商大计，解决国是。两周以来，我们会谈尽量听取兄等之意见，研究何者双方可以同意，何者不能同意。但兄等所提军队问题与中央规定相距如此之远，实无法再谈。又如解放区问题，余非不了解兄等意见，然中央之主张已不能再有变更，故此两者均未获得协议。蒋主席对于各种核心重要问题，均已有明白表示，对于军队之缩编，收复区行政人员之任用，均已从宽。要贯彻政令之统一，即不能完全承认兄等所谓既成事实，盖就中央政府立场而言，凡国境以内不容有两套相反之法令制度同时并行。"

周恩来指出："我解放区一切行政设施并未脱离三民主义之范围。就制度而言，我们并未要求改变中央之制度，而依照中央之规定；就政策而言，我方所推行者，都是中央过去所颁布者，其实施情形，可以派员分别考核呈报。故解放区之法规制度与中央并无不同之处，在此原则之下，由中共方面推荐人员，请中央加委，并不违背蒋先生之主张。"

张群说："兄等主张凡中共建立之区域与政权皆须保留，人事不得变更，省府主席亦须由中共推荐。换言之，即中共一切制度人事与组织皆不变动，又须中央承认，而谓与中央法令并无不合之处，此我所不解者。就制度而言，在实行县制之县固可以实行选举，然省级人员皆须由中央选择委放，但兄等现在之主张，显然欲于中央制度之外，另外规定，以拘束中央之用人，此中央所不能同意者也。"

周恩来强调："我党对于国民党已作了重大让步，如承认蒋先生之领导地位，承认国民政府之统治权，国民大会代表如不重选，国民党固为第一大党，即令重选，国民党亦能得多数，故国民党前途已获保障，决无动摇。以军队而论，现在国民党有 263 个师，而中共只要求 48 个师，尚不及六分之一，故军权政权，中共皆承认国民党为中国第一大党。吾人深知，目前共产党固不能打倒国民党，然国民党亦不能抹煞共产党，我们此次所提之11 项建议，仅为一过渡办法，较之 8 月 25 日我党发表的六大原则已相差甚远，这是因为有毛泽东同志在此，我等随时可以请示让步办法，所以会谈容易进行。"

张群说："兄等方案提出之前，政府考虑只给几个师，今即允为 12 个师，已实为顾及中共之困难。而今兄等提出仍要 48 个师，与政府相距实在太远。关于军队驻地与解放区问题，请兄等重加考虑，并盼转告毛先生可否提出修正案。"

蒋介石在解放区和军队问题上坚不让步，双方不能达成协议。

为了打破谈判僵局，毛泽东决定作出重要让步。9 月 19 日，中共就军队缩编和解放区问题提出新的方案：第一，关于军队数目。赫尔利大使拟议中共军队之比例为五分之一，我方愿考虑让至七分之一，即中央现在有 263 个师，我方应编为 43 个师。以后中央军缩编，中共亦按此比例裁减。如中央军队缩编为 120 个师，中共应为 20 个师。第二，关于解放区。我们拟将海南岛、山东、浙江、苏南、皖南、湖北、湖南、河南境内八个解放区之军队撤退，集中于山东、河北、察哈尔、热河与山西之大部分，以及陕甘宁边区 7 个地区。解放区亦随军队驻地之规定而合一。

对此，国民党还是不同意，说：中共之观点，以为必有军队、地盘，控制军政机关始有保证。而中央则认为军令、政令必须统一于中央原则之下，始可解决问题。如依中共之办法，则非为谋军令、政令之统一，而完全为分裂。

中共代表立即反驳说：现在我方官兵都极愤慨，汉奸军队都已获得中央之委任，而中共抗日部队反而不能得到中央之承认。须知中共军队，即令不获中央之承认，不获中央之接济，亦能生存发展。（《重庆谈判纪实》第213页。重庆出版社1983年版。）

由于双方的分歧较大，谈判不能取得进展，双方的火药味越来越浓。共产党坚持在国民党一党专制下，不能将军队和解放区交给一党政府，国民党须循民主程序逐步解决问题。蒋介石却一定要政治军事一齐解决，立逼共产党就范。所以，双方水火不容，不能解决问题。

于是，蒋介石拉开"和善"面孔，对周恩来威胁说："盼告诉润之，要和，就照这个条件和。不然，就请他回延安带兵来打好了。"

第二天，毛泽东就毫不含糊地对蒋介石说："现在打，我实在打不过你。但我可以用对付日本人的办法来对付你，你占点线，我占面，以乡村包围城市，你看如何？"

赫尔利也帮着蒋介石唬人，他对毛泽东说："共产党必须交出解放区，要么承认，要么破裂。"毛泽东沉着答他："不承认，也不破裂，问题复杂，还要讨论。"（《周恩来传》第599—600页。中央文献出版社1991年版。）

六、最后的交锋

气急败坏的蒋介石，眼见谈判不可能达到目的，竟想在战场上捞一把，逼使毛泽东投降。9月20日，他给各战区司令长官下了一道密令，说："目前与奸党谈判，乃系窥测其要求与目的，以拖延时间，缓和国际视线，俾国军抓紧时机，迅速收复沦陷区中心城市。待国军控制所有战略据点、交通线，将寇军完全受降后，再以有利之优越军事形势与奸党作具体谈判。彼如不能在军令政令统一原则下屈服，即以土匪清剿之。"（《中国人民解放军战史》第3卷，第3页。军事科学出版社1987年版。）这道命令真是把蒋介石假和谈、真内战的面目暴露得清清楚楚。蒋介石还密令各战区把他内战时期手订的《剿匪手本》下发各部队。

毛泽东在去重庆谈判前早已料定蒋介石会有此一招，他曾在谈判通知中告诉解放区军民："有来犯者，只要好打，我党必定站在自卫立场上坚决彻底干净全部消灭之（不要轻易打，打则必胜），绝对不要被反动派的其气汹汹所吓倒。"（《毛泽东选集》第2版，第1154页。）

9月，阎锡山进攻上党地区，刘伯承、邓小平指挥晋冀鲁豫部队，于9月、10月间打了上党战役，首战告捷，歼灭了阎锡山35000人。继上党战役以后，国民党军队又侵入磁县、邯郸地区，解放区军民再次奋起自卫，经一周激战，国民党新八军军长高树勋率1万余人起义，其余两个军，在溃退中被我围歼。

对此，毛泽东满意地说："事情就是这样，他来进攻，我们把他消灭了，他就舒服了。消灭一点，舒服一点；消灭得多，舒服得多；彻底消灭，彻底舒服。中国的问题是复杂的，我们的脑子也要复杂一点。人家打来了，我们就打，打是为了争取和平。不给敢于进攻解放区的反动派很大的打击，和平是不会来的。"（《毛泽东选集》第2版，第1159页。）

蒋介石终于发现，一味高压威胁，对毛泽东丝毫不起作用，毛泽东不怕他。同时，这次谈判举世瞩目，如果破裂或没有结果，他无法向国内外交代。于是，不得不在谈判停顿几天以后，主动向共产党提出重开谈判。9月27日以后的谈判比以前顺利多了。双方决定求同存异。这就首先宣告了蒋介石开初要求一揽子解决方案的破产。

10月10日，会议终于达成协议，国共双方签署了《政府与中共代表会谈纪要》，即"双十协定"，共12条：

一、关于和平建国的基本方针：一致认为中国抗日战争，业已胜利结束，和平建国的新阶段，即将开始，必须共同努力，以和平、民主、团结、统一为基础，并在蒋主席领导之下，长期合作，避免内战，彻底实行三民主义。

二、关于政治民主化：一致认为应迅速结束训政，实施宪政，召开政治协商会议，邀集各党派代表及社会贤达，协商国是。

三、关于国民大会问题：中共提出应重新选举；国民党认为，只增加新代表就可以了。双方未能达成协议，留待政协召开后解决。

四、关于人民自由问题：一致认为政府应保证人民享受一切民主国家人民在平时应享受身体、信仰、言论、出版、集会、结社之自由。

五、关于党派合法问题：承认一切党派的合法地位。

六、关于特务机关问题：严禁司法和警察以外机关拘捕和处罚人民。

七、关于释放政治犯问题：原则上政治犯一律释放。

八、关于地方自治问题：双方同意各地应积极推行地方自治，实行由下而上的普选。

九、关于军队国家化问题：中共方面提出，政府应公平合理的整编全国军队。中共愿将其所领导的抗日军队由现有数目缩编至24个师至少20个师的数目，并表示可迅速将其所领导而散布在广东、浙江、苏南、皖南、皖中、湖南、湖北、河南8个地区的抗日军队着手复员，并从上述地区逐步撤退应整编的部队至陇海路以北及苏北皖北的解放区集中；政府方面表示：全国整编计划正在进行，此次提出商谈之各项问题，果能全盘解决，则中共所领导的抗日军队缩编为20个师的数目可以考虑。关于驻地问题，可由中共方面提出方案，讨论决定。

十、关于解放区地方政府问题：中共方面表示，政府应承认解放区各级民选政府的合法地位；政府方面表示，解放区名词在日本无条件投降以后，应成为过去，全国政令必须统一。

十一、关于奸伪问题：中共方面提出严惩汉奸，解散伪军；政府方面表示，此原则上自无问题，唯惩治汉奸要依法律行之。

十二、关于受降问题：中共方面提出：重划受降地区，参加受降工作；政府方面表示，中共接受中央军政统一命令后，再考虑参加受降。

签订这样一个协定，显然不是蒋介石想要的东西。他的心里很不是滋味。10月9日，毛泽东要回延安了，蒋介石又邀毛话别。谈话的中心仍是军队和解放区问题。蒋介石再次表示，对于解放区问题，"政府决不能再有迁就"。最后，蒋介石拿出一副推心置腹的表情，对毛泽东说：谈判快结束了，有一番肺腑之言，不吐不快。这就是，共产党最好不搞军队，如果你们专在政治上竞争，那你们可以被接受。蒋介石还煞有介事地说，国共两党不可缺一，党都有缺点，都有专长，只要我们二人能合作，世界就好办，10年内总要搞个名堂，否则对不起人民。

毛泽东听罢答道：对解放区的努力应当承认和帮助。我赞成军队国家化，军队只为国防服务，党则全力办政治。

蒋介石在毛泽东临走之际失望地说："这次没谈好。"

毛泽东则回答："很有收获，主要是方针，确定了和平建国的路线，我们完全拥护。"

七、深远的影响

"双十协定"的签订意味着共产党的胜利。毛泽东让蒋介石接受了共产党"和平、民主、团结"的基本方针，迫使他承认了共产党和各民主党派的合法地位，取得了政治上的主动权。军队和解放区问题虽然没有解决，但表现了中国共产党解决问题的诚意和立场。共产党的让步争取了各方面的赞赏和支持，同时也不损害党和人民的利益，因为让出的八个地区正是一旦发生内战，"不可能保持"的地区。因此，毛泽东回延安后，即在中央政治局会议上说："这个东西，第一个好处是采取平等的方式，双方正式签订协定，这是历史上未有过的。第二，有成议的六条，都是有益于人民的。"（1945年10月11日毛泽东在中共中央政治局会议上的发言记录。）

重庆谈判，为毛泽东和蒋介石这两个博杀在中国政治舞台上28年的对手，提供了一次面对面斗争的"战场"，也为这两个与中国历史命运密切相关的人物，提供了一次相互了解、认识的机会。自然，他们都给对方留下了深刻印象。

对于毛泽东的坚毅和顽强，蒋介石曾对陈布雷说："毛泽东此人不可轻视。他嗜烟如命，手执一缕，绵绵不断……但他知道我不吸烟后，在同我谈话期间，竟绝不抽一支。对他的决心和精神，不可小视啊！"（《陈布雷外史》第15页。中国文史出版社1987年版。）对于蒋介石，毛泽东在延安欢迎会上说："以前的蒋还是一个抽象的人，这次谈判，长时间的接触，对蒋的为人、性格、思考问题的方法，心里有了个底。"显然，就对人的观察能力来说，毛泽东和蒋介石都能作由表及里的分析与认识。

对于谈判的结果，毛泽东说："蒋介石的主观愿望是要坚持独裁和消灭共产党，但是要实现他的愿望，客观上有许多困难。这样，使他不能不讲讲现实主义。人家讲现实主义，我们也讲现实主义。""谈判的结果，国民党承认了和平团结的方针。这样很好。国民党再发动内战，他们就在全国和全世界面前输了理，我们就更有理由采取自卫战争，粉碎他们的进攻"（《毛泽东选集》第2版，第1158、1159页。）

蒋介石就在送走毛泽东的那个晚上，辗转难眠，在日记里写下了"甚叹共党之不可与同群也"，表达了他对毛泽东的敌意和对立，同时也表达了他终究要撕毁协议、消灭共产党的决心。

国民党的谈判代表张治中后来评论《双十协定》说："从这个协定里可以看出几点：第一，中共在这个会谈纪要和以前多次所提的条款里，始终表示愿意接受蒋的领导，实行三民主义。这是使国民党内大多数人认为非常满意的。第二，政治协商会议终将召开，就可协商国是讨论和平建国方案了。第三，军队数字始终是最棘手的问题，但也有了结果了，中共愿意由48个师减到20个师。这是很大的让步。第四，解放区问题，在历次商谈中始终没有得到过协议。这次虽然没有解决，但双方都表示愿意继续商谈的诚意。实在说起来，凡是具有定见远见的人，对于这个协议应该感到满足；特别是亲身参加商谈的我们，真是几经折衷，舌敝唇焦，好容易才得到这样的结果，

自然更感到愉快。"（《七十回忆·我与中共》）

毛泽东离开重庆以后，重庆各大报纸纷纷发表评论文章，分析重庆谈判以后的政治局势。延安的《解放日报》也于 1945 年 10 月 13 日发表社论，对于重庆谈判的意义及影响作了充分的肯定，社论说：

"8 月底起，在重庆举行的国民政府代表与中国共产党代表之间的会谈，乃是抗战胜利以后，中国国内政治生活中最重大的事件，也是具有伟大国际意义的事件。它不仅是战后中国和平、民主、团结、统一的关键，而且也影响着远东和全世界的持久和平。这说明了为什么全国人民和全世界如此焦急地期待着会谈的结果。昨天发表的《政府和中共会谈纪要》，给了公众以一个不负人民期望的回答。《会谈纪要》证明了商谈在友好和谐的空气中获得了重要的成果。这次会谈乃是如何用协商的办法，解决为中国和平、民主、进步发展所提出的迫切问题，解决国内政治生活中最复杂和最困难问题的范例。会谈的成果是全国人民要求和平民主进步的巩固意志的表现，是中国政治家的智慧与远见的表现。"

社论还指出："此次会谈，获得了重要的成果，表示了中国的前途是光明的。在中国人民及抗日党派面前还有很多困难，走向光明的道路上还有荆棘，还有曲折，还有障碍，但是我们坚信，这些困难是能够克服的。中国共产党人将为此而坚持奋斗，不达目的决不休止，这就是我们今后的任务。"

在重庆谈判期间，毛泽东和周恩来、董必武、王若飞等人做了大量的统一战线的工作，加强了中国共产党与各民主党派和爱国民主人士的团结，扩大了人民民主统一战线。

毛泽东在会见重庆各界民主人士以及国民党上层人物时，反复阐明中国共产党解决国内问题的一贯主张，表明共产党对于和平谈判的诚意与态度。毛泽东指出："我们共产党人希望会谈将有良好的结果，使中国能由抗战转到和平建设的时期。"（《解放日报》1945 年 9 月 14 日。）他反复强调："中国今天只有一条路，就是和，和为贵，其他的一切打算都是错的。"他还指出："我们面前还有很多困难，只要大家一致努力，一切困难都是可以克服的。"

（《新华日报》1945 年 9 月 19 日。）

毛泽东向各界民主人士说明了中国共产党关于建立"联合政府"的政治主张，指出只有建立民主统一的联合政府，才能给全国人民带来真正的民主与幸福。他还对民主党派提出的召开各党派及无党派人士的政治会议的建议表示赞赏和支持。

毛泽东等人在重庆谈判期间与民主爱国人士的广泛接触，争取了群众，扩大了人民民主统一战线，形成了一股反对蒋介石内战独裁，要求和平民主的强大舆论力量，推动着重庆谈判向有利于人民的方向发展，使国民党更加孤立，不得人心。正如毛泽东所说："我这次在重庆，就深深地感到广大的人民热烈地支持我们，他们不满意国民党政府，把希望寄托在我们方面。"（《毛泽东选集》第 2 版，第 1158 页。）

以毛泽东为代表的中国共产党人在努力争取和平的同时，对于蒋介石为代表的国民党反动势力的内战阴谋保持着清醒的认识。毛泽东在《关于重庆谈判》的报告中指出："国民党一方面同我们谈判，另一方面又在积极进攻解放区。包围陕甘宁边区的军队不算，直接进攻解放区的国民党军队已经有 80 万人。现在一切有解放区的地方，都在打仗，或者在准备打仗。《双十协定》上第一条就是'和平建国'，写在纸上的话和事实岂不矛盾？是的，是矛盾的。所以说，要把纸上的东西变成实际，还要靠我们的努力。为什么国民党要动员那么多的军队向我们进攻呢？因为它的主意老早定了，就是要消灭人民的力量，消灭我们。最好是很快消灭；纵然不能很快消灭，也要使我们的形势更不利，它的形势更有利一些。"

事实的发展，正如毛泽东所预计的那样，蒋介石在重庆谈判以后不久，就撕毁了谈判协议，积极准备内战，并在谈判协议签订后的第 10 个月里，向共产党领导的解放区军民发起全面进攻，点燃了中国内战的烽火。

然而，尽管蒋介石在重庆谈判以后拒绝了中国共产党建立民主联合政府的主张，断送了抗日战争胜利后和平改造中国政治的可能性，但是，他却不能阻止国民党统治的政治危机进一步深化，不能改变国共两党力量对比所发生的深刻变化，不能改变全国人民的人心所向，因而他也无法避免其迅速失败的历史命运。重庆谈判为中国共产党在中国革命历史的转折关头，做了重要的舆论准备和思想准备，争取了民心，扩展了力量，为中国革命的最后胜利创造了条件。

第十三章 边打边谈，以打促谈

——李克农与中朝美板门店谈判（1951—1953）

一、美国寻求"光荣的停战"

1950 年 6 月 25 日，朝鲜南北内战爆发，引起举世瞩目。

6 月 27 日，在美国操纵下的联合国安理会通过决议，指责北朝鲜对南朝鲜发动了"侵略"战争，要求联合国各会员国"援助"南朝鲜集团。6 月底，美国纠集 15 个国家的军队，组成所谓"联合国军"入朝参战。

在随后的一个多月时间里，朝鲜人民军在金日成的领导下节节胜利，解放了南朝鲜 90% 以上的地区。9 月 15 日，美军在朝鲜仁川登陆，从朝鲜半岛的蜂腰部切断了朝鲜人民军的退路，朝鲜战争发生严重逆转。1950 年 10 月 1 日，朝鲜劳动党和政府向中国政府发出出兵援助的请求。面对美军越过"三八线"向中朝边境疯狂进犯局面，新中国的领导者果断作出了派遣志愿军入朝参战的战略决策。

1950 年 10 月，美军悍然越过"三八线"，向朝鲜北部发动进攻时，苏联等国就曾向第五届联合国大会提出和平解决朝鲜问题的提案。我国政府也发表声明支持这项提案，但是美国却操纵联合国否决了这项提案。

1950 年 10 月 19 日，中国人民志愿军入朝作战。至 1951 年 1 月，中国人民志愿军和朝鲜人民军并肩作战，经过七昼夜的连续进攻，突破了敌人在

"三八线"的防御，向前推进了 80—110 公里，歼敌 19000 余人，解放了汉城，将敌驱逐至 37 度线南北地区，粉碎了敌人妄图据守"三八线"既设阵地，整顿败局，准备再犯的企图，从而进一步加深了敌人内部矛盾和失败情绪。

1 月 12 日，美国国家安全委员会对朝鲜问题作出如下分析：美国最根本的利益和最大危险仍在欧洲。美国必须在欧洲部署大量军事力量，并鼓励北约盟国也采取同样做法。美国的根本利益决定了它绝不可能陷入亚洲一场持久战，消耗掉原应部署在欧洲的军事力量。这很可能正是克里姆林宫所希望的。

因此，杜鲁门政府制定了对朝作战政策：必须把战争限制在朝鲜，保持对海空力量的限制，不再派任何增援部队，尽可能稳住"三八线"附近的战线，然后寻求停火，达成停战协定，使朝鲜恢复到 1950 年 6 月 25 日以前的状况。

1 月 13 日，第五届联大政治委员会主席致电中国外交部长周恩来，提出了解决朝鲜及远东问题的五项原则：在朝鲜立即安排停火；停火实现以后，一切非朝鲜军队将分适当的阶段撤出朝鲜；以各种措施实现联合国在朝鲜建立统一的政府的决议；由英、美、苏、中四国代表讨论解决远东问题；讨论解决中国台湾和中国大陆在联合国的代表权问题。

17 日，周恩来建议在中国举行包括中、苏、美、英、法、印度、埃及的七国会议，提出有关会议的三条原则：

（一）只要一切外国军队从朝鲜撤退的原则被接受并付诸实施，中华人民共和国中央人民政府将负责劝说中国人民志愿部队回到本国。

（二）停止朝鲜战争与和平调处朝鲜问题可分两个步骤进行：

第一步，在 7 国会议中商定有限期的停火并付诸实施，以便继续进行谈判；

第二步，联系政治问题讨论停战全部条件，商定：从朝鲜撤退一切外国军队的步骤和办法，向朝鲜人民建议如何实施朝鲜内政由朝鲜人民自己解决的步骤和办法；美国武装力量自台湾及台湾海峡撤退；以及远东有关诸问题。

（三）中华人民共和国在联合国的合法地位必须得到保证。

1951 年 3 月，就在杜鲁门政府准备发表呼吁停战的声明时，在朝鲜前线的联合国军司令官麦克阿瑟未经请示即于3月24日发表了他个人的主张，说："我以军事指挥官的权限，准备随时同敌军司令官在战场上会晤，寻求不再继续流血而实现联合国在朝鲜的政治目标的军事途径。……如果联合国改变它力图把战争局限在朝鲜境内的容忍决定，而把我们的军事行动扩展到赤色中国的沿海和内陆基地，那么赤色中国就注定有立即发生军事崩溃的危险。"（参见《杜鲁门回忆录》第2卷，第27章。）

此时，正在进行的第四次战役，联合国军将战线推进至"三八线"以北的"堪萨斯线"，即西起汉江口，沿临津江，再经"三八线"以北附近地区至襄阳一线。

4月11日，杜鲁门撤销了麦克阿瑟的职务，任命马修·李奇微为美国远东军司令和联合国军总司令，由范佛里特接替李奇微担任第八集团军司令的职务。然而，尽管杜鲁门政府对于麦克阿瑟要求扩大战争的叫嚣不满，但仍想利用联合国军在战场上的暂时优势，继续向朝鲜北部推进，甚至想将战线推进到39度线以北地区，在朝鲜"蜂腰部"（即元山至平壤一线）建立新的防线。这样，在联合国军占据有利地位后，再以"实力政策为基础"或与我方进行外交谈判，或继续其军事行动，以保证美国在亚洲的地位。

为了打破敌人企图将战线继续向北推进的战略目的，中国人民志愿军和朝鲜人民军决定发动第五次战役反击作战。在这次战役中，我方共投入15个军的兵力，连续奋战50余天，歼灭敌人82000余人，将战线稳定在"三八线"附近，粉碎了敌人企图建立新防线的目的，摆脱了第四次战役时我军所处的被动局面。

第五次战役结束以后，美国一部分想要在朝鲜战争中争取"彻底胜利"的人们已经没有了市场，不少有战略眼光的人士都认为结束战争的时机到来了。杜鲁门惊呼，决不要忘记主要敌人是苏联，决不能在苏联没有参战的情况下把力量全部消耗掉。同时，美国在与中朝军队的较量中也不得不承认，单靠军事手段解决朝鲜问题已经不可能了。5月16日，美国国家安全委员会作出了通过停战谈判结束敌对行动的决定，准备同中朝军队进行停战谈判，寻求所谓"光荣的停战"。

然而，对于杜鲁门来说，寻求和谈的门路更困难了。就像当时的美国国务卿艾奇逊后来回忆所说的："是啊，于是我们就像一群猎狗那样到处寻找线索。"

6月初，美国通过联合国秘书长赖伊多次透露愿意通过停战谈判结束敌对行动。中旬，又多次通过中立国家的外交使节向中国政府进行试探。与此同时，艾奇逊决定从苏联方面入手寻找谈判的线索。他找到了当时担任美国务院顾问的乔治凯南，要求他去见苏联驻联合国代表马立克，就朝鲜问题寻求谈判途径。凯南曾在苏联工作很长时间，对美苏关系颇有研究，并与苏联许多领导人有过密切交往。

凯南受命后立即写信给马立克，要求以私人名义去拜访他。他们两人在纽约见面了。随后，他们即以俄语进入了"朋友式"的交谈。

凯南直截了当地切入主题说："我们两国在朝鲜问题上，似乎正在走向一场可能是最危险的冲突。这肯定不是美国的行动和政策的目的。当然，我们也很难相信这会是苏联的希望。"

马立克在弄清凯南的意图之后，指出："我们曾不止一次提出过解决朝鲜问题的唯一办法是双方停止敌对行动，撤出一切外国军队，朝鲜问题在没有外国干涉的条件下，由朝鲜人民自己去解决。"

凯南决定不再跟马立克兜圈子了，更加明朗地说："美国准备在联合国或在任何一个委员会或以其他任何方式与中国共产党人会面，讨论结束朝鲜战争的问题。"

"是恢复朝鲜战争战前状态吗？"马立克问。

"是的。各自回到战前的位置。"凯南回答。

马立克进一步说："一切外国军队应该立即从朝鲜撤离。"凯南说："可以进行逐步从朝鲜撤退外国军队的讨论。但是，考虑到美国在日本和远东的一般利益，出于安全的考虑，美国不能容忍朝鲜落在美国敌对力量的手中，同样不能同意整个国家落在共产党手中。"

……

双方谈话的结果，向各自的政府作了报告。

6月初，金日成到北京与毛泽东、周恩来共同商量实现朝鲜停战问题，接着，毛泽东又派高岗陪同金日成前往苏联，与斯大林协商同一问题，他们一致同意通过谈判实现停火的基本方针。

其时，朝鲜战场基本出现一种均势状态。我军虽然步兵数量多，战斗力强，占有较大优势，但是由于制空权、制海权完全掌握在敌人手中，我军没有白天行动的自由，部队机动和物资供应均受到很大限制，因此优势很难充分发挥。在这种情况下，我企图消灭敌人重兵集团也是有困难的，战争的长期性也就非常明显了。而当客观上出现了和平解决朝鲜问题的可能性时，我们就应当抓住时机，一方面准备持久作战，一方面争取和平解决朝鲜问题。

1951年6月23日，苏联驻联合国代表马立克在联合国新闻部发表演说："维护和平的事业是可能的，朝鲜的武装冲突目前最尖锐的问题也是能够解决的。而要做到这一点，就必须各方有和平解决朝鲜问题的意愿。苏联人民认为，第一步骤是交战双方应该谈判停火与休战，而双方把军队撤离三八线。"

6月25日，中国《人民日报》发表社论说：中国人民完全支持马立克的建议，并愿为其实现而努力。中国人民志愿军参加朝鲜反侵略战争，其目的就在于求得朝鲜问题的和平解决。

同一天，杜鲁门在田纳西州发表政策性演说，一方面叫嚷要继续进行侵朝战争，另一方面又表示愿意参加朝鲜问题的和平解决。

6月29日，美国国家安全委员会向李奇微发出指示：

"奉总统指示，你应在30日，星期六，东京时间上午8时经广播电台将下述文件向朝鲜共军司令发出，同时向新闻界发布：本人以联合国军总令的资格，奉命与贵军谈判下列事项：因为我得知贵方可能希望举行一次停战会议，以停止在朝鲜的一切敌对行为及武装行为，并愿适当保证此停战协议的实施。我在获得贵方对本文的答复以后，将派出我方代表并提出一会议的日期，以便与贵方代表会晤。我更提议，此会议可在元山港一只丹麦伤兵船上举行。联合国军总司令、美国陆军上将李奇微（签字）"。

7月1日，金日成、彭德怀发出复电：

"联合国军总司令李奇微将军：你在6月30日关于和平谈判的声明收到了。我们受权向你声明，我们同意为举行关于停止军事行动和建立和平的谈判而和你的代表会晤，会晤地点，我们建议在三八线上的开城地区。若你同意，我们的代表准备于1951年7月10日至15日和你的代表会晤。朝鲜人民军总司令金日成，中国人民志愿军司令员彭德怀。"

此后经过多次电文往返，双方就谈判地址、时间和代表人数、会场保卫等问题达成了协议。

在考虑我方谈判代表的时候，周恩来首先想到了李克农。李克农时任外交部第一副部长兼军委情报部部长。从1928年起，李克农就在周恩来的直接领导下工作，曾负责保卫上海的中共领导机关的安全工作。1936年作为周恩来、叶剑英的助手，参与对张学良的谈判工作，协助周恩来和平解决西安事变。在解放战争初期的国共谈判中，他任军调处执行部中共代表团秘书长，协助叶剑英同国民党、美国代表进行过针锋相对的斗争。他有谈判斗争的丰富经验，是可以胜任谈判第一线的指挥员。

周恩来又选择了乔冠华作为李克农的助手。乔冠华时任外交部政策委员会副会长兼国际新闻局局长。他对国际问题有较深的研究，文思敏捷、才华出众，刚刚作为伍修权的助手在联合国"大闹天宫"回京不久。

作为一种策略，李克农、乔冠华两人并不在第一线直接参加谈判，而是在幕后实际指挥谈判斗争。因此，谈判代表团成员只称他们为"李队长""乔指导员"。正式参加谈判的代表团成员共五人，他们是朝鲜人民军总参谋长南日将军、中国人民志愿军副司令员邓华将军、朝鲜人民军前线司令部参谋长李相朝将军、中国人民志愿军参谋长解方将军、朝鲜人民军第一军团参谋长张平山将军。

中朝方面的首席谈判代表为南日。他曾在中国东北和苏联留过学，通晓朝、汉、俄等国语言，精明强干，举止端正，时年37岁，是朝鲜不可多得的人才。邓华是参加过长征的老红军，抗美援朝战争中率先挥师渡江，是彭德怀最得力的助手。解方早年毕业于日本军校，曾担任张学良的师参谋长，是西安事变中张学良一方的谈判代表，能言善辩，是个既有丰富军事理论又有实战指挥经验的难得人才。李相朝早年曾活跃于中国太行山区的朝鲜义勇队员，后任北朝鲜陆军情报部部长。张平山是后来补入的谈判代表。

中朝方面参加谈判的其他成员还有，三名联络官张春山（原名金昌满）、柴成文（原名柴军武）和金一波。

美国方面的谈判代表为：美国远东海军司令长官特纳·乔埃将军、远东海军副参谋长奥尔林·勃克将军、美国第八集团军副参谋长亨利·霍治将军、美国远东空军副司令官劳伦斯·克雷奇将军和南朝鲜第一军军团长白善烨将军。

李奇微后来在回忆录中提到："我最初选定了乔埃中将，除他之外没有发现其他的适当人才。随后征求他的意见来挑选别的代表。白少将是韩国军方推荐来的，也得到了在东海岸作战中对他知之甚深的乔埃司令和勃克少将的大力推荐。简而言之，他是一位年轻有为的战斗指挥官自不待言，他的国际性的敏感和他的人品也是很驰名的。"

同时，美国方面又指派其空军上校安德鲁·肯尼、海军陆战队上校詹姆斯·穆莱和南朝鲜的李树荣中校为联络官。

美国人自己在评论这两个代表成员的时候说："在大多数情况下，共产党代表既有政治又有军事经验，这一点上，两个代表团不一样，联合国军司令部代表团成员都是职业军人。"（《朝鲜战争中的美国陆军》第 1 卷，第 25 页。国防大学出版社 1988 年版。）

双方商定的谈判时间为 1951 年 7 月 10 日。在此之前，双方都对自己的代表团交待了谈判原则和注意事项。

代表团临行之际，志愿军总司令彭德怀说："敌人也许以和谈来休整他们的部队，他们会进攻的，也会破坏谈判的，我们决不能指望敌人放下武器，立地成佛。要立足于打，以打促谈。因此，我要求各部队加强战斗准备，为保障谈判打好仗。参加谈判的代表思想要敏锐，要从朝鲜人民利益和全世界人民利益出发，在某种程度上我们也可以作小的让步，但是，我们一定要尊重朝鲜同志的意见。总之部队要积极地打，参加谈判的要积极地谈。谈判桌上叫敌人得不到什么东西，战场上也叫敌人得不到便宜。"

李克农召集中朝代表团成员就谈判的全局性问题作了详细交待。

他说：这次谈判，举世瞩目，我们准备提出三条原则，作为和平解决朝鲜问题的第一个步骤。它既符合全世界人民包括美、英人民的和平愿望，也是对方曾经表示过基本上可能接受的条件。这就是停火休战、双方撤离三八线以建立非军事区和外国军队撤出朝鲜全境。关于前两点，双方的意见虽有距离但不大。外国军队撤退问题，对方表示现在不可能讨论，但也答应将来讨论"逐步撤军"问题，这个问题双方的距离虽说远了一点，但总是可以讨论的，所以达成协议的可能性是存在的。但是同美帝国主义打交道，总不可能设想得那么容易，要估计可能遇到的困难。这就需要中朝双方同志在毛泽东主席、金日成首相的领导下，紧密团结，群策群力，去努力争取。

他在说了三项原则之后，又向代表团提出了四点注意：

第一，我们要旗帜鲜明地把我们的和平主张摆在世界人民面前，使它产生一种力量，也就是政策的威力。毛主席经常讲，我们提出任何主张都要能够振奋人心，动员千百万人民群众同我们一起，为实现这些主张而共同奋斗，我们准备提出的三条原则就是一个非常有力的武器。在会场上不要纠缠于枝节问题，首要的是争取把我们的主张打出去，使它成为全世界爱好和平人民的斗争口号，全世界人民一起来争取和平。

第二，谈判是在我们的区域内进行，一方面较之对方提出的在丹麦伤兵船上进行在政治上对我有利，工作上对我也比较方便，但是安全问题一直让人担心。既然双方都同意在这里谈判，一般来说敌人是不会空袭的。可是，这是个新区，日本帝国主义在这里统治过36年，美国和李承晚在这里统治了6年，社会情况比较复杂，而且又正处在三八线上，战前双方在这里都埋设了不少地雷，要把这些危险物打扫得干干净净不那么容易。无论哪一方在安全上出了问题，我们都得承担责任。因此，安全第一是个大问题。开城地区的志愿军第四十七军和人民军第一军团要保证在安全上不要出问题。这方面请李相朝、解方同志认真检查一下，要慎之又慎，切不可大意。

第三，谈判也是"打仗"，是打"文仗"而不是打"武仗"。政治上要高屋建瓴，具体问题要后发制人。事关大局，说了的话就要算数，在谈判桌上说了的话是收不回来的，所以对表态要特别慎重，有些话宁肯晚说一天不要抢先一分，要尽量使用已经准备好的稿子，除了主稿之外已经准备了一些小稿子备用。会场的情况同战场一样，一旦打响，就会千变万化。作为谈判代表，你们中途回来不方便，请柴成文随时回来通通气；没有把握的时候，宁肯休会商量一下也不要急。对我们的同志，我不担心哪位同志会在谈判中丧失立场，担心的是多数同志年轻气盛，经不起人家的挑逗而冲动。同美国人打交道多数同志没有经验，所以参加会议的同志都要注意观察会场上每一个细节，察言观色，争取较快地摸透对方的脾气。

第四，停战谈判一刻也脱离不开战场情况的变化。请解方同志要志愿军来的李士奇同志注意掌握战场上的情况变化，及时告诉我们。如果脱离开战场情况的变化，停战谈判是无法进行的。

（以上参见柴成文《板门店谈判》第124—126页。）

美国参谋长联席会议就谈判会议的原则给李奇微发出了详细的指示，要求谈判"在于停止在朝鲜的冲突，保证制止战争的再起和保卫联合国部队的安全。不论对于苏联和共产党中国对决定合理的和可以接受的停战部署的态度是否认真，或是他们是否准备同意订立解决朝鲜问题的可以接受的永久性办法，我们都缺乏确切的保证。所以，在考虑这种停战时，获知在相当长的时期内仍为我们所能接受的停战部署，也是具有重大意义的"。"你和敌方部队司令员之间的谈判应严格限于军事问题；你尤其不应进行关于最后解决朝鲜问题的谈判，或考虑与朝鲜问题无关的问题，如台湾问题和中国在联合国的席位问题；这些问题必须由政府处理。"

李奇微在向他的谈判代表们传达了华盛顿的上述指示后，进一步交代了他个人对于未来谈判的观点。他认为，毫不调和地反对共产主义立场是美国的前提，代表们在停战谈判的会议上要从实力出发，不可软弱。另一方面，耐心也很重要，因为长篇的经常的宣传性发言是在所难免的。最聪明的办法是不理睬他们。如果有机会能离间共产党中国和苏联集团的关系，或在他们之间加剧紧张的关系，只要不涉及政治，联合国军司令部代表团应争取利用这种机会。

此外，李奇微还提醒他的代表们说，与东方人打交道，要非常小心不要让他们"失面子"。对东方人来说，从当前态势上下台阶，需要一条"金桥"，这一点非常重要。考虑到语言上可能发生一些困难，英文、中文、朝文的译文均需使用，要小心不要因为由于翻译不准确而发生基本的持续性的误解。

（以上参见〔美〕沃尔特.C.赫姆斯《朝鲜战争中的美国陆军》第 1 卷，第 21 页。）

朝鲜战争的停战谈判拉开帷幕之际，双方的对立十分鲜明，谁都不愿示弱，预示着谈判的过程必然是一个非常艰难的历程。

二、让炸弹、大炮和机关枪去辩论吧

1951 年 7 月 10 日晨，联合国军谈判代表团开着一辆打着大白旗的车子，在规定时间到达开城的谈判地点—来凤庄。打白旗原是双方商定好的安全措施。几天以后，有记者刊发了美国人打着白旗进入谈判会场的照片，题为"投降的联合国军"，让李奇微和乔埃等人着实难受了一阵子，再也不肯打白旗了，并借此坚决要求改换谈判场地。

到底是刚刚从血与火的战场上走过来的谈判代表，双方都很严肃，气氛也很紧张。两天前，中朝和美国联络官的会议上，南朝鲜的翻译李树荣进入谈判会场后，一屁股就坐了个空，摔了个四脚朝天，弄得美方代表面红耳赤，十分尴尬。其余的人均忍俊不禁，差点笑出声来。

正式会谈开始时的情况同样也是冷淡与紧张的。双方代表在来凤庄的过厅会晤后，步入会场坐定，双方代表互阅证书。一张铺着绿色台呢的长方形条桌东西向摆放在谈判的大厅里。长条桌南面坐着美方的5名代表：乔埃的右手是白善烨和霍治，左手是克雷奇和勃克；桌子北面是中朝方面代表：南日的右手是邓华、解方，左手是李相朝和张平山。

美国人写道："代表们在衣着上的对比颇明显。我们除白将军穿着工作服之外，都穿着舒适漂亮的棕黄色夏装。中国人穿着普通的单调军服，不佩戴军衔。但北朝鲜人却穿着高领军服，肩章领章齐全，脚蹬高筒皮靴，他们是衣着的冠军。"南日将军具有"整洁和标准的军人仪态"。（《朝鲜战争中的美国陆军》第1卷，第25页。）

虽然这是一次不设"主席"的对等谈判，但按照惯例应由东道主首先发言，乔埃却首先抢着说话了。他强调了谈判的重要性，说停战协定没有生效之前，战争仍在继续进行，延迟达成协议将会延长战斗，增大伤亡。乔埃的话中包含着某种威胁的意味。最后，他提出："联合国军代表只拥有讨论在朝鲜的军事事项的权限，没有资格谈判有关朝鲜地区以外的各种政治性、经济性问题。还有，在缔结停战协定、军事停战委员会开始发挥有效机能之前，敌对行动依然在继续进行。如果你方同意，请就此签字作为我们谈判的第一个协议。你同意吗？"

谈判刚开始，就急着签字，乔埃也未免太性急了。南日没理他的话茬，开始自己郑重的发言："中朝人民历来主张，现在仍然主张朝鲜战争应该迅速结束，因此赞成苏联驻联合国代表马立克先生6月23日提出的停火与休战建议。为此，我方认为：1. 在相互协议的基础上，双方同时下令停止一切敌对军事行动。双方停火不但可以减少生命财产的损失，而且是扑灭朝鲜境内战火的第一步；2. 确定'三八线'为军事分界线，双方武装部队应同时撤离'三八线'十公里，并于一定时限内完成以双方撤离的地区为非军事地带，这里的民政恢复1950年6月25日以前的原状，同时立即进行交换战俘的商谈；3. 应在尽可能短的时间内撤退一切外国军队。外国军队撤退了，朝鲜战争的停止与朝鲜问题的和平解决便有了基本保证。总之，我们深切希望尽快达成协议，以满足广大人民热爱和平的要求。"

紧接着，邓华发言，表示全面支持南日代表的表述和提议。本来，中朝代表团认为，像这样的紧急谈判，如果双方都把自己的主张摆出来。肯定共同点，然后就不同点逐条讨论，是会节省很多时间的。加上，我们从凯南与马立克的对话中已经基本了解了美国方面的意见，故而在我方的三条建议中，前两条是与美国方面的意见相近的，即使是最后一条，凯南也认为是可以讨论的。

然而，正式谈判中的美国代表却不按牌理出牌。乔埃听完中朝方面的发言以后，提出了九项议程草案：

1. 通过议程；

2. 俘虏营地点和准许国际红十字会代表前往访问；

3. 会议所讨论之范围，只限于有关韩境纯粹的军事问题；

4. 停止韩境武装部队之敌对及军事行动并商定保证敌对及军事行动不再发生之条款；

5. 议定韩境非武装区域；

6. 韩境停战监督委员会之组织、权力及职司；

7. 协议设立军事观察小组在韩境视察之原则，该项小组隶属于停战监督委员会；

8. 以上小组之组织及职司；

9. 关于战俘之处理。

中午休会时，中朝方面人员边吃饭边讨论美方的议程草案，认为对方的九条建议实际上都已包含在我方的三条原则建议之中，唯对方没有提及撤退外国军队，以及从"三八线"撤退的问题，而这两条恰恰是双方需要谈判解决的要害问题。据此，李克农一针见血地指出："他们的立场改变了。九项议题有一半是胡搅蛮缠，撤军和撤离'三八线'却避而不谈，看来他们不像找马立克时那样迫切了。我们也不能示弱。"

下午，一开谈，南日就冷冷地告诫对方："联合国军方面的秘书和传令人员没有必要在会场内和从开城通往汶山的公路上转来转去，希望加以限制。"接着，他向美国方面指出，他们的九项议程"是冗长烦琐的"，重复的部分太多，我方重新提出五项议程的对案：

1. 通过议程；

2. 以北纬38度为双方停战的军事分界线，并设一非军事区，作为停战的基本条件；

3. 撤退一切外国军队；

4. 实现朝鲜停战的具体措施；

5. 关于战俘的安排。

第一天的正式会议没有结果，双方都拿出了自己的方案，同时也预示着今后的谈判过程不会是轻松愉快的。

此后，谈判的焦点集中于两个问题上，即撤退一切外国军队和以"三八线"为停战军事分界线的问题。

"撤退一切外国军队"这一议题，是触及美国人要害的。第二次世界大战结束后，杜鲁门政府首先破坏英、美、苏三国关于"重建朝鲜成一独立国家"的协议，帮助李承晚集团建立了南朝鲜政府，此后又一直留在朝鲜半岛，在撤军问题上与苏联讨价还价。在朝鲜问题上，美国的政策十分明确，要么由美国人支持的李承晚政权武力统一，要么保持长期分裂。

因此，在这项议题是否列入议程的问题上，双方经多次谈判均未能达成一致意见。

7月19日，谈判进入第七次会议。

南日追问乔埃："贵方首席代表研究我们议程第三项后，有何意见？是否同意？"

乔埃回答："我们不能再作任何让步。"

南日指出："既然我们双方同意我们所要达成的停火与休战，不是为我们任何一方取得不断再战的喘息时间，那么那些来到朝鲜作战的外国军队还有什么必要在停火休战之后，仍然留在朝鲜呢？既然我们双方同意我们要在谈判中获致在朝鲜实现停火与休战后不再发生敌对军事行动的坚固保证，那么还有什么比从朝鲜撤退一切外国军队更能保证朝鲜在停火休战后不再发生敌对的军事行动呢？"

南日进一步说："战争不是旅行，军队不是游客（讲到此处美方代表也禁不住笑了起来），火既停了，战也休了，而军队仍留驻不走，其目的显然不是要他们去观览朝鲜的山光水色。"

乔埃说不出反对的理由，只是蛮不讲理地坚持："我们对第三项议程的立场是不变的，你们所说的任何话都不能改变我们的意见。我重复声明，贵方企图将这一项列入议程所作的任何努力，联合国军司令部代表团都将完全不予理睬。"

在中朝方面代表一再追问为什么不予理睬时，乔埃又重复他一再说的那几句话："撤退朝鲜的外国军队不适合于由这个会议来讨论。""我们来此仅是为了讨论与朝鲜有关的军事问题。你们所讨论的问题是政治性的，所以我们拒绝讨论它。"

关于"以三八线为军事分界线"的问题，美国方面立即提出了一个反建议：要求中朝军队在临津江以东从现有阵地后撤 38 到 53 公里，在临津江以西从现有阵地后撤约 68 公里。也就是说，根据美国人的方案，他们不用打一枪，就可以白赚 12000 多平方公里的土地。

对于这样一个极为荒谬的方案，美国人自己也不敢向公众舆论和盘托出，只是含糊地宣称"是以战场实际为依据的"。为了解释自己的方案，乔埃创造了一种所谓"海空优势补偿论"的观点。他说："一条想象的地理界线，如一条纬度线，无论如何，对发展军事停战上都没有效用。"他认为，有三种有军事意义的地区：其一为空中区，联合国军司令部保持着整个朝鲜的空中优势；其二为海上区，联合国军司令部控制着围绕朝鲜的全部两面洋；其三陆上区，联合国军控制着朝鲜东海岸草道里往西经板门店至海昌里，沿汉江北岸直到汉江河口一线以南的地区。把三种地区效力联系起来考虑，才能找出有效的地面非军事区。

换句话说，乔埃认为，地面非军事区，必须适当地和海空军力量所形成的实际军事区加在一起来考虑。故而，美国方案中划掉中朝军队大后方12000平方公里的分界，是由于考虑到联合国军的空中与海上优势而确定的。

显然，美国人的方案是无理的。凡是稍有军事常识的人都明白，当时朝鲜战场的地面战线恰恰正是两军较量中综合力量形成的结果。如果没有对方的海空优势，地面上早已没有对方存在的余地。而且对方也不能否认，在地面部队方面，中朝军队占有绝对优势，如果说海空优势需要补偿，那么地面部队的优势要不要补偿？

在提出上述质问的同时，南日进一步指斥对方的观点说：

"假如海空军是可以起决定作用的独立的军事力量，那么，去年朝鲜战争开始时，美国首先派了海空军参战，为什么没有取得胜利，后来又非派陆军去援救不可呢？美军既然有了优势的海空军，为什么在战争初期退到了洛东江，后来又从鸭绿江边一直退到了汉江以南呢？"

美方代表听了中朝代表们对其方案的指责后，个个面色沉重，似乎十分恼怒。乔埃甚至发言指责我方代表说："你们采用非常粗鲁的词句，加上毫无礼貌的形容词来攻击联合国军司令部代表团。"

乔埃的"海空优势补偿论"受到严正驳斥以后，他们又提出了建立防御阵地，保卫部队安全，而"三八线"不易防守的新理由。

这个理由是不值一驳的。中朝代表立即指出："你们在停战协定中想得到一条有利的防御线，如果你们真要和平的话，为什么要在别国领土上建立一条防御线呢？在别国领土上要防御线的企图表示什么？"

乔埃回答："它将保证停战期间不发生偶然事件。这就是我们为什么要找一条适当防御线的唯一理由。"他还说："三八线不是和平桥梁，它已经被证明是战争的桥梁。"

南日问："如果你们有诚意停止流血，并使停战成为朝鲜问题和平解决的桥梁，为什么要在朝鲜建立一条坚固的防御线呢？……我们实在难以理解，特别是你们在三八线以北地区，积极寻找你们'有利的防御线'，你们是为何目的呢？我郑重地告诉你：三八线以北找不到有利于你们的防御线。"

激烈的争论使谈判充满了火药味，双方的争论没有丝毫的共同点，谈判陷入暂时僵局。

乔埃决定以"静默"战术来向中朝代表施加压力。

8月10日下午，双方代表进入会场后，南日首先发言指出对方没有理由拒绝以"三八线"为军事分界线以后，乔埃拒不发言。美国人的这种"静默"战术在谈判中也曾使用过，但这一次达到了高潮。乔埃率领他的部下从下午1点38分起，至3点50分止，一言不发。

会场上一片寂静。乔埃时而用两手捧着两腮，时而用右手玩弄着面前的两支铅笔，偶尔目光和南日相遇，他便连忙避开，从口袋里掏出香烟点燃，然后轻轻地吐出烟雾，就是不开口说话。乔埃的助手们也都抽起烟来，有的在纸上胡乱涂抹。中朝方面的代表尽管对于美方代表的态度十分愤怒，但全都表现出冷静克制的态度。南日嘴里叼着象牙烟嘴，眼睛直直地瞪着乔埃；邓华、解方、张平山都不抽烟，他们就静静地坐着；李相朝低头用红色铅笔在纸上画图。

"静默"将近1个小时的时候，参谋席上的柴成文离开会场，向离会场仅百米远的"工作队"驻地走去。他向李克农汇报了会场的"奇特"情况。李克农指示："就这样'坐'下去。"柴成文回到会场后，在一张纸条上写了"坐下去"三个字，交给解方，解方看过后依次传给了邓华、南日、李相朝和张平山。

"静默"斗争整整持续了132分钟。最后，还是乔埃打破了沉默，他说："我建议休会，明天上午10时继续开会。"乔埃说话的时候颇有几分尴尬，他知道中朝代表并没有向他的"静默"战术低头，这一招不灵。

在第一阶段的谈判中，尽管双方在撤退一切外国军队以及以"三八线"划界的问题上谈不拢，但还是在谈判的议程方面达成了一项有效的协议，这就是7月26日达成的五项谈判议程：

1. 通过议程；

2. 作为在朝鲜停止敌对行为的基本条件，确定双方军事分界线以建立非军事地区；

3. 在朝鲜境内实现停火与休战的具体安排，包括监督停火休战条款实施机构的组成、权力与职司；

4. 关于战俘的安排问题；

5. 向双方有关各国政府建议事项。

然而，美国方面从一开始就对谈判成功缺乏诚意，美国参谋长联席会议的战略十分明确："除非爆发世界大战，否则美军将一直待在朝鲜，并不断对敌人施加压力迫使他们进行和谈。在这场有限战争中将没有军事上的胜利，但是联合国军司令将拥有充分的余地使用他指挥的军队。美国的立场是坚持不懈、忍耐克制，迫使敌人达成停战协议。"并且，美国方面认为，"和谈的拖延，导致了联合国军增加对地面和空中的压力，也为南朝鲜部队和日本的国民警卫队提供了多余的训练时间，而且也使得美国有充裕的时间来考虑远东的近期和长远的态势。"（《朝鲜战争中的美国陆军》第 1 卷，第 57、51 页。）

正是在这种拖延战略的指导下，美国代表一方面在谈判会场内制造种种障碍，阻止谈判进程的发展，另一方面又在会场外制造多起事端，迫使谈判不能正常进行下去。美国的飞机多次飞临谈判会场的中立区，并向中朝代表团驻地开枪扫射。美第八集团军于 8 月 18 日在东部战线发动"夏季攻势"，美方代表在谈判中嚣张地宣称："让炸弹、大炮和机关枪去辩论吧。"8 月 19 日，中朝方面在谈判中立区担任巡逻任务的军警 9 人，遭到李承晚军 30 余名武装人员的伏击，排长姚庆祥当场中弹牺牲。

鉴于美国方面的一再挑衅，中朝代表团于 8 月 23 日宣布停会，等待对方对一系列严重事件负责的处理。

炸弹、大炮和机关枪的辩论开始了……

中国人民志愿军总司令彭德怀早在 8 月 1 日就在《人民日报》上撰文指出："如果对方并没有和平诚意，故意提出无理要求，致使和谈失败，那么，战争的形势对于对方就不会是美好的。"

"联合国军"于 8 月下旬发动的"夏季攻势",持续了一个多月,直接目标对准朝鲜人民军。他们动用了美军二个师,南朝鲜军五个师,向朝鲜人民军防守的北汉江以东至东海岸阵地 80 公里的正面发起猛攻。朝鲜人民军顽强坚守阵地,中国人民志愿军则向前推进与敌接触线,积极配合朝鲜人民军作战。"夏季攻势"结束时,我方全线共毙伤敌人 78000 余人,敌在东线仅突入我阵地 2—8 公里,占地 179 平方公里。

9 月底 10 月初,"联合国军"又向我西线志愿军阵地发起"秋季攻势"。我军在一个多月的秋季防御作战中,共毙伤俘敌军 79000 余人,敌占我土地 467 平方公里。如此,中朝军队在夏秋两季防御作战中共歼敌 15 万余人,取得了消灭敌人有生力量的重大胜利。

经过大炮的辩论,"美国谈判代表愈来愈明白,联军已真的不能再用继续作战的办法来获得进一步的利益了。"(英国《星期日泰晤士报》1951 年 11 月 18 日。)美国参谋长联席会议主席布莱德雷也不得不承认:"这次的攻势是没有选好时机、没有选好地点、没有选好敌人的败仗。"同时,他也没忘了挖苦李奇微说:"用这种战法,李奇微至少用二十年光景才能到达鸭绿江边。"(电通社华盛顿 1951 年 11 月 14 日电。)

战场上没有捞到多少油水的美国人,只好又回到谈判桌上来。美方代表承认他们的飞机"误炸"了开城中立区,表示愿意恢复停战谈判。

第二阶段的谈判开始之际,毛泽东于 10 月 23 日说:"我们很早就表示:朝鲜问题应当用和平方法予以解决,现在还是这样。只要美国政府愿意在公平合理的基础上解决问题,不再如过去那样用种种可耻的方法破坏和阻挠谈判的进行,则朝鲜的停战谈判是可能成功的,否则就不可能成功。"(《毛泽东军事文集》第 6 卷,第 307 页。军事科学出版社 1993 年版。)

三、步履维艰的板门店谈判

1951 年 10 月 25 日,中朝代表团和美国代表团在双方商定的新会址—

板门店开始了新的一轮谈判。

双方代表团成员再次见面时，战场上的硝烟并未消散，双方表情都很严肃，彼此板着面孔，没有打招呼。中朝方面出席的代表是南日、边章伍、李相朝、解方、郑斗焕；美方代表也作了调整，分别是乔埃、克雷奇、霍治、勃克和李亨根。

会议在第一次议定的五项议程基础上，直接进入第二个议程，即关于军事分界线的讨论。

美国代表霍治重提所谓的"海空优势论"，被中朝代表顶了回去。霍治进一步说："如果以三八线为军事分界线，根据地形，我方在东线后撤之后难以重新攻取；而你方在西线后撤之后，则易于重新攻取。"

解方当即指出："我们在这里到底是在讨论停止战争、和平解决朝鲜问题，还是在讨论停火一下再打更大的战争呢？"

解方的话令美国代表哑口无言。

经过几天的辩论，中朝代表团决定作出一定的让步，以争取谈判取得进展。11月7日，中朝方面提出方案：就地停战，以现有接触线为军事分界线，双方各退二公里为非军事区。

这样的方案应该说是符合双方利益的，不料，8日，美国方面又提出一个对案，毫无道理地要把开城划在非军事区之内，这实际是又要中朝军队让出1500平方公里的地区。这当然是中朝方面所坚决不能同意的。

11月10日，中朝代表进一步提出如下对案：

1.确定以双方实际接触线为军事分界线，并由此线各退二公里，以建立非军事地区；

2.小组委员会应即根据上述原则校正现有实际接触线，以确定双方同意的现有实际接触线为军事分界线，并由此确定军事分界线两侧各2公里之线为非军事区的南北缘，划出非军事区；

3.小组委员会在停战协议全部商定后但尚未签字前，必须按照双方实际接触线届时所发生的变化，对上述军事分界线与非军事区作相应的修改。

美国方面于 11 月 17 日终于接受了中朝方面提出的方案，但加上了有效期 30 天的限制。于是，双方进入了紧张的划分军事分界线的工作。

具体划线的任务交给了双方的参谋人员，他们各自与前线指挥官取得密切联系，然后用铅笔在五万分之一的地图上画出各自前沿分队的准确位置。由于前线尚未停战，分界线的位置是经常变化的，故而画图作业中的争论也是经常发生的。前线的一座山、一条溪，在地图上就是一条条曲线与一个个黑点。

一天，中朝方面的代表柴成文指着地图质问美国代表穆莱，说："你为什么把线画到这里？这是我们的阵地。"

"我很荣幸地通知您，它已在我们手中了。"穆莱幸灾乐祸地说。

"不对，我们有最新战报。"

"要不然咱们坐直升机去看看。"

"用不着，要去的话，我看我们还是骑马去看，这比坐直升机看得清楚，我们有好战马，可以送你一匹。"

他们俩的对话引出一片笑声，因为大家知道现场勘察是做不到的。

有时，双方的参谋人员对于某一个地点争执不下时，他们就将争议情况报到正式谈判的小组会上。

有一次，双方都说己方占领了中部地段的某个高地，报到小组会上以后，霍治命令会谈代表利用先进的通信设备与那个高地上的美军指挥官通上了话。说话以后，霍治得意扬扬地对着解方咧开大嘴笑了起来，说："事实证明，这个高地仍在联合国军司令部的控制之下。"

解方瞪了得意非凡的霍治一眼，对身边的中国参谋小声地说："不要紧，我们今晚将它夺过来。"

不料，这句话被一旁的美方翻译凯瑟·吴听到了，他连忙报告给霍治。霍治立即通知前线高地的指挥官，要他们加强高地的守备。可是，中国军队仍然于当天晚上以优势兵力一举夺下了那个高地。第二天，霍治不得不承认必须同意将那个高地画到中朝一边去。

用了整整三天半的时间，双方终于在图版上画出了一条共同认可的实际接触线。剩下的就是画出双方各退二公里的非军事区的南缘和北缘。由于接触线是弯弯曲曲的，在弯曲的狭窄地段不足四公里，应该退到哪里呢？中朝方面的绘图员小王急得满头大汗，半天也画不出来。这时，代表团的翻译蒋正豪帮上了忙。蒋正豪在大学学的土木工程。他提出："以接触线上的任何一点为圆心，以二公里为半径画圆，圆周的轨迹就是南北缘。"采用了这种方法以后，中朝方面很快就把非军事区的草图画好了。

第二天，双方的参谋会议开始后，美国代表首先提出："我们现在遇到了一个难题，就是从实际接触线各退二公里的非军事区的南北缘画不出来。这是一个技术问题，是需要专家来解决的技术问题。我们已经向东京请专家去了。因此，今天讨论不成了。"

中朝方面的参谋人员立即将已经画好的草图展开来，将非军事区的南北缘指给美方代表们看。对方代表显得特别窘，但他们也无可挑剔，最终只得接受我们画好的图案。

12月10日，双方在实际接触线的图表上签了字。这是谈判以来达成的一项具有实质意义的重要协定。

在实际的谈判过程中，双方的幕后工作都十分紧张。中朝代表们不仅每天吃午饭的时候聚在一起讨论下午的预案，每天晚上都到李克农的工作组里，汇报一天来谈判的情况，然后大家讨论第二天的谈判方案，还要将重要的发言写成一份份稿子，经李克农过目后，连夜向上级汇报，待上级答复后，即打印成文，参加第二天谈判的代表每人一份。如果敌人提的问题事先没有准备，就向对方提出暂时休会，在电话中向李克农、乔冠华商讨对策。

美军的参谋人员每晚也在忙着。他们要预测第二天会议的情形，为会议准备采取的立场所需要的文件，其他代表团成员则将参谋们准备的文件加以分析研究，压缩提炼出实质性的东西。这种幕后的准备工作成了谈判进行中的一种程序。

中朝代表团的核心人物始终是李克农。他总是将毛泽东、党中央的指示贯彻到谈判中来，抓住谈判过程中的原则性、策略性问题，耐心地指导谈判代表。就在第二项议程谈判的过程中，李克农总结前一阶段的谈判特点，为代表团指出下一步的谈判方针。他说：

"这一阶段的谈判特点归结起来有两条。一是谈判不是胜利者同失败者之间的谈判。平心静气地讲，只是战场上打了个平手的谈判。可是，对于这个特点，对方是不肯承认的。他们是世界头号强国，总放不下架子；而我们是刚刚取得了解放的人民，谁要想压倒我们也是不可能的。他要压倒你，你又不服压，这势必造成了斗争的长期性和复杂性。从对方讲，他在打的时候想到谈，谈起来达不到目的又想打，打不出名堂来再来谈，谈起来又想拖，总不能痛痛快快地达成协议就是了。所以我们的同志切不可急躁，急也没有用。

"二是针锋相对。我们背后有全世界爱好和平的人民，我们不求别的，只求和平，争取和平解决问题，因此我们有能力对付敌人的压力。战场上的压力，战场上予以回击；会场上的无理要求，会场上揭露、批驳；对会外的肆意挑衅，要一件件地调查并抗议。当然，说针锋相对并不是不讲灵活性。谈判是打文仗，不是打武仗，单凭一股盛气是不行的。我们早就感到，会内会外都是硬碰硬，总不是个办法，可是扭不过来。原来以为小组会、参谋会可能对缓和谈判气氛好一些，可是问题一僵，又是硬碰硬。如何转弯，我也觉得苦恼。周总理与国民党谈判多年，虽然争得很凶，也是针锋相对，但个人交往很多，不少难题是在个别交谈中得到解决的。今天这种僵硬当然是双方造成的，但如有机会，总要抓住机会予以'诱导'才好。"

李克农又说："谈判是美国在国内国际压力之下恢复的，而谈判的恢复，转过来又增加了国际国内要求把战争停下来的压力，这就是形势发展的辩证法。因此可以认为现在达成停战协议的可能性增大了，这就是毛主席、金首相共同的估计。我们要抓住这个时机，努力争取在年内达成停战协议。"

对于第3项议程，李克农说："对美方的无理要求要驳，但要主动促进。停战线的问题达成了协议，最主要的问题便得到了解决。当然我不是说别的议程就没有麻烦了。同美国人打交道，你不要设想没有麻烦，比如第三项议程停战监督问题，根据美方在处理这类问题上所持的一贯主张，他可能要求无限制的监督，这是我方所不能够接受的。打仗之前我们不会同意，停战了难道能允许敌人到我后方视察？主权是一个国家的生命。这个问题就有可能又要僵住。我们准备提出在双方的后方一两个口岸由中立国进行视察的解决方案。"（以上参见柴成文《板门店谈判》第180—182页。）

李克农的分析使中朝代表们在第三项议程的谈判中心里有了底。

1951年11月27日，谈判进入第三项议程，即讨论"在朝鲜境内实现停火与休战的具体安排，包括监督停火休战条款实施机构的组成、权力与职司"。

中朝代表首先提出五项原则建议：1.所有武装部队在签署停战协定的当天停止敌对行动；2.所有武装部队在三天之内撤出非军事区；3.双方在五天之内全部从各自的战线后方、沿海岛屿和海域撤出；4.双方保证在非军事区不得有任何武装部队和出现任何军事行动；5.双方指派数量相等的代表组成停战委员会，共同负责各种具体事情的处理和监督协议的实施。

美方代表听了我们的建议之后，乔埃立即向南日指出五点建议没有涉及重要问题。他认为，开始停火与从非军事区撤出所有部队的技术细节过于简单，而最重要的是双方采取措施减少发生敌对行动的可能性。他进而提出：在停战期间任何一方都不得在朝鲜集结军事补给、装备或人员，不得修建和修复用于攻击目的的军事设施。同时，为了确保双方遵从这些限制，应该设立监督机构和观察员联合小组，并让他们享有足够的权力和行动自由，以便将整个朝鲜置于监督之下。

为了使双方分歧能够协调，中朝方面进一步在五项建议的基础上，加了两条建议，即：6.为保证军事停战的稳定以利双方高一级的政治会议的进行，双方应保证不从朝鲜境外以任何借口进入任何军事力量、武器和弹药；7.为监督第6条规定的严格实施，双方同意邀请在朝鲜战争中的中立国家的代表，成立监察机构，负责到非军事区以外的双方同意的后方口岸，进行必要的视察，并向双方停战委员会提出视察结果的报告。显然，中朝方面提出的补充建议是充满诚意的让步措施。

起初，美国方面对于中朝方面提出的新建议十分意外，经过他们的请示以后，他们开始继续对达成协议制造障碍。

美方提出，应当准许美军从境外轮换补充部队，同时要禁止朝鲜境内的飞机场和航空设备的恢复、扩充与修建。

中朝代表指出："我方不能同意你方限制机场设备的建议，我们在这个问题上绝不能让步的是我方内政的不容干涉，至于我方进行或者不进行这一种或者那一种设备的恢复或者补充，则是另外一个问题。"

美方代表嚣张地威胁道："你们应该忘记主权、内政这些支离破碎的名词。现在我们正在干涉你们的内政，你修飞机场，修好了，我给你炸掉，你再修，我再炸。"

中朝代表气愤地斥责说："你们这种血腥逼人的好战分子的理论荒谬到不值一驳。你们应该知道，即在你们使用军事力量狂轰滥炸、大肆破坏的时候，你们也不能干涉我们的内政，妄想干涉也没有干涉得了。你们使用军事力量不能得到的东西，却企图用谈判的办法得到。我们坦白地告诉你们，你们永远也不会得到你们使用军事力量所得不到的东西。"

双方的分歧集中于限制朝鲜的军事供应、开放朝鲜全境观察、美国不愿从中朝后方沿海岛屿撤退以及限制朝鲜修复兴建机场等问题上。

经过长时间的争论，12月12日美方代表团提出了一揽子新建议，对一些争论问题表现出一些松动，其主要内容是：联合国军放弃沿海岛屿和分界线以北的领海，同意由双方都能接受的中立国家派遣观察人员。另一方面，共产党必须允许美军人员的调动与补充、同意中立国小组下属于军事停战委员会。美方仍然禁止朝鲜境内重建和修复机场。

其后的争论又集中于机场修建和中立国成员的名单上。中朝代表仍然坚持修建机场是朝鲜的内政问题，不容美国干涉。同时，当中朝方面提出苏联、捷克、波兰等国为中立国时，美方坚持不同意苏联。

由于第三项议程大部分内容已经达成协议，谈判代表团为加速谈判进程，于 1951 年 12 月 11 日提前讨论第四项议程，关于战俘问题的安排。中朝方面的小组谈判代表是李相朝和柴成文，对方代表是李比和希克曼。没想到在这一议程中，谈判进入了最困难的时期。

原本，依据 1949 年 8 月修订的《关于战俘待遇之日内瓦公约》规定："战争结束战俘应该毫不迟疑地释放并遣返"，"在任何情况下，战俘不得放弃本公约所赋予彼等权利之一部或全部"，战俘问题理应受到这一公约的约束。美国是公约的签字国之一，中华人民共和国于 1952 年 7 月也宣布承认这一公约。可是，美国在朝鲜战争的战俘问题上，却不准备执行这一国际公认的法规。

关于战俘问题的谈判一开始，中朝方面的代表就提出遣返战俘的原则意见：停战协议签字以后，双方所有的战俘应全部迅速释放与遣返。

美国代表坚持先交换战俘材料，并邀请红十字国际委员会访问双方战俘营。否则，拒绝讨论第四项议程。

12 月 12 日，中朝方面以书面形式提出第四项议程的五点建议：1. 确定双方释放现在收容的全部战俘的原则；2. 商定在停战协议签字后最短可能的期间内，双方分批释放及遣送完毕其所收容的全部战俘，并确定重伤、病战俘应在第一批内释放及遣送的原则；3. 建议双方交接战俘的地点，定在开城板门店；4. 建议在停战委员会下，双方各派同等数目人员组成遣俘委员会，遵照上述协议负责处理战俘的交接事宜；5. 上述各项一经双方同意确定后，即行交换双方现有全部战俘名单。

美方坚持他们先交换战俘材料的意见，李比解释说："双方战俘应在公平与平等的基础上进行交换。换句话说，就是在停战时的交换，将不给任何一方不公平的军事利益。"

显然，美国打算扣留中朝方面的战俘原则在谈判开始时就已经定下了，只是他们还不知道中朝方面到底收容了多少战俘，故而要求先交换战俘材料，然后再谈交换原则。

谈判僵持了一周。为了解除对方拖延谈判的借口，中朝方面同意于 12 月 18 日交换了战俘材料。美国方面交来了 132474 人的战俘名单，其中朝鲜人民军 111754 人，志愿军 20720 人。中朝方面提供的战俘名单有南朝鲜军 7142 人，美军 3193 人，其他国家的军队 1216 人，共计 11551 人。

当时，双方要求休会研究战俘名单。美国人的名单混乱不堪，除了英文拼写的名字外，还有一堆战俘号码，根本无法查考。中朝谈判代表立即要求对方补交以朝文与中文书写的名单，及战俘所在部队的番号与级别。相反，中朝方面提供的战俘名单清清爽爽，一目了然。美国代表还惊奇地发现，有 20 余个战场上已经"死亡"的人员还活着。其中有一个已经"死亡"的美国俘虏，妻子已经改嫁了，记者采访时问她："你原来的丈夫回来怎么办？"妻子说："让他们两个谈判吧！"

交换战俘名单以后，美国代表首先发难。他们以美方在战场上"失踪"的人数为依据，向中朝方面提出质疑，说中朝方面提供的名单仅占美军失踪人数的 27%，南朝鲜军失踪 87000 余人，战俘名单里只有 7000 余人，那些人到哪里去了？

南朝鲜战俘问题中有一个特殊情况，即战争之初，朝鲜部队学习中国军队在解放战争中的做法，将俘虏兵教育改造之后，愿意回家的发给路费，不愿走的全都编入了人民军的队伍。直到美国参战以后，朝鲜战争的性质才起了变化，才产生了战俘的问题。

针对美国方面的质疑，中朝代表回答道："以李承晚当局所发表的南朝鲜军失踪数字为依据，来衡量我方所收容的南朝鲜战俘的数字的大小，这是完全不能成立的。因为不论在任何战争中，失踪数字与被俘数字之间都没有固定的关系。"至于美军的失踪人员问题，就连美国自己的报纸也认为美方发表的失踪数字有许多是虚妄的。美《基督教科学箴言报》载文指出：当美军第二师的一营人在 1950 年 11 月末被围歼时，估计损失为 800 人以上。这批人员的最大部分被列为"战斗中失踪"，"但是联军私下知道，这些人员中的大部分可能已经死掉了"。

1952 年 1 月 2 日，美方拿出了一个解决战俘问题的"奇特"方案。他们要求以"一对一"的方式交换战俘，如果一方交换完了战俘名额不够时，就用"平民"顶替，再不够时，就让那些无人交换的战俘宣誓"我以后不再参加战争了"，然后假释，让他们"愿"到哪里就到哪里，美其名曰"自愿遣返"。美国方案的实质，就是要扣押中朝方面的战俘，以防止战俘交换后加强了中朝军队的力量。为此，他们不惜公然违反国际公约。

接到美方提案以后，晚上的预备会上，李克农愤怒而沉静地说："明天的发言要即以其人之道，还治其人之身。他们不是口口声声谈什么'人道主义'吗？而他们的提案却打了自己的嘴巴，要向他们指出：战俘的释放与遣送不是人口买卖。"

"对！"乔冠华补充道："20 世纪的今天更不是野蛮的奴隶时代。但是，你们的提案却正把战俘的释放与遣返，放到了这种野蛮和可耻的基础上。你方的提案，不能不令人怀疑你方是否有诚意获致双方战俘的释放与遣返。"

双方代表在第四项议程的讨论中，开了 50 多次会，对峙的态度越来越强烈。美方坚持全部释放战俘将会增加对方军事力量，并强调一些战俘不愿被遣返的要求。

中朝方面为了推动谈判发展，于 2 月 3 日提出新的方案，其中吸收了美方方案中的合理因素，几乎对所有争议问题都作了程度不同的让步。这个方案得到了毛泽东的批准。2 月 3 日方案的主要内容包括：双方同意保证其全部被俘人员在被遣返后恢复和平生活，不再参加战争行动；在停战协议生效后，立即分别邀请红十字国际委员会代表和中朝红十字会代表，组成联合访问团，到双方战俘营就地访问；应协助因战争流离失所的平民返回家园等等。

3 月 27 日，根据美方所提意见，中朝方面进一步提出补充遣返俘虏的折中原则，即双方所收容的非朝鲜籍的战俘及原籍不在收容一方地区的朝鲜籍战俘应全部遣返，原籍在收容一方地区的朝鲜籍战俘如本人愿意返回家乡，恢复和平生活，可不予遣返。

显然，中朝方面的提议充满诚意，充分考虑了中朝美等国的基本利益。可是，由于美国对于停战谈判另有其他打算，并不想迅速结束战争，故而在战俘问题上继续制造障碍。4月1日，美方提出遣俘原则的修正条文：1. 美方所收容的一切战俘及被拘留平民，在1950年6月25日居住于收容一方地区者，除愿留原居住地者外，应予遣返；2. 其他战俘，除不以强力即不愿遣返者，予以释放并使其定居于所选之地点外应予遣返。这个修正条文的实质，仍然是要坚持其"自愿遣返"的要求。

事实上，美国方面的"自愿遣返"原则中包含着扣留中朝战俘的可耻目的。就在谈判代表们为着战俘问题争论不休之时，在美方战俘营中正发生着种种惨无人道的迫害中朝战俘的事件。他们在战俘营中进行所谓"甄别"活动，强迫战俘们作不愿遣返的表态，并用写血书、威胁、禁闭和集体屠杀等暴行虐待那些不愿留下来的战俘；他们还在一些战俘身上刺上"抗俄反共"字样，对他们施以侮辱与酷刑。

美国人通过这些"甄别"活动，然后宣称：有9万共产党的战俘"已表示战争也好，和平也好，他们永远不愿回到共产党那里去了。宁死也不愿回去。战俘们不愿回去，我们不能不给予他们以庇护。如果硬是把他们送回去，那是不人道的，那就等于把他们送到火坑里去"。这是"具有根本重要性的原则"。

5月7日，在巨济岛的美方战俘营中，爆发了中朝被俘人员要求重返祖国、争取合理待遇而扣留美军战俘营军官的事件。美军使用暴力手段镇压了参加事变的战俘，打死打伤中朝战俘达150人。事后，美国《指南针日报》记者撰文说："我们能在任何时候消灭他们，我们的枪炮直指他们的咽喉，我们久经锻炼的军队已在他们周围严阵以待。我们的火焰喷射坦克随时可以把他们烧成灰烬。……他们还是要回家。你威胁他们，他们也不害怕。纵使为阶下囚，他们仍然要求他们的权利。"（转引自《世界知识》1952年第21期，第9页。）

中朝战俘们的血泪抗争彻底驳斥了美国谈判代表关于战俘"不愿遣返"的谎言。

然而，美国杜鲁门政府已经定下了要使谈判拖延下去的基本方针。他的国家安全委员会作出的决议称："作为一种策略可以进行谈判，既可赢得舆论的支持，也可减少即刻发生战争的危险，使谈判比诉之武力更为有利。"

1952 年 5 月 22 日，美国以哈里逊接替乔埃成了停战谈判代表团的首席代表。哈里逊冷酷、刻板，他扮演了一个破坏谈判的"能手"。

巨济岛事件发生以后，关于战俘问题的谈判桌上充满了火药味。南日尖锐地质问美方代表："强迫甄别、屠杀和打伤俘虏、强迫写血书、不顾战俘回国的愿望，用坦克与武装部队把他们隔离开来，难道就是你们说的尊重人权吗？在你方战俘营里，我方被俘人员毫无表示自由意志的自由，只有你方任意对我方被俘人员施用武力的自由，难道这就是你们的自由吗？你方战俘营负责人柯尔生公开承认了对我战俘的不符合国际公法、违反日内瓦公约的待遇，承认有暴力行为，承认有强迫甄别，你们又何以解释？"

面对中朝代表的严厉谴责，美国代表无言以对。哈里逊开始玩弄"休会"的把戏。6 月 7 日，谈判正在进行时，哈里逊提议休会三天。三天以后，哈里逊在谈判桌旁吹起了口哨，装出一副满不在乎的模样，会议刚开始不久，一俟中朝代表提出质问，哈里逊又提议休会，并且不等翻译译完，站起来就要走。中朝代表提醒他讲点礼貌，他才又坐下，等翻译完了才走。此后，哈里逊就不断地单方面宣布休会三天、十天，使"休会"战达到了高潮，谈判会议的时间越来越短，1 分钟、半分钟，最短的只有 25 秒钟。哈里逊创造了外交谈判史上的"奇闻"。

对于哈里逊的"逃会"行为，金日成、彭德怀致信接替李奇微任美国侵朝军队总司令克拉克，说："我们认为，你方代表将强行扣留我方被俘人员的方案说成是'坚定的、最后的、不能改变的'，显然是企图用恐吓手段逼我们屈服。你应知道，在战场上不能取得的东西，同样在会场上也不能取得。现在，你方代表又企图从片面中断会议的举动来激动我们。我们在此必须指出，双方对等的停战谈判，只有经过说理和协商，方能达到公平合理的协议，而拒绝说理，拒绝协商，甚至拒绝开会，中途退席，并不表示别的，而只是表示对于事实和真理的畏惧。"（《在志愿军总部》第 470 页。）

其时，尽管美方对谈判制造了种种障碍，在中朝谈判代表的努力之下，谈判仍然取得了重要进展。第三项议程，在美方同意撤回对朝鲜修建机场的限制以后，中朝方面也放弃了提名苏联为中立国的要求。这样，双方同意由波兰、捷克、瑞典、瑞士四国组成中立国监察委员会，第三项议程于1952年5月2日基本达成协议。

关于第五项议程，即向双方有关各国政府建议事项，也于1952年2月17日基本达成协议。内容为：为保证朝鲜问题的和平解决，双方军事司令官兹向双方有关各国政府建议在停战协定签字并生效后三个月内，分派代表召开双方高一级的政治会议，协商从朝鲜撤退一切外国军队及和平解决朝鲜问题等问题。

然而，美国政府不愿就这样停止战争，他们还想以新一轮的军事较量，强迫中朝方面接受他们在谈判桌上得不到的东西。10月8日，哈里逊在谈判代表团大会上突然站起来说："你方拒绝我们的提案，是要我方强迫遣返所有朝中战俘，是不尊重俘虏个人人权。这样就谈不下去了，我宣告无限期休会！"

就这样，美国人再次关闭了谈判的大门。他们是相信实力的，以为战争会给他们带来优势。

四、走向和平

由战争走向和平的道路是曲折艰辛的，中朝军队为着和平而被迫继续作战。

美军于10月14日在金化以北的上甘岭地区发动了1951年"秋季攻势"以来最大的一次攻势。在敌人猛烈而持续的攻击下，我志愿军战士顽强奋战43昼夜，战斗激烈程度前所罕见。经过反复争夺，终于守住了阵地，共毙伤俘敌25000余人，至11月底彻底粉碎了敌人的攻势。

在这些英勇的战斗中，出现了用自己的身体堵住敌人机枪的黄继光，引爆炸药冲入敌群与敌人同归于尽的朱有光，盘肠战斗的葛洪臣等一大批战斗英雄。战士们用自己的鲜血铺垫着通向和平的道路。

1953年1月，艾森豪威尔上台，敌人内部扩大战争的议论更加嚣张。2月7日，毛泽东在中国政协会议上严正宣告："我们是要和平的，但是，只要美帝国主义一天不放弃它那种横蛮无理的要求和扩大侵略的阴谋，中国人民的决心就是只有同朝鲜人民一起，一直战斗下去。这不是因为我们好战，我们愿意立即停战，剩下的问题待将来去解决。但美帝国主义不愿意这样做，那么好罢，就打下去，美帝国主义愿意打多少年，我们也就准备跟他打多少年，一直打到美帝国主义愿意罢手的时候为止，一直打到中朝人民完全胜利的时候为止。"

美国于1953年初计划进行大规模军事进攻，企图利用海空优势，在朝鲜的东西海岸实施两栖登陆，配合正面进攻。于是，联合国军开始频繁地进行登陆作战和空降作战演习，派遣大批特务潜入我后方刺探东西海岸情报。针对敌军动向，中朝军队开始积极进行反登陆作战的战略准备。我正面各军集中力量加固阵地，囤积粮弹，准备对付敌人大的进攻。此外，增派新军入朝作战，将38军、40军从第一线调至西海岸，将15军、12军调至东海岸，加强东西海岸的防御力量。不久，中朝军队的反登陆作战准备基本完成，建立了正面攻不动、两翼海岸森严壁垒的军事格局。

面对中朝军队严阵以待的战备状况，美国人再次感到要在战场上取胜是很困难的，于是又想回到谈判桌上来。1953年2月22日，在美国方面宣布板门店谈判无限期休会四个多月之后，克拉克致函金日成、彭德怀，提议双方交换病伤战俘，并表示"联合国军联络官将准备与你方联络官会晤"。

中朝方面经过反复研究后，认为这是美方为了恢复谈判寻找一个"台阶"。既然如此，我方决定给它一个"台阶"。3月28日，金日成、彭德怀致信克拉克，表示同意交换病伤战俘，并认为应把战争期间交换病伤战俘问题的合理解决引导到全部战俘问题的顺利解决，使朝鲜停战得以早日实现。因此，建议立即恢复在板门店的谈判。过了两天，中国外交部长周恩来发表声明说：

中朝两国政府为了消除谈判双方在战俘问题上的分歧，促成朝鲜停战，提议谈判双方应保证在停战后立即遣返其所收容的一切坚持遣返的战俘，而将其余的战俘转交中立国，以保证对他们的遣返问题的公正解决。声明指出，这一提议并非放弃日内瓦公约的遣返原则，也非承认美国所说的有所谓拒绝遣返的战俘，而是为终止朝鲜流血而采取的新的步骤，以便将在对方恐吓和压迫下心存疑惧、不敢回家的我方被俘人员在停战以后转交中立国，并经过有关方面的解释，以保证他们的遣返问题能得到公正解决。

随后，金日成和苏联外长莫洛托夫相继发表声明，支持周恩来关于解决朝鲜战俘的新建议。4 月 18 日，第七届联合国大会根据巴西提案通过决议："希望病伤战俘的交换迅速完成，并希望在板门店的进一步谈判导致在朝鲜早日实现停战，以符合联合国的原则和宗旨。"

僵局终于打开了。1953 年 4 月 26 日，双方谈判代表又一次走进板门店的谈判帐篷。志愿军的谈判代表作了调整，丁国钰接替边章五，柴成文接替解方。

谈判开始后，中朝方面首先提出解决战俘问题的具体方案，其中包括停战两个月内全部遣返坚持遣返的战俘，其余战俘于一个月内送交中立国看管，由战俘所属国家派人向战俘进行解释，六个月后仍在中立国看管下的战俘，交停战协定规定的政治会议协商解决。

美国方面提出了反建议，要求将 35000 名朝鲜籍战俘于停战日在南部朝鲜"就地释放"，只将非朝鲜籍战俘移交中立国看管。中朝代表立即将对方的无理要求驳回。

经过一个多月的谈判，美国方面受到国际舆论的巨大压力，其时，国际舆论大多倾向于中朝方面提出的建议。

最后，于 6 月 8 日，双方终于就第四项议程达成了协议。根据协议，双方应在停战协定生效后两个月内遣返一切坚持遣返的战俘。至于未被直接遣返的战俘，应于停战生效后 60 天内交给由波兰、捷克斯洛伐克、瑞士、瑞典、印度五国组成，而以印度为主席和执行人的中立国遣返委员会在朝鲜看管；

然后由战俘所属国家在中立国遣返委员会接管那一天起 90 天内，派人向战俘进行解释，以消除他们的疑虑。如果 90 天后仍有未行使被遣反权利的战俘，则由高一级政治会议在 30 天内解决。凡在中立国看管后 120 天内尚未行使其被遣返的权利，又未经政治会议作出处理的战俘，则由中立国遣返委员会宣布解除他们的战俘身份，使他们成为平民，并协助他们前往他们申请要去的地方。

6 月 8 日晚上，周恩来总理亲自打电话给李克农，要他向代表团的全体同志转达慰问。接到这个电报时，代表团的许多同志都流下了激动的眼泪。

然而，就在板门店谈判即将签字的时候，南朝鲜的李承晚却于 6 月 18 日以"就地释放"的名义，将人民军战俘 27000 多人放出了战俘营，并将他们押解到李承晚军队的训练中心。当时，李承晚对于美国准备在停战谈判协议上签字的消息十分恼怒，他对克拉克说："美国和联合国已经背叛了我们。你们不将战争推进到军事上的胜利以重新统一朝鲜。你们出卖了朋友，也等于出卖你们自己。"所以，他向美国表示南朝鲜军将单独行动，将战争继续打下去。

李承晚"就地释放"战俘的消息传开以后，全世界舆论哗然。印度总理尼赫鲁说，这是一件"很遗憾而极其令人反对的事情"；英国首相丘吉尔称这是"背叛行为"；艾森豪威尔发急电指责李承晚的行为，"给联合国军司令部造成困境。这种局面如果继续下去，只会牺牲联合国精锐部队用鲜血和勇敢为朝鲜赢得的一切"。

一时间，李承晚集团陷入极端孤立的境地。

6 月 20 日，中朝方面谈判首席代表南日在双方代表团大会上，宣读了金日成、彭德怀致克拉克的信，严厉指责美方纵容南朝鲜当局的行动，指出"我们认为你方必须负起这次事件的严重责任"，并质问克拉克："究竟联合国司令部能否控制南朝鲜的政府和军队？""朝鲜停战包括不包括李承晚集团在内？"

同一天夜，由北京赴开城准备办理停战签字事宜的彭德怀，途经平壤时打电报给毛泽东说："根据目前情况，停战签字须推迟至月底比较有利，为加深敌人内部矛盾，拟再给李承晚伪军以打击，再消灭伪军一万五千人，此意已告邓华妥为布置，拟明21日见金首相，22日去志司面商停战后各项布置，妥否盼示。"

21日，毛泽东回电："停战签字必须推迟，推迟至何时为适宜，要看情况发展方能作决定。再歼灭伪军万余人，极为必要。"（《毛泽东军事文集》第6卷，第350页。）

为了促进停战协议签字，打击南朝鲜要求继续战争的嚣张气焰，中朝军队决心发起金城战役。中国人民志愿军以第20兵团和第9兵团的第24军及全军主要炮兵部队，向敌战略要点金城以南一线约25公里正面实施主要突击，以歼灭该地区李承晚军四个师并拉直金城以南战线为作战目标。其他第一线各军在各自正面阵地上积极出击，牵制敌人，以配合主攻方向的作战行动。

7月13日发起战役。我军在进攻行动开始时，以28分钟的火力急袭，发射炮弹1900余吨，一小时内就突破南朝鲜四个师的21公里正面阵地，经21小时战斗，突入敌人阵地纵深9.5公里，活捉了南朝鲜首都师副师长林益淳。美国第八集团军的战地报告中说，中国军队"打得韩国部队狼狈逃窜，甚至把追击的中国军队远远抛在后面"。（〔美〕波茨《韩战决策》第238页，河冰译。）15日，我军乘胜向南发展。16日，敌人将预备队调入战场，我军转入固守，先后击退敌人的冲击1000余次，直至朝鲜停战。此役，我军共毙、伤、俘南朝鲜军78000余人，向南推进178平方公里，拉直了金城以南的战线。

在志愿军的有力打击和美国方面的威胁利诱之下，李承晚终于放弃了他的继续作战的要求，保证不再阻挠停战协定的实施。

1953年7月26日，双方联络官会议同意公布停战协定签字的日期与签字的方式。当日，中朝代表团发表公告称："朝鲜停战协定已由谈判双方完全达成协议，双方定于7月27日朝鲜时间上午10时，在朝鲜板门店由我方代表团首席代表南日大将与对方代表团首席代表哈里逊中将先行签字，然后送朝鲜人民最高司令官金日成元帅及中国人民志愿军司令员彭德怀将军与联合国军总司令克拉克上将分别签字。"

7月27日，朝鲜停战协定签字生效。战争结束，举世欢腾。关于朝鲜战争谈判中达成的第五项协议，即召开朝鲜问题的高一级政治会议解决撤退一切外国军队等问题，于1953年8月以后开始谈判。中间由于美方的各种阻挠，未能达成协议。朝鲜战争结束后，中国人民志愿军又用五年多的时间帮助朝鲜人民重建家园，至1958年全部撤回国内；而美国军队依然赖在朝鲜不走。

第十四章 不畏强暴，自尊自强

——王炳南与中美大使级谈判（1955—1970）

一、台湾海峡危机

1950 年 6 月朝鲜战争爆发后，美国总统杜鲁门下令第七舰队驶入台湾海峡，并声称"台湾地位待对日和约签署后再定"，使美国军队直接介入了中国的内政台湾问题。

对此，美国在朝鲜战场的最高指挥官麦克阿瑟特别强调了台湾对于美国的所谓"战略意义"。他说："由于台湾的地理地位和基地的潜力，假如它被与美国敌对的军事强国所利用，则美国前线地位的中央及南翼的战略重要性，将被抵消或整个被淹没。台湾如果在这样一个敌对的强国的手里，可以比作一艘不沉的航空母舰和潜水艇供应舰，处于完成攻势战略的理想的地位，同时可以钳制以冲绳及菲律宾为基地的我们友军的防御行动及反攻行动。"麦克阿瑟积极建议美国侵占台湾，并恬不知耻地说："我不知道有任何东西比起关于台湾的战略价值的见解更有普遍性。事实上，海军过去是想在台湾，而不是想在菲律宾登陆，最后决定这个问题的，主要是道义上的理由。""我认为过去所作的任何决定，如果使得台湾有落到共产党手里的可能，那就是一个严重的错误。"（《中美关系》第 239 页、257—258 页。人民出版社1971 年版。）

正是基于上述这种美国的战略利益，美国人开始积极地从事破坏中国统一的工作，加强了他们对台湾问题的干涉与控制，并企图通过制造"两个中国"的计划，来造成中国领土的永久分裂。1953 年 11 月，美国国务卿杜勒斯在联合国首次提出"两个中国"的谬论，他说："有可能由共产党中国参加联合国大会，而由国民党中国参加安理会"。随后，英国首相丘吉尔也宣称，要将"台湾交给联合国托管"。美国的报刊则公开叫嚷"两个中国"，要保护台湾，必须使"台湾中立化"等等。（《基督教科学箴言报》1954 年 8 月——9 月。）

针对这种"两个中国"的论调，中华人民共和国的外交部长周恩来曾代表政府多次庄严宣布："不管美国帝国主义者采取任何阻挠行动，台湾属于中国的事实，永远不能改变；这不仅是历史的事实，且已为开罗宣言、波茨坦宣言及日本投降后的现状所肯定。"（《周恩来外交文选》第 19 页，中央文献出版社 1990 年版。）

1953 年 2 月，新总统艾森豪威尔为了利用蒋介石集团的反共力量，推动朝鲜战争，决定驱使蒋介石向中国大陆进行军事挑衅。艾森豪威尔在 2 月 2 日的国情咨文中说："我正下令不要再使用第七舰队来屏障共产党中国。让我把事说得更明白些，这个命令并不暗示我们有侵略意图，但是我们决没有义务来保护一个在朝鲜对我们作战的国家。"（《中美关系》第 275 页。）美国的助理国务卿艾利逊跟着解释总统的命令说，总统的"目的"，"是放开中国政府的军队，使他们对共产党大陆可以按照他们的愿望采取任何行动"，同时，美国的第七舰队却将保证台湾"在共产党进攻下的安全"。（《顾维钧回忆录》第 10 册，第 13 页。）这就是当时被人们称作"放蒋出笼"的政策。

在美国上述政策的鼓舞下，蒋介石的军队开始向大陆沿海做广泛的军事骚扰活动，台湾海峡的危机由此开始。

然而，对于蒋介石来说，单独与大陆的军事力量相对抗毕竟是心虚的。他在高呼"反攻大陆"的同时，不得不积极寻求美国的保护。台湾国民党当局于 1953 年初，加紧向美国提出双方签订一项共同防御条约的要求。在签订条约的谈判中，蒋介石竭力乞求美国将沿海岛屿正式并入台澎联合防御体系，希望美国公开表明对沿海岛屿的关切，并向台湾提供适用于沿海岛屿水域的舰船。同年 9 月，美国与蒋介石签订了"军事协调谅解协定"。规定：国民党军队的整编、训练、监督和装备完全由美方负责，如果发生战争，国民党军队的调动指挥须获得美国方面的同意。协定涉及的地区，包括台湾、澎湖、金门、大陈和马祖；参加协定的单位包括美国第七舰队航空队。协定还规定在台湾成立一个"协调参谋部"，由美国主持。这样，蒋介石集团靠着出卖主权利益的交易，将美国人更深地"引入"台湾。

针对美蒋勾结企图分裂我国领土的阴谋，中共中央政治局于 1953 年 7 月召开会议分析台湾问题，认为，如果美蒋阴谋得逞，我们与美国的关系将会长期紧张下去，"更难寻求缓和与转弯的余地"。为了反对美蒋在军事和政治上的联合，防止台湾问题固定化，中共中央决定发动一场声势浩大的解放台湾的宣传运动。（参见《党的文献》1994 年第 5 期，第 32 页。）当时，毛泽东指出："在朝鲜战争结束之后我们没有及时（约迟了半年时间）地向全国人民提出这个任务，没有及时地根据这个任务在军事方面、外交方面和宣传方面采取必要措施和进行有效的工作，这是不妥当的。如果我们现在还不提出这个任务，还不进行工作，那我们将犯一个严重的政治错误。"（《中华人民共和国外交史》第 348—349 页，世界知识出版社 1994 年版。）

1954 年 9 月 3 日，中国人民解放军驻闽部队猛烈炮击金门，连续发炮5000 余发。国民党军立即发炮回击，并从 6 日起出动飞机连续轰炸厦门大嶝，9 日出动军舰攻击梧屿白石炮台，并在上海、广州等地空投宣传弹。至此，台湾海峡的危机达到第一个高潮。

台湾海峡的危机牵动着美国的神经。1954 年 12 月 2 日，美国与台湾签订了《共同防御条约》，规定："对在西太平洋区域内任一缔约国之领土上之武装攻击即将危及其本身之和平与安全，兹并宣告将依其宪法程序采取行动，以对付此共同危险。"（《中美关系》第 348 页。）这个条约后来成为美国人武装介入台湾问题的"合法"外衣。

12月8日，周恩来代表中国政府痛斥这个条约，说："美蒋'共同防御条约'在任何意义上都不是一个防御性的条约，它是一个露骨的侵略条约。美国侵略集团和它的追随者诡称这个条约是防御性的，但是这种说法丝毫不能掩盖这个条约的侵略实质。台湾是中国的领土，美国政府在它自己参加签订的开罗宣言、波茨坦公告和日本投降条款等国际协议中承认了这个事实。中国人民解放台湾是中国的内政问题，美国政府在1950年1月也曾经承认中国对台湾行使主权，美国不拟卷入中国内争。现在美国政府要在远离美国本土五千英里以外的中国领土台湾和澎湖设防和建立军事基地，庇护已为六万万中国人民所唾弃的蒋介石卖国集团，阻挠中国人民去解放自己的领土台湾，这是明目张胆地背弃国际信义、霸占中国领土、侵犯中国主权、干涉中国内政的行为，绝不能说成是防御。中国人民解放自己的领土台湾，维护自己的国家主权和领土完整，才是真正的防御行为。日本军国主义者也曾经把他们在1931年侵占中国东北的行为说成是自卫。但是，这种说法从来就没有人相信过。谁都知道霸占别国的领土，侵犯别国的主权，干涉别国的内政，就是侵略。在反对日本军国主义侵略的胜利斗争中久经锻炼的中国人民，决不会容忍美国在防御的名义下侵略中国的台湾和澎湖。"（《中美关系》第72—73页。）

周恩来的声明义正词严，掷地有声。

这一时期，中国政府反对美国支持蒋介石的做法是强硬的。1954年年底，我们扣押了13名在中国从事破坏活动的美国间谍。

1955年1月，台海战事转移到浙江方向。1月10日，浙东前线解放军出动各型飞机130架次，分四次对大陈锚地的国民党军舰进行连续突击，基本上取得了大陈地区的制空、制海优势，迫使台湾海空军大大缩小了活动范围，严重打击了驻一江山、大陈等岛的国民党军队的战斗士气和防御设施。1月18日，解放军一举解放一江山岛，2月13日又解放了大陈岛。形势对台湾十分不利。

美国为了阻止中国人民解放台湾的行动，又不使自己单独卷入战争，遂又将侵略朝鲜战争的故伎重演，试图让台湾问题国际化。美国国务卿杜勒斯提出：把台湾局势问题提交给联合国安理会，由安理会作出一项维持现状的决议。这样，美国就可以在联合国决议的幌子下采取军事行动，美国政府就将得到过去它所不能得到的权力。

在美、英的策动下，1955年1月28日，由新西兰向联合国安理会提出一个议案，要求由安理会审议中国政府与台湾当局"在中国大陆沿岸某些岛屿地区的敌对行动"。这个提案旨在将本属于中国内政的问题国际化，事实上制造"两个中国"。

新西兰的提案理所当然地受到中国政府的坚决反对。1月31日，联合国秘书长哈马舍尔德致电周恩来，邀请中国政府派代表参加安理会辩论。2月3日，周恩来在复电中指出：新西兰提案"干涉中国内政，掩盖美国对中国的侵略行为"；在台湾"代表"仍留在联合国的情况下，中国政府代表拒绝出席联合国会议；在没有中国代表参加的情况下，任何有关中国问题的决议都是无效的。中国政府的严正立场，迫使联合国安理会宣布停止讨论新西兰提案。

针对美国的分裂政策，毛泽东明确指出："在台湾问题上，美国企图搞'两个中国'，一个大中国，一个小中国"，"我们反对'两个中国'"。"解决台湾问题是中国的内政，这点我们是要坚持的。"在美国政府的百般阻挠下，中国政府长期未能取得联合国的合法席位。对此，毛泽东说："联合国进不了，那也不要紧。十五年没有进联合国，我们也活下来了，再让蒋介石大元帅在联合国待上十五年、三十年、一百年，我们照样活下去。要我们承认'两个中国'或者是'一个半中国'，那都不行。"（《毛泽东外交文选》第382页、第383页、第453页、第522页，中央文献出版社1994年版。）

为了争取和平解决台湾问题，中国政府在与美国针锋相对斗争的同时，主动探索与美国进行和平对话的可能性。1955年4月18日在印尼召开的万隆会议是一次具有深远历史意义的会议。中国代表团团长周恩来在会议上提出"求同存异"的方针，呼吁各国撇开分歧，为共同反对殖民主义而斗争。
《万隆会议宣言》提出了维护和平的十项原则，充分体现了由中国倡导的"和
平共处五项基本原则"。周恩来的崇高风格、谦逊作风和政治家的广阔胸怀
受到了与会代表们的一致钦佩与赞扬。就在这次会议上，周恩来代表中国政
府发表了一个历史性的声明：

"中国人民同美国人民是友好的。

"中国人民不要同美国打仗。中国政府愿意同美国政府坐下来谈判，讨
论和缓远东紧张局势的问题，特别是和缓台湾地区的紧张局势问题。"（《中
美关系》第 81 页。）

中国政府首先向美国发出了和谈要求，石破天惊，激起巨大的国际反
响。美国政府在国际舆论的强大压力下，不能对中国政府的建议置若罔闻。
7 月 13 日，美国政府通过英国向中国方面建议，中美双方互派大使级代
表在日内瓦举行会谈。

1955 年 7 月 25 日，中美双方发布公告："美利坚合众国和中华人民共
和国通过联合国的外交途径通信的结果，同意过去一年双方在日内瓦的领事
级代表们会谈应该在大使一级进行，以便有助于愿意回到他们各自国家去的
平民的遣返问题的解决，并有利于进一步讨论解决双方之间目前有争执的某
些其他实际问题。双方大使级代表的第一次会晤将于 1955 年 8 月 1 日在日
内瓦举行。"（《顾维钧回忆录》第 12 册，第 354 页。）

二、中国抢占谈判主动权

1955 年 8 月 1 日，中美大使级会谈在瑞士的日内瓦如期举行。之前，双
方均就会谈的人选与目标费了一番心思。

中国方面的首席代表是中国驻华沙大使王炳南。王炳南在中国共产党内
与美国人打交道最早，从事外事工作时间较长。早在抗日战争时期，他就与
周恩来一起在重庆工作。当时，他负责南方局领导下的对外宣传小组，与他

的妻子安娜利泽、毕朔望、许孟雄等人一起将毛泽东的著作（如《论持久战》）、中国共产党的抗日文章以及八路军战报等译成英文，对外发行。他与不少美国记者如艾黎、史沫特莱、斯诺等有过密切交往，当时美国驻华使馆的武官史迪威将军、卡尔逊上校等人也都与王炳南有过频繁接触。南方局外事组的工作任务之一，就是广交朋友，争取国际援助，而在重庆的美国人是他们工作的重点。王炳南后来回忆说："我与美国驻华大使高斯、参赞范宣德都有很多交往，美国使馆的年轻外交官戴维斯和谢伟思兄弟以及埃弗特·屈姆赖特、乔治·艾奇逊、弗里曼·唐尼、菲力普·斯普罗斯，美国新闻处的麦克·菲谢、费正清、包瑞德上校都是我的好朋友。我们经常聚在一起，讨论问题，交换看法，我把一些延安的宣传材料送给他们看。"（《中美会谈九年回顾》第35页，世界知识出版社1985年版。）

抗日战争后期，美国总统特使马歇尔来华调解国共关系，成立了由周恩来、张群、马歇尔组成的共、国、美三人小组和监督停战的军调处，王炳南即在周恩来身边工作，经常向马歇尔转达周的意见与信件。

1954年4月，王炳南随周恩来参加了解决朝鲜问题的日内瓦会议。会议期间，王炳南作为中国代表团的主要成员，与美国代表就朝鲜和印度支那问题进行谈判。当时的谈判对手就是后来日内瓦大使级谈判的美方代表A.约翰逊。1955年4月，王炳南被任命为中国驻华沙大使。

1955年7月底，王炳南接到外交部任命其为中美大使级会谈首席代表的命令，他说："我想，正是我的这些接触了各种不同的美国人物的经历，也正是由于周总理对我的了解和信任，我才被指派去担负这样的重任。想到我身旁的同志们，又总结过去的经验，我感到自己应该有信心去打这一仗。我是代表着中国共产党、代表中国政府，代表6亿站立起来的、不可战胜的中国人民去和美国会谈，它不愿意承认我们，却又不得不找我们，我内心升腾起一种无比的自豪感和强烈的自信心。"（《中美会谈九年回顾》第40—41页。）

中国外交部专门成立了一个中美会谈指导小组，负责研究会谈中的对策，组长是章汉夫，副组长是乔冠华，秘书长董越千，另外还有龚澎、浦山、王保流等人，是一个人才济济的"智囊团"。这个小组受周恩来直接领导。

最初，我们定下的谈判目标是，着重讨论台湾问题，安排杜勒斯国务卿和周恩来总理的直接会谈，以及建立两国的文化联系等一些实质性问题。后来，王炳南认识到，中国在会谈议程和目标问题上与美国方面的差距很大。

美国派出的谈判代表是驻捷克斯洛伐克大使约翰逊，此人参加过板门店谈判，具有与中国人打交道的经验。王炳南在回忆中说："约翰逊是位老练的外交家，对中国的情况比较熟悉，反应也颇敏捷。他提出会谈时双方不做速记记录，这样交谈可以更富有探讨性，避免到处乱钻的记者得到情况，也更少一些拘束，我们同意了。"（《中美会谈九年回顾》第 25 页。）

美国国务卿杜勒斯直接指导着美国方面的谈判。他在议院解释这次会谈的目标时指出："我们希望在即将举行的会谈中弄清楚，中共是否根据联合国避免使用威胁或武力以致妨害各国之和平的原则接受停火的概念。毫无疑问，中共会提出他们自己的问题。我们将洗耳恭听是些什么问题，如果这些问题直接涉及美国和共产党中国的话，我们打算加以讨论，以便达成一项和平解决办法。"（《顾维钧回忆录》第 12 册，第 361 页。）

1955 年 7 月 29 日，杜勒斯又向即将参加谈判的约翰逊发出了由他本人起草的 18 点谈判意见。其主要精神是，在会谈中不涉及外交承认中国的问题，只谈"双方之间的实际问题"。具体目标有两点：一是要求中国在台湾地区放弃使用武力；二是使双方平民回国，要求中国释放在押的美国人犯。此外，杜勒斯还别有用心地指示约翰逊，要使大使级会谈"尽可能地进行下去"。（《战后美国外交史》第 299 页，世界知识出版社 1993 年版。）

中美大使级会谈于 8 月 1 日下午在国联大厦的一个小会议厅举行，会议厅中央放着一张很大的椭圆形议事桌，陈设十分简单，气氛却很庄严。

为了掌握中美会谈的主动权，促进会谈尽早进入实质性阶段，中国方面在会谈的第一次会议上，首先宣布释放 11 名在押的美国间谍。消息传出去以后，新闻界情绪高涨，美国记者惊呼："啊，中国又抢去了'主动'！"中国这一步走得很主动，表达了对会谈的诚意，赢得了国际舆论的同情，为会谈创造了一个良好开端。

我们的这一招弄得台湾十分紧张，台湾的"驻美使馆"立即发表声明说："中共这样做只是为了制造一种转变的印象，其目的是在此紧要关头进行宣传，以寻求美国在极端重要的远东问题上作出让步。"（《顾维钧回忆录》第12册，第377页。）

第一次会谈进行得比较顺利，双方最后达成了会谈议程的协议，一是遣返双方侨民问题；二是双方有争执的其他实际问题。

第二次会谈只进行了一小时，双方提出了遣侨名单。中国方面提出的名单中有钱学森等人。其时，美国因朝鲜战争而作出不许高级物理学家，其中包括受过像火箭、原子能以及武器设计这一类教育的中国人离开美国，从而强行扣留了一批中国留学生和科学家。钱学森就曾写信回国要求政府帮助他离开美国。中国则有一批在朝鲜战场上被俘的美国军人和在中国犯了罪的美国人关押着。

在第三次会谈中，约翰逊一开始便要求中国方面无条件地让所有在中国的美国人离境，以便为第二项议程—其他实质性问题的讨论扫清道路。

王炳南郑重重申了中国政府对遣返中国留学生和侨民的立场，指出中国有近5000名留学生在美国，有不少留学生要求回国，但遭到美国政府的百般刁难。同时指出，新中国成立以后，已经有1485名美国侨民离开了中国，至于极少数在中国从事间谍和破坏活动的美国人，他们被扣押是罪有应得，即便这样，中国政府仍然可以考虑在判刑后，给予减刑或提前释放。

在这次谈判中，双方代表表现了比板门店谈判更多的灵活性。他们在谈判桌上十分严谨，互相守着各自的防线不放，会后却经常进行一些风趣甚至是友好的私人交往。约翰逊曾悄悄地邀请王炳南到一个山间别墅里吃饭，以便私下里摸摸中国方面的态度，王炳南也借此回请约翰逊。王炳南曾得到周总理的指示，要他大胆地与约翰逊进行私下接触；约翰逊也同样取得了杜勒斯的同意，可以与中国大使进行个人交往。

为了不使谈判纠缠于遣返问题，尽快地进行实质性会谈，中国再次作出主动姿态，对在押的美国人进行了更进一步的核实与处理。王炳南于9月10日告诉约翰逊，中国有关当局对在华的12名美国人的复查已经结束，他们可以获准出境。在其他一些具体问题上，中国方面也做出了一些适当让步。

结果，就在9月10日，中美会谈终于达成了第一个也是此后15年会谈唯一的一个协议。内容是："中华人民共和国（美利坚合众国）承认在中华人民共和国的美国人愿意返回美利坚合众国者（在美利坚合众国的中国人愿意返回中华人民共和国者），享有返回的权利，并宣布已经采取且将继续采取适当措施，使他们能够尽速行使其返回的权利。"（《中美会谈九年回顾》第55页。）

这个《协议声明》别具一格。王炳南说："这是在互不承认的情况下，处心积虑搞出来的一份奇怪的联合公报。在公报中既要体现互不承认，又要体现双方的一种共同意见，还要体现双方的联系，于是别出心裁，搞了这么一个各说各的'杰作'，叫作'协议声明'，以后尼克松和周总理达成协议发表的上海公报也仿效了这种形式。"（《中美会谈九年回顾》第55页。）

至此，中美大使关于第一个议程的谈判就结束了。50年代末，周恩来曾经在一次会议上说，中美大使级会谈至今虽然没有取得实质性成果，但我们毕竟就两国侨民问题进行了具体的建设性的接触，我们要回了一个钱学森。单就这件事来说，会谈也是值得的，有价值的。

三、关于台海危机的谈判

1955年9月20日，谈判进入第二个议程，即讨论台海危机问题。

谈判开始时，王炳南对于这一议程的谈判有比较深刻的认识。他认为："在当时的历史条件下，我们首先必须逼美国在关键问题上让步，牵一发而活动全局，否则很难谈及其他问题。当时美国侵占台湾，割裂中国领土，制造'两个中国'，并且穷凶极恶地支持蒋帮进犯大陆、准备复辟，气焰之嚣张，对新中国之仇恨，已深深地为中国人民所不能容忍。我们的谈判必须针锋相对，长中国人民的志气，灭美国政府的威风。中国人民在解放前长期受西方列强的凌辱欺压，站立起来的新中国绝不能在他们面前再有任何软弱，这是当时中国人民十分强烈的情感。如果离开了这样一个历史条件，一味追求谈判的突破，那就会丧失原则，伤害中国人民的感情，甚至损坏中国人民对政府的无比信赖，就会犯毛主席所说的'严重的政治错误'。"（《中美会谈九年回顾》第 57 页。）

根据中央指示，王炳南首先指出，台湾问题只有通过外长级会谈的切实可行的途径才能实现解决美国军队撤出台湾、缓和台湾地区紧张局势等严重问题，同时，还应讨论两国建立文化交流、贸易关系等问题。

约翰逊却企图绕开台湾问题，提出了所谓在朝鲜战争中失踪的 450 名美国士兵的命运问题。实际上是想故意拖延会谈进入实质性问题的时间。

王炳南拒绝讨论美国方面提出的问题，说："关于在朝鲜的军事人员问题，应该让板门店停战委员会去谈，我们没有必要谈这个问题。"

于是，约翰逊提出了一个实质性问题："美国要求在台湾问题上，双方保证不诉诸武力。"

王炳南将美方提出的问题报告了周恩来总理，周总理明确指出："台湾问题有两个方面。一方面，美国侵占台湾已经成了国际争端，台湾海峡的紧张局势已影响到东南亚的和平、稳定与安全，但是造成这种局势的，首先是美国在台湾的军事存在，它是针对中华人民共和国的，美国应该放弃对我国使用武力，从台湾和台湾海峡撤出它的一切武装力量；另一方面，从中国方面来说，台湾在历史上、法律上和事实上都是中国不可分割的领土，中国人民愿意用什么方式解放台湾，这是中国的内政，美国无权干涉，无权要求我们不使用武力。这两方面的问题是不容混淆的。"（《中美会谈九年回顾》第 58 页。）

王炳南向约翰逊严肃地陈述了上述观点，同时希望美国真正回到实质性问题的讨论上来。

10 月 8 日举行的第 20 次会谈上，约翰逊拿出他的发言稿，长篇累牍地宣读了美国政府对台湾的政策，归纳起来无非是两句话：一是美国企图赖在台湾不走；二是要求中国必须首先宣布不对台湾使用武力，美国才同意举行外长级会谈。

王炳南发言痛斥了约翰逊的论调，严厉指出他所谈的第二点内容正是干涉中国内政、搞"两个中国"的阴谋。

10 月 27 日，中国方面为了推动谈判的进展，主动就美国提出的双方保证不诉诸武力问题提出了一个协议草案。这个草案援引了联合国关于成员国应以和平方式解决争端的条款，建议："中华人民共和国和美利坚合众国同意，它们应该用和平方法解决它们两国之间的争端而不诉诸武力；为了实现它们的共同愿望，中华人民共和国和美利坚合众国决定举行外长会议，协商解决和缓和消除台湾地区紧张局势的问题。"

美方拒绝接受中方提案，一时又拿不出自己的方案。约翰逊显得十分沮丧，在谈判中不停地抽烟，一轮会谈下来，他的烟灰缸里尽是烟蒂。

直到 11 月 10 日，美国才提出了自己的协议草案，其主要内容是：

"约翰逊大使代表美利坚合众国通知王炳南大使如下：一般来说，并特别对于台湾地区来说，除了单独和集体的防御外，美利坚合众国放弃使用武力。王炳南大使代表中华人民共和国通知约翰逊大使如下：一般来说，并特别对于台湾地区来说，除了单独和集体的防御外，中华人民共和国放弃使用武力。"（《中美关系》第 85 页。）

对于美国方面提出的这个荒谬方案，中国外交部发言人痛加驳斥道："美方提出的声明草案实质上就是企图混淆中美两国在台湾地区的国际争端同中国政府和蒋介石集团之间的国内问题，要求中国承认美国侵占中国领土台湾的现状，放弃解放台湾的主权，这是中国方面绝对不能接受的。台湾是中国的领土，对于美国来说，根本不发生防御的问题。由于美国在台湾地区已经对中国使用了武力和威胁，如果谈到防御的话，正是中国应该使用它的防御权利来驱除这种武力威胁。但是，美国反而要求它在台湾地区有防御的权利，难道这不就是要求中国承认美国长期霸占台湾，永远保持台湾地区的紧张局势吗？"（《中美关系》第85—86页。）

尽管美国一再拒绝中国方面提出的合理方案，一再强调他们的无理要求，中国方面仍然再次作出努力，于12月1日提出新的方案：

"中华人民共和国和美利坚合众国表示决心，它们应该通过和平谈判解决它们两国之间的争端而不诉诸威胁或武力；两国大使应该继续会谈，寻求实现这一共同愿望的切实可行的途径。"

约翰逊在接下来的三次会谈中拒绝对中国方面提出的新方案作出评论，既不表示反对，也不表示同意，直至1956年1月12日，美方才提出一个对案：

"美利坚合众国和中华人民共和国表示决心，它们将通过和平方式解决它们之间的争端，并且它们将在不损害单独和集体的自卫的固有权利的情况下，不在台湾地区或其他地方诉诸威胁或武力；两国大使应该继续会谈，寻求实现这一共同愿望的切实可行的途径。"

显然，美国的对案没有丝毫改变他们原来的立场，他们仍然要求中国承认美国在台湾地区有"单独和集体的自卫的固有权利"，这是荒谬的，中方绝对不能同意。

在中美大使级会谈期间，中国方面着手认真履行已经达成的第一项协议，在中国的59名守法美侨中，16名要求离境者获得了批准，40名美国罪犯，也由于中国政府采取宽大处理政策，提前释放了27名。而美国不仅在会谈中不断对中方横加指责，而且拒不履行已经达成的协议，继续阻挠中国在美国的侨民回到自己的祖国。

1956年4月19日，美国方面又提出一个声明草案：

"约翰逊大使代表美利坚合众国政府、王炳南大使代表中华人民共和国政府协议，在不损害各方用和平方法执行自己的政策，也不损害各方的单独或集体自卫的固有权利的情况下，声明：

"美利坚合众国和中华人民共和国表示决心，它们应该通过和平谈判解决它们两国之间的争端，而不在台湾地区或其他地方诉诸威胁或武力；两国大使应该继续会谈，寻求实现这一共同愿望的切实可行的途径。"

针对美国人的声明草案，周恩来一针见血地指出："美国提出的声明草案的要点是要中美两国承担不使用武力解决台湾问题。针对这句话我们就问：是不是美国将从台湾撤走一切武装力量？它不能作这个保证。既然不作保证，它的军队留在台湾地区，我们又不能使用武力，那美国就永远待在台湾了。因此，如果我们同意发表这个共同声明，那就等于承认美国在台湾的地位为合法，我们不能上这个当。"（《周恩来外交文选》第254页，中央文献出版社1990年版。）毛泽东也明确地说："在谈判中，我们只是向他们提出一点，就是要他们从台湾撤军"，"剩下来的就是我们同蒋介石的事了"。（《毛泽东外交文选》第381页，中央文献出版社1994年版。）

5月11日中国代表提出对案：

"王炳南大使代表中华人民共和国政府、约翰逊大使代表美利坚合众国政府协议，在不损害互相尊重领土完整和主权和互不干涉内政的原则的情况下，声明：

"中华人民共和国和美利坚合众国表示决心，它们应该通过和平谈判解决它们两国之间在台湾地区的争端而互不诉诸威胁或武力；两国大使应该继续会谈，在两个月内寻求和确定实现这一共同愿望的切实可行的途径，包括举行中美外长会议在内，并且作出具体安排。"

美国方面再次拒绝中国的提案。

会谈开始陷入僵局。王炳南说："会谈仍然在继续。我几乎已经不抱任何希望了。我和约翰逊常常是互相读一通发言稿，我提出一些美方侵犯我领海、领空的抗议，然后交锋几句，最后双方决定下次会谈的日期就散会。"（《中美会谈九年回顾》第62页。）

1956年6月，周总理在第一届全国人民代表大会第三次会议上谈到中美会谈问题时，指出："美国虽然表示不使用武力的原则应该具体地应用到台湾地区，但是却反对确定举行中美外长会议来实现这一原则，甚至也不同意在一定的限期之内，寻求和确定和平解决中美两国争端的途径。不仅如此；美国还坚持它在中国的领土台湾有所谓'单独或集体自卫的权利'。这一切表明，美国的企图是要取得一个对它片面有利的声明，一方面保持美国侵占台湾的现状，另一方面继续干涉中国人民解放台湾。在不能取得这样一个声明的情况下，美国就企图无限期地拖延中美大使级会谈，以便同样达到冻结台湾地区现状的目的。"

他尖锐地指出："美国的这种企图正是中美会谈至今不能达成协议的症结所在。中国不能同意发表一个仅仅对一方有利的声明，也不能容许中美会谈被一方利用为达到片面目的的工具。中国认为，任何共同声明都必须是对双方有利的；同时，中美会谈的继续，也只有在对双方都有利的情况才有可能。"（《中美关系》第97—98页。）

1956年8月，中国政府为继续推动谈判进程，单方面宣布取消不让美国记者入境的规定，向美国15个重要新闻机构发出邀请，让他们派出记者来华做为期1个月的访问。这个消息使全世界为之震动，美国政府不让他们的记者到中国访问做真实的报道，拖了一年以后，才准许24个新闻机构选派记者赴中国访问。在这个问题上，美国政府陷入国际和国内两方面舆论的谴责之中，十分被动。

由于美国政府根本没有通过谈判达成协议的诚意，时间在一轮又一轮单调而无进展的会谈中流逝。

1957年9月，王炳南提出两国在平等互惠条件下准许记者互相采访的协议草案，遭到拒绝。9月底，中国代表提出对禁运的协议草案；10月中旬提出对文化交流、人民往来的协议草案；12月初提出司法协议草案，均被美方一一拒绝。到了12月12日，中美会谈已进行了73次。约翰逊在这次会议上彬彬有礼地宣布，他将撤出会谈，调任美国驻泰国大使。他指定他的副手埃德·马丁参赞接替他的工作。

王炳南立即有礼貌地提醒约翰逊说："约翰逊大使，你这样做是很不严肃的。中美进行的是大使级会谈，而马丁先生只是一个参赞，不能代表大使。"

周恩来说："我们愿意谈判，并积极争取成果，如果美国不愿意谈，我们也可以中止谈判。我们不愿破裂，但我们不怕破裂。美国如想打仗，我们也可以奉陪。"（《中美会谈九年回顾》第 66 页。）

就这样，在第 73 次会谈以后，中美大使级会谈就中断了。

四、新危机下的华沙谈判

中美大使级会谈开始以后，美国政府对于中国政府的敌视态度仍然有增无减。1957 年 3 月，美国国务卿杜勒斯宣称："美国坚持它的对华政策的三个方面，即：承认'中华民国'；不承认所谓中华人民共和国；反对让这个人民共和国作为宪章所称的'中华民国'的委任代表取得联合国席位。"（《中美关系》第 286 页。）

美国政府一方面在谈判桌上要求中国放弃使用武力；另一方面却在台湾海峡大肆炫耀其武力，并企图用核武器威吓中国人民。

早在 1955 年 3 月 16 日，美国总统艾森豪威尔就台湾海峡局势发表谈话称，一旦中共在金门、马祖扩大战争，美国将动用原子武器。4 月 8 日，《美国新闻与世界报道》周刊发表《美国对协防金马的态度》一文说：假如美国决定干涉的话，驻防这一地区的第七舰队的 400 架飞机，加上由空军调来的其他飞机，就足以击退共军。此外，美国的军事策划人都赞成使用原子武器，驻防这一区的美国海军现已装备有原子武器了。

1957 年，美国公开在南朝鲜部署核武器。年底，又在台湾部署了能够携带核弹头的地对地"斗牛士"导弹，射程可及中国的华东、华中和华南各省。与此同时，美国还为第七舰队配置了核潜艇和"狮子星座第二"导弹。其核讹诈的气焰十分嚣张。

台湾国民党集团在美国的"鼓舞"下，又一次掀起"反攻大陆"的高潮。蒋介石派出飞机远至云、贵、川、康、青海等省散发传单，空投特务，轰炸福建，骚扰江浙，使得台湾海峡的紧张局势骤然升级。

周恩来说："如果美国政府以为可以用战争威胁来吓倒中国人民，来使中国承认'两个中国'，承认美国侵占台湾和侵入台湾海峡的行动为合法，那是梦想。"（《周恩来外交文选》第 108 页。）

毛泽东指出："我们还没有核武器，但谁吓唬我们是不行的，我们从来就不接受强大力量的威胁。不接受这样的威胁，在我们力量再小的时候也是如此。"（《毛泽东外交文选》第 542 页。）毛泽东决定用炮击金门的隆隆大炮声来回答美国人的核讹诈。

1958 年 8 月 23 日，中国人民解放军开始炮击金门。在 85 分钟的袭击中，3 万发炮弹从天而降，国民党军 600 余人在震耳欲聋的炮火声中伤亡，金门岛上一片火海。毛泽东说：打炮的目的不是要侦察蒋介石的防御，而是侦察美国人的决心，考验美国人的决心。中国人就是敢于在太岁头上动土，何况金、马以至台湾一直是中国的领土。（参见吴冷西《忆毛主席》第 76 页，新华出版社 1995 年版。）

美国人顿时慌了手脚。他们急忙调集 100 多艘舰只，200 多架飞机增援台湾海峡地区。美国军舰开始为往返于台湾、金门之间的国民党军舰只护航。毛泽东则在下达福建前线部队的命令中威严地宣布："金门海域，美国人不得护航。如有护航，立即开炮。切切此令！"（《毛泽东军事文集》第 6 卷，第 387 页，军事科学出版社 1993 年版。）充分表达了中国人民在保卫国家领土主权时不畏强暴、不惧核讹诈的正义立场。

金门的炮声将美国人又拉回到谈判桌前。鉴于美国政府表示愿意通过和平谈判来解决两国在台湾地区的争端，中共中央开始准备恢复中美大使级会谈。

1958 年 8 月底王炳南从华沙应召回国，向中央政治局汇报中美谈判情况。

王炳南在汇报中提道："由于我们掌握真理，对美国无所惧、无所求，因此在会谈中处于主动地位。"

毛泽东听了笑着插话："我们要台湾回归祖国，怎么就无求于美国呢？"

王炳南答道："台湾自古就是咱们中国的领土，是我们的地方，美国无权霸占，它本该交还我们，而不是我们去求它。"

散会时，毛泽东握着王炳南的手说："你讲得好，有朝气，跃进了！"

这次会议为中美大使级会谈制定了一个新方针："一揽子"解决问题的原则，即台湾问题不解决，其他问题一概不谈。

9月6日，周恩来代表中国政府发表声明，主要内容有：1. 指出台湾和澎湖列岛自古是中国的领土，重申中国要解放台、澎的决心，警告美国若要挑起战争，将对其后果负全部责任；2. 倡议中美两国政府坐下来谈判，限期指派大使，恢复被美国单方面中断了的大使级会谈。

当天，美国政府表示欢迎周恩来的建议。

中国的谈判代表仍然是王炳南，美国则指派其驻华沙大使雅各布·比姆为新的谈判代表，谈判地点也改在华沙进行。

在王炳南即将赴华沙参加中美谈判时，毛泽东特意接见了他。毛泽东对王炳南说："在同美国人的会谈中，你要多用一种劝说的方法，譬如说，你们美国是一个大国，我们中国也不小，你们何必为了仅仅不到二千万人口的台湾岛屿与六亿中国人民为敌呢？你们现在的做法究竟对美国有什么好处呢？"毛泽东又说："在会谈中要多用脑子，谦虚谨慎，说话时不要对美国人使用像板门店谈判那样过分刺激的语言，不要伤害美国民族的感情。中国人民和美国人民都是伟大的民族，应该和好。"（《中美会谈九年回顾》第72—73页。）

华沙会谈于1958年9月15日开始，其时台湾海峡还处于紧张状态之中。王炳南的助手为黄华、赖亚力和姚广。

王炳南后来谈到他的对手比姆时说："比姆也是一位有经验的美国职业外交家，沉着、冷静、头脑清晰。和约翰逊比起来，他缺乏幽默感，通常脸上没有笑容。但他具有学者的风度，像个教授。比姆当时是个单身汉，他到50多岁才结婚，夫人很能干、活跃，善于社交。后来一位熟悉比姆的朋友谈起他，说在宴会上和比姆坐在一起很乏味，但是有他夫人在场就弥补了比姆的不足。在和我会谈前，比姆有过和苏联、捷克斯洛伐克等国谈判的经历，号称有和共产党人打交道的经验。虽然他好像不善辞令，不是那种巧舌灵齿的外交家，但也决不是我可以轻视的对手。"（《中美会谈九年回顾》第76页。）

谈判一开始，比姆就发言，要求中国方面停止对金门、马祖等岛屿的炮击。他用呆板的声调说："中美的共同任务是缓和台湾海峡的紧张局势。"

王炳南用平静的口吻告诉他："你无权代表台湾当局说话，无权提出停火的建议。因为台湾和澎湖列岛是中国的领土，解放台湾和澎湖列岛则是中国的内政，包括金门、马祖。"

"不过，中国在收复金门、马祖这些岛屿后，将争取用和平方式解决台湾和澎湖列岛。"王炳南补充说。

会谈很快又陷入僵化的程式。美国的态度毫无松动，中国代表不断重申在台湾问题上的基本立场。

9 月 30 日，第 78 次会谈时，比姆提出了一个"声明草案"，开头用一种平行的格式分别说明中国和美国对台湾问题的不同看法，还写上了苏联支持中国。接着，草案提出，中国政府应停止对金门、马祖的军事活动等等。

王炳南和助手们仔细研究了美方的草案，认为没有什么新内容，还是美国方面过去一直坚持的侵略态度。在接下来的会谈中，王炳南断然拒绝了美方提案。

王炳南说："此后的会谈几乎千篇一律。我和比姆在互相提防和抑制的气氛下，你谈你的，我谈我的。"（《中美会谈九年回顾》第 78 页。）比姆也在回忆录中提道："在台湾争端上的讨论从没有超过双方各自在开场声明的内容。"同时，比姆又说："他们面对两类困境。接受我们的建议，就要承认我们有权留在台湾。然而，对他们来说更大的危险是，'两个中国'应当和平共处这一思想的成长。"（Jacob D.Beam: Multiple Exposure，第 132 页。）显然，比姆的话已经暴露出美国政府要求中国放弃武力的实质，就是要造成"两个中国"的局面。

1960 年 9 月 6 日，中美会谈进入第 100 次会议。王炳南大使在会上作了一次总结性的发言，他说：在五年以来的 100 次会谈中，中国方面始终本着通过谈判解决争端的态度来和美国进行会谈。我们先后提出了十个合情合理的方案，以谋求和缓台湾地区的紧张局势和改善中美关系的途径，全部遭到美国方面的拒绝。美国方面毫无解决争端的诚意，并且还在继续扩大和加剧台湾地区的紧张局势。王炳南着重指出，和缓消除台湾地区紧张局势，是中美会谈的关键，是考验有无谈判诚意的试金石。

接着，王炳南列举了美国在台湾地区制造紧张局势的一系列事实：1958年秋季，美国在台湾海峡集结了一支美国自称是最大的武装力量；1960年夏季，美国艾森豪威尔总统亲自到台湾从事敌视中国人民的活动，美国的军用飞机和军舰不断侵犯我国的领空和领海。最近美国又把武装或者能够武装核武器的巡洋舰、潜水艇和飞机派到远东来，公开对我国进行核威胁。

王炳南后来回忆说："那时，我简直觉得自己是站在全世界人民面前，必欲将美国政府的侵略面目揭露得痛快淋漓，方能表达中国6亿人民五年来的努力、奋斗和期望。"（《中美会谈九年回顾》第81页。）

比姆听着王炳南慷慨激昂的发言，感到哑口无言，无法辩驳。他最后对中国代表的发言表示失望，没有进行反驳，脸上现出十分尴尬的神情。

1961年，美国总统换成了肯尼迪。

其时，中苏关系已经恶化，中国国内的经济十分困难。肯尼迪在中美谈判中加了一些新花招，提出以优惠的条件卖给中国粮食以及给中国的穷人送救济包等，企图逼使中国在台湾问题上做出让步。

然而，中国政府在自己最困难的时候也决不会拿国家的主权做交易。王炳南断然拒绝美国的建议后，指出："新中国正在经历严重的困难时期，但是，中国地大物博，人民勤劳勇敢，我们有信心依靠自己的力量解决这些困难，中国人民绝不依靠别人的施舍而生活，更不会拿原则去做交易。"

虽然，中美会谈毫无进展，双方代表在谈判桌上各自守着自己的防线，但王炳南与比姆的私下会晤增多了，他们常就老挝问题、柏林危机等国际焦点问题互相交换意见。

1961年9月，比姆奉调回国，出任美国军备控制和裁军署副署长的职务。继比姆担任美国驻华沙大使的卡伯特，成为与王炳南谈判的新对手。

卡伯特是美国波士顿的大富翁，在任华沙大使以前，是美国驻巴西大使。

50 多岁的卡伯特说话、举止很随便，不太在乎外交礼节，在谈判桌上也常常开点玩笑，因此气氛比较缓和。

不过，换了卡伯特以后，中美谈判也没有什么新起色，因为美国方面仍然没有通过谈判解决问题的诚意。倒是王炳南却从卡伯特那里了解到一些对我们有用的情况。

1962 年 5 月，听说蒋介石准备利用大陆发生自然灾害的困难时期，发动大规模军事进攻行动。周总理找到王炳南，要他就这个问题摸一摸美国的底，看美国是否支持蒋介石的行动。

6 月 23 日，王炳南约请卡伯特到官邸来作一次私人会谈。卡伯特来了，两人有说有笑地聊了起来。

王炳南先与卡伯特谈起东南亚的形势，表示对局势紧张的忧虑，接着严肃地对卡伯特说："美国政府完全清楚蒋介石集团准备窜犯大陆沿海地区的情况，这种准备工作正是在美国的支持、鼓励和配合下进行的。"随后，王炳南列举了美蒋在台湾地区进行的一系列军事活动，要求卡伯特将台湾地区的这种紧张局势转告美国政府。王炳南还特意对他施加压力说："美国政府必须对蒋介石的冒险行动和由此而产生的一切严重后果负完全责任。"

卡伯特听了王炳南的话，表现得很紧张。他答应尽快将王所谈到的情况报告给美国政府。同时，他也很爽快地告诉王炳南："在目前情况下，美国决不会支持蒋介石发动对中国大陆的进攻。蒋介石对美国承担了义务，未经美国同意，蒋介石不得对中国大陆发动进攻。"在分手时，卡伯特又说："如果蒋介石要行动，我们两家联合起来制止他。"

王炳南从卡伯特处弄清了美国的态度后，立刻向周总理作了汇报。这个情报对于当时我福建前线的战略部署具有重要意义。

1964 年，王炳南大使奉调回国，出任外交部副部长。中美大使级会谈的中方代表由继任的王国权大使继续进行下去。

五、跨越鸿沟

中美大使级会谈继续进行下去，但在实质性问题上依然毫无结果。

1966 年 4 月，针对美国对中国的战争威胁，周恩来谈到中国对美国的基本政策，他说了 4 句话：1. 中国不会主动挑起对美国的战争；2. 中国人说话是算数的；3. 中国是做了准备的；4. 战争打起来，就没有界限。（1966 年 5 月 10 日《人民日报》）

1968 年 1 月 8 日，中美第 134 次会谈以后，谈判陷于停顿。

11 月 26 日，中国外交部发言人就中美会谈发表谈话说：中国政府在中美大使级会谈中一贯坚持两项原则，第一，美国政府保证立即从中国领土台湾省和台湾海峡地区撤出它的一切武装力量，拆除它在台湾省的一切军事设施；第二，美国政府同意中美两国签订关于和平共处五项原则的协定。但是，十三年来，美国政府一直拒绝就这两项原则同中国政府达成协议，而是本末倒置，老在一些枝节问题上做文章。中国政府已经一再明白告诉美国方面，中国政府是决不以原则作交易的。如果美国方面继续采取这种做法，不管美国哪个政府上台，中美大使级会谈绝不会有什么结果。

到了 60 年代末 70 年代初，美苏争霸愈演愈烈，中华人民共和国在国际事务中的影响越来越大，美国开始调整其全球战略，并相应着手改善其对华政策。

1968 年 10 月，尼克松在竞选美国总统时说："加强同苏联、东欧和共产党中国的合作将是一个进行谈判的时代的富于挑战性的问题……我们决不能无视或坐失改善同中国的关系的机会或和同苏联的关系的机会。但是合作不是念头一转或者用笔一挥就能实现的。合作要求从实力地位出发明智地进行谈判。"（《中美关系》第 331 页。）

当选总统以后的尼克松进一步深刻指出："中国人是一个伟大的生气勃勃的民族，不应该继续孤立在国际大家庭之外，从长远来说，如果没有这个拥有七亿多人民的国家出力量，要建立稳定和持久的国际秩序是不可设想的。"（1970 年 2 月 18 日对外政策报告。）他还说："当我们看一看本世纪剩下的时间里和下一世纪的世界和平问题时，我们必须认识到，除非中华人民共和国和美国这两个超级大国之间进行联系，并进行某种谈判，否则是不可能有全世界人民能够依靠、同他们有重大利益关系的世界和平的。"（《中美关系》第 341 页。）

就改善中美关系这一历史性突破而言，尼克松可以称得上是一位有远见的政治家。他的态度以及他对改善中美关系所做的努力，得到了中国政府的积极响应。尼克松在他的回忆录中谈道：自 1969 年 11 月起，美国与中国之间就开始了一场错综复杂的小步舞。这种小步舞安排如此微妙，以至双方总是可以说他们之间还没有任何接触；如此风度优雅，以至任何一方都无须显出主动的样子。

美国开始采取一系列改善关系的措施，如放宽美国到中国旅行的限制，命令美国海军停止在台湾海峡的巡逻等等。1969 年 12 月 12 日，中国驻波兰代办雷阳邀请美国大使斯托塞尔在中国使馆进行了一个小时的会谈。这是中美大使级会谈中断以来的第一次接触，令美国人兴奋不已。美国政府宣布，从 12 月 23 日起，允许美国拥有的公司的外国子公司向中国出售非战略物资。

1970 年 1 月 20 日和 2 月 20 日，举行了两次中美华沙大使级会谈。在 2 月 20 日举行的第 136 次会谈中，美国代表斯托塞尔向中国代表雷阳建议，由美国政府派出一位高级代表到北京进行更深入的会谈。他告诉雷阳："美国在台湾有限的军事力量对贵国政府的安全并不构成威胁，我们希望，随着亚洲日益走向和平和稳定，我们将能够减少我们目前在台湾的军事设施。"雷阳建议双方继续在华沙举行大使级会谈，或通过双方都能接受的渠道举行大使级会谈。他告诉斯托塞尔，中国政府将乐于接受美国总统派出特使深入研究根本性的原则问题。

可是，正当中美关系开始出现转机的时候，又出现了曲折。1970 年 4 月 3 日，美国宣布蒋经国访美。4 月 28 日美国派兵入侵柬埔寨。

5 月 18 日，中国新华社授权发表声明，鉴于美国悍然出兵柬埔寨，扩大

在南越的侵略战争，中国政府认为按原定计划 5 月 20 日举行的中美大使级
会谈第 137 次会议已不适宜。今后何时举行，将通过双方联络人员另行商定。

中美大使级会谈经过 136 次会议至此结束。然而，中美关系仍以其独特
的方式向前发展着。

1971 年 7 月 9 日，美国国务卿基辛格秘密访华。基辛格在北京 48 小时，
先后与周恩来会谈 17 小时。在台湾问题上，基辛格宣布美国的基本立场是：
1. 美国政府拟在印支战争结束后撤走三分之二的驻台美军，并随着美中关系
的改善减少在台余留的军事力量；2. 不支持"两个中国"或"一中一台"，
但希望台湾问题能和平解决；3. 承认台湾是中国的一部分，不支持台湾独立；
4. 美蒋条约留待历史去解决；5. 美国不再指责和孤立中国，美国将在联合国
支持恢复中国的席位，但不支持驱逐台湾代表。

周恩来在会谈中说，中美双方有不同的看法，但这种分歧并不妨碍我们
两个在太平洋两岸的国家寻求阁下所说的平等友好相处的途径。中美两国人
民是愿意友好的。他强调，台湾历来就是中国的领土，解放台湾是中国的内政，
美军必须限期撤走，美蒋条约必须废除。

1972 年 2 月 21 日，美国总统尼克松访华，毛泽东在他的住所迎接尼克
松。他们握手大约一分钟，中国和美国这两个大国终于跨越了他们之间横亘
30 余年的鸿沟。

中美两国领导人在会谈以后签署的《联合公报》中表示："美国认识到，
在台湾海峡两边的所有中国人都认为只有一个中国，台湾是中国的一部分。
美国政府对这一立场不提出异议。"应该说，中美大使级会谈的实质性问题，
至此才有了一个突破性的进展。

中美大使级会谈在国际关系史上是一个独创。它使中美两个大国在互不
承认的对立情况下，有了一个沟通和联系的渠道。两国互不承认，却有会谈
关系；没有外交关系，却又互相派出大使进行长期会谈；双方还可以达成某
些协议。其协议声明的形式，也创造了协议上你讲你的、我讲我的的新写法。
在谈判期间，每一次重大的国际事件发生后，中美两国都可以在大使级会谈

中表明观点，提出看法，使每一方对对方的态度、做法有所了解。

会谈的积极意义是显而易见的。它为中美双方提供了互相了解的机会，也为中美双方的高级会谈提供了基础和经验，它在中美关系正常化的进程中起到了十分重要的作用。

后 记

　　写这样一本书的念头可以追溯得很远。当我还在大学课堂上讲述中国近代史时，每当谈及那些战争谈判的细节时，学生们总是兴趣盎然，从而使得那些有关谈判的内容逐渐成了我讲稿中的"得意之笔"。着手写这本书时，其立意自然要严肃、深刻得多，这已经在前言中提到了。在写作过程中，我力求参考第一手的历史资料和当事人的回忆录，使内容更加真实可靠。同时，我也希望能够写出人物的风采与特征，将那些最精彩的争辩记录下来。我自己的想法则放入了那些简短的评论中。希望读者能够从这本书中获得有益的东西。

　　大约九个月的时间在写这本书，我的先生季国平和儿子竹西分担了我的辛苦，并常常给我鼓励。在这里，我要真诚地感谢他们。还要特别感谢团结出版社的编辑同志，对我的写作给予了极大的支持与帮助。

作　者

于京郊青龙桥畔

再版后记

　　这本书已经出版多年了。中国在强国强军的道路上持续奋进，取得了举世公认的伟大成就，并在世界倡导"人类命运共同体"的观念，已然成为推动人类进步的重要力量。

　　重读这本书的前半部，仍然感到锥心的沉痛。中国近代以来的军事谈判，折射出大国崛起的艰难历程。从鸦片战争谈判后割让香港，到抗美援朝谈判后自立自强，中国人民走过了由屈辱、悲愤到自信、豁达的心理历程。现在，中国在推动"一带一路"战略目标，实现"人类命运共同体"的进程中，一定会遇到各种艰难挑战与险阻，需要解决无数矛盾与冲突，通过谈判而达致合作共赢应该是未来世界发展的主要通道。军事谈判的历史让我们感受历史的沉重和未来的自信。希望通过这本书的再版，让更多的读者从中获得有益的启示。

　　最后，衷心感谢团结出版社的领导和张阳女士。他们为本书再版付出了辛勤劳动。

作　者

2022 年 3 月于江苏扬州京华城